高等院校经济学系列精品规划教材

国民经济
统计学

National Economic Statistics

主编 黎春　副主编 马丹

机械工业出版社
China Machine Press

图书在版编目（CIP）数据

国民经济统计学 / 黎春主编. —北京：机械工业出版社，2019.2
（高等院校经济学系列精品规划教材）

ISBN 978-7-111-61988-8

I. 国⋯　II. 黎⋯　III. 国民经济 – 经济统计学 – 高等学校 – 教材　IV. F222.33

中国版本图书馆 CIP 数据核字（2019）第 023783 号

本书以联合国 2008 年 SNA 为编写蓝本，介绍了国民经济核算的基本理论与方法，以及宏观经济统计分析的相关理论与方法。本书的编写注重突出原理与分析相结合，理论与实践相结合的写作特色，在章节内容中贯穿了大量我国民经济统计工作中的实例与核算数据分析，注重知识的拓展与应用。

本教材适用于经济管理类本科生。

出版发行：机械工业出版社（北京市西城区百万庄大街22号　邮政编码：100037）
责任编辑：冯小妹　　　　　　　　　　　　责任校对：殷　虹
印　　刷：北京市荣盛彩色印刷有限公司　　版　　次：2019 年 3 月第 1 版第 1 次印刷
开　　本：185mm×260mm　1/16　　　　　印　　张：18
书　　号：ISBN 978-7-111-61988-8　　　　定　　价：49.00 元

凡购本书，如有缺页、倒页、脱页，由本社发行部调换
客服热线：（010）88379210　88361066　　　投稿热线：（010）88379007
购书热线：（010）68326294　88379649　68995259　　读者信箱：hzjg@hzbook.com

版权所有·侵权必究
封底无防伪标均为盗版
本书法律顾问：北京大成律师事务所　韩光 / 邹晓东

PREFACE 前 言

著名经济学家萨缪尔森在其著作《经济学》中说道:"正如太空中的人造卫星能够探测地球各大洲的天气一样,GDP 能够给你一幅关于经济运行状态的整体图画。如果没有诸如 GDP 这些经济总量核算的话,政策制定者们只能在杂乱无序的数据海洋中漂泊。GDP 及其相关资料就像灯塔一样帮助政策制定者们把经济驶向关键的目标。"国民经济统计学以一套既定的概念方法对一个国民经济总体(通常指一个国家)进行系统定量描述,以此形成了诸如 GDP 等一系列反映宏观经济总量、结构与速度等方面的经济指标,从而实现对国民经济运行过程与结果的监测与分析。

国民经济的运行无一不表现为数量水平与数量联系,这就要求有一套生产和表现国民经济统计数据的方法体系。联合国的国民账户体系 SNA(system of national accounts)正是这样的一个体系,它规范了经济运行中各种经济数据的内涵与外延,提供了表现这些经济数据的方法,是世界各国宏观经济数据的生产标准。此外,不论是政策的制定者,还是企业管理者,包括经济生活中的每一个个体,都会关注宏观经济的波动,都需要掌握与分析宏观经济的发展状况。因此,国民经济核算体系为宏观经济统计分析提供了数据基础;宏观经济统计分析是国民经济核算的目的,促进了国民经济核算体系的发展,二者相辅相成,共同构成了对国民经济进行统计研究的主要内容。

本书以联合国 2008 年 SNA 为编写蓝本,介绍了国民经济核算的基本理论与方法,以及宏观经济统计分析的相关理论与方法。本书的编写注重突出原理与分析相结合,理论与实践相结合的写作特色,在章节内容中贯穿了大量我国国民经济统计工作中的实例与核算数据分析,注重知识的拓展与应用。

本书由西南财经大学统计学院长期从事经济统计教学的几位教师共同编写而

成。作者具体分工如下：第 1 章和第 3 章由黎春编写，第 2 章由苏远琳编写，第 4 章由向蓉美编写，第 5 章和第 7 章由聂富强和李杰编写，第 6 章由马丹编写，第 8 章由陈丹丹编写，第 9 章由彭刚编写，第 10 章由朱莉编写，第 11 章由王青华编写。王春云博士参与了书稿的资料收集等工作。书稿由马丹进行初审，最后由黎春对全书进行总撰定稿。

本书的编写是高校教学改革下的一种尝试，限于作者水平，缺点与不足在所难免，敬请同行专家及各位读者批评指正。同时，本书的出版得到了西南财经大学统计学院、西南财经大学教务处与机械工业出版社的支持，一并致谢！

编者

2018 年 11 月于西南财经大学

CONTENTS 目 录

前言

第 1 章　总论 / 1
  1.1　国民经济及国民经济核算框架 / 1
    1.1.1　国民经济 / 1
    1.1.2　国民经济核算及其框架 / 2
    1.1.3　国民经济核算的功能 / 4
  1.2　国民经济核算体系的产生和发展 / 5
    1.2.1　曾经有过的两大核算体系 / 5
    1.2.2　中国国民核算体系的基本框架 / 12
  1.3　国民经济核算基本方法与规则 / 19
    1.3.1　平衡法：复式记账和四式记账 / 19
    1.3.2　国民经济核算的表式 / 20
    1.3.3　记录时间 / 24
    1.3.4　估价方法 / 24
    1.3.5　数据整合方法 / 25
  本章小结 / 25
  思考题 / 26

第 2 章　国民经济分类 / 27
  2.1　国民经济分类的基本问题 / 27
    2.1.1　国民经济分类的概念和意义等 / 27
    2.1.2　国民经济主体统计分类的基本单位 / 29
  2.2　产业部门分类与机构部门分类 / 31
    2.2.1　国民经济产业（或行业）部门分类 / 31

2.2.2 国民经济机构部门分类 / 35
2.3 国民经济客体分类 / 37
2.3.1 社会产品分类 / 37
2.3.2 经济交易及其分类 / 38
2.3.3 经济存量和经济流量 / 38
本章小结 / 39
思考题 / 40

第3章 国内生产总值统计 / 41

3.1 什么是生产 / 41
3.1.1 生产的概念 / 41
3.1.2 SNA 的生产范围 / 42
3.1.3 未观测经济、非法生产与隐蔽生产 / 43
3.2 国内生产总值统计 / 43
3.2.1 国内生产总值概述 / 43
3.2.2 生产法国内生产总值统计 / 46
3.2.3 收入法国内生产总值统计 / 50
3.2.4 支出法国内生产总值统计 / 54
3.2.5 三面等值 / 59
3.3 其他相关经济总量指标 / 59
3.3.1 国民总收入 / 60
3.3.2 国民可支配总收入 / 60
3.3.3 净额层次 / 61
3.4 我国国内生产总值统计的相关问题 / 62
3.4.1 季度国内生产总值的核算 / 62
3.4.2 地区生产总值的核算 / 64
3.4.3 我国国内生产总值统计的资料来源、计算方法和数据发布 / 66
3.4.4 国民经济核算与会计核算 / 68
本章小结 / 69
思考题 / 70

第4章 投入产出统计 / 73

4.1 投入产出统计概述 / 73
4.1.1 投入产出分析的基本概念与特点 / 73
4.1.2 投入产出法研究的经济关系 / 75

4.1.3 投入产出统计的部门 / 75

4.2 投入产出表的结构及平衡关系 / 78

4.2.1 对称投入产出表的表式结构 / 78

4.2.2 对称投入产出表的平衡关系 / 81

4.2.3 UV 表式结构 / 83

4.3 基本的技术经济系数和投入产出模型 / 84

4.3.1 直接消耗系数的意义及计算 / 84

4.3.2 完全消耗系数 / 88

4.3.3 完全需求系数 / 91

4.3.4 分配系数 / 92

4.4 投入产出法的应用和拓展 / 94

4.4.1 投入产出系数在产业关联分析中的应用 / 94

4.4.2 投入产出模型在经济规划中的应用 / 97

4.4.3 投入产出法在价格分析中的应用 / 101

4.5 投入产出表的编制和修订方法 / 104

4.5.1 投入产出表的编制方法 / 104

4.5.2 直接消耗系数的修订方法 / 109

本章小结 / 112

思考题 / 113

第 5 章 资金流量核算 / 116

5.1 经济交易与资金流量 / 116

5.1.1 基本概念 / 116

5.1.2 资金流量核算的范围 / 117

5.1.3 资金流量核算的原理 / 118

5.1.4 资金流量核算的基本原则 / 120

5.2 资金流量表 / 120

5.2.1 资金流量表的表式结构 / 120

5.2.2 资金流量核算的主要指标 / 124

5.2.3 资金流量核算的平衡关系 / 129

5.2.4 资金流量表的编制方法 / 130

5.3 资金流量分析 / 131

5.3.1 资金流量的静态分析 / 131

5.3.2 资金流量的动态分析 / 137

本章小结 / 138

思考题 / 138

第6章 国际收支统计 / 140

6.1 国际收支统计的概念和原则 / 140
　6.1.1 国际收支统计的概念 / 140
　6.1.2 国际收支统计的原则 / 141

6.2 国际收支平衡表 / 144
　6.2.1 国际收支平衡表的结构 / 144
　6.2.2 国际收支平衡表的内容 / 148
　6.2.3 国际收支平衡关系 / 152
　6.2.4 国际收支平衡表的编制 / 153
　6.2.5 国际收支平衡表的应用分析 / 156

6.3 国际投资头寸统计 / 158
　6.3.1 国际投资头寸表的概念 / 158
　6.3.2 国际投资头寸表的统计原则、结构和编制方法 / 158
　6.3.3 国际投资头寸表的应用分析 / 161

本章小结 / 163

思考题 / 164

第7章 资产负债核算 / 165

7.1 经济存量与资产负债 / 165
　7.1.1 经济存量的概念 / 165
　7.1.2 资产负债的概念 / 166
　7.1.3 资产负债核算的原理和内容 / 168
　7.1.4 资产负债核算的主体、记录时间和估价 / 170

7.2 资产负债表 / 172
　7.2.1 资产负债表的表式结构 / 172
　7.2.2 资产负债核算的主要指标 / 174
　7.2.3 资产负债表中的主要平衡关系 / 176
　7.2.4 资产负债表的基本编制方法 / 178

7.3 资产负债分析 / 180
　7.3.1 国民资产负债总量分析 / 180
　7.3.2 资产负债变动分析 / 180
　7.3.3 资产负债比率分析 / 181
　7.3.4 资产负债经济效益分析 / 182

本章小结 / 183

思考题 / 184

第 8 章 卫星账户 / 185

8.1 卫星账户概述 / 185
8.1.1 引入卫星账户的意义 / 185

8.1.2 卫星账户的概念与分类 / 186

8.1.3 卫星账户中关键总量的界定原则 / 186

8.2 卫星账户的编制 / 189
8.2.1 卫星账户编制范围和产品的界定 / 189

8.2.2 卫星账户中的总量测度 / 189

8.2.3 卫星账户编制中的其他问题 / 191

8.3 卫星账户的应用 / 193
8.3.1 旅游卫星账户 / 193

8.3.2 研发卫星账户：以美国为例 / 196

8.3.3 住户部门卫星账户 / 199

本章小结 / 201

思考题 / 202

第 9 章 国民经济核算动态比较与国际对比分析 / 203

9.1 国民经济中的价格形式 / 203
9.1.1 国民经济核算的计价方式 / 203

9.1.2 国民经济核算的计价标准 / 205

9.2 国民经济指数的编制 / 206
9.2.1 指数理论概述 / 207

9.2.2 物量指数与价格指数的计算 / 207

9.2.3 我国主要的经济指数 / 211

9.3 总产出和国内生产总值指数 / 213
9.3.1 总产出指数 / 213

9.3.2 可比价国内生产总值及其指数 / 214

9.4 经济水平的国际对比方法 / 218
9.4.1 国际经济对比的基本方法评述 / 218

9.4.2 购买力平价法对指数的设计要求 / 222

9.4.3 双边国际对比的理想指数编制方法 / 223

本章小结 / 225

思考题 / 225

第10章 国民经济监测与预警分析 / 228

10.1 经济监测预警概述 / 228
10.1.1 经济周期与经济景气 / 228
10.1.2 什么是经济监测预警 / 234

10.2 景气指数法 / 236
10.2.1 景气指数法的定义 / 236
10.2.2 景气指数的发展历程 / 237
10.2.3 景气指数的编制 / 238

10.3 预警信号法 / 248
10.3.1 预警信号法概述 / 248
10.3.2 预警信号的编制 / 250

本章小结 / 254

思考题 / 254

第11章 国民经济速度和效益的分析 / 255

11.1 国民经济速度分析 / 255
11.1.1 测定国民经济速度的指标 / 255
11.1.2 国民经济速度的因素分析 / 257
11.1.3 国民经济速度的弹性分析 / 260
11.1.4 国民经济增长模型 / 261

11.2 国民经济效益分析 / 264
11.2.1 国民经济效益指标的定义与设置原则 / 264
11.2.2 国民经济效益指标体系的构成 / 266
11.2.3 国民经济效益的综合评价 / 271

本章小结 / 275

思考题 / 275

CHAPTER 1

第 1 章

总　　论

国民经济是一个复杂的、多层次的经济系统，要定量地反映其规模、水平，以及经济单位之间的各类经济活动与经济联系，不是几个指标能奏效的，必须有一整套的核算体系来予以反映，这就是国民账户体系[⊖]。国民账户体系规范了经济运行中各种经济数据的内涵与外延，提供了表现这些经济数据的方法，是世界各国宏观经济数据的生产标准。自国民账户体系由联合国颁布实施以来，国民经济核算数据一直是各国政府及其决策机构掌握国民经济运行状况、制定宏观经济政策的主要依据。国民经济统计学研究的主要问题是国民账户体系如何对国民经济系统进行定量的描述，并基于相关统计数据展开分析。

1.1 国民经济及国民经济核算框架

1.1.1 国民经济

国民经济是一个国家或一个地区所有的部门及其进行的所有活动组成的有机整体，这个有机整体具有多因素、多系统、多层次的特点。从横向看，国民经济由各个部门——货物生产部门（农业、工业、建筑业）和服务生产部门（运输邮电、商业、生活服务、金融保险、文教、卫生、广播电视、国家管理等部门）构成，各个部门相互依赖、相互制约，存在着错综复杂的横向联系；从纵向看，国民经济由各种活动——生产（包括流通）、分配、使用等再生产环节的活动构成，这些活动依次继起，周而复始，存在着错综

[⊖] 我国曾经将 system of national accounts（SNA）译为国民经济核算体系，遵照联合国相关机构的要求，2008 年 SNA 被译作"国民账户体系"。本教材统一将 SNA 称为"国民账户体系"，对国民账户体系与国民经济核算不做区分，同时由于国民经济统计与国民经济核算的研究对象和目的是一致的，本教材对二者也不做区分。

复杂的纵向联系。这些纵横交错的联系，构成了复杂的国民经济整体。再生产各个环节的活动是由国民经济各个部门进行的，国民经济的运行过程就是国民经济各个部门实现再生产各个环节的活动的过程。

社会产品一经生产出来，就具有价值和使用价值，由此产生了两种相对应的运动——实物运动和价值运动（如图1-1所示）。一方面，一部分社会产品的实物（即货物，与另外一部分社会产品服务相区分，二者的差异主要在于生产与使用是否同时进行）由运输部门将其送到消费地，再由批发零售贸易业、物资供销业或集市贸易把货物送到其他生产者或消费者手中，完成社会产品的实物运动。社会产品的实物运动形成社会总供给。另

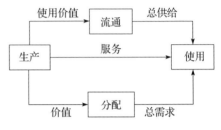

图1-1 国民经济循环简图

一方面，社会产品以价值形态进入分配过程，各个部门通过出售社会产品而取得货币收入，在扣除了用于补偿生产过程中消耗的货物和服务的价值后，要在生产部门内部进行初次分配，初次分配以后还要进行再分配，形成各个部门的可支配收入，以购买所需要的社会产品，从而完成了社会产品的价值运动（资金运动）。社会产品的价值运动形成社会总需求。

可见，在市场经济条件下，国民经济活动表现为产品实物运动和货币资金运动的对立统一、使用价值和价值的对立统一、社会总供给与社会总需求的对立统一。实物运动体现在生产、使用过程中，在这两个过程中，社会产品的价值和使用价值是统一的；社会产品一旦离开生产过程，使用价值和价值就发生分离，在使用过程中社会产品的价值和使用价值重新统一起来，但是这一次的统一在量上和质上都与生产过程的统一不一样了。如果生产过程与使用过程的使用价值和价值统一或基本统一，即社会产品全部都能售出，同时各个部门又能用其收入购买到所需要的产品，就意味着社会总供给与社会总需求基本平衡，就形成国民经济的良性循环。国民经济的运行过程就是社会产品的两种形态从统一到分离再到统一的周而复始、不断更新的过程；国民经济的良性运行就是各个部门和社会再生产各个环节按比例地协调发展，社会总供给与总需求保持平衡协调发展的过程。

1.1.2 国民经济核算及其框架

国民经济运行过程和结果无一不表现为一定的数量和数量联系，这就要求有一套生产国民经济统计数据的体系。国民账户体系是世界各国采用的生产国民经济统计数据的体系，这是对国民经济运行进行实证分析的工具。

国民经济核算是以整个国民经济为对象的全面的、系统的核算，是一个宏观经济信息系统，是整个经济信息系统的核心。国民经济核算以市场经济为基础，以国民经济循环理论为指导，综合运用统计、会计和数学等方法和具有内在联系的指标体系对一个经济总体（国家、地区）在一定时期的经济活动及特定时点的活动结果的各种重要总量及其组成部分进行测定，以描述国民经济的结构和内在联系。这些经济理论、方法体系、指标体系就

构成了国民经济核算体系。

国民经济运行过程包括生产过程、收入分配过程、消费过程、投资过程和对外交易过程。生产过程就是生产者运用劳动手段转换或消耗货物和服务投入，创造新的货物和服务的产出过程。收入分配过程，就是生产过程所创造的收入在参与生产过程的要素之间进行分配和收入在不同的单位、部门之间的转移过程。消费过程，就是居民和政府对货物和服务的最终耗用过程，该过程与生产过程不同，生产过程结束后一般要产生新的产品（货物和服务），而消费过程结束后一般不产生新的产品。投资过程就是非金融投资和金融投资过程以及相应资金的筹集过程。对外交易过程就是对外实物往来和资金往来过程。一定时期的国民经济运行过程以一定的经济存量为基础，又以一定的经济存量为结果，后者构成下一时期国民经济运行过程的基础。由此，国民经济核算的基本框架由流量核算和存量核算构成，其内容和相互关系如图1-2所示。

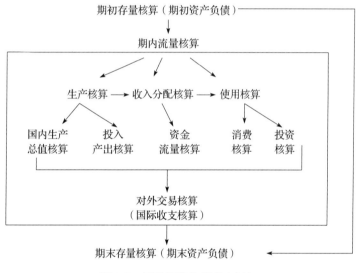

图1-2　国民经济核算基本框架

阅读材料：什么是国民账户体系[一]

国民账户体系（SNA）是一套基于经济原理的严格核算规则进行经济活动测度的国际公认的标准建议。这些建议的表现形式是一套完整的概念、定义、分类和核算规则，其中包含了测度诸如国内生产总值（GDP，用来衡量经济表现最常用的指标）之类项目的国际公认的标准。通过SNA的核算框架，经济数据得以按照经济分析、决策和政策制定的要求以一定程式予以编制和表述。这些账户本身以凝缩的方式提供了根据经济理论和理念组织起来的有关经济运行的大量详尽信息。它们详细而全面地记录了经济体内发生的复杂的

[一] 摘自《国民账户体系（2008）》第1章，中国统计出版社于2012年出版。

经济活动，以及在市场或其他地方发生的不同经济主体之间、不同经济主体组之间的相互作用。

在 SNA 的框架中，整个账户体系具有以下特性：

a. 全面性。因为，一个经济体中所有设定的活动和所有经济主体运行的结果都包含在其中了。

b. 一致性。因为，在度量一项特定活动对于所有参与主体产生的结果时，使用了相同的核算规则，形成了一致的价值。

c. 完整性。因为，某经济主体之特定活动所产生的所有结果都在对应的账户中得到了反映，包括对资产负债表中财富度量的影响。

SNA 账户不仅仅反映某一个时点上的经济情况，实践中此套账户要在一段连续时期内编制，因此就为监测、分析和评估一经济体在不同时间上的表现提供了必不可少的连续信息流。SNA 不仅提供一段时期内发生的经济活动的有关信息，还提供一定时点上一经济体之资产和负债规模以及其居民之财富规模的信息。另外，SNA 还包括一个对外账户，以展示该经济体和国外的联系。

某些关键总量统计指标，如广泛应用于反映经济总体经济活动情况的国内生产总值，是由 SNA 界定的，但这些总量的计算早已不是编制该套账户的主要目的。要了解一个经济体的运作状况，至关重要的是能够观察和分析发生在该经济体中不同部门之间的相互作用。SNA 可以在以下不同的总量层次上实施：单个经济主体或本体系所称机构单位层次，这些单位组或机构部门层次，经济总体层次。

SNA 是为经济分析、决策和政策制定而设计的，无论一国的产业结构如何，其经济发展处于何种阶段。SNA 的基本概念及定义是以一套经济逻辑和原理为基础的，这些逻辑和原理应该具有普适性，不会因具体经济环境不同而改变。类似地，它所遵循的分类和核算规则也是普遍适用的。比如说，没有理由认为，在一个欠发达国家，其 SNA 的组成应该不同于那些发达国家，类似地，对于一个相对封闭的大国和一个相对开放的小国，一个高通胀的经济体和一个低通胀的经济体，也不应该对应不同的 SNA。SNA 中确立的某些定义或者核算规则在某些情形下可能是多余的（例如在没有通货膨胀的情形下），但作为一个综合体系，SNA 有必要将适用于所有情况的定义和规则都包含在内。

1.1.3 国民经济核算的功能

1. 反映和监测国民经济运行状况

国民经济是一个极其复杂的运行系统，不同部门、不同环节之间存在着复杂的经济联系。要准确地了解和把握这个系统是不容易的，需要借助一种行之有效的工具，国民账户体系就是这样一种工具。SNA 中的某些关键总量指标，比如 GDP 和人均 GDP 等，作为衡量经济活动和福利的综合性、全局性指标已获得广泛认可，为分析人员、政治家、媒体、商业界和大众所广泛使用。这些总量指标的变动和与之相关的价格和物量测度，常被用于评估经济总体的表现，判断政府所采取经济政策的相对成败。

国民经济核算数据所提供的信息涵盖了不同类别的经济活动和经济中的不同部门，从而可以从价值和物量角度动态监测诸如生产、居民消费、政府消费、资本形成、出口和进口等主要经济流量指标的变化情况。

2. 宏观经济分析和管理

SNA 是非常灵活的，适应不同经济理论或模型的需要，如国民经济核算框架编制的现价和不变价的时间序列数据，可以为计量经济模型估算不同经济变量之间函数关系参数。

社会主义市场经济条件下的宏观经济管理主要是通过一系列宏观经济政策来引导和协调国民经济持续、稳定、快速地发展。国民经济核算提供的有关生产、收入分配、消费、投资、对外经济往来等方面的基础数据，是关于整个国民经济运行状况的系统而详细的资料，是制定宏观经济政策的重要依据。

3. 国际比较

SNA 建议以一种标准的、国际通行的概念、定义和分类形式向世界报告其国民经济核算数据，这样产生的数据可广泛应用于主要总量之物量的国际比较。例如，GDP 和人均 GDP、投资、税收和政府支出占 GDP 的比重，被广泛应用于国家之间的比较。

国际组织还使用各国 GDP 或人均国民收入（GNI）数据来决定其是否有资格得到贷款、援助或其他资金，或决定一国得到此类贷款、援助或其他资金的条件。

4. 协调经济统计数据

国民经济核算就是这样的基本框架，它对各种不同类型经济统计的基本概念、基本分类和指标设置提出了统一的要求，从而使得这些经济统计在满足国民经济核算要求的同时，亦实现了彼此之间的相互衔接，使整个经济统计形成一个统一的整体，增强了其应用功能。SNA2008 使用的概念和分类与其他国际统计标准和手册是协调一致的，其协调程度比 SNA1993 有过之而无不及。特别需要指出的是，《国际收支》手册的修订与 SNA 的更新是同步进行的，两个过程之间存在密切协作。

1.2 国民经济核算体系的产生和发展

1.2.1 曾经有过的两大核算体系

从整体上对国民经济运行过程进行全面的、系统的、综合的核算是社会化大生产的共同要求。国民经济核算体系就是伴随着社会化大生产的发展、国家经济管理职能的加强而逐步产生发展起来的。世界曾经并存过两大核算体系——国民账户体系（system of national accounts，SNA。我国曾将其翻译为"国民经济核算体系"，并称其为"西方体系"）和物质产品平衡表体系（system of material product balance，MPS。我国将其称为"东方体系"）。

1. SNA 的产生和发展

SNA 的产生源于国民收入的估算和完善。1984 年，对国民账户体系先驱性研究做出重要贡献的英国剑桥大学理查德·斯通（Richard Stone），在接受诺贝尔经济学奖金时发表讲演说："为了追踪国民经济核算的起源，我们必须回到 17 世纪的英国，那是伟大的智力发展、科学好奇心和发明能力的时代。威廉·配第，医生、化学家、土地测量家、制图家、航海工程师、皇家学会的创始人之一，但他首先是政治算术学家，是那个令人注意的世纪比较更令人注意的产物之一。"他的同时代人查理·大卫南把政治算术定义为"对有关政府的事情用数字推理的技术"。威廉·配第使收入等于支出，第一次公布了他根据劳动收入、财产和租金估计的英国的国民收入，据此，配第的计算具有重大意义，不仅仅因为这是统计学史上计算国民收入的首次尝试，更因为其为整个资本主义时期计算国民收入提供了方法论。直至今天，配第所用的方法仍然依稀可见。

自威廉·配第的估算开始至 1919 年，国民收入的计算基本上是基于学者个人的兴趣进行的。1919 年以后国民收入的计算发展比较快，但是把国民收入统计推进到官方国民收入统计是 1928 年，那一年，国际联盟举办了一次有关经济统计的国际会议，会议最终决议经济统计的数据应具有可比性，特别是在统计体系发达的国家之间。决议敦促各国考虑扩大官方统计的范围，从而促进定期国民收入估计的编制。

国民账户体系建立的契机是 20 世纪 20 年代末那场世界经济大危机和宏观经济理论的发展。1929 年开始的世界经济大危机深刻地表明：日益迅猛发展的生产力打破了传统的经济学关于资本主义可以自由放任，市场作用可以自行调节经济的梦呓，要求政府的职能由过去的维持秩序扩大为经济发展的主导力量和组织力量，乞求国家来干预和调节经济。凯恩斯理论应运而生。他于 1936 年出版的《就业、利息和货币通论》为国民账户体系的建立做了理论和方法论的准备。

1939 年国际联盟在《世界经济概览》年刊中，首次公布了 26 个国家 1929~1938 年的国民收入估计。其中一半国家的国民收入估计是官方编制的，其余的是作为学术研究而编制的。同年，国际联盟统计专家委员会认为有必要把国民收入的测算纳入它的工作计划，对其进行指导，以增进统计数据的国际可比性。特别是第二次世界大战结束后，各国际组织迫切需要可比的国民收入作为摊派费用的依据。为此，在国际联盟统计专家委员会下成立了国民收入统计分会。1945 年国际联盟情报局长需要一篇关于定义和测量国民收入和有关总数的论文，以便国际联盟统计专家委员会考虑，他请斯通承担这项工作。1947 年国民收入统计分会公布了英国剑桥大学理查德·斯通撰写的《国民收入的测量和国民账户的编制》和附录，定义了国民收入及有关总量，为机构部门设置了有关账户，这是 SNA 的雏形，即第一个版本。该分会希望这个报告及其附录中的指导原则和建议最大限度地用于计算每个国家的国民收入和编制有关的账户，以便具有更大的国际可比性。20 世纪 40

年代后期，在巴黎成立了欧洲经济合作组织，斯通与欧洲同事们进行了许多富有成果的交流，他认为国民账户对于评审成员国的进展可能提供一种有用的框架。为此他们在剑桥大学成立了国民账户研究专家小组，分别在1950年和1952年公布了研究成果《一个简化的国民账户体系》和《一个标准化的国民账户体系》。

阅读材料：诺贝尔经济学奖得主理查德·斯通

理查德·斯通20世纪40年代初参加了凯恩斯的政治经济学俱乐部，凯恩斯理论成为他研究的出发点。他认为"会计思想在经济生活中最为发达""借助账户的形式组织数据，我们能够得到我们感兴趣的任何流量和存量变量"。1940年12月他完成了一套有三张表的估计，凯恩斯看后提议作为《战争财源分析以及1938和1940年国民收入和支出估计》白皮书的第二部分，并对理查德·斯通对大量统计材料系统加工的试验感动地惊呼："我们在一个统计的快乐时代中。"此后理查德·斯通成为凯恩斯的助手，在凯恩斯的动议下，继续负责研究，使他设计的表格能够形成一套国民账户。

无论是账户的结构，还是账户的内容，SNA都与凯恩斯的宏观经济理论的基本思想息息相关。事实上，即使西方经济学者也从不隐讳SNA与凯恩斯宏观经济理论之间的内在联系。例如，英国牛津大学教授布朗曾对中国经济学家说，SNA最初是以凯恩斯的总量分析方法为根据发展起来的；英国经济学家戴维·沃尔斯维克认为，SNA的形式能够"适当地表现"凯恩斯理论；日本一位经济学家把SNA称为"凯恩斯经济理论同用借贷方法记录国民经济指标的会计体系相结合的理论混合物"；被称为"国民经济核算之父"的理查德·斯通自己则说："社会核算涉及综合的、连贯的经济生活事实，它所用的概念、定义和分类适应于实际测算的需要，并尽量与经济理论中所出现的相一致，以便能够用于经济分析。"1984年，瑞典皇家科学院爱立克·伦德伯教授在宣布授予理查德·斯通诺贝尔经济学奖的讲话中说："……主要是经济学中的'凯恩斯革命'促进国民账户体系的设计，今天那些体系在分析和意识形态两方面可以描写为'中性的'。它们被经济学中一切分析学派和一切类型的国家使用……例如，通过这些账户创造了一种系统性的数据库，用于很多不同的经济分析。"

20世纪50年代初，联合国非常强调建立国际标准，以使其广大的成员国有一个统一的报告基础。1952年斯通被联合国统计局召往纽约，并被秘书长指定为国民账户专家委员会主席进行研究。其研究目标是：①国民收入和生产的概念与计算，以及账户的体系化；②反映产业部门之间商品流量结构的投入产出表及其与国民收入和生产账户的联系；③反映国民经济中的金融流量结构的资金流量表及其与国民收入和生产账户的联系；④建立国民经济及各部门的资产负债表；⑤价格和数量统计。

⊖ 摘自《诺贝尔经济学奖金获得者讲演集》，由王宏昌编译，中国社会科学出版社于1997年7月出版。

1953年联合国公布了专家委员会研究成果——《国民账户体系及其辅助表》，这就是1953年SNA。这个体系包括六个标准账户：国内生产账户、国民收入账户、国内资本形成账户、住户和私人非营利机构账户、一般政府账户和对外交易账户，以及12个标准表式。1953年SNA实际上只反映了第①方面的研究结果，因为对其余几方面的概念和方法，"舆论和实践尚未达到使国际标准的采用切实可行的程度"[○]。

1953年SNA称其"目的在于制定一套标准的国民账户体系，以便提供一个具有普遍适用性的报告国民收入和生产统计的框架"。不仅如此，1953年SNA还十分强调国民账户体系与有关经济和金融统计的协调一致，注意与国际货币基金组织和欧洲经济合作与发展组织所采用的或推荐的定义和分类相一致。在实行1953年SNA的过程中，联合国统计委员会向实际采用1953年SNA的国家征求评价意见，一些国家对其国际标准的普遍适宜性提出了质疑，并且要求考虑处在不同发展水平上的国家的需要。1960年联合国统计委员会对1953年SNA做了一些小修改，以保持或改进与有关的国际统计标准的可比性，公布了第2版1953年SNA。1964年又做了小的修改，以与国际货币基金组织编制的《国际收支手册》更加协调一致，公布了第3版1953年SNA。

SNA为适应新形势在不断地进行修订。20世纪五六十年代，在以原子能、电子计算机、宇航为代表的第三次科学技术革命的影响下，西方国家的劳动生产率大大提高，生产的社会化程度进一步提高，国民经济各个部门之间、流量与存量之间的联系越来越紧密。要对这些网络式的关系进行定量分析，已不是单靠国民收入和生产统计的资料所能奏效的了，迫切需要各个部门之间商品流量、金融流量、财富存量等方面的资料。因此，需要对1953年SNA进行全面的修改和补充。

1964年，联合国又组织了一个以理查德·斯通和亚伯拉罕·爱登诺夫为首的专家小组，花了四年时间，总结了不同社会制度和不同发展阶段国家进行国民经济核算工作的经验和发展，于1968年公布了新的国民账户体系——1968年SNA。它除了仍然包括国民收入和生产核算，并以其为中心外，还把投入产出核算、资金流量核算、国际收支平衡核算、资产负债核算扩展进了体系；不仅为整个国民经济设置了账户，也为机构部门设置了账户；不仅设置了与货币收支有关的账户，也设置了与货物、服务有关的账户；还将货物和服务的不变价数据纳入体系。它共包括20个标准账户、26个标准表式、1个反映整个体系的矩阵。与1953年SNA相比，1968年SNA不仅坚持了SNA的标准作用，即主要目标仍然是国际报告的基础，而且在使用上更加灵活，被认为适用于经济和社会发展处在不同阶段的国家。

自1968年以来，世界经济发生了很大的变化。一些原来实行计划经济的国家正在向市场经济推进，通货膨胀成为各国经济政策所关心的重要问题，服务活动在经济生活中越来越重要，金融机构和金融市场日益复杂，金融派生手段大量涌现，一些国家已建立了增值税制，环境和经济相互渗透令人注目……所有这些都要求国民账户体系做出反应。

○ 参见《国民账户体系》（1993年SNA）第9页。

1975年，联合国开始对有关各国实行1968年SNA的经验进行总结。1979年联合国统计委员会指示组织一个由欧洲共同体统计局、国际货币基金组织、经济合作和发展组织、联合国统计处和秘书处地区委员会、世界银行五个组织组成的联合工作组，对1968年SNA进行修订。

1982~1985年，联合工作组召开了几次会议，以发现问题所在，并将它们集中起来进行讨论，随即组织修订。1986~1989年，联合工作组召开了一次有关SNA结构的专家小组会议、七次有关专题的专家小组会议。1989年以后，来自36个国家的65位专家进行了讨论，提出了建议，形成了一套最初方案，再逐章修订，然后发给全世界200多位专家，广泛征求意见，最终形成了1993年SNA。

联合国经济和社会理事会在1993年7月12日的决议中，建议成员国考虑将1993年SNA作为编制本国国民经济核算统计的国际标准加以应用，以促进经济统计和相关统计的一体化，而且还将它作为可比的国民经济核算数据的国际报告的国际标准。作为国民经济核算发展的又一阶段，1993年SNA保留了1968年SNA的长处，同时适应新的形势，更新、澄清和简化了1968年SNA，从而使1993年SNA与其他国际统计标准更加协调一致，更加适合不同发展阶段的国家使用。

"自20世纪90年代前期SNA1993发布以来，许多国家的经济环境发生了显著变化，而且，过去十余年间，针对该账户体系中一些比较困难的组成部分，相关的方法论研究在核算方法改进方面业已取得很多成果。""进一步看，与相关统计手册——比如国际收支统计、政府财政统计、货币金融统计——保持一致"，需要对1993年SNA实施更新。所以联合国、欧盟委员会、经济合作与发展组织、国际货币基金组织、世界银行受联合国统计委员会委托，对国民账户体系1993版——也是由上述五大组织联合负责下形成的——进行更新。与早期各个版本一样，SNA2008是一个统计框架，它为决策、经济分析研究提供了一套具备综合、一致、灵活等特性的宏观经济账户，反映了用户不断提高的需求、经济环境的新变化、方法论研究方面的新进展。

SNA2008的新面貌主要体现在五个方面：重新审视了资产的一般定义，引入了资本服务这一分析性概念等；更新了有关金融部门的建议，使其能够反映这一在许多经济中都显示出快速变化的领域的进展，特别地还对金融服务提供了一个更加综合的概括；澄清并详细解释了针对那些显示经济全球化特征的存量和流量的处理方法；为了开发政府的核算标准，澄清并改进了若干条原则，澄清了政府和公共部门与经济体其他部门之间的界限；设置了一章来阐述如何测量在住户内部进行的非正规活动（即所谓非正规部门）和游离于正规统计测量之外的活动（即所谓未观测经济）。

SNA2008意在为所有国家所应用，其设计包容了处于不同发展阶段的各个国家的需求。它还为其他经济统计领域的标准提供了一个连接框架，以便于这些统计体系实现一体化，并与国民账户体系达成一致。统计委员会在第四十次会议上将SNA2008作为国民经济核算的国际统计标准。我们鼓励所有国家都尽可能按照SNA2008来编辑并报告其国民

经济账户。○

SNA产生发展始终遵循两条主线：第一是国民经济核算的发展和统计业务的"国际化"，第二是经济统计的可比性和国际标准与准则的发展。正是"发展"和"可比"使得SNA为越来越多的国家和地区所采用，以至于取代了MPS。确实，SNA给我们很大的启示：社会经济在不断发展和前进，作为反映社会经济数量方面的核算制度和方法也必须随之而发展、完善。核算要变被动（事后核算）为主动（信息、服务、监测、预警），就要自觉地提出问题、发现问题、解决问题。一种核算制度的可比性不仅要贯穿在各门核算之间，而且要体现在与其他核算的关系上。

2. MPS 的产生和消亡

MPS的产生与发展史就是苏联国民经济平衡表的编制史。列宁在1918年召开的俄共（布）第七次代表大会上提出："过渡阶段的主要任务就是统计国民经济所生产出来的东西，并实行监督一切产品的消费。"这些表明了列宁把国民经济作为一个整体进行经济核算的思想。

1919年1月，苏联中央统计局局长帕·依·波波夫提出，统计局每年都要编制整个国民经济和各个部门的国民经济平衡表。1920年苏联中央统计局设立了国民经济平衡处。1924年7月21日苏联劳动和国防委员会做出一项决议，委托中央统计局编制1923～1924年度的国民经济报告平衡表和1924～1925年度的计划平衡表。1925年，中央统计局完成了1923～1924年度报告平衡表的编制，并于1926年公布。这是苏联的第一张平衡表，这张表实质上是产品的周转明细表，是以实物表现的物质产品的生产和使用。经过约30年的时间，逐步形成了物质产品平衡表体系。○

👉 阅读材料：物质平衡表体系内容

第1表：国民经济综合平衡表
　　附表：国民财富平衡表
第2表：国民经济劳动资源平衡表
　　附表：各物质生产部门实际工作时间
第3表：社会产品生产、消费和积累平衡表（物资平衡表）
　　附表：国民收入分配
　　　　　国民经济各部门的生产联系
第4表：社会产品分配
第5表：社会产品和国民收入生产、分配和再分配平衡表（财政）

○ 参见《国民账户体系》（2008年SNA）的序，第51页。
○ 联合国统计机构在1971年颁布其标准文件时称之为"国民经济平衡表体系"（system of balances of the national economy）。

　　　　　附表：居民货币收支平衡表
　　　　　　　　劳动者的收入
第 6 表：国民经济基本部类社会产品再生产
第 7 表：国民经济固定资金平衡表（净值）
　　　　　附表：国民经济固定资金平衡表（原值、可比价）
　　　　　　　　基本建设投资平衡表
　　　　　附表：按人口平均计算的主要产品产量
　　　　　　　　居民文化增长和生活条件改善的主要指标（每 100 居民）

　　苏联原中央统计局编制的平衡表主要都是物资平衡表，这是与当时计划管理体制的基本特点分不开的。苏维埃政权成立后不久，苏联面临着外国武装干涉和国内战争的双重挑战。为了集中一切人力、物力和财力来对付敌人，苏联采取了军事共产主义政策。另外，如何组织社会主义经济，在历史上还没有先例，苏维埃一成立就在单一的全民所有制范围内实行计划经济，并排斥商品货币的自然经济。从计划上看，实行高度的指令性计划；从分配上看，物资统收统配，消费品统包统销，财务上统收统支。因此，统计对象主要表现为产品的实物运动，生产范围只包括工业、农业、建筑业、货物运输业和商业，即所谓的五大物质生产部门。MPS 主要为苏联和东欧国家所采用。

　　20 世纪 90 年代初期，苏联和东欧国家的政治、社会和制度发生了根本的变革，没有了 MPS 赖以生存的计划经济土壤，同时 MPS 自身存在重大缺陷，于是这些国家纷纷抛弃 MPS，转而实行 SNA。1993 年联合国统计委员会第 27 届会议通过了取消 MPS，通用 1993 年版 SNA 的决议。自此 MPS 消亡了。

3. 两大国民核算体系的差异

　　两大核算体系最根本的区别是生产范围不同。MPS 采用限制性生产概念，认为创造物质产品和直接增加物质产品价值的劳动才是生产劳动，因此只把物质产品作为生产成果，把非物质生产部门提供服务得到的收入看作是物质生产部门新创造的国民收入再分配。SNA 采用综合性生产概念，认为凡是取得合法收入的部门都是生产部门，凡是创造效益的活动都是生产活动，因此，SNA 把物质产品和服务都作为生产成果核算。

　　MPS 产生于计划经济土壤。在计划经济为主的社会中，国家不仅集中了宏观经济活动的决策权，而且集中了微观经济活动的决策权，在极广的范围内实行计划管理体制。而计划的绝大部分是以实物形式制定的。因此，MPS 是一个跟踪控制物质产品的体系，它的内容包括物质产品生产的条件、过程和结果。这就是它的四部分平衡表。

　　SNA 产生于市场经济的土壤。市场经济是一种完全由市场机制和市场原则支配的经济，无论宏观决策还是微观决策都依赖于市场。因此，SNA 从钱和物两方面来跟踪和控制全社会的货物和服务，它的内容不仅有货物和服务的流量，也有货币流量；不仅有各种流量，也有各种存量。这就是 SNA 的五大核算系统。

在核算方法形式上，MPS 主要采用单式记账的平衡表；SNA 除了采用复式记账的账户和矩阵形式外，也采用了单式记账的平衡表。为了更清楚地表明两大核算体系的区别，我们列表对照（如表 1-1 所示）。

表 1-1　两大核算体系的综合比较

比较项目	MPS	SNA
生产部门和非生产部门的划分	创造物质产品和增加物质产品价值的劳动是生产劳动；工业、农业、建筑业、商业和物资供应、货运和生产邮电部门是生产部门	创造货物和一切服务的活动都是生产劳动；凡是取得收入的部门都是生产部门，包括所有生产货物和服务的部门
总产出	物质产品价值	货物和服务价值
中间投入	物质生产部门消耗的物质产品	货物和服务部门消耗的货物和服务
最终使用	非物质生产部门和居民消耗的物质产品，以及净出口和资本形成	政府和居民消费的货物和服务、净出口和资本形成
初次分配	净产值（国民收入）在物质生产部门内的分配	增加值（GDP）在货物和服务部门内的分配
再分配	物质生产部门对非物质生产部门的支付 非物质生产部门之间的支付 转移收支	转移收支
主要总量指标	社会总产值	国内生产总值
方法依据	单式记账	会计复式记账的借贷原理
主要核算形式	单式记账的平衡表	T 字形账户 矩阵账户 单式记账的平衡表

1.2.2　中国国民核算体系的基本框架

新中国成立以来，我国国民经济核算体系经历了与高度集中的计划经济体制相适应的 MPS 的建立和发展阶段、从 MPS 体系向市场经济国家普遍采用的 SNA 体系的转轨阶段和 SNA 的全面实施阶段。我国 SNA 全面实施阶段始于 1993 年，此后中国国民经济核算的内容日趋完善，核算方法不断改进，在国民经济管理中发挥着越来越重要的作用。其间，国家统计局从 1999 年开始总结我国当时的国民经济核算实践经验和理论研究成果，于 2003 年发布了《中国国民经济核算体系（2002）》，这一文件对我国国民经济核算的内容和基本框架做了规范。

《中国国民经济核算体系（2002）》实施十多年来，随着我国社会主义市场经济的发展，经济生活中出现了许多新情况和新变化，宏观经济管理和社会公众对国民经济核算产生了许多新需求，所以需要对我国现行国民经济核算体系进行修订，使其适应经济发展的新情况和新需求。2009 年，联合国等五大国际组织颁布了国民经济核算新的国际标准——《国民账户体系 2008》。目前，绝大部分发达国家和部分发展中国家已经开始执行 2008 年 SNA。我国国民经济核算体系也需要做出相应的修订，使之与新的国际标准相衔接，提高国际可比性。因此，2017 年 8 月国家统计局发布了《中国国民经济核算体系（2016）》，标志着中国国民经济核算又迎来新的发展阶段。

1. 中国国民经济核算体系概况

中国国民经济核算体系确定了一套全面、系统的基本概念、基本分类、核算原则、核算框架、基本指标和基本核算方法，全面、完整、系统地反映国民经济运行过程及其内在联系和规律性。

中国国民经济核算体系主要由基本核算和扩展核算组成。基本核算是核心内容，旨在对国民经济运行过程进行系统描述；扩展核算是对核心内容的补充与扩展，重点对国民经济中的某些特殊领域的活动进行描述。基本核算包括国内生产总值核算、投入产出核算、资金流量核算、资产负债核算、国际收支核算；扩展核算包括资源环境核算、人口和劳动力核算、卫生核算、旅游核算、新兴经济核算。中国国民经济核算体系基本框架如图 1-3 所示。

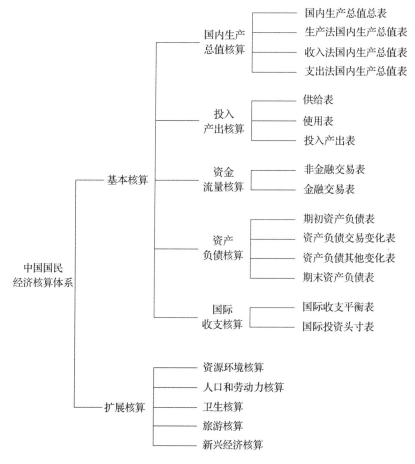

图 1-3 中国国民经济核算体系基本框架

2. 基本核算内容

国内生产总值核算是描述生产活动最终成果的形成和使用过程，以国内生产总值为核心指标，并设置与此有关的最终使用指标，科学地反映国民经济发展规模以及社会最终消费和固定资本投资和存货增加的情况。社会生产的目的就是要最大程度地满足社会的最终需求，因此，国内生产总值核算在国民经济核算体系中处于核心地位。国内生产总值指标是国民经济的基本总量指标，对其他核算的有关总量起着控制作用。

国内生产总值及其使用表很概括地反映中间使用部分。而任何生产最终产品的过程中都要有社会产品消耗，即中间使用（或中间产品、中间消耗），通过中间使用，使国民经济各个部门之间发生了相互提供产品的关系，即各个部门的投入与产出关系。"投入产出核算"就是从社会生产过程中的中间使用的角度，对国内生产总值核算进行补充和扩展。投入产出核算描述国民经济各部门在一定时期内生产活动的投入来源和产出使用去向，揭示国民经济各部门间相互联系、相互依存的数量关系。

国内生产总值和投入产出都反映以货币度量的社会产品的实物流量，与社会产品的实物运动同时发生、方向相反的还有表现为资金运动的价值运动。从全社会的角度看，社会产品总量与社会资金是相等的，但从各个部门看，它们又往往不相等，这就必然要引起资金在各个部门之间流动，形成金融资产和金融负债。"资金流量核算"以国内生产总值为起点，对社会资金进行核算，反映全社会非金融资金和金融资金在各个部门之间的流向和流量。

以上三个核算系统是对国内流量的核算，流量总是与存量联系在一起，流量要以存量为基础（再生产条件），存量的增加（再生产结果）又有赖于流量的增加。再生产条件表现为期初的人、财、物力，再生产过程结束后，又会增加期末财力、物力总量，提高人的质量和素质。"资产负债核算"是从价值方面对社会再生产的基本条件和结果存量进行的核算，补充和完善国内生产总值及其使用。

只要不是封闭经济，在实物和资金的流动过程中，一国经济都会与外部经济发生关系，随着我国对外开放的发展，对外交往会越来越多，有必要对其进行详细的核算。"国际收支核算"就是从对外交易的角度，全面描述常住单位与非常住单位之间的经济往来关系，一方面反映一定时期内发生的对外经济收支往来，另一方面反映对外资产负债存量及其变动状况。

以上五大核算反映了社会再生产的全貌和主要过程，但国民经济是一个非常复杂的总体，要对它进行全面的描述，还需要对基本表做一些补充。比如，人口、劳动力、自然资源与资产负债一样，是社会再生产的基本条件，应该包括在核算体系中，但是它们不好用价值表现，难以与资产负债进行同度量的核算，故将它们放入扩展核算中。基本核算与扩展核算之间的关系如图 1-4 所示。

3. 国民经济账户

社会再生产是一个循环往复、不断运动的过程。从纵向看，生产、流通、分配、使用依次继起,从横向看,生产、流通、分配、使用同时存在。社会再生产核算表是从横的方面,或者说从静态方面反映社会再生产过程。对国民经济进行全面系统反映的国民经济核算体系,当然也应该从纵的方面,或者说从动态方面反映社会再生产过程,并且进一步同时把纵的方面与横的方面联系起来。这个任务由经济循环账户来完成。

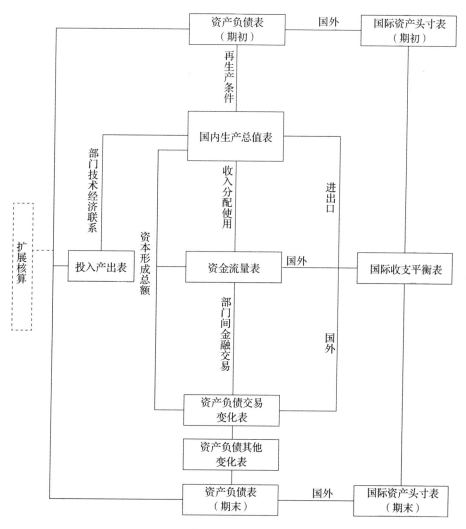

图 1-4 基本核算与扩展核算之间的关系

国民经济账户采用本章介绍的复式记账方法和 T 字形账户形式。由复式记账项目的对应关系,可以把各个账户从横向方面联系起来,从经济意义上说,是从静态方面把社会再生产的各个环节联系起来了;由各个账户的平衡项目,可以把各个账户从纵向方面联系起来,从经济意义上说,是从动态方面把社会再生产的各个环节联系起来了。同时由于复式记账,要求社会再生产各个环节、国民经济各个部门的口径范围、指标解释、指标数字等都完全协调统一,这就有利于宏观核算与微观核算的统一,有利于核算工作的统一化、标准化、规范化,也有利于会计核算与统计核算的协调一致。

国民经济账户分为三类:第一类是国民经济总体的账户,由各个部门的对应账户汇总得到。第二类是机构部门的账户,机构部门要从生产中得到收入(增加值),然后进行分配和使用,因此应为机构部门设置生产账户、收入分配及支出账户、投资及金融账户、调整账户、资产负债账户。为了记录各个机构部门的对外交易情况,把所有的非常住单位归为"国外",设置"国外账户",包括"经常往来账户"和"资本往来账户"。第三类是产业部门的账户,产业部门是生产货物和服务的主体,它是具有生产决策权的基层单位的集合体,所以只设置生产账户。

阅读材料:国家统计局有关负责人就国务院批复国家统计局《中国国民经济核算体系(2016)》有关问题答记者问①

近日,国务院批复了国家统计局《关于报请印发〈中国国民经济核算体系(2016)〉的请示》(下文简称2016年核算体系),由国家统计局印发实施。从现在开始,我国就要以此为蓝本开展国民经济核算工作。对国民经济发展规模、速度和结构进行核算,意义十分重大。为此,《中国信息报》记者就有关问题采访了国家统计局有关负责人。

记者:既然将其称为2016年核算体系,那是不是过去还有版本呢?

有关负责人:是这样的。从新中国成立初期到改革开放初期,我国国民经济核算采用的是产生于苏联、东欧国家的物质产品平衡表体系(MPS)。1984~1992年,国家统计局会同有关部门在总结我国当时的国民经济核算实践经验和理论研究成果的基础上,制定了《中国国民经济核算体系(试行方案)》。该方案采纳了SNA的基本核算原则、内容和方法,保留了MPS体系的部分内容。1992年,国务院办公厅印发了《关于实施新国民经济核算体系方案的通知》,在全国实施这一体系。

1999年,国家统计局决定对《中国国民经济核算体系(试行方案)》进行修订,采纳了1993年SNA的基本核算原则、内容和方法,形成了《中国国民经济核算体系(2002)》。2002年,国家统计局、国家发展计划委员会等八部门联合发文,在全国组织实施。

随着社会主义市场经济的发展,我国经济生活中出现了许多新情况和新变化,宏观经济管理和社会公众对我国国民经济核算产生了许多新需求。国民经济核算国际标准也发生了变化。2009年,联合国等五大国际组织联合颁布了新的国民经济核算国际标准——《国民账户体系2008》(2008年SNA)。为更加准确地反映我国国民经济运行情况,更好地体现我国经济发展的新特点,满足经济新常态下宏观经济管理和社会公众的新需求,实现与国民经济核算新的国际标准相衔接,提高我国国民经济核算方法和核算数据的国际可比性,国家统计局会同国务院有关部门及高等院校和科研机构,对2008年SNA和我国经济

---

① 资料节选于国家统计局网站,发布时间为2017年7月14日。

社会发展变化情况进行了深入研究，根据我国实际情况，借鉴其他国家的有益经验和做法，对《中国国民经济核算体系（2002）》进行了全面系统的修订，形成了《中国国民经济核算体系（2016）》。2017年，国务院批复国家统计局组织实施。

记者：刚才你介绍了修订国民经济核算体系的一些情况，那你能否再具体介绍一下修订的意义呢？

有关负责人：没问题。中国国民经济核算体系确定了一套全面、系统的基本概念、基本分类、核算原则、核算框架、基本指标和基本核算方法，是我国开展国民经济核算工作的标准和规范。根据这个标准核算的一整套国民经济核算数据，相互联系、协调一致，是经济分析的重要依据，是推进国家治理体系和治理能力现代化的重要基础。我认为，实施《中国国民经济核算体系（2016）》的重要意义主要体现在以下几个方面。

一是国民经济核算体系是反映国民经济运行状况的有效工具。国民经济是一个复杂的运行系统，不同部门、不同环节之间存在着复杂的经济联系，为准确了解和把握这个系统，国民经济核算体系就应运而生。它通过一系列科学的核算原则和方法把描述国民经济各个方面的基本指标有机地组织起来，为复杂的国民经济运行过程勾画出一幅简明的图像，大大提高了人们了解和把握经济运行的能力。各地区、各部门可以以此为依据，制定经济规划、检验经济政策的执行情况。

二是国民经济核算体系是经济统计的基本框架。不同类型的经济统计必须建立在一个统一的基本框架下，彼此之间才能表现出一致性，才能发挥出整体功能作用。国民经济核算体系对各种不同类型经济统计的基本概念、基本分类和指标设置提出了统一的要求，从而使得这些经济统计在满足国民经济核算要求的同时，实现彼此之间的相互衔接，使整个经济统计形成一个统一的整体，增强其应用功能。如果孤立地看每种类型经济统计数据，很难发现它本身所存在的问题以及它与有关其他类型经济统计数据是否一致。当我们把各种不同类型经济统计数据放在国民经济核算这个统一的基本框架下时，就很容易发现和解决问题，并实现不同类型经济统计数据之间的相互衔接。

三是国民经济核算体系是开展国际比较的重要依据。在全球化的今天，任何国家的经济运行都不可能是封闭的、孤立的，因此，各国为了检验本国经济的发展状况，都需要与其他经济体进行国际比较。联合国的SNA给各国提供了一套科学的体系，大家在同一个原则和框架下开展国民经济核算，从而使各国能够在经济规模、经济结构、需求状况、收入分配、财富积累等各个方面进行国际比较。

记者：你能否将2016年核算体系的起草过程给介绍一下呢？

有关负责人：《中国国民经济核算体系（2002）》已经实施了十多年。随着我国社会主义市场经济的发展，经济生活中出现了许多新情况和新变化，宏观经济管理和社会公众对国民经济核算产生了许多新需求。需要对我国现行国民经济核算体系进行修订，以适应上述新情况和新需求。

2008年SNA颁布后，世界各国陆续开始按照这一新的国际标准，修订本国国民经济核算体系。目前，以美国为代表的绝大部分发达国家已经实施2008年SNA，印度等部分发展中国家也开始实施 2008 年 SNA。2008 年 SNA 是 1993 年 SNA 的修订版,也是当前最新的版本。它对国民经济核算的基本概念、基本分类、基本方法和基本核算指标的定义与口径范围等做了一些具体修订,进而对国内生产总值、国民总收入和国民可支配总收入等重要指标产生了一定影响。为了与新的国际标准相衔接,提高我国国民经济核算的国际可比性,需要对我国现行国民经济核算体系进行修订。

为了与国际标准接轨,国家统计局组织力量翻译出版 2008 年 SNA 中文版,并从 2010 年起成立了改革和完善我国国民经济核算体系研究团队,对 2008 年 SNA 的修订内容和我国社会主义市场经济发展过程中产生的新情况、新变化、新需求进行了专题研究,形成了系列研究成果,为我国国民经济核算体系修订工作打下了比较好的理论基础。2013 年,国家统计局正式启动了我国国民经济核算体系修订工作,专门成立了修订工作小组开展修订工作。2014 年,完成了中国国民经济核算体系新文本的初稿,国家统计局先后召开了 3 次座谈会,分别征求了国内知名专家、国务院有关部门和地方统计局的意见。2015 年,国家统计局正式致函征求了发展改革委、财政部、人民银行等国务院有关部门,各省区市统计局,以及北京大学、清华大学、中国人民大学、社科院等高校和科研机构专家的意见。2016 年 7 月,局长宁吉喆主持召开了局常务会议,审议并原则通过了 2016 年核算体系,并对进一步完善 2016 年核算体系以及颁布后的组织实施、宣传解读、培训等工作做出部署。新的核算体系体现了我国治国理政新理念、新思想、新战略的指导,体现了创新、协调、绿色、开放、共享发展的原则。2017 年 7 月,国务院正式批复了《中国国民经济核算体系(2016)》。

记者:可能大家最为关心的还是 2016 年核算体系同过去相比,有哪些新的内容。

有关负责人:在 2002 年核算体系的基础上,2016 年核算体系主要在基本框架、基本概念和核算范围、基本分类、基本核算指标以及基本核算方法等五个方面进行了系统修订。

一是调整了基本框架。2016 年核算体系分为基本核算和扩展核算两大部分,为适应经济发展和经济管理需求,对两大部分核算内容都进行了调整、丰富和完善。在基本核算部分,调整了资产负债表的结构,重新设置了与 2008 年 SNA 基本一致的表式;增加了资产负债交易变化表和其他变化表;专门设立价格统计和不变价核算一章,反映货物和服务价格变化以及 GDP 和国民总收入的实际变化;调整了国际收支平衡表和国际投资头寸表的内容,与《国际收支和国际投资头寸手册(第 6 版)》进行了衔接;不再单独设置国民经济账户。在扩展核算部分,充实和调整了核算内容,将自然资源实物量核算表延伸到资源环境核算,调整了人口和劳动力核算,增加了卫生核算、旅游核算和新兴经济核算。

二是更新了基本概念和核算范围。针对经济发展出现的新情况、新变化和 2008 年 SNA 的建议,2016 年核算体系引入了一些新的概念,拓展了部分核算范围。引入了"经济所有权"概念,改变了相关交易的记录方式;引入了"知识产权产品"概念,取消了原有的"无形生产资产"的概念;引入了"雇员股票期权"概念,将其作为雇员报酬;

引入了"实际最终消费"概念,以客观反映我国居民的真实消费水平和我国政府在改善民生方面发挥的作用;扩展了生产范围,将自给性知识载体产品生产纳入生产范围;扩展了资产范围,将知识产权产品等纳入非金融资产的核算范围,将金融衍生品和雇员股票期权等纳入金融资产的核算范围。

三是细化了基本分类。参照 2008 年 SNA,结合我国分类标准的发展变化,2016 年核算体系调整和细化了一些基本分类。在机构部门分类中,单独设置了"为住户服务的非营利机构"部门,反映我国非营利组织的发展变化情况;增加了产品分类,将《统计用产品分类目录》作为国民经济核算的基本分类;细化了 GDP 支出项目分类,使其更加详细完整;调整细化了非金融资产分类,引入了知识产权产品等类别;修订了金融资产分类,引入了金融衍生工具和雇员股票期权等类别。

四是修订了基本核算指标。根据 2008 年 SNA,结合我国社会主义市场经济发展出现的新情况和新变化,2016 年核算体系修订了一些重要的国民经济核算指标的定义和口径范围。修订了"总产出"指标,按 2008 年 SNA 定义的"生产者价格"计算总产出;修订了"劳动者报酬"指标,将雇员股票期权纳入劳动者报酬;修订了"生产税净额"指标,进一步明确了我国生产税和生产补贴的核算范围;修订了"资本形成总额"指标,包含了研究和开发、娱乐文学艺术品原件等知识产权产品;修订了"财产收入"指标,将非上市公司的红利、准公司的收入提取、养老金权益的应付投资收入等纳入财产收入;修订了"社会保险缴费"和"社会保险福利"指标。

五是改进了基本核算方法。2016 年核算体系采用了与 2008 年 SNA 基本一致的核算方法,使得核算结果能够更加客观地反映我国有关经济活动的成果,提高国际可比性。调整了研究与开发支出的处理方法,将能为所有者带来经济利益的研究与开发支出不再作为中间投入,而是作为固定资本形成计入国内生产总值;改进城镇居民自有住房服务产出的计算方法,采用市场租金法计算城镇居民自有住房服务产出;改进了间接计算的金融中介服务产出的核算方法,采用了参考利率法;改进了中央银行产出的计算方法,依据服务性质区分为市场服务和非市场服务分别计算;改进了非寿险服务产出的核算方法,对巨灾后的实际索赔进行了平滑处理。

1.3 国民经济核算基本方法与规则

1.3.1 平衡法:复式记账和四式记账

国民经济核算的众多指标必须要用一定的方法和表式表现出来。国民经济核算的主要方法是平衡法,平衡法是对国民经济现象的数量对等关系进行分析研究的方法。国民经济是一个不断发展、不断运动的总体,其发展变化常常表现为两个对应方面的数量对等关系,比如收入与支出、来源与运用、投入与产出。国民经济核算以整个国民经济为研究范围,因此必然要从数量对等方面来描述和分析国民经济,也就必然要应用平衡法。平衡法的基本原则是：有收必有支，收支必相等。不管用什么形式来表现国民经济的数量对等关系，必须反映收支两方面，并且做到收支相等。

在平衡法的思想下，国民经济核算主要采用了会计复式记账方式。国民经济活动过程是连续不断的流，每个部门都在这个流中发挥着作用。每一项经济交易活动要根据所引起的资源流的不同性质同时记录两次，一个作为来源，一个作为使用，二者在数量上相等。与企业会计只立足于交易一方进行记账不同，国民经济核算会把交易双方都纳入核算的框架内，因此每项交易会涉及两个机构单位各自的复式记录，即每一笔交易会被交易双方分别记录两次，这样复式记账演变为四式记账（quadruple entry）。通过复式（四式）记账，使不同核算内容联系起来，形成一个有机的整体，并且可以检查不同核算部分之间的一致性，保证核算的平衡性。

1.3.2 国民经济核算的表式

基于复式记账思想，国民经济核算表式有两种，一种是账户，另一种是平衡表。其中账户又包括 T 字形账户和矩阵账户。

1. 账户

与企业复式记账不同的是，国民经济核算是在宏观上运用统计方法搜集数据，而不必就每一项交易进行记录。因此，国民经济核算账户是对宏观经济数据体系进行系统归集的表述。

（1）T 字形账户。这种账户形式为 借 贷，贷方表示收入，借方表示支出。当一项经济活动计入一个账户后，在对应账户上必须保持量上的平衡。通过账户项目的对应关系，把所有单个账户联系起来，从而形成账户体系。

假如我们设置生产账户、消费（收入支出）账户、投资（资本交易）账户、国外（国际收支）账户来概括地反映国民经济活动。某期发生了 10 项经济活动：

① 消费品买卖　　　　　　　　　　　　　　　　　210
② 资本物买卖　　　　　　　　　　　　　　　　　47
③ 出口　　　　　　　　　　　　　　　　　　　　52
④ 进口　　　　　　　　　　　　　　　　　　　　54
⑤ 增加值（国内生产的最终成果）　　　　　　　　255
⑥ 提取固定资产折旧　　　　　　　　　　　　　　19
⑦ 来自国外的要素收入净额　　　　　　　　　　　5
⑧ 储蓄　　　　　　　　　　　　　　　　　　　　27
⑨ 向国外的现期转移净额　　　　　　　　　　　　4
⑩ 向国外贷出净额　　　　　　　　　　　　　　　-1

采用复式记账方法，就要在这四个账户记录 20 次，如表 1-2 所示。

表 1-2 国民经济 T 字形账户

生产账户

1. 进口（18）	54	3. 消费品出售（6）	210
2. 增加值（9）	255	4. 资本物出售（12）	47
		5. 出口（16）	52
合计	309	合计	309

消费（收入支出）账户

6. 消费品购买（3）	210	9. 增加值（2）	255
7. 向国外的现期转移净额（19）	4	10. 减：固定资产折旧（13）	-19
8. 储蓄（15）	27	11. 来自国外的要素收入净额（17）	5
合计	241	合计	241

投资（资本交易）账户

12. 资本物购买（4）	47	15. 储蓄（8）	27
13. 减：固定资产折旧（10）	-19		
14. 向国外贷出净额（20）	-1		
合计	27	合计	27

国外（国际收支）账户

16. 出口品购买（5）	52	18. 进口品销售（1）	54
17. 要素收入净支付额（11）	5	19. 现期转移净收入额（7）	4
		20. 借入净额（14）	-1
合计	57	合计	57

各账项后边括号中的数字是该账项对应账项的编号。通过各账项和其对应账项从横向上把各个账户连接起来，比如，通过消费品买卖，把生产账户与消费账户连接起来了，通过资本物买卖，把消费账户与投资账户连接起来了……国内的每一个账户都有一个平衡项目，它们本身是很重要的总量指标，同时又起着从纵向上连接各个账户的作用。比如生产账户中的增加值、消费账户中的储蓄就是这样的平衡项目。

（2）矩阵账户。把所有 T 字形账户排列在一个由横行、纵列交叉组成的棋盘式表中，就形成了矩阵账户。矩阵账户的横行和纵列按相同的名称和顺序排列各个 T 字形账户，横行排列 T 字形账户贷方的内容，即横行表示收入，纵列排列 T 字形账户借方的内容，即纵列表示支出。矩阵账户中每一个数值都至少是两个 T 字形账户中的对应项目，因此，每一个数值都有两层含义。这样每一项经济活动的数值虽然只登记了一次，但是又不失复式记账的原理，而且简化了记账手续。表 1-3 中粗线里的数值是根据表 1-2 的四个 T 字形账户编制的矩阵账户，粗线外的数值是存量（资产负债）账户的数值。

表 1-3 国民经济矩阵账户

	期初资产 1	生产 2	消费 3	积累 4	国外 5	估价调整 6	期末资产 7
期初资产 1				693			
生产 2			210	47	52		
消费 3		255		-19			
积累 4	693		27			44	764
国外 5		54	4	-1			
估价调整 6				44			
期末资产 7				764			

矩阵账户既可以高度概括，又可以详细分解，始终把所要研究的问题放在总体的综合平衡中；它既可以包括流量（国内生产总值、投入产出、资金流量、对外交易）账户的数值，又可以包括存量账户（资产负债账户）的数值，将流量与存量有机地结合在一起，完整地反映再生产活动及其内在联系；又由于采用了矩阵形式，可以比较方便地建立数学模型。因此，矩阵账户是平衡法的最好形式。

阅读材料：与工商会计之间的联系[一]

SNA 所使用的核算规则和程序是以工商会计长期使用的那些规则和程序为基础的。传统的复式记账原则，即一笔交易要在交易双方每一方的账户中做一对互相匹配的借方和贷方登录，这是经济核算或国民经济核算的一个基本原则。例如，对于产出的销售，不仅要在卖方的生产账户中有一笔登录，而且必须在卖方金融账户中也有一笔等值的登录，以记录因出售产出而收到的现金或短期金融信贷。由于这两笔等值登录也是买方所必需的，因此这项交易实际上在涉及卖方和买方两方的宏观经济账户体系中同时会有四笔等值的登录。一般说来，两个不同机构单位之间的交易，总是需要在 SNA 账户中同时做四笔等值的登录（即四式记账），即使该交易仅是一种转移而不是交换，甚至没有发生货币转手也是如此。多重记账使得不同机构单位和部门之间的交互作用能够得到记录和分析。但是，一个机构单位的内部交易（例如单位对自身产出的消费）只需两笔记录即可，而且其交易价值需要估算。

SNA 的设计和结构高度依赖于经济理论和原则以及工商会计的核算惯例，例如生产、消费和资本形成等基本概念根植于经济理论。当工商会计的惯例与经济原理相冲突时，要优先考虑后者，这是因为，SNA 是为了经济分析和政策制定的目的而设计的。工商会计和经济理论之间的区别，可以通过 SNA 中所使用的生产成本的概念来说明。

工商会计通常（但不是一成不变）按历史基础来记录成本，从而在一定程度上保证其完全客观性。历史成本核算要求对生产中所使用的货物或资产按照获得时发生的实际支出估价，不管这些支出是在过去什么时候发生的。然而，SNA 所使用的是经济学中定义的机会成本概念。换句话说，在某一特定生产过程中使用或耗尽的某些现有资产或货物的成本，是通过将这些资产或货物以其他方式使用时能够获得的收益来衡量的。机会成本是以在使用资产或资源时放弃的机会为基础来计算的，它不同于为获得该资产或货物而发生的成本。在实践中，机会成本核算的最切实际的近似值是现期成本核算，为此要对生产过程中所使用的资产和货物按照该项生产活动发生时的实际或估算的当期市场价格进行估价。有时将当期成本核算称为重置成本核算，尽管在使用该资产或货物后可能并没有实际替换它的打算。

SNA 与工商会计的一个区别在于，SNA 中所使用的平衡项并不采用工商会计中"利润"这个术语。企业收入近似于税前利润，可支配收入近似于税后利润。SNA 使用可支配

[一] 摘自《国民账户体系（2008）》第一章绪论，第12页。

收入这个术语是基于以下事实：住户部门的可支配收入反映住户在维持其净值（即按现价估计的资产减去负债后的价值）不变的情况下，可用于消费的最大数量。对于企业来说，由于它没有最终消费，因此其可支配收入等于可用于投资的数额。

与工商会计的另一个区别在于，SNA 在计算收入时不包括因那些仅仅由不同单位之间的财富再分配而产生的资本转移才得到或处置的资产，也不包括从与生产无关的事件（如地震、其他自然灾害或战争）中得到或处置的资产，同理，生产活动所得的收入中也不包括相对价格变化引起的资产或负债实际持有收益和损失。

2. 平衡表

平衡表是表现某种或某些现象的数量对等关系的表格。这种表格着眼于总量平衡，对构成总量的各个部分并不要求从两方面对等反映。平衡表根据下列平衡等式构造：

期初存量 + 本期增加量 = 本期使用量 + 期末存量

本期来源 = 本期运用

前一个式子为动态平衡式，经常用于表现社会产品的数量对等关系，比如：

期初库存量 + 本期生产量 + 进口 + 其他 = 本期生产使用 + 本期生活使用 + 出口 + 其他 + 期末库存量

后一个式子为静态平衡式，经常用于表现收支、劳动力资源的数量对等关系。

平衡表有两种：简单平衡表和并列式平衡表。

（1）简单平衡表。

简单平衡表也称为收付式平衡表，它只反映一个单项事物（比如一种产品）、一个单位的数量对等关系。简单平衡表有左右排列和上下排列两种。左右排列的简单平衡表以左方表示资源、收入等，右方表示运用、支出等，如表 1-4 所示；上下排列的简单平衡表以上方表示资源、收入等，下方表示运用、支出等，如表 1-5 所示。

表 1-4 产品平衡表

来源	使用
期初库存	本期使用
本期增加	生产用
生产量	生活用
进口	出口
其他	其他
	期末库存

表 1-5 产品平衡表

	本年	上年	本年比上年增长
期初库存			
本期增加			
生产量			
进口			
其他			
本期使用			
生产用			
生活用			
出口			
其他			
期末库存			

(2)并列式平衡表。

把多个简单平衡表平行排列在一起,就形成了并列式平衡表。并列式平衡表可以表示多个事物(比如多种产品)、多个单位的数量对等关系,其表式如表 1-6 所示。

表 1-6 主要商品资源与使用平衡表

商品名称	计量单位	资源				使用				
		期初库存	生产	进口	其他	生产用	生活用	出口	其他	期末库存
粮食										
棉花										
钢铁										
原油										
……										

1.3.3 记录时间

四式记账原理要求交易或其他流量必须在同一时点计入交易双方的有关账户中,即机构单位间的交易必须在债权和债务产生、转换或取消之时进行记录,这种要求即是记录时间的权责发生制原则。

记录时间的处理一般有现金收付制、到期应付制和权责发生制等。权责发生制原则要求凡是本期实际发生的权益和债务的变化,都作为本期的实际交易加以核算,而不论款项是否在本期收付。

国民经济核算记录时间采用权责发生制原则,主要有以下考虑:一是权责发生制与 SNA 界定经济交易和其他流量的方式是一致的;二是经济活动中存在大量非货币性交易,并不适应于现金收付制等原则,比如实物交易、机构部门某些内部交易等。

1.3.4 估价方法

按照四式记账原则,一笔交易还必须在交易双方的各个账户中以相同的价值加以记录,同样的要求适用于资产和负债。因此,国民经济核算要求对所有活动,选择统一的估价基础和方法;对同一交易活动,不同交易者要采用相同的估价基础和估价方法。国民经济核算估价的基本原则是市场价格。市场价格是指有意购买者从有意出售者手中获得某物所支付的货币数额。市场价格主要有三种口径:基本价格、生产者价格和购买者价格,有关这三种价格的内容在本书的第 8 章介绍。

根据市场价格原则,对于产生于当期的有货币支付行为的交易都按交易双方认定的成交价格,即市场价格来估价。对于那些当期没有发生实际交换行为,非货币交易以及那些由过去延续下来的资产存量,则应按照现期价格(current price)来进行估算,具体有类比法、重置成本法、未来收益贴现法等。

1.3.5 数据整合方法

国民经济核算需要对大量原始数据进行整合，以形成系统的、概括性的经济总量数据。数据整合的方法主要以下几种。

1. 汇总

国民经济核算是国民经济活动的宏观核算，需要对同一时期的同一类活动进行汇总以得到相关经济总量。数据的汇总可以是在整个国民经济的总体层面，也可以就某个机构部门层面或企业层面展开。

2. 合并

数据合并是指如果从事交易的单位被合并为一组，就要把这些单位间发生的交易从使用和来源两方加以剔除，并把相互间存在的金融资产及其相应的负债予以剔除。简而言之，合并即是对同一个部门内不同经济单位之间的同类交易或借贷关系进行合并。国民经济核算中的数据合并主要用于金融公司内部和一般政府部门。

3. 取净额

某些交易在一个机构单位内既可以作为使用出现，也可以作为来源出现，将来源方与使用方的数据合并后，可以得到净增加或净减少，这就是取净额。如对于银行而言，既有存款存入也有存款兑付，既有贷款发放也有贷款清偿，将它们二者分别相抵后，以其差额记录，这就是取净额。取净额是将同一部门内部的相关数据合并在一起并通过取净额，以抵消部门内部的部分交易。在 SNA 中，只对一些特定情形才进行取净额，如生产税净额、金融资产和负债的变化等。

需要注意的是，取净额与合并的差异，取净额抵消的是同一部门中使用方与来源方（或资产方与负债方）的数据，合并抵消的是同一部门内不同子部门之间的数据。

□ 本章小结

1. 国民经济是一个国家或一个地区所有的部门及其进行的所有活动组成的有机整体，这个有机整体具有多因素、多系统、多层次的特点。这决定了国民经济统计学研究对象的系统性、研究方法的多样性。
2. 国民经济核算是反映国民经济运行状况的有效工具，是宏观经济管理的重要依据，是制定和检验国民经济规划的科学方法，是规范经济统计的基本框架，是协调经济统计数据的重要手段。
3. 国民经济核算体系就是伴随着社会化大生产的发展，国家经济管理职能的加强而逐步产生发展起来的。世界曾经并存过两大核算体系——SNA 和 MPS。两大核算体系最根本的区别是生产范围不同。SNA 产生于市场经济的土壤，其发展始终遵循"发展"和

"可比"两条主线，因而使得 SNA 为越来越多的国家和地区所采用，以至于取代了 MPS。

4. 中国国民经济核算体系包括五大核算内容：国内生产总值核算、投入产出核算、资金流量核算、国际收支核算和资产负债核算。在表现这五大核算内容时，既用了平衡表，又用了平衡账户。

5. 国民经济核算的基本思想是平衡法，平衡法的基本原则是：有收必有支，收支必相等。复式记账和四式记账是平衡法思想的具体体现。国民经济核算的形式主要有平衡账户和平衡表。国民经济核算的记录时间原则是权责发生制，估价原则是市场价格，数据整合的方法有汇总、合并和取净额。

□ 思考题

1. 什么是国民账户体系？
2. 中国国民经济核算的基本框架由哪些部分构成？它们之间有什么关系？
3. 简述国民经济核算的功用。
4. SNA 产生发展始终遵循的两条主线是什么？
5. SNA 与 MPS 的根本区别是什么？
6. 国民经济核算的表现形式有哪些？
7. 国民经济核算的数据整合方法有哪些？

CHAPTER 2

第 2 章

国民经济分类

任何一门学科的分类都是这门学科中最基本的理论和实践问题。国民经济运行的性质、特点,可以通过国民经济的结构反映出来。国民经济有多种多样的结构,国民经济中的各个组成部分之间,在性质上相互区别,在数量上又有关系。对国民经济进行科学分类,是正确反映国民经济各个部分之间数量关系的前提。

2.1 国民经济分类的基本问题

2.1.1 国民经济分类的概念和意义等

1. 国民经济分类的概念

国民经济是由成千上万的经济活动主体和千差万别的经济活动所组成的一个庞大而复杂的经济大系统。社会再生产各个环节、各个部门、各个地区之间既有自己的活动范围和特点,又通过经济结构的网络相互交错地构成国民经济这个有机整体。国民经济运行的性质、特点,通过国民经济的结构反映出来。国民经济结构就是国民经济的各种组成部分。国民经济有多种多样的结构,如产业结构、产品结构、分配结构、所有制结构、消费结构、投资结构、地区结构等。国民经济分类就是对客观存在的国民经济结构的统计描述。对国民经济进行科学的分类,是正确认识国民经济及其各个部分之间数量关系的前提。对国民经济分类的理解应当掌握这样几个要点:

(1) 国民经济分类要遵循统计分组的基本原则。统计分组是根据统计研究的目的,将总体按照一定标志划分为若干不同部分的一种统计方法。国民经济分类是统计分组法在国民经济统计中的运用。

(2) 要将国民经济的各种分类相结合。国民经济是一个多分支、多层次、多方面的复杂系统。国民经济结构是实现社会物质生产和社会生活的各种具有不同功能的社会经济活动的有机结合。因而可以从不同角度按不同标志进行分类考察。每一种分类都是国民经济结构某一个侧面的统计描述，都有其独特的意义和作用。不能要求某种分类无所不包地再现国民经济的完整结构。同时，为了系统描述国民经济结构，国民经济的基本分类应该形成一个体系，各种分类在国民经济分类体系中相互结合、互相补充，但不能相互取代。

（3）国民经济分类必须具有可行性。国民经济分类是整个国民经济统计工作的基础，更是国民经济管理工作的基础。国民经济分类的标准化是国际对比的必要条件。因此在制定国民经济分类标准时，既要考虑与国外实际存在的差别，又要考虑分类的可转换性。

（4）国民经济结构是不断发展变化的。既然国民经济分类是对国民经济结构的反映，国民经济分类也必须是发展的，不是一成不变的。

2. 国民经济分类的意义

国民经济分类在国民经济统计中具有重要的作用，主要表现在以下几个方面：

（1）国民经济分类是进行国民经济分析的基础。一切社会经济现象都是相互联系、相互依存、相互制约的，必须采用科学的方法，才能正确了解、认识这些社会经济现象。通过对这些现象进行分类，可以深入分析现象的数量关系。对国民经济分类，是我们正确认识国民经济各个单位之间、各个部门之间、各个环节之间数量关系的基础，是进行国民经济统计分析的起点。

（2）通过分类整理，可以使零星分散的资料系统化、条理化，分析国民经济的运行规律。社会经济现象是复杂的，现象之间既相互联系、相互制约，又存在差异。通过分类，可以揭示国民经济各部分之间的差异，反映其本质和规律。

（3）通过分类，可以分析国民经济的结构。将国民经济按照某种标志分成若干部分，计算各个部分所占比重，揭示国民经济内部的构成状况，表明部分与整体、部分与部分之间的关系，是国民经济分析的一个重要内容。

3. 国民经济分类的原则

在国民经济分类时，必须遵守以下基本原则。

（1）坚持以马克思主义理论为指导，与中国实际相结合的原则。马克思主义是指导我们经济活动的理论基础。国民经济分类要科学地反映国民经济结构的实质，必须以科学的思想方法体系为指导。马克思主义理论为我们科学地认识国民经济结构的实质指明了方向。因而，在进行国民经济分类时，必须以马克思主义理论为指导，同时，要结合中国的实际情况，分类要有利于反映我国国民经济结构中存在的问题，要与我国原有的经济分类相衔接，要适应我国经济管理的需要。

（2）系统性原则。由于国民经济结构的复杂性，在国民经济统计工作中不可能只采用一种分类，在进行某种分类时，也不能只采用一种标志。因此，国民经济分类要从系统思想出发，既要处理好不同分类的关系，又要处理好同一分类中不同标志的关系。同时要抓住重点，即基本分类和基本分类标志的选择。

（3）国际对比原则。为了便于我国国民经济的统计数据能够与国际比较，在进行国民经济分类时，要积极吸取国际上经济分类的经验。在明确中外国民经济结构差异的前提下，增强中国分类标准的可转换性，以适应国际对比的要求。

（4）动态化原则。在国民经济分类中，既要反映我国国民经济结构的现状，又要预见未来国民经济和社会发展的需要，如国民经济行业分类中，对于重点行业和新兴行业可适当增加细分类。

4. 国民经济活动分类的对象

国民经济是一个国家或地区全部经济活动的总和。从国民经济主体看，由许许多多的企业、事业、行政单位组成；从国民经济的客体看，由这些部门所从事的各种各样的经济活动及这些经济活动的成果构成。因此，国民经济分类对象是组成国民经济实体的经济活动单位以及它们的生产要素和生产成果。对国民经济主体，即经济活动单位，根据生产性质进行产业部门分类，或根据有无财务决策权进行机构部门分类；对国民经济客体，根据经济活动进行交易分类。

2.1.2 国民经济主体统计分类的基本单位

根据联合国国民经济核算体系（SNA）的规定，基层单位和机构单位是国民经济两种基本的分类。结合中国的具体国情，国民经济主体分类的基本单位分成两类：一类是基层单位，另一类是机构单位。

1. 基层单位

基层单位是指在一个场所从事或主要从事一种社会经济活动，相对独立地组织生产经营或业务活动，能够掌握收入和支出等业务核算资料的经济实体。从基层单位的定义可以看出，一个基层单位必须同时具备以下两个条件：

（1）生产地点的唯一性。如果一个企业在不同场所从事生产活动，即使是从事同一种类型的生产活动，也要划分为不同的基层单位。

（2）生产活动的单一性。尽管一个基层单位内可以包括一种或一种以上次要生产活动，但其规模必须小于主要活动。

当一个单位对外从事两种以上的经济活动时，占其单位增加值份额最大的一种活动称为主要活动。如果无法用增加值确定单位的主要活动，可以依据销售收入、营业收入或从业人员确定主要活动。

与主要活动相对应的是次要活动和辅助活动。次要活动是指一个单位对外从事的所有经济活动中，除主要活动以外的经济活动。辅助活动是指一个单位的全部活动中，不对外提供产品和劳务的活动。辅助活动是为了保证本单位主要活动和次要活动的正常运转而进行的一种内部活动。

鉴于市场在现代经济生活中发挥的重要作用，SNA把基层单位进一步区分为市场生产者、为自己最终使用生产者和其他非市场生产者三种类型。市场生产者主要生产按经济意义显著的价格出售的货物和服务。为自己最终使用生产者主要生产供自己最终消费或固定资本形成的货物和服务。而其他非市场生产者则不收费或以经济意义不显著的价格提供其生产的大部分货物和服务。

2. 机构单位

机构单位是指能以自己的名义拥有资产和承担负债，能够独立地从事经济活动并与其他实体进行交易的经济实体。机构单位的特点是：①有权独立拥有货物和资产，能够与其他机构单位交换货物或资产的所有权；②能够对经济生活的各个方面进行决策并从事相应的经济活动；③能够以自己的名义负债，承担其他义务或未来的承诺，并能签订契约；④在会计上独立核算，能够编制包括资产负债表在内的一套在经济和法律上有意义的完整账户。

在实际工作中，满足机构单位条件的单位可以分为两类：一类是住户，指共同居住、共享全部或部分收入和财产，并在一起消费的个人群体；另一类是得到法律或社会承认的独立于其所有者的法人或社会实体，如公司、非营利机构或政府单位。为了明确界定哪些经济主体构成本国的经济总体，哪些经济主体属于"国外"，SNA 将机构单位进一步分为常住机构单位和非常住机构单位两种类型。

常住机构单位简称常住单位，是指在一个国家的经济领土内具有经济利益中心的机构单位。"经济领土"由一国政府控制或管理的、其公民及货物和资本可以在其中自由流动的地理领土组成。一国的经济领土包括大陆领地扣除国外的飞地；领海、领空和位于国际水域而本国具有捕捞和海底开采权的大陆架；在国外的飞地，即位于其他国家中，经所在国政府正式政治协议，由本国政府拥有或租用的用于外交、军事、科研等目的的地域；任何免税区或在海关控制下由境外企业经营的保税仓库或工厂。"经济利益中心"需满足三个条件：时间超过一年，有一定的活动场所，从事相当规模的经济活动和交易。常住单位是国民经济核算的统计主体，常住单位的界定影响着流量的计算。国内生产总值是常住单位生产的，分配是常住单位对要素所有者的分配，消费和资本形成是常住单位的最终使用，进出口是常住单位与非常住单位之间的交易。非常住单位在国民经济核算中称为"国外"。

👆 阅读材料：国民经济核算的主体原则[一]

在国民经济核算中，依据"经济领土"和"经济利益中心"区分"常住单位"与"非常住单位"，进而界定"经济总体"与"国外"，才能保证其核算主体和核算内容的完整性与一致性，故"常住经济单位"是一个重要的基础范畴。由此形成国民经济核算的一些基本规定，我们将其归纳为如下的"国民经济核算主体原则"：

国民经济核算以常住单位为主体，着重考察其全部经济活动，以及这些活动据以进行的全部资源条件。一国的全体常住单位构成国民经济总体；非常住单位只有在与所论经济总体发生经济交易或资产负债等关系时，才被纳入核算范围，并构成相应的"国外部门"。

[一] 杨灿. 国内生产, 国民收入与国民核算的主体原则 [J]. 统计与预测, 2002(2): 23-26.

依据这一原则，国民经济核算必须全面考察常住单位所从事的各种生产、分配、消费、投资和融资等经济活动，以及由此引发的对外经济往来；全面考察常住单位从事有关活动所需要的各种经济条件（即人力、财力和物力资源），以及由此形成的对外经济关系。非常住单位（或国外）所从事的生产、消费和非金融投资等活动一般不属于国民经济核算的考察对象（因为这些活动在核算上独立于所论经济总体），而它们所从事的分配和金融活动以及它们所持有的资产负债存量中，也只有与所论经济总体发生了国际收支关系或债权债务关系的那一部分，才能构成国民经济核算的对象。

在国民经济核算中，尽管常住单位与非常住单位、经济总体与国外的概念已被明确无误地加以界定，但主体原则的运用方式却并不是一成不变的。考虑到分析上的不同需要，这里仍然具有相当的灵活性。以主体原则为基础核算宏观经济指标，一般必须以相应的经济总体（即全体常住单位）作为计算范围：该经济总体的生产成果指标即为"国内生产总值"（GDP）或"国内生产净值"（NDP），其收入初次分配指标即为"国民总收入"（GNI）或"国民净收入"（NNI）（有关指标中"总"额与"净"额的差异仅在于是否包括固定资本折旧，下述可支配收入和储蓄等指标亦可类似地区分）。其收入再分配指标即为"国民可支配收入"（NDI），其收入支配指标即为"国民消费"（NC）和"国民储蓄"（NS），其全部资产与负债相抵之后的净存量则为"国民财富"（NW）。一国对外经济活动所形成的国际收支也必须以经济总体作为划分界限，常住单位之间的经济交易只能形成"内部收支"，而常住单位与非常住单位之间（或经济总体与国外之间）的经济交易才属于"国际收支"。

3. 两种单位的比较

基层型单位是按照生产经营活动决策权的性质来区分的，它强调的就是这种生产活动的同质性；机构型单位是按照财务决策权的性质来划分的，它强调的就是这种权利的同质性。机构单位和基层单位之间存在一种隶属关系，即一个机构单位可以包含若干个从事不同生产活动的完整的基层单位，而一个基层单位则必定从属于某个机构单位，且只能从属于一个机构单位。当机构单位只有一个场所并从事一种或主要从事一种生产活动时，该机构单位同时也是基层单位。

2.2 产业部门分类与机构部门分类

2.2.1 国民经济产业（或行业）部门分类

在中国，"国民经济产业分类"习惯上称为"国民经济行业分类"。行业（或产业）是指从事相同性质的经济活动的所有单位的集合。"单位"是指有效地开展各种经济活动的实体，是划分国民经济行业的载体。产业（或行业）部门分类的对象是产业活动单位。所谓产业活动单位，是法人单位的附属单位。其中，法人单位是指依法成立，有自己的名称、组织机构和场所，能够独立承担民事责任，独立拥有和使用（或授权使用）资产，承担负债，有权与其他单位签订合同，在会计上独立核算，能够编制资产负债表的单位。在此基础上，产业活动单位应具备以下条件：第一，在一个场所从事一种或主要从事一种经济活动；第二，相对独立地组织生产、经营或业务活动；第三，能够掌握收入和支出等资料。

产业部门分类是将经济总体中全部常住单位下属的基层单位按其主要生产活动的同质性分类形成的。产业部门分类是从生产角度，通过将从事类似活动的基层单位加以归并而形成的国民经济主体分类。

1. 国民经济行业分类

国民经济行业分类是划分全社会经济活动的基础性分类，目前国际上涉及经济活动的分类标准主要有三项：①联合国统计司制定的《所有经济活动的国际标准行业分类》（ISIC）。为使世界各国的产业分类统计资料具有可比性，联合国于 1948 年首次制定了 ISIC，并于 1958 年、1968 年、1988 年、2006 年做了四次修改。ISIC 认为凡是能够在市场上通过交换取得收入的经济活动，都应该纳入产业分类范围。这项标准是生产性经济活动的国际基准分类，是一个参照性的国际标准文件，并不等同于各国的产业分类。目前国际上采用的是 2006 年发布的 ISIC 修订本第 4 版。ISIC 按照生产要素的投入、生产工艺、生产技术、产出特点及产出用途等因素，将经济活动划分为 21 个门类、88 个大类、238 个中类和 419 个小类。②欧盟统计局建立的欧盟产业分类体系（NACE），目前采用的是 2006 年修订发布的 NACE2.0 版本，包含 21 个门类、88 个大类、272 个中类、615 个小类。③由美国、加拿大和墨西哥联合建立的北美产业分类体系（NAICS），该分类将经济活动划分为五个层次，前四个层次为统一分类，第五层为三个国家各自设定的细分类。现行的北美分类体系每五年修订一次，最新的 2017 年版分类中包含 20 个门类、99 个大类、312 个中类、713 个小类，美国的细类是 1 069 个。

中国的国民经济行业分类也是以经济活动的同质性作为划分标准。中国《国民经济行业分类》是依据 ISIC 基本原则建立的国家统计分类标准，明确规定了全社会经济活动的分类与代码，适用于统计、规划、财政、税收、工商等国家宏观管理中对经济活动的分类，并用于信息处理和信息交换，是经济管理和统计工作的基础性分类。

中国《国民经济行业分类与代码》亦采用四级分类：门类用英文字母表示，大、中、小类用四位阿拉伯数字代码表示，第一、第二位代表大类，第三位代表中类，第四位代表小类。该标准主要以产业活动单位和法人单位作为划分行业的单位。采用产业活动单位划分行业，适合生产统计和其他不以资产负债、财务状况为对象的统计调查；采用法人单位划分行业，适合以资产负债、财务状况为对象的统计调查。在以法人单位划分行业时，应将由多法人组成的企业集团、集团公司等联合性企业中的每个法人单位区分开，按单个法人单位划分行业。本标准按照单位的主要经济活动确定其行业性质。当单位从事一种经济活动时，则按照该经济活动确定单位的行业；当单位从事两种以上的经济活动时，则按照主要活动确定单位的行业。

中国《国民经济行业分类》国家标准于 1984 年首次发布，分别于 1994 年、2002 年和 2011 年进行修订，2017 年进行了第四次修改。该标准（GB/T 4754—2017）由国家统计局起草，国家质量监督检验检疫总局、国家标准化管理委员会批准发布，并于2017年10月1日实施。该标准按照GB/T 1.1—2009给出的规则进行起草，代替GB/T 4754—2011《国民经济行业分类》，与GB/T 4754—2011相比，保留GB/T 4754—2011主要内容，对个别大类及若干中类、小类的条目、名称和范围做了调整。新行业分类共有20个门类、97个大类、473个中类、1 380个小类。与2011年版比较，门类没有变化，大类增加了1个，中类增加了41个，小类增加了286个。

阅读材料：我国国民经济行业分类2017版与2011版结构对比

国民经济行业分类新旧结构对照表如表2-1所示。

表2-1 国民经济行业分类新旧结构对照表

GB/T 4754—2017 门类	大类	中类	小类	GB/T 4754—2011 门类	大类	中类	小类
A 农、林、牧、渔业	5	24	72	A 农、林、牧、渔业	5	23	60
B 采矿业	7	19	39	B 采矿业	7	19	37
C 制造业	31	179	609	C 制造业	31	175	532
D 电力、热力、燃气及水生产和供应业	3	9	18	D 电力、热力、燃气及水生产和供应业	3	7	12
E 建筑业	4	18	44	E 建筑业	4	14	21
F 批发和零售业	2	18	128	F 批发和零售业	2	18	113
G 交通运输、仓储和邮政业	8	27	67	G 交通运输、仓储和邮政业	8	20	40
H 住宿和餐饮业	2	10	16	H 住宿和餐饮业	2	7	12
I 信息传输、软件和信息技术服务业	3	17	34	I 信息传输、软件和信息技术服务业	3	12	17
J 金融业	4	26	48	J 金融业	4	21	29
K 房地产业	1	5	5	K 房地产业	1	5	5
L 租赁和商务服务业	2	12	58	L 租赁和商务服务业	2	11	39
M 科学研究和技术服务业	3	19	48	M 科学研究和技术服务业	3	17	31
N 水利、环境和公共设施管理业	4	18	33	N 水利、环境和公共设施管理业	3	12	21
O 居民服务、修理和其他服务业	3	16	32	O 居民服务、修理和其他服务业	3	15	23
P 教育	1	6	17	P 教育	1	6	17
Q 卫生和社会工作	2	6	30	Q 卫生和社会工作	2	10	23
R 文化、体育和娱乐业	5	27	48	R 文化、体育和娱乐业	5	25	36
S 公共管理、社会保障和社会组织	6	16	34	S 公共管理、社会保障和社会组织	6	14	25
T 国际组织	1	1	1	T 国际组织	1	1	1
（合计）20	97	473	1 381	（合计）20	96	432	1 094

㊀ 摘自《国民经济行业分类（GB/T 4754—2017）》。

2. 三次产业分类

（1）三次产业分类的概念和特点。

国民经济可以按照产业发生的时序及劳动对象的特点，划分为第一次产业、第二次产业、第三次产业。三次产业分类是社会经济发展到一定水平后，由现代宏观经济管理和分析的需要产生的一种对国民经济结构的分类方法。英国经济学家阿·费希尔（A. Fisher）首先提出了这种划分。他认为，纵观世界经济史，可以发现人类生产活动有三个阶段：在初级生产阶段上，生产活动以农业和畜牧业为主；第二阶段，以工业生产大规模发展为标志，纺织、钢铁和其他制造业的发展为就业和投资提供了广泛的机会；第三阶段始于20世纪初，其特点是以各种服务的提供为主。根据这三个阶段先导产业的发展变化，可以把国民经济分为三次产业。

三次产业划分在国际上是比较通用的分类方法，其特征是：①三次产业划分与人类生产活动的历史发展顺序相一致；②三次产业划分中的各次产业顺序与人类消费需求的紧迫程度有关，从而与人类消费结构变化相适应；③三次产业划分只是从一般意义上反映了国民经济的结构。

世界各国和国际组织对三次产业分类的基本框架大致相同，但在具体划分方法上有所差异。其主要分歧是：第一，矿业和采掘业属于第一产业还是第二产业的问题；第二，建筑业、交通、通信和煤气、电力、自来水等公用事业属于第二产业还是第三产业的问题。目前国际上对三次产业的划分没有统一的标准。但多数国家和国际组织划分的三次产业范围大体是一致的。即将农、林、牧、渔业划为第一产业；将采矿业，制造业，电力、燃气及水的生产和供应业，以及建筑业划为第二产业；将其他行业划为第三产业。

（2）中国三次产业分类的标准。

在我国，把国民经济划分为三次产业是极为必要和重要的。我国是根据社会生产活动发展的顺序划分三次产业的。我国对三次产业的划分始于1985年，当时为了适应进行国民生产总值统计的需要而提出了三次产业的划分范围。随着社会经济的不断发展，我国国民经济行业变化较大。为了及时准确地反映我国三次产业的发展状况，同时更好地进行国际比较，在2002年修订的《国民经济行业分类》国家标准的基础上，2003年，印发了《国家统计局关于印发〈三次产业划分规定〉的通知》（国统字〔2003〕14号），对原三次产业的划分范围进行了调整，制定了新的《三次产业划分规定》。为更好地反映我国三次产业的发展情况，满足国民经济核算、服务业统计及其他统计调查对三次产业划分的需求，2012年，根据国家质检总局和国家标准委颁布的《国民经济行业分类》（GB/T 4754—2011），国家统计局再次对2003年《三次产业划分规定》进行了修订。2018年国家统计局下发了关于修订《三次产业划分规定（2012）》的通知，目前我国三次产业划分的标准是：

第一产业是指农、林、牧、渔业（不含农、林、牧、渔服务业）。

第二产业是指采矿业（不含开采辅助活动），制造业（不含金属制品、机械和设备修理业），电力、热力、燃气及水生产和供应业，建筑业。

第三产业即服务业，是指除第一产业、第二产业以外的其他行业。第三产业包括：批发和零售业，交通运输、仓储和邮政业，住宿和餐饮业，信息传输、软件和信息技术服务业，金融业，房地产业，租赁和商务服务业，科学研究和技术服务业，水利、环境和公共设施管理业，居民服务、修理和其他服务业，教育，卫生和社会工作，文化、体育和娱乐业，公共管理、社会保障和社会组织，国际组织，以及农、林、牧、渔业中的农、林、牧、渔专业及辅助性活动，采矿业中的开采专业及辅助性活动。

2.2.2 国民经济机构部门分类

SNA将机构单位定义为"能够独立拥有资产、承担负债，从事经济活动并能与其他经济单位进行交易的实体"。机构部门是指把某种相似的机构单位归并在一起的机构单位的总称。机构部门分类是与金融流量和收入支出核算相联系的，是对同一经济总体中能够独立地拥有收入的取得与支配、资金的筹集和运用等决策权的经济行为主体所进行的分类。机构部门分类主要用于划分法定单位之间形成的部门资金流量（包括收入分配、投资、金融交易、货币运动等），编制资金流量表和部门收支平衡表，从宏观上把握经济总体的价值循环过程。

机构部门分类是关于经济总体中全部常住单位的分类，是把经济目的、功能和行为相似的机构单位归并在彼此不重叠的集合中。

（1）非金融企业部门：由从事市场货物和非金融服务生产的，以盈利为目的并在工商行政管理部门登记的所有机构单位构成的总体，包括具备法人资格的各种农业企业、工业企业、建筑企业、批发零售企业、交通运输业企业等各类非金融法人企业，不包括附属于行政事业单位的不具备法人资格的企业和个体经济。

（2）金融机构部门：由从事金融中介活动或辅助金融活动的所有机构单位构成的总体，包括从事货币金融服务、资本市场服务、保险服务、其他金融服务等活动的法人单位。

（3）广义政府部门：是指在设定区域内对其他机构单位拥有立法、司法或行政权的法律实体及其附属单位构成的总体。主要包括各种群众团体、事业单位、基层群众自治组织等。广义政府机构的主要职能是利用征税和其他方式获得的资金向社会和公众提供货物和服务；通过转移支付，对社会收入和财产进行再分配；从事非市场性生产。

（4）为住户服务的非营利机构部门：为住户服务的非营利机构指从事市场性生产、为住户服务、其资金主要来源于会员会费和社会捐赠且不受政府控制的非营利机构构成的总体。例如，宗教组织，各种社交、文化、娱乐和体育俱乐部，以及公众、企业、政府机构、非常住单位等以现金或实物提供资助的慈善、救济和援助组织等。

（5）住户部门：指共享同一生活设施，共同使用部分或全部收入和财产，共同消费住房、食品和其他消费品与服务的常住个人或个人群体构成的整体。住户部门既是生产者，也是消费者和投资者。作为生产者，住户部门包括所有农户和个体经营户，以及住户自给性服务的提供者。

在《中国国民经济核算体系（2016）》发布之前，我国国民经济核算中的机构单位分类只包括了以上前四个部门，而没有包含"为住户服务的非营利机构部门"。参照2008年SNA，结合我国分类标准的发展变化，《中国国民经济核算体系（2016）》调整和细化了一些基本分类。在机构部门分类中，单独设置了"为住户服务的非营利机构"部门，反映我国非营利组织的发展变化情况。同时，还增加了产品分类，将《统计用产品分类目录》作为国民经济核算的基本分类。

阅读材料：联合国所有经济活动的国际标准产业分类的说明[一]

经济统计描述经济交易者的活动和在他们之间发生的交易。在现实世界中，生产货物和提供服务的经济实体在其法律、会计、组织和经营结构方面情况各异。为建立各实体间一致和在国际上可比的统计，有必要界定和划定标准的统计单位，作为收集和汇编的观察单位。当汇编统计数据所涉及的单位用类似的方式加以定义和分类时，统计数据的可比性就大大增强了。

经济实体有许多特征，关于它们的各种所需数据可以用许多方法加以分类，其中最重要的是按机构部门、活动和地理区域分类。如果要按这些特征对统计单位进行分类，就要求它们在机构部门、经济活动或地点方面尽可能是同质的，这一点在对它们进行定义时至关重要。

机构单位是国民账户体系的核心单位，随后的定义均体现了这一基本单位的定义。机构单位是体系中的交易者，因此必须有能力凭本身的资格并代表自己从事全部的交易。

机构单位的存在得到法律或社会的承认，不管拥有或控制它们的是个人还是其他实体。

一个机构单位有能力拥有资产，产生债务，以及从事经济活动并与其他实体交易。它可以拥有并交换货物和资产，在法律上对它所进行的经济交易负责，并能签订具有法律效力的合同。机构单位的一个重要属性是存在一套经济账户，或可为单位对它们进行编制。这套账户包括合并的财务账户和（或）资产负债表。

国内经济由经济实体中的全部常设机构单位构成。国民账户体系中的机构部门分类定义了经济内五个相互排斥的机构部门，它们根据经济目标、主要功能和行为对机构单位加以归类。

在绝大多数情况下，一个机构单位将是一个单一的法定实体。但是，有些法人公司可能是由为便于避税或为了其他理由建立的法定实体构成的。在这类情况下，就统计角度

[一] 资料来源：联合国所有经济活动的国际标准产业分类（国际标准产业分类）修订本第3.1版。

讲，将每一法定实体看成单独的机构单位是不适当的。

同样，即使一法人公司进行的一项主要活动得到若干作为单独的机构单位登记的辅助活动的支持，它们也不应构成独立的机构实体。

虽然基层单位的定义考虑了从事一种或一种以上次要活动的可能性，但是它们与主要活动相比应该是小规模的。如果某个企业内的次要活动像主要活动一样重要，或差不多一样重要，则这个单位更像以下描述的地方单位。应该对它进行细分，使得次要活动被当成在与主要活动所发生的基层单位相分离的基层单位中发生的。基层单位的定义不允许辅助活动独自构成一个基层单位。

在大多数中小企业中，企业和基层单位是同一的，尽管将为每一个汇编上面描述的那两类不同类型的数据。属于《国际标准产业分类》中不同行业的从事多种活动的大型联合企业将由超过一个的基层单位构成，只要能用所希望的地理上的准确性识别为其汇编生产数据的较小和更为同质的生产单位。

2.3 国民经济客体分类

2.3.1 社会产品分类

根据统计研究目的的不同，对各种社会产品可以从不同的角度进行分类。

1. 货物和服务

按表现形态，社会产品可以分为货物和服务。货物也叫实物产品、有形产品，是对其有某种需求，且能确定其所有权的有形实体，可以用实物单位进行计量，生产和交换、生产与使用可以相分离，有些货物可能被买卖多次，而有些货物并不用于交换，比如自给性生产的货物。货物一般表现为农业产品、工业产品和建筑业产品。

服务是不能确定其所有权的无形产品，其生产与销售、生产与使用是同时发生的，当服务的生产完成时，它们必定已经提供给了消费者，服务只能进行一次交换。服务表现为第三产业的活动，如流通部门的运输、邮电、商品销售服务，其他服务部门的食宿、医疗、美容、教育、信息、咨询、娱乐、金融、保险等活动。与此相对应，这些部门，即除农业部门、工业部门和建筑业部门以外的所有第三产业部门统称为服务部门。

2. 中间产品和最终产品

按当期是否需要进一步加工，社会产品分为中间产品和最终产品。中间产品是在一个生产过程生产出来，然后又在另一个生产过程中被完全消耗掉或形态被改变的产品。

最终产品是指没有被其他生产过程所消耗，而被消费掉、增加资本形成或出口到国外的产品。

2.3.2 经济交易及其分类

交易是机构单位之间依共同协议的相互作用，或是一个机构单位内部的行为。在国民经济中，各种经济活动大致表现为两种类型：一类是两个经济活动主体之间依据相互协议而进行的经济活动；另一类是仅涉及一个经济活动主体的内部经济行为。

"交易"有交换、转移、内部交易三种形式。交换是一个机构单位以某项资源来换取对方的另一种资源，两个机构单位之间是对等的。转移是一个机构单位将自己的某项资源无偿地转让给另一个机构单位。内部交易是各单位内部发生的自产自用性质的经济活动（如农民自产自用农作物等）。交易可从多个不同的角度进行分类。

(1) 按交易的性质分为货物交易和服务交易、分配交易、金融交易、其他积累交易。货物和服务交易是有关货物和服务的来源和使用的交易，通过交易实现货物和服务从供应到使用的流动。

分配交易对应着当期新创造价值的整个分配过程，是有关生产所创造的增加值，在劳动力、资本、政府之间的分配交易和经常性转移的交易。

金融交易也称金融手段交易，这是狭义的金融交易，是关于每一种金融手段而产生的金融资产的净获得或负债的净发生的交易。

其他积累交易是改变资产和负债的数量和价值的交易，包括固定资本消耗和非被生产非金融资产的净获得，这是由于价格变化对资产和负债的影响。

(2) 按是否以货币表示分为货币交易和非货币交易。货币交易是机构单位之间的相互作用，包括货物和服务消费支出、证券的获得、工资和薪金、利息、红利等双边的交易。在这种交易中，一方向另一方提供货物、服务、劳动或资产，作为回报得到货币对应物。在市场经济的条件下，这一类的交易在交易中占有较大的比例。非货币交易可能是双边交易，也可能是机构单位的内部交易。双边交易包括易货交易、实物报酬、实物报酬以外的实物支付和实物转移。

(3) 按是否形成债权债务分为金融交易和非金融交易。金融交易是指机构单位之间和机构单位与国外之间引起金融资产所有权变化的交易，包括与金融债权的产生和清偿有关的交易。

进行交易的双方机构单位称为"交易者"。

2.3.3 经济存量和经济流量

经济流量（economic flow），是一定时期内的经济行为和所产生的成果，反映经济价值的产生、转换、交换、转移或消失，是一定时期测定的量，具有时间维度，经济流量的大小与时间的长短直接有关，时间越长，经济流量越大。国民经济统计体系中，国内生产总值统计、投入产出统计、资金流量统计和国际收支统计是对经济流量的统计。

经济存量（economic stock），是一定时点的资产和负债的状况或某一时点持有的资产和负债，反映经济行为在某一特定时点的历史积累状况。经济存量没有时间维度，其大小与时间间隔没有直接的联系。资产负债统计是对经济存量的统计。

经济流量与经济存量之间有密切关系。经济存量是以前经济流量的积累，而经济存量的变动（增加或减少）又是经济流量的一种表现形式，二者存在如下平衡关系：

$$期末存量 = 期初存量 + 期内增加的流量 - 期内减少的流量$$
$$期末存量 - 期初存量 = 期内存量增加 - 期内存量减少 = 本期流量净变化量$$

任何经济存量都是过去经济流量的沉淀和积累，而经济存量的变化又表现为某种经济流量的变化。

所有的经济存量都有相应的经济流量与之对应，但是不是任何经济流量都有经济存量与之对应。无论哪种情况，经济流量与经济存量都有密切关系。如产品的生产量是流量，产品库存量是与之对应的存量；产品的进出口量是流量，却没有进出口存量，但是产品的进出口量会影响产品库存量。

经济存量和经济流量之间的这种联系，要求我们在开展国民经济核算时，既要使有关的经济存量和流量在核算内容、分类及核算方法上协调一致，又要使有关经济存量和流量的核算在经济主体的分类上尽量保持一致，或者至少能够相互匹配、相互转换。

□ 本章小结

1. 国民经济分类是进行国民经济分析的基础，通过分类整理，可以使零星分散的整理系统化、条理化，便于分析国民经济的运行规律，分析国民经济的结构。

   在进行国民经济分类的过程中要坚持马克思主义理论与中国实际相结合的原则、系统性原则、国际对比原则、动态化原则。

2. 国民经济分类的对象是组成国民经济实体的经济活动单位，以及它们的生产要素和生产成果。国民经济主体分类的基本单位有基层单位和机构单位。基层单位是按生产经营活动决策权的性质来区分的，机构单位是按财务决策权的性质来划分的。

3. 以产业活动单位为对象，根据社会生产活动发展的顺序，将国民经济产业部门划分为第一产业、第二产业、第三产业。三次产业之间存在相互依存的关系。

   把某种相似的机构单位归并在一起称为机构部门。机构部门分为非金融企业部门、金融机构部门、广义政府部门、为住户服务的非营利机构部门、住户。

4. 根据研究目的不同，将各种社会产品从不同角度分为货物和服务、中间产品和最终产品。

5. 交易按是否以货币单位表示，可分为货币交易和非货币交易；按是否形成债权债务，可分为金融交易和非金融交易。

6. 经济流量是一定时期内的经济行为和所产生的成果，具有时间维度；经济存量是一定时点的资产和负债的状况或某一时点持有的资产和负债，没有时间维度。

□ 思考题

1. 国民经济分类应该遵循的原则是什么？
2. 什么是国民经济的主体和客体分类？
3. 基层单位和机构单位各有何特点？二者的区别是什么？
4. 产业部门的分类有哪些？
5. 什么是"交易"？有哪些形式？
6. 什么是经济流量和经济存量？试述二者的区别与联系。

CHAPTER 3
第3章

国内生产总值统计

生产、分配和使用是国民经济循环过程中的基本环节，国内生产总值正是反映这三个环节的宏观经济总量指标。国内生产总值能够衡量一个国家或地区的经济发展水平，是宏观经济分析中最重要、最核心的指标，对经济研究和经济管理具有重要意义。相应地，国内生产总值统计在整个国民经济统计体系中居于中心地位，投入产出统计、资金流量统计、国际收支统计和资产负债统计都是国内生产总值统计的扩展和补充。本章我们将详细学习有关国民经济统计的基本范畴、国内生产总值的具体统计方法、指标体系等内容。

3.1 什么是生产

3.1.1 生产的概念

生产活动是国民经济最基本的活动。一般而言，国民经济核算中的生产是指经济生产（economic product）。经济生产是指在机构单位负责、控制和管理下，投入劳动、资本及其他生产要素，生产另外一些货物或服务的活动。这一定义强调生产活动需要有人类的参与或管理，因此没有人类参与的纯自然过程不是经济生产，如野生动植物的生长不是生产活动，但人类捕捞或采摘这些野生动植物则属于生产活动。

与经济生产相对应的是经济意义的非生产活动，除上述提到的没有人类参与或管理的自然过程是非生产活动外，还包括人类非生产活动。人类非生产活动主要指不能由他人替代完成的基本的人类活动，如吃、喝、睡、锻炼身体等；而可以由其他人或经济单位提供的活动，或者说可以提供给其他人或经济单位使用的活动，即使发生在私人空间中，也是经济生产活动，如照顾小孩、家务劳动、看护病人、美容等。

3.1.2　SNA 的生产范围

理论上讲，SNA 生产范围的界定与经济生产的定义应该是统一的，但由于国民经济核算要考虑实际可操作性与测算结果的经济意义，有些活动虽然符合经济生产的概念，但无法测算或难以测算或测算意义不大，因此 SNA 对生产范围的界定比经济生产的定义更严格，范围更窄——与经济生产范围相比较，除自有住房服务和付酬的家务劳动外，住户为自身最终使用而进行的服务生产都不在 SNA 的生产范围之内。

具体说来，SNA 的生产范围包括以下几类活动：

(1) 生产者提供或准备提供给其他单位的所有货物和服务的生产，包括在生产这些货物或服务过程中消耗的货物和服务的生产。

(2) 生产者为了自身的最终消费或资本形成所保留的所有货物的自给性生产。

(3) 生产者为了自身的最终消费或资本形成所保留的知识载体产品的自给性生产，但（按照惯例）不包括住户部门的自给性产品生产。

(4) 自有住房者的自给性住房服务。

(5) 雇用付酬家政人员提供的家庭和个人服务的生产。

对 SNA 生产范围的理解，还可以从生产的市场化角度出发。所谓市场化生产，是指生产的产品通过市场销售或直接收取服务费等方式实现，非市场化生产主要有两种情况：一是为自己最终使用的生产，即自产自用；二是一些生产者以免费或无经济意义的价格向使用者提供产品，政府及非营利机构的生产通常是这种方式，称作其他非市场化生产。

可见，从生产的市场化角度来说，SNA 生产范围的特点是：①所有货物的生产，不论是市场化生产还是非市场化生产，都在核算范围之内；②服务的生产，市场化和其他非市场化的服务生产包括在核算范围之中，除住户的自有住房服务以外，基本不包括为自己最终使用的服务生产。因此，相比经济生产的定义，SNA 生产范围将住户内部自给性服务生产排除在外，如无酬的家务劳动、住户对耐用消费品或住房进行的日常维修与护理、志愿者从事的服务等。

在大多数国家，住户的自给性服务广泛存在，虽然这些活动对经济福利具有重要贡献，但是国民经济核算不仅仅是为了反映福利，更重要的是为满足经济分析和制定政策需要。以上这些活动与市场相对分离和独立，没有确定的市场价格来估计这些服务的经济价值，同时这类活动既不受经济政策的影响，也难以影响经济中其他部门，如将无酬家务劳动包括在生产范围内，则几乎所有成年人都将成为经济活动人口，失业问题则可能不存在。因此，SNA 核算的生产范围没有包括住户部门的大部分自给性生产。

自有住房服务一直以来都包括在国民经济核算范围之内，其原因主要在于：在一个国家不同时期之间，或一个国家不同地区之间，甚至同一国家或同一地区的较短时期之间，自有住房与租用住房的比例都可能存在较大差异，如果不估算自有住房服务的价值，住房服务生产和消费的国家比较和跨期比较就会失实。基于此，国民经济核算包括了自有住房服务，以虚拟房租予以估算。

3.1.3 未观测经济、非法生产与隐蔽生产

未观测经济是指由于某种原因，在常规统计调查中未被观测到的活动，未被观测的原因可能是生产活动是非法或隐蔽的。

从法律角度来看，生产分为合法生产、非法生产和隐蔽生产。非法生产指以下两类：一是法律规定禁止销售、分配或持有的商品和劳务的生产，如毒品生产买卖、色情服务等；二是生产本身是合法的，但是未经许可的生产，如没有营业执照的行医。以上活动虽然非法，但只要生产过程真实，产出的货物和服务具有有效的市场需求，这些活动在经济意义上就属于生产性活动。隐蔽生产指经济意义上是合法的生产活动，但由于逃税、避免法定标准（最低工资、最长工时、安全和卫生方面的标准等）、避免缴纳社会保障费、避免行政程序等，而把生产隐蔽起来了。非法生产和隐蔽生产之间没有严格界限，比如为了逃避税收的隐蔽生产，也可以理解为非法生产，二者同属"地下经济"的范畴，即属于未观测的经济。

1968年，SNA并未将非法生产和隐蔽生产纳入统计范围之中。随着未观测经济范围的扩大，由于核算范围的不完整性导致了某些账户的内在不平衡，其中某些交易被测量，而有些交易被遗漏，因此1993年SNA将未观测纳入了生产统计范围，呼吁各国尽可能对未观测经济进行统计。

3.2 国内生产总值统计

3.2.1 国内生产总值概述

1. 概念

国内生产总值（gross domestic product，GDP），是一个国家（或地区）的所有常住单位在一定时期内生产并提供给社会最终使用的货物和服务的价值总量。从国内生产总值的定义，可以得到几点重要的信息：国内生产总值是常住单位生产的，是一定时期内的经济流量，是最终产品的价值总和。

这里，最终产品（final product）是相对于中间产品（intermediate product）而言的。凡是本期生产、本期还要进一步加工的社会产品则为中间产品（也称为中间使用），中间产品在进一步的加工过程中会被完全消耗掉或形态被改变。那些本期生产、本期不再进一步加工的社会产品为最终产品（也称为最终使用、最终成果），这里的"最终"产品是就全社会而言的。比如一家面粉厂某时期生产了价值10万元的面粉，其中有7万元面粉卖给了蛋糕厂作生产原料，另外3万元面粉直接卖给了住户使用，尽管对蛋糕厂而言10万元的面粉并不需要进一步加工，但是对全社会而言，卖给蛋糕厂的7万元面粉被进一步加

工成蛋糕，因此，只有卖给住户的3万元面粉是最终产品。

一般而言，最终产品会有三个去向：一是在非生产过程中被消费掉，如消费者获得的食品、服装、办公用品等货物，以及消费者在教育、餐饮、娱乐、交通等方面得到的服务，这些产品统称为最终消费；二是被用于实物投资，增加使用者的资产，如购买的住房、汽车，或企业当期形成的暂未进入流通环节的库存，这部分最终产品统称为资本形成；三是出口到国外，被国外消费或投资，包括各种货物和服务的出口。

一个国家或地区的国内生产总值即最终产品的价值。而对部门或企业单位来说，最终产品价值是它们追加到生产中消耗的货物和服务上的价值，因此微观经济单位创造的国内生产总值通常称为增加值（value added）。

2. 表现形态

国内生产总值从不同的角度观察，有三种表现形态。从价值形态上考察，国内生产总值是常住单位在一定时期内生产的全部货物和服务的价值超过同期投入（消耗）的非固定资产货物和服务的那一部分价值，即增加值；从收入形态上考察，国内生产总值是一定时期要素提供者从直接分配中获得的收入之和；从实物形态上考察，国内生产总值是全社会最终使用的货物和服务，包括用于当期的最终消费、资本形成和净出口的货物和服务。

与国内生产总值三种表现形态相对应，国内生产总值有三种统计方法：生产法、收入法和支出法。

3. 重要意义

国内生产总值是宏观经济中最重要、最核心的指标，是世界上应用最为广泛的经济总量指标，各国政府以及经济学家都对GDP给予了相当的重视与关注。国内生产总值的重要性主要体现在如下几方面：

第一，国内生产总值综合反映了一国（或地区）的经济实力和经济发展水平。我们知道，国民经济的发展和人民生活水平的提高，主要依靠我们不断增加有效的生产活动，提供丰富的物质与精神产品。国内生产总值作为对全社会所有经济部门生产活动的产品总量的计量，正好从总体上反映了一国（或地区）的经济活动的总规模、综合实力和人民生活水平的高低程度。

第二，国内生产总值是衡量国民经济发展规模和速度的基本指标，是我国政府制定经济发展战略、中长期规划、年度计划和各种宏观经济政策的重要依据。如我国政府从"七五"规划开始一直到"十三五"规划，每一个国民经济和社会发展五年规划以及历年年度计划中提出的经济发展目标，都是建立在对国内生产总值的核算基础上的。

第三，国内生产总值是分析经济结构和宏观经济效益的基础数据。经济结构是经济发展到一定阶段，社会分工体系中国民经济各部门、再生产各环节的构成和相互关系总和。通过国内生产总值统计，我们不仅可以分析各微观经济部门增加值在经济总量中的比重，还可以就三次产业的增加值在国内生产总值的比重来讨论我国的产业结构问题，以及各次产业的内部构成状况。

第四,通过国内生产总值统计,还可以分析研究社会最终产品的使用情况,分析国家、企业和住户三者之间的分配关系等。从使用角度统计,我们可以分析最终产品的使用去向,从而考察一国(或地区)的投资率和消费率情况,从而考察国民经济是否协调发展;从分配角度统计,可以考察一国(或地区)国家、企业和住户对国内生产总值初次分配的收入状况,以此分析三者的收入分配比例关系。

第五,国内生产总值在一国的对外交往中还具有重要的意义。其一,国内生产总值规模决定了一国应承担的国际义务,许多国际组织都要求其成员国交纳会费或进行捐款,这些会费或捐款往往都与国内生产总值有密切的联系。其二,一个国家在国际上享受的优惠待遇也与国内生产总值有密切的联系,如世界银行对一国的贷款优惠政策是由人均GDP规模决定的。其三,一个国家在国际组织所能发挥的作用也与国内生产总值有密切的联系,如国际货币基金组织依据成员国的国内生产总值等指标水平确定其向基金认缴份额数量,其份额大小决定了该国在基金的投票权、分配特别提款权的份额及向基金借款的份额。

阅读材料:我国十三五规划的主要目标

2016年3月16日,十二届全国人大四次会议表决通过了我国《国民经济和社会发展第十三个五年(2016~2020年)规划纲要》,其中主要目标如下。

按照全面建成小康社会新的目标要求,今后五年经济社会发展的主要目标是:

——经济保持中高速增长。在提高发展平衡性、包容性、可持续性的基础上,到2020年国内生产总值和城乡居民人均收入比2010年翻一番,主要经济指标平衡协调,发展质量和效益明显提高。产业迈向中高端水平,农业现代化进展明显,工业化和信息化融合发展水平进一步提高,先进制造业和战略性新兴产业加快发展,新产业新业态不断成长,服务业比重进一步提高。

——创新驱动发展成效显著。创新驱动发展战略深入实施,创业创新蓬勃发展,全要素生产率明显提高。科技与经济深度融合,创新要素配置更加高效,重点领域和关键环节核心技术取得重大突破,自主创新能力全面增强,迈进创新型国家和人才强国行列。

——发展协调性明显增强。消费对经济增长贡献继续加大,投资效率和企业效率明显上升。城镇化质量明显改善,户籍人口城镇化率加快提高。区域协调发展新格局基本形成,发展空间布局得到优化。对外开放深度广度不断提高,全球配置资源能力进一步增强,进出口结构不断优化,国际收支基本平衡。

——人民生活水平和质量普遍提高。就业、教育、文化体育、社保、医疗、住房等公共服务体系更加健全,基本公共服务均等化水平稳步提高。教育现代化取得重要进展,劳动年龄人口受教育年限明显增加。就业比较充分,收入差距缩小,中等收入人口比重上升。我国现行标准下农村贫困人口实现脱贫,贫困县全部摘帽,解决区域性整体贫困。

——国民素质和社会文明程度显著提高。中国梦和社会主义核心价值观更加深入人心,爱国主义、集体主义、社会主义思想广泛弘扬,向上向善、诚信互助的社会风尚更加浓厚，国民思想道德素质、科学文化素质、健康素质明显提高，全社会法治意识不断增强。公共文化服务体系基本建成，文化产业成为国民经济支柱性产业。中华文化影响持续扩大。

——生态环境质量总体改善。生产方式和生活方式绿色、低碳水平上升。能源资源开发利用效率大幅提高，能源和水资源消耗、建设用地、碳排放总量得到有效控制，主要污染物排放总量大幅减少。主体功能区布局和生态安全屏障基本形成。

——各方面制度更加成熟、更加定型。国家治理体系和治理能力现代化取得重大进展，各领域基础性制度体系基本形成。人民民主更加健全，法治政府基本建成，司法公信力明显提高。人权得到切实保障，产权得到有效保护。开放型经济新体制基本形成。中国特色现代军事体系更加完善。党的建设制度化水平显著提高。

以上是目前我国国民经济发展的目标，请看看哪些目标与本章内容相关，到你学完这本书后，请再思考以上这些目标在国民经济核算中是如何体现的。

3.2.2 生产法国内生产总值统计

1. 生产法国内生产总值的意义

生产法（the product approach）是国民经济各部门在生产中增加到中间投入的货物和服务上的价值加总起来，以此求得国内生产总值。其计算的公式是：

$$部门增加值 = 部门总产出 - 部门中间投入$$
$$国内生产总值 = 部门增加值之和$$

各部门的总产出加总就是社会总产出，各部门的中间投入之和就是全社会中间投入，因此也可以从全社会的角度计算国内生产总值：

$$国内生产总值 = 社会总产出 - 全社会的中间投入$$

2. 总产出统计

总产出是生产核算的基础，总产出（output）是指各生产单位在一定时期内所生产的全部货物和服务的价值总和，包括用于最终使用和用于中间使用的产品。从价值形态来说，总产出既包括劳动者新创造的价值，又包括生产货物和服务中的转移价值，即 $c+v+m$，其中 c 是全部转移价值，是中间消耗的转移价值 c'' 和固定资本消耗的转移价值 c' 之和，$v+m$ 是新创造价值。

各行业总产出之和就是社会总产出，社会总产出（gross output）是常住单位在一定时期内生产的全部货物和服务的价值，是所有常住单位生产活动的总成果。不同的行业，其生产形式和生产成果各具特点，因此适用的总产出计算方法也各不相同。

（1）农林牧渔业总产出的核算。

农林牧渔业总产出是生产单位从事农、林、牧、渔业生产活动生产的农作物主副产品、林木和林果产品、畜禽产品、水产品等产品的总价值。由于农产品种类相对较少，生产周期较长，且季节性和连续性很强，因此我国农业总产出采用以产品为主体的"产品法"进行核算。

"产品法"核算的基本思想是：以具体产品为统计对象，只要是本期生产出来，不论是出售还是生产中自用，都要计入总产出，即无论生产单位内部，还是生产单位之间，都允许重复计算。将各种产品的实物量乘以其相应的价格，再加总得到总产出。产品法适用于产品品种较少，并且相对稳定，产品之间有完全独立性的部门计算总产出。实践中，我国农林牧渔业总产出根据《农业产品目录》，按季节分期分批地计算或调查有关各种农产品的数量，再乘以相应的价格即得到了农业总产出，而无论农产品是出售还是自用。

（2）工业总产出的核算。

工业总产出是从事自然资源开采、产品制造，以及电力、燃气和水的生产供应活动的生产单位生产的货物和服务的总价值。由于工业产品种类繁多，质量等级差异大，产品更新换代快，生产周期参差不齐，难以制定完整规范的产品目录，也难以调查搜集完整的产品数量资料，因此工业总产出难以采用"产品法"进行核算。我国对工业总产出一般采用"企业法"计算，包括产成品价值、工业性作业价值、自制半成品和在制品期末减期初差额价值。

企业法也称为工厂法，是以生产经营单位为主体来计算总产出的一种方法。其基本思想是：以单个企业作为统计对象，根据企业生产活动的最终成果来计算总产出，本企业内部生产中自产自用的产品价值不能重复计算，不同企业之间可以重复计算。企业法主要适用于产品品种规格繁多、变化大的行业部门计算其总产出。

（3）建筑业总产出的核算。

建筑业总产出指建筑企业或自营施工企业单位在核算期内完成的建筑工程、机器设备安装工程及从事装饰装修活动和建筑物修理活动的价值。在方法上，建筑业总产出既可以从企业角度按"企业法"核算总产出，也可以从建筑产品角度，按"产品法"计算总产出：从企业角度，以建筑安装企业为基本统计单位来计算每一个建筑业的活动成果；从产品角度，直接计算核算期内完成的建筑产品价值，而不管它究竟是由哪些建筑安装企业完成的。在实践中，考虑到建筑产品的稳定性和施工单位的流动性特点，目前我国主要从产品角度，采用"产品法"来计算建筑业总产出。

（4）服务总产出的核算。

服务业即第三产业，其产出成果表现为看不见、摸不着的无形产品"服务"，因此不能用"产品法"计算总产出，同时它们又不像工业生产，产品的生产和使用可以分开，服务的生产和使用是直接的、同时发生的，各种服务是独立的，因而也不能用"企业法"计算总产出。第三产业门类众多，其总产出的核算方法也灵活多样，主要有以下几类方法。

① 追加价值法。该方法主要用于计算商业和货物运输业的服务总产出，其基本思想是：在计算有关部门总产出时，不能包括被流通货物的原有价值，而只能计算新追加的价值部分。实际核算时，商业部门通常依据所经营商品的"购销差价"或相关资料计算总产出，而运输部门则依据运输费用计算总产出。

②营业收入法。该方法广泛应用于各种营业性服务企业的服务总产出核算，如旅馆业、生活服务业、信息咨询业，以及实行企业化经营管理的文化教育、卫生和科技服务等行业，其基本思想是以各个部门因提供服务而获得的总收入作为其总产出。

③服务费用法。该方法与营业收入法类似，但主要用于各种服务产出核算。这种服务费用包括各种形式的佣金、手续费、交易费和其他服务费，如有酬的家庭服务等。

④成本费用法。该方法主要用于核算政府服务部门以及其他非营利或非市场性的服务事业单位的总产出。这些部门共同的特征：一是其服务活动不以"营利"为目的，所提供的服务是免费的，或者以低于市场价格，甚至低于成本价格的标准收取费用；二是其从事服务活动主要资金来源是国家财政拨款或民间募集资金。因此，服务事业和政府部门的服务总产出无法依据市场价格计量，通常只能以相应的成本价格去估算，主要包括劳动者报酬、固定资本消耗和中间消耗，以及少量的生产税净额，一般不包括或很少包括营业盈余。

⑤虚拟推算和抽样推断方法。该方法主要用于自有住房的自给性服务和付酬的家务劳动服务的产出核算。如关于住户自有住房服务的测算，SNA2008建议按相同或类似住房的市场租金估计，称为市场化租金法（rental-equivalence approach），采用该方法的国家或地区要求住房租赁市场发达，市场租金数据容易采集。如果住房租赁市场不发达，则可使用成本法，按当期持有住房的成本减去收益进行估算。

(5) 总产出指标的局限与作用。

总产出指标不仅包括了新创造的价值，还包括了在生产中投入的中间消耗的货物和服务的价值，而中间消耗的这一部分价值是被重复计算了的，由此使得社会总产出指标有很大的局限性。

首先，总产出指标不能反映常住单位的生产效率和经济效益。总产出指标的大小受到生产中消耗掉的货物和服务多少、价值高低的影响，一般而言，中间消耗越大，总产出相应也越大。总产出的高低一定程度上是建立在投入的基础之上的，因此总产出指标并不能反映出常住单位为生产货物和服务所花费的劳动量大小，不能反映常住单位在生产中添加了多少价值，不能反映常住单位的生产效率和经济效益。当前，我国的经济普遍存在高消耗、高投入、低效率的粗放式增长模式，因此我们更要明确总产出指标或总产值指标的不足，不能用它们来说明经济效益问题。

其次，总产出指标还受到社会分工和专业化协作程度高低的影响。社会分工越细，专业化程度越高，协作关系越密切，转移价值被重复计算的次数也就越多，对于同样多的最终产品，社会总产出却表现得越大。

阅读材料：总产出指标的局限

以服装制造为例。假定棉花作为原材料是服装生产的起点，这时价值100元；棉花被纺织厂买去织成坯布，这时坯布价值180元；然后，坯布被印染厂买去加工成花布，这时价值270元；最后，花布被服装厂买去加工成成衣销售，这时成衣价值500元。这一生产过程可以表示如下：

$$\text{羊毛} \longrightarrow \text{粗布} \longrightarrow \text{花布} \longrightarrow \text{成衣}$$
$$100 \quad\quad 180 \quad\quad 270 \quad\quad 500$$

在这个过程中，提供给社会的最终产品是价值500元的服装。如果上述生产过程发生在同一个生产企业内部，根据"企业法"，则该单位的总产出就是500元；但如果该生产过程是分别发生于四个生产单位，则这时社会总产出是1 050（=100+180+270+500）元。可以试想一下，如果生产过程继续细化，则社会总产出还会增大。

但是这个例子也说明，总产出代表了一个国家（或地区）一定时期内货物和服务在国民经济各部门的总周转量，并且这个转移价值体现了国民经济各部门在生产过程中发生的经济联系。因此，总产出指标是进行投入产出统计的基础，也是计算其他一些指标的基础。

3. 中间投入统计

中间投入（intermediate input）又称为"中间消耗""中间使用""中间产品"，是指常住单位在一定时期内生产过程中消耗和使用的非固定资产货物和服务的价值。从实物形态看，这些中间投入的货物和服务在生产过程中要么被完全消耗掉，要么被转变了形式；从价值形态看，中间投入的价值在生产过程中一次性转移到新产品价值中去了，并不是生产者新创造的价值，因此它不应包含在增加值中。

货物的中间投入一般包括原材料、辅助材料、燃料、电力、种子、饲料、肥料、办公用品、劳保用品等一次性消耗的货物和各种低值易耗品。服务的中间投入包括货物生产部门支付给服务生产部门，以及服务生产部门之间支付的各种费用，如修理费、加工费、邮电费、运输费、代销手续费、利息净支出、保险费、广告宣传费、科研费、技术转让费、咨询费、商品检验费、职工培训教育费、出差的车船费、畜禽配种费、畜禽防疫医疗费、绿化费、公证费、律师费、安全措施费、公杂费、招待费、警卫消防费等。

中间投入的核算需要注意几个问题：

第一，中间投入的核算口径要与总产出的核算口径一致，凡是生产过程中被消耗的除固定资本外的其他货物和服务的价值，只要计入了总产出指标，则必须也计入中间投入。比如，农林牧渔业和建筑业采用"产品法"核算总产出，即只要是本期生产出来产品，不管是用于出售还是用于生产中自用，都计算在总产出之中，则它们的中间投入就是全部中间产品的消耗，不管是外购还是自己生产出来的。而对于工业采用"工厂法"核算总产出，即同一企业内部自产自用的产品价值是不允许重复计算的，因而中间投入就不能包含这部分自产自用的原材料，仅限于来自外购的中间产品消耗。

第二，中间投入是生产性的消耗。只有用于产品生产的货物和服务的消耗才能作为中间投入予以确认，而并不是所有的消耗支出都是中间投入。比如用于职工文化生活、公共福利、基本建设的支出，属于国民收入分配的范畴，而非中间消耗。

第三，正确区别中间投入与固定资本形成。中间投入是生产过程中消耗和使用的非耐用货物和服务的价值，与固定资本的消耗不同之处就是，这些非耐用产品价值是一次性或短期地直接转移到了新产品价值之中，但是在实践中，二者界限并不完全清晰，常容易混淆。比如固定资产的保养与修理，一般可分为两种情况：普通的保养、修理，以及固定资产的更新、改造及大修理。普通的保养修理，并不改变固定资产的形态或性能，目的仅在于保证固定资产在使用年限内正常运作，因而应该算作中间消耗。而固定资产的更新、改造与大修理，是为了延长固定资本的使用期限，或为了提高设备的生产能力，这就属于固定资本的形成，而非中间消耗。又如工业中的研究开发费用，农业中的土壤改良、开荒等支出，均属于固定资本的投入，不应算作中间投入。但需要注意的是，生产过程中的一些小型工具、低值易耗品等，尽管是可以长期使用的生产工具，但由于它们价值较低，这方面支出经常发生，因此将它们划入中间产品消耗。

4. 重要的比例分析

在生产法国内生产总值统计中，根据总产出、中间投入和增加值这三个指标，可以计算一些重要的比率，反映投入与产出之间的关系。

$$中间投入率 = \frac{中间投入}{总产出}$$

$$单位中间投入创造的国内生产总值 = \frac{国内生产总值}{中间投入}$$

这两个指标反映了生产的经济效益，中间投入率越低，表明生产一定的总产出消耗的货物和服务越少，经济效益越好；单位中间投入创造的国内生产总值越多，表明一定的货物和服务消耗生产的社会最终成果越多，经济效益越好。

$$社会增加值率 = \frac{国内生产总值}{社会总产出}$$

增加值率反映了增加值在总产出中的比重。增加值率与中间投入率之和为1，中间投入率小，增加值率大，经济效益就好。

3.2.3　收入法国内生产总值统计

1. 收入法国内生产总值的意义

收入法（the income approach），是从国内生产总值的收入（分配）形态出发，把一定时期内各生产要素提供者应该从直接分配中获得的收入加总，计算公式是：

$$国内生产总值 = 固定资本消耗 + 劳动者报酬 + 生产税净额 + 营业盈余$$

从生产要素使用者的角度看，由于要素所有者提供了生产要素劳动、资本等，才能生产货物和服务，才能获得增加值或国内生产总值，因此这些增加值应该以固定资产折旧、劳动者报酬、生产税净额和营业盈余形式直接分配给要素提供者，故这种计算方法又称为"分配法"。

2. 相关指标解释

（1）固定资本消耗。

固定资本消耗是指一定时期内生产单位为补偿生产活动中所耗用的固定资产而提取的价值，相当于通常所说的固定资产折旧。固定资本消耗并不是本期生产活动新创造的价值，只是生产过程中消耗的固定资产的转移价值，之所以把它包含在增加值中，并作为初次分配的一个项目，原因是：

① 固定资产在一个生产周期结束后，仍保持其原有的使用价值和形态，并没有进入新生产的产品实体中，而其价值也只是部分地转移到了新生产的货物和服务中。固定资产折旧的价值可以沉淀下来，在固定资产更新以前，可以参与价值运动。

② 固定资产折旧是社会总产品的一部分，其价值总是代表了一定的货物和服务。在一个生产周期结束后，固定资产并不需要立即更新，因此与固定资产折旧价值相对应的货物和服务会被用于最终使用，包含于增加值之中。

③ 只有包含了固定资产折旧的国内生产总值，才与供社会最终使用的货物和服务的价值相一致。

严格地说，国民经济统计中固定资本消耗与会计核算里的固定资产折旧并不完全等同。一是作为计提基础的固定资产价值计价方法不同，企业会计遵循历史成本原则，按固定资产购置时的价格计算固定资产原值，而国民经济统计则要求以固定资产重置价值计算。由于实践中难以实现按现期价格估算资产存量，目前我国仍然沿用企业会计核算的思路和结果，统计实际计提的固定资产折旧。二是范围不同，会计中不需要计提折旧的单位，诸如政府机关、非企业化管理的事业单位和住户，其所拥有的固定资产在国民经济统计中需要计算折旧，一般按照规定的折旧率和固定资产原值计算虚拟折旧。

（2）劳动者报酬。

劳动者报酬是一定时期内，劳动者由于从事生产活动而应得的各种形式的报酬。劳动者报酬主要有三种形式：一是货币工资，即生产单位直接支付给劳动者的各种形式的工资、奖金、津贴、补贴等，按纳税前的应付工资计算，个体和其他劳动者得到的货币纯收入也属于货币工作范畴；二是实物工资，即生产单位以免费或低于成本价提供给劳动者的各种货物和服务，农民自产自用产品扣除生产消耗后的部分也属于实物工资；三是由生产单位为劳动者的利益而支付的社会保险，包括各类失业、退休、养老、人身、医疗、家庭财产等保险金。

在统计劳动者报酬时，应划清实物性工资收入与中间消耗的界限。生产单位向劳动者提供的可由劳动者在生产时间以外享用，并对他们的实际生活水平有所改善和提高，同时其他消费者在市场上也可以购买到的货物和服务，就应该算作劳动者的实物性收入。而生产单位为了生产的正常运行，为劳动者提供的货物和服务，应该归于中间投入，如上班用的工作服、鞋，生产现场的清凉饮料，因公出差的交通费、住宿费等。

劳动者报酬与会计上的应付工资有所不同，它比应付工资的内涵更广泛。以会计科目来说，劳动者报酬除了应付工资外，还包括应付福利费（不含职工困难补助）、管理费用中的劳动保险等社会福利缴款、管理费用中的住房公积金以及以实物商品形式发放的工资。就劳动者的范围来说，劳动者报酬不仅包括在职劳动者的报酬，还包括离退休人员的工资。

（3）生产税净额。

生产税净额是生产税减补贴后的余额。生产税指政府对生产单位从事生产、销售和经营活动以及因从事生产活动而使用某些生产要素，如固定资产、土地、劳动力等所征收的各种税、附加费和规费。

生产税有四种形式：一是含在货物和服务价格中，由生产者直接向政府缴纳的税金，如增值税、销售税及附加、农牧业税、车船使用税、房产税、屠宰税等；二是不含在货物和服务价格中，而由购买者直接缴纳并由生产者代征的税金，如消费税、牲畜交易税、集市交易税、关税、进口税、特别消费税等；三是从事专营专卖活动所获得的利润中上缴政府的专项收入和利润，如烟、酒等商品的专项收入；四是依照规定向政府支付的有关费用，如教育附加费、排污费、水电费及附加等。不论是哪种形式的生产税，最终都由消费者承担。

一般地，生产税又可以区分为产品税和其他生产税两大部分。产品税是企业等单位因生产、销售、购买、转让、使用或以其他方式处置产品而向政府缴纳的税金。产品税的多少一般与产品数额直接相关，主要包括增值税、进出口税等。其他生产税是对企业等从事生产经营活动征收的税金，但与产品税不同，主要表现为纳税额与产品多少没有直接关系，一般是对生产过程中所使用的特定资源，以及特定种类的活动、交易等征收的税金，且无论生产经营活动是否盈利，都须缴纳相关税金，如营业执照税、车船牌照税、养路费、排污费等。

补贴是政府为控制价格和扶持生产而对生产部门提供的补助，包括价格补贴、亏损补贴、外贸企业出口退税收入等。补贴的性质与生产税一样，但流向相反，补贴是政府给生产单位，生产税是生产单位给政府，因此，补贴又可看作负的生产税。

$$生产税净额 = 生产税 - 补贴$$

统计生产税净额时，还要分清生产税和收入税。生产税是利前税，它不包含任何对企业的生产利润、盈余及其他收入所征的税；生产税要计入生产成本，最后转嫁给货物和服务的最终购买者，即它要影响货物和服务的价格。而收入税是对生产要素收入所征的税，它的大小取决于收入的多少，是收入的再分配问题；收入税只影响收入的再分配，不影响货物和服务的价格。

（4）营业盈余。

营业盈余是一定时期内常住单位的增加值超过固定资产折旧、劳动者报酬、生产税净额的部分，或总产出扣除中间投入、固定资本折旧、劳动者报酬、生产税净额后的部分，是一个平衡项目。营业盈余的实际含义是除劳动外的土地、资本及管理等生产要素的收入之和,相当于生产单位因承担了生产的风险和责任所获得的收益。

营业盈余反映了生产单位的盈利水平,但它与会计上的营业利润有所不同,主要差异有三个方面:一是营业盈余不包括企业库存货物由于价格变动带来的持有收益或损失;二是按固定资产存量的现值计算的折旧,与会计上计提的折旧对营业盈余的影响是不同的;三是营业盈余从当期生产的货物和服务价值出发,不管它们是否被销售,扣除有关成本费用等支出得到,而营业利润从当期的销售收入出发,扣除有关成本费用等支出得到。尽管二者定义上有着显著差异,但是均是对同一问题进行反映,只是采用不同的衡量标准,因此相互之间存在着密切联系。现实中,营业盈余一般根据比较容易搜集到的会计营业利润调整得到:

$$营业盈余 = \frac{税前}{纯收入} - \left(\frac{已收}{利息} - \frac{已付}{利息}\right) - \frac{已收其他}{财产收入} - \frac{财产的持有}{资产损益}$$

其中,已收其他财产收入包括股利、债券利息等收入。

要注意的是,政府是不以盈利为目的的,因此它们的增加值中没有营业盈余这一项目。只有货物生产部门和营利性的服务部门,即机构部门中的企业、金融机构才有营业盈余。

3. 重要比例分析

在收入法国内生产总值中,劳动者报酬体现生产中劳动要素的所得,生产税净额体现政府强制参与生产单位分配所获得的收入,固定资产折旧与营业盈余体现了生产过程中资本要素投入的最初所得,三者分别是住户、政府和企业的收入。由此,可以计算国家、企业、住户所得的比重,反映国家、企业、住户之间的分配关系。

$$住户(个人)所得比重 = \frac{劳动者报酬}{国内生产总值}$$

$$国家所得比重 = \frac{生产税净额}{国内生产总值}$$

$$企业所得比重 = \frac{固定资本消耗 + 营业盈余}{国内生产总值}$$

阅读材料:我国初次分配格局

依据我国 2007 年、2010 年和 2012 年的投入产出表,我们计算得到了住户、政府和企业在初次分配中的分配关系。

表 3-1 我国初次分配结构 (%)

年度	住户所得	政府所得	企业所得
2007 年	41.36	14.48	44.16
2010 年	47.32	14.84	37.84
2012 年	49.21	13.71	37.08

以上数据显示，住户部门在初次分配收入中的占比在 2007 年至 2012 年间有明显上升，比重超过了企业部门，占比接近一半，相应地，企业所得比重在 2007 年至 2012 年间明显下降，政府所得占比相对稳定，基本在 14% 左右。

3.2.4 支出法国内生产总值统计

1. 支出法国内生产总值的意义

支出法（the expenditure approach），是从国内生产总值的实物形态出发，把一定时期内全社会最终使用的货物和服务的支出加总得到国内生产总值的一种方法。最终使用包括最终消费、资本形成和净出口三项内容，因此，支出法国内生产总值的计算公式是：

$$国内生产总值 = 最终消费 + 资本形成 + 净出口$$

生产法和收入法计算国内生产总值，既可以从全社会计算，也可以就微观部门分别计算增加值，然后加总各部门的增加值求得全社会的国内生产总值，但是支出法一般只能从全社会来计算。如前所述，国内生产总值是一定时期最终产品的价值总和，而这里的"最终"是就全社会而言的，即本期生产本期不需要进一步加工的社会产品。作为微观生产部门，很难知道自己的产品是最终使用，还是中间使用，或者是用于最终使用的消费，还是资本形成，还是出口。如果微观单位要用支出法计算其增加值，则就要求跟踪每一个产品的流向，而这显然是不可能也不必要的。

此外，支出法国内生产总值统计是站在使用者的角度来记录当期支出的数额及其类别的，无论是最终消费还是资本形成，并不考虑消费或投资的产品是来自国内生产还是国外进口，甚至不考虑购买的货物或服务是否是本期生产。因此，由计算公式可见，在最终消费、资本形成和出口的基础上，要扣减来自国外的生产，即进口，此外还要通过资本形成中的存货净变化来剔除不属于本期生产的部分，以此保证本期的最终支出与本期的生产成果在价值上的统一。

2. 相关指标解释

（1）最终消费。

最终消费（final consumption）是常住单位为满足物质、文化和精神生活的需要，在一定时期内购买的货物和服务的全部支出。由于这里消费的主体是常住单位，所以非常住单位即使是在本国经济领土内发生的消费支出，也不能算作最终消费，而应算作出口。

最终消费分为居民消费和政府消费，即：

$$最终消费 = 居民消费 + 政府消费$$

① 居民消费（personal consumption）。居民消费指常住住户在一定时期内用于货物和服务的全部最终消费支出。居民消费除了直接以货币形式购买的货物和服务的消费支出外，还包括以其他方式获得的货物和服务的消费支出，即虚拟的消费支出。居民虚拟消费

支出主要包括以下几种项目：居民以实物报酬获得的各种生活消费，包括居民以免费或低于成本价获得的各种货物和服务、住户自产自用的产品、住户自有住房的虚拟房租消费、金融机构提供的金融媒介服务、保险公司提供的保险服务。但居民消费不应包括居民购买的房屋和用于生产的物品支出。

根据我国城乡居民的消费特点，居民消费的货物和服务主要分为以下八个类别。[①]

食品烟酒：指居民消费的主食、副食、其他食品和在外饮食以及加工食品时支付的食品加工费。除了居民购买的食品外，还包括以实物报酬形式获得的食品和自产自用的产品。

衣着：指居民的各种穿着用品和加工衣着品的各种材料及加工服务费。除了居民购买的衣着外，还包括以实物报酬形式获得的衣着。

居住：指居民在维修住房时购买建筑材料和支付人工费的支出，租赁公房和私房支付的租金、水电和燃料支出，居民租住公房从单位获得的住房补贴以及居民自有住房的虚拟租金。

生活用品及服务：指居民消费的耐用消费品、室内装饰品、床上用品、家庭日用杂品、家具材料和家庭服务的支出，也包括以实物报酬形式获得的家庭设备用品及服务。

交通和通信：指居民家庭购买交通工具、通信工具，支付各种交通和通信服务费、交通工具维修服务费和油料费等的支出。它也包括以实物报酬形式获得的交通和通信消费支出。

教育、文化和娱乐：指居民购买教材、参考书、文娱用品，支付各种学杂费、成人教育费、托幼费，以及文娱、体育服务的支出。

医疗保健：指居民购买医疗保健药品、用品和医疗保健服务的支出，以及居民享受的由单位支付的公费医疗支出。

其他用品和服务：除上述支出以外的其他商品和服务的支出。

② 政府消费。政府消费（government consumption），指政府部门为全社会提供的公共服务的消费支出和免费或以较低价格向居民住户提供的货物和服务的净支出。

政府提供的公共服务主要有安全和防备、法律和秩序的维护、立法和规章条例、公共卫生的维持、环境保护、研究和开发等。这种服务是社会公众能够非排他地、没有竞争地、共同地、被动地从政府获得的服务。政府公共服务消费支出，等于政府服务的产出价值减去政府单位所获得的经营收入的价值。政府免费或以较低价格向居民住户提供的货物和服务的净支出，等于政府部门向住户提供的货物和服务的市场价值减去向住户收取的价值。

政府消费支出是国家财政支出的重要部分，主要指财政支出中的经常性支出。根据我国现行的财政统计资料构成，政府消费包括：财政预算内经费支出中用于公共需要的属于经常性业务支出的部分、预算外支出中属于经常性业务支出的部分、行政单位和非营利性

[①] 国家统计局2014年发布的《居民消费支出分类（2013）》。

事业单位固定资产虚拟折旧、未列入国家财政预算的城镇居民委员和农村村民委员会的业务支出。

（2）资本形成总额。

资本形成（capital formation）指常住单位在一定时期内对固定资产和存货的投资支出合计，包括固定资本形成总额和存货增加，即：

$$资本形成总额 = 固定资本形成总额 + 存货增加$$

① 固定资本形成总额。固定资本形成总额，指常住单位在一定时期获得的固定资产减处置的固定资产的价值总额。固定资产的获得，包括购买的固定资产、通过易货交易获得的固定资产、作为实物资本转移获得的固定资产，以及生产者自给性生产的固定资产。固定资产处置，指通过出售、易货交出、实物资本转移等方式放弃现有固定资产。

固定资本形成可分为有形固定资本形成和无形固定资本形成。有形固定资本形成总额包括一定时期内完成的建筑工程、安装工程和设备工器具购置（减处置）价值，以及土地改良、新增役、种、奶、毛、娱乐用牲畜和新增经济林木价值。无形固定资本形成总额包括矿藏的勘探、计算机软件等获得减处置价值。需要注意的是，土地由于不是生产资产，不构成固定资本形成总额，军事装备中专门用于军事目的的导弹和炸弹等毁灭性武器及其运载工具和运输设备也不是固定资产。

固定资本形成的统计有总额和净额两个层次。固定资本形成总额反映当期固定资产实物变化的投资支出，而固定资本形成净额是在固定资本形成总额基础上扣除当期生产中消耗的固定资产价值（即固定资本消耗）之后得到的，反映当期固定资产价值的净变化。即：

$$固定资本形成净额 = 固定资本形成总额 - 固定资本消耗$$

所以，有：

$$资本形成总额 = 固定资本形成净额 + 固定资本消耗 + 存货增加$$
$$= 资本形成净额 + 固定资本消耗$$
$$资本形成净额 = 固定资本形成净额 + 存货增加$$

有关固定资本消耗的相关内容在 3.2.3 节已有详细介绍，这里需要指出的是，无论是在企业会计核算中还是在国民经济核算中，固定资本折旧都是一个带有主观估算色彩的结果。固定资本折旧结果的主观性体现在一是资产使用寿命的预计，二是资产折价的速度，是匀速还是曲线等，对这一问题的考虑不仅涉及资产物理寿命和物理磨损方式，还涉及由于技术替代、经济决策等原因决定的经济寿命和经济贬值方式。可以说，要准确计算一个时期固定资本的损耗价值，是一个几乎不可能的目标。

② 存货增加。存货增加指一定时期内存货实物量的变化，存货包括处于生产环节待用的各种材料及用品、尚未完成的在制品、已完成的制成品，以及处于流通环节待出售的货物。存货增加一般采用"差额法"计算，即：

$$存货增加 = 期末存货价值 - 期初存货价值$$

若为正值，表示存货增加；若为负值，表示存货减少。

但是，如果存货的期末市场价格高于期初时的市场价格，则上式的存货增加还包含了价格变化带来的存货持有收益，导致了存货增加价值的高估，这时需要对上式进行调整：

$$存货增加 = 期末存货价值 - 期初存货价值 - 存货持有收益$$

（3）净出口。

净出口是出口总额减去进口总额后的差额。出口是常住单位向非常住单位出售或无偿转让的各种货物和服务的价值，进口是常住单位从非常住单位购买或无偿得到的各种货物和服务的价值。

在开放经济中，一国常住单位生产的货物和服务必然会被非常住单位使用；而一国常住单位使用的货物和服务，也会有一部分是非常住单位生产提供的。因此，从使用角度看，最终使用的产品应包括非常住单位使用的由常住单位生产的产品，即出口，同时扣除常住单位使用的由非常住单位生产的产品，即进口。

净出口统计以常住单位为主体，只要是常住单位与非常住单位之间发生的货物和服务的买卖，就是净出口问题，而不论是否出入了国境。货物的进出口包括海关统计中的进出口商品部分和没有计入海关统计的我国常住居民在国外直接购买的商品（进口），以及外国居民在我国市场上购买的商品（出口）。货物的进口和出口都按离岸价格计价。服务是无形的产品，其进出口表现形式与货物进出口不同。由于服务的生产与使用同时发生，因此服务的进出口并不发生出入境现象。统计服务进出口时，应把常住单位在国外市场得到的服务作为进口，非常住单位在我国市场得到的服务作为出口。

3. 重要比例分析

在支出法国内生产总值中，根据各个项目可以计算一些重要的比率，分析国民经济是否协调发展。

$$最终消费率(消费率) = \frac{最终消费}{国内生产总值}$$

$$资本形成率(投资率) = \frac{资本形成总额}{国内生产总值}$$

$$净出口率 = \frac{净出口}{国内生产总值}$$

此外，还可以计算最终消费与资本形成的比例；最终消费中，居民消费与政府消费各自所占的比重和相互之间的比例关系；资本形成总额中，固定资本形成与存货增加各自所占的比重和相互之间的比例关系等。

阅读材料：我国支出法国内生产总值及构成

我国支出法国内生产总值及构成如表 3-2 所示。

表 3-2 我国支出法国内生产总值及构成

时间	支出法生产总值（亿元）	最终消费率（%）	资本形成率（%）	净出口率（%）	最终消费支出对国内生产总值增长贡献率（%）	最终消费支出对国内生产总值增长拉动（百分点）	资本形成总额对国内生产总值增长贡献率（%）	资本形成总额对国内生产总值增长拉动（百分点）	货物和服务净出口对国内生产总值增长贡献率（%）	货物和服务净出口对国内生产总值增长拉动（百分点）
2007年	271 699.3	50.1	41.2	8.7	45.3	6.4	44.1	6.3	10.6	1.5
2008年	319 935.9	49.2	43.2	7.6	44.2	4.3	53.2	5.1	2.6	0.3
2009年	349 883.3	49.4	46.3	4.3	56.1	5.3	86.5	8.1	-42.6	-4.0
2010年	410 708.3	48.5	47.9	3.6	44.9	4.8	66.3	7.1	-11.2	-1.3
2011年	486 037.8	49.6	48.0	2.4	61.9	5.9	46.2	4.4	-8.1	-0.8
2012年	540 988.9	50.1	47.2	2.7	54.9	4.3	43.4	3.4	1.7	0.2
2013年	596 962.9	50.3	47.3	2.4	47.0	3.6	55.3	4.3	-2.3	-0.1
2014年	647 181.7	50.7	46.8	2.5	48.8	3.6	46.9	3.4	4.3	0.3
2015年	699 109.4	51.8	44.7	3.5	59.7	4.1	41.6	2.9	-1.3	-0.1
2016年	745 632.4	53.6	44.2	2.2	66.5	4.5	43.1	2.9	-9.6	-0.7

资料来源：国家统计局网站。

消费、投资与出口就是宏观经济学中谈到的拉动经济增长的"三驾马车"。通过以上数据，可以看到我国近十年需求拉动经济发展的趋势变化，请你谈谈对此的理解。

3.2.5 三面等值

以上我们分别采用生产法、收入法和支出法统计国内生产总值。三种方法，分别从价值形态、收入形态和实物形态计算同一经济总体同一时期的最终成果，因此理论上应该是相等的，这也是前面提及的"平衡原则"的体现，即生产多少国内生产总值，就只能分配多少国内生产总值，也就只能使用多少国内生产总值，这就是"三面等值"原则。

"三面等值"原则是统计国内生产总值必须遵循的原则。但是，在实际工作中由于资料来源口径的影响，很难使三种核算方法的结果完全一致。为了取得一致性，我国每个产业部门的增加值一般以生产法和收入法中的一种方法为准，一般农业、工业和建筑业以生产法的计算结果为准，服务部门则以收入法计算结果为准，生产法和收入法实际上是合二为一了。然后用这两种方法计算的国内生产总值去调整支出法国内生产总值，将"统计误差"放在支出法一方，以保证"三面等值"原则。

表3-3是2016年我国国内生产总值总表，它把国内生产总值的生产法、收入法和支出法三种计算方法有机连接起来。通过这张表，可以从不同的角度反映国内生产总值及其构成，并可在实际核算中对三种方法的结果进行比较验证。

表3-3 2016年我国国内生产总值总表　　（单位：亿元）

生产	金额	使用	金额
一、生产法国内生产总值	780 070.0	一、支出法国内生产总值	745 632.4
（一）总产出		（一）最终消费	399 910.1
（二）中间投入（-）		居民消费	293 443.1
二、收入法国内生产总值	780 070.0	农村居民消费	64 331.8
（一）劳动者报酬	370 224.3	城镇居民消费	229 111.3
（二）生产税净额	110 762.5	政府消费	106 467.0
生产税		（二）资本形成总额	329 137.6
生产补贴（-）		固定资本形成总额	318 083.6
（三）固定资产消耗	107 001.2	存货增加	11 054.0
（四）营业盈余	192 082.0	（三）净出口	16 584.7
		出口	
		进口（-）	
		二、统计误差	34 437.6

注：数据来源于中经网统计数据库，经过整理得到。

3.3 其他相关经济总量指标

国内生产总值反映了一国常住单位生产活动的最终成果，是一个生产总量指标。它在实物形态上是完整的——本国生产、可用于最终使用的货物和服务。但是，在一个开放经济中，其生产并不一定都形成这个经济的收入。首先，本国的国内生产总值要分配给不同的劳动者和投资者，其中有一部分劳动者和投资者可能是非常住单位；同样，非常住单位创造的增加值也可能分配一部分给本国常住单位。其次，该经济与世界其他国家之间还会发生各种转移性收支。国内生产总值经过这样的分配和转移后，才形成了该经济的可支配收入，形成了消费和储蓄。因此，需要有相互联系的国民经济总量指标，来反映从国内生产总值的生产到国民收入的形成。

3.3.1 国民总收入

国内生产总值反映了一时期一国各常住单位的生产成果，即在此期间生产活动所创造的价值。但是，如前所述，创造价值并不一定获得价值，一国创造的价值总量和该国从生产中所获得的收入总量不一定相等。国民总收入（gross national income，GNI）是反映一国从生产中所获收入总量的指标。国民总收入过去又称为"国民生产总值"（gross national product，GNP），由于该指标反映的是收入总量，所以 1993 年联合国统计委员会通过国民经济核算体系的修订稿正式提出了国民总收入的概念，以强调其收入指标的特性。

国民总收入与国内生产总值差异的产生，在于生产要素国际流动引起对应的要素收入的国际流动，即国内生产所使用的劳动、资本和土地等生产要素有一部分可能来自国外，因此本国一部分的国内生产总值要作为要素使用报酬支付给国外；同样地，一国所拥有的生产要素可能会有一部分投入国外的生产，相应地也会从国外获得一部分要素收入。所以，有：

$$国民总收入 = 国内生产总值 + 来自国外的要素收入净额$$

其中，

$$来自国外的要素收入净额 = 来自国外的要素收入 - 支付给国外的要素收入$$

$$= 来自国外的生产税和进口税净额 + 来自国外的劳动报酬净额 + 来自国外的财产收入净额$$

这里，财产收入指向机构单位提供资金、有形资产、金融资产的所有者得到的收入，包括利息、红利、再投资收益、地租等。

国内生产总值与国民总收入相差一个来自要素收入净额，但对于大多数国家而言，二者大抵相等。

3.3.2 国民可支配总收入

国民总收入还不是常住单位最终用于消费和储蓄的全部收入来源，只是国民经济成果初次分配的结果，只有经过再分配过程，才能形成常住单位最终的可支配收入。国民可支配总收入（gross national disposable income，GNDI）是机构部门一国常住单位可用于最终支配的全部收入最大数额，体现各部门参与收入初次分配和再分配最终结果的总量。

$$国民可支配总收入 = 国民总收入 + 来自国外的经常转移收入净额$$
$$= 国民总收入 + 来自国外的经常转移收入 - 支付给国外的经常转移支出$$

转移收支是一种与劳动无关，只是基于社会义务或国际义务而发生的单方面的无偿的转让，即一个机构单位向另一个机构单位提供货物和服务或资产，而同时没有从后一个机构单位获得任何货物和服务或资产作为回报的交易，如捐赠、无偿援助、侨汇等。转移收支分为经常转移和资本转移，经常转移是与资本转移相对而言的，后者是指与资产（无论是金融资产还是非金融资产）的获得或处置有关的转移。概括来说，经常转移和资本转移的区别主要是：经常转移可以自由地运用于消费支出和其他经常性支出，会直接影响到货物服务的消费水平，而资本转移直接影响到接受者的资产负债水平；经常转移通常规模较小、经常并定期地发生，而资本转移一般规模大、频率低、发生无规律。

阅读材料：主要国家（或地区）的 GDP 和 GNI

2017 年主要国家（或地区）的 GDP 和 GNI 如表 3-4 所示。

表 3-4 2017 年主要国家（或地区）的 GDP 和 GNI

排名	国家	GDP（亿美元）	GNI（亿美元）	来自国外（或地区）的要素收入净额（亿美元）	GDP/GNI（%）
1	美国	193 906.0	196 076.0	2 169.9	98.9
2	中国	122 377.0	122 065.5	−311.5	100.3
3	日本	48 721.4	50 489.9	1 768.6	96.5
4	德国	36 774.4	37 533.4	759.0	98.0
5	英国	26 224.3	25 796.0	−428.3	101.7
6	印度	25 974.9	25 974.9	0.0	100.0
7	阿拉伯国家联盟	25 910.5	26 079.6	169.1	99.4
8	法国	25 825.0	26 392.9	567.9	97.8
9	巴西	20 555.1	20 129.3	−425.7	102.1
10	意大利	19 348.0	19 450.7	102.7	99.5

资料来源：世界银行网站。

可以看到，各国（或地区）的 GDP 和 GNI 并没有太大差距，这基本可以体现目前经济全球化的现象——资金和劳动力等生产要素在各国（或地区）之间都有交流。一般来讲，经济发达的国家（或地区），资本和技术输出较多，收到的财产收入也较多；但同时发展中国家（或地区）表现为输出的劳动较多，获得的劳动报酬也多，从而有相互抵消的作用。因此，GDP 和 GNI 差距不大。相对而言，日本得到的来自国外的生产要素净额最高，表明日本在国外的财富比例上高于其他国家。

3.3.3 净额层次

国内生产总值是各常住单位的总产出减去中间投入得到的增加值之和，而中间投入并不包括对固定资本的消耗，对应的收入法国内生产总值包含固定资产折旧这一项目。国内生产总值扣除掉固定资产折旧这一部分，就形成了国内生产净值（net domestic product，NDP），相应地，国民总收入和国民可支配总收入扣除固定资产折旧就分别形成了国民净收入（net national income，NNI）和国民可支配净收入（net national disposable income，NNDI）。即这些经济总量指标有总额与净额两个层次，二者之间均相差一个固定资产折旧。

国内生产净值 = 国内生产总值 − 固定资产折旧

国民净收入 = 国民总收入 − 固定资产折旧

= 国内生产净值 + 来自国外的要素收入净额

国民可支配净收入 = 国民可支配总收入 − 固定资产折旧

= 国民净收入 + 来自国外的经常转移收入净额

3.4 我国国内生产总值统计的相关问题

3.4.1 季度国内生产总值的核算

年度国内生产总值周期较长，时效性较差，不能及时反映国民经济运行的短期变化状况，也不能满足适时进行宏观调控的需要。为此，自1992年起，根据国务院的要求，在全国和各省、市、自治区开展了季度国内生产总值的测算。

1. 季度 GDP 的核算方法

季度国内生产总值与年度国内生产总值之间既有紧密联系又有明显区别：季度国内生产总值的基本统计原则，包括统计主体、统计范围、统计分类以及估价原则和记录时间，与年度国内生产总值是一致的；但是由于季度国内生产总值的核算时间短，所需的基础资料远不如年度统计资料详细，因此在计算方法上，两者又有所不同。

理论上讲，季度 GDP 的核算也有三种方法：生产法、收入法和支出法，其中生产法和收入法基于微观单位进行核算，而支出法针对全社会的最终产品使用核算。但是由于受到数据来源的限制，季度 GDP 难以同时按照以上三种方法独立核算，而是将不同的方法结合运用，得到单一的季度 GDP 核算数据。目前我国季度国内生产总值统计建立在生产法和收入法基础上，暂不考虑支出法。我们测算各个行业的增加值，然后按行业增加值加总得到国内生产总值。

实践表明，季度 GDP 也难以直接应用国内生产总值的核算方法，而主要根据关键指标推算得到，在能够得到季度国内生产总值的会计和财务资料的情况下，季度国内生产总值也可以通过增加值的构成项目直接计算得出。

（1）直接计算法。

直接计算法，就是利用原始资料按照生产法和收入法的计算公式，直接计算出增加

值,或采用现行年报的做法。计算公式如下:

$$增加值 = 劳动者收入 + 福利基金 + 利润和税金 + 固定资产折旧 + 其他$$

(2) 增加值率法。

增加值率法是利用报告期总产出与根据历史资料确定的增加值率相乘,得到报告期增加值。计算公式如下:

$$报告期增加值 = 报告期总产出 \times 基期增加值率$$

增加值率可以用一个正常生产年度或季度增加值在同一时期的总产出的比重来确定,即:

$$基期增加值率 = 基期增加值 / 基期总产出$$

(3) 速度推算法。

速度推算法是用与增加值密切相关的指标的发展速度代替增加值的发展速度,以此来推算增加值。计算公式如下:

$$报告期增加值 = 基期增加值 \times 报告期相关指标发展速度$$

上式中的相关指标常用"总产出",即:

$$报告期增加值 = 基期增加值 \times 报告期总产出发展速度$$
$$= 基期增加值 \times (报告期总产出 / 基期总产出)$$
$$= 报告期总产出 \times 基期增加值率$$

因此,在这种情况下,增加值率法和速度推算法是等价的。

2. 季度 GDP 核算的其他问题

(1) 季度 GDP 的时间问题。季度 GDP 的核算频率为季度,从 1992 年我国开展季度 GDP 核算工作,季度 GDP 采用的是累计的核算方式,即分别计算各年 1 季度,1~2 季度,1~3 季度和 1~4 季度的 GDP 数据,1~4 季度 GDP 初步核算即为年度 GDP 的初步核算数据。2008 年国际金融危机爆发后,经济管理部门和社会各界对季度统计数据提出了更高的要求,要求统计数据能够更灵敏地反映宏观经济的短期变化。为了适应这种需求,2011 年 1 季度,国家统计局建立了季度 GDP 环比统计制度,但这时用于计算环比增速的数据是利用累计 GDP 倒减推算得到的,还不是真正意义上的分季 GDP。2015 年 3 季度,国家统计局正式建立了我国季度 GDP 的分季核算制度,即分别计算各年 1 季度、2 季度、3 季度和 4 季度的 GDP,累计数据则可以通过季度数据相加得到。这样的调整,能更准确地衡量当季经济活动,更灵敏地捕捉经济短期波动信息,为经济形势分析和宏观调控提供更好的数据支撑,并且有利于中国季度核算的国际可比性。

(2) 季度 GDP 的季节调整问题。季度计量的 GDP 时间序列,显然会包含季度波动特征。季节性因素的存在,会掩盖 GDP 数据中宏观经济波动变化的本质。一般情况下,为剔除季节波动的影响,会采用同比速度来反映 GDP 的变化状况,如 2018 年 10 月国家统计局发布,2018 年 1 季度同比增长 6.8%,2 季度同比增长 6.7%,3 季度同比增长 6.5%。采用同期比剔除季节波动的影响,无须对季度 GDP 进行额外的调整,方便易行,但只能考察相对于上年同期的变化,而不能反映相对上个季度的经济变化,对近期的经济动态状况反映不足。

关于季度 GDP 的季节调整,一般有两种处理方法:一种是先就核算季度 GDP 的各项基础数据进行季节调整,然后直接计算出经过季节调整的季度 GDP;另一种是先用未经调整的基础数据核算季度 GDP,然后利用季节调整模型对 GDP 数据进行季节调整。我国季度 GDP 是利用国家统计局版季节调整软件(NBS-SA)对时间序列进行调整。NBS-SA 是在目前国际上比较常用的季节调整软件的基础上,考虑了中国特有的季节因素设计而成的,该软件添加了处理中国特有的季节因素的新模板,有效剔除了中国特有的季节因素,包括春节、端午、中秋等移动假日的因素,周工作天数因素,假期变动及调休等带来的变化因素等。

(3)季度 GDP 与年度 GDP 的关系。理论上讲,各季度 GDP 加总应该等于年度 GDP,但是由上文可知,季度 GDP 的数据来源基础与核算方法均有别于年度 GDP 数据,因此实践中二者并不能完全相等。比较而言,年度 GDP 是分别采用生产法、收入法和支出法进行平衡核算的结果,所依据的数据基础比季度核算更加全面可靠。因此,年度 GDP 数据出来后,需要以此为标准对季度 GDP 进行调整。

通常,年度 GDP 最终核实后,要对季度数据进行修订,称为常规修订;在开展全国经济普查,发现对 GDP 数据有较大影响的新的基础资料,或计算方法及分类标准发生变化而对年度 GDP 历史数据进行修订后,也要对季度 GDP 历史数据进行相应修订,称为全面修订。

中国目前对季度 GDP 数据修订的方法是比例衔接法,即利用年度基准值与年内四个季度汇总数的差率调整季度数据。比例衔接法的基本做法是:目前我国季度 GDP 按 40 个行业分别进行核算,因此,每年对这 40 个行业分别进行现价和不变价增加值衔接。将衔接后的各行业季度现价增加值加总得到衔接后的季度现价 GDP。不变价 GDP 的衔接方法与现价相同。

值得注意的是,我国的 GDP 核算目前只有季度和年度核算,没有月度核算。上文的内容中,可以看到,实践中先有季度 GDP,再有年度 GDP;待某年度 GDP 最终核实结果出来后,该年度的季度数据要以之为基准进行调整,调整后的季度数据作为下一个年度的季度核算的基期数据。不会在没有季度核算的情况下,直接由年度核算数据得出季度数据。月度核算和季度核算之间的关系应该也是如此,不会在没有月度核算的情况下,直接由季度核算得出月度数据。因此,也无法将季度 GDP 转换为月度 GDP。

3.4.2 地区生产总值的核算

1. 地区生产总值核算的复杂性

地区生产总值核算是一个地区内所有常住单位在一定时期内生产活动的最终成果。理论上讲,地区生产总值与一国国内生产总值在核算原则、方法、指标体系等方面是一致的。然而，一个国家内各地区之间的经济往来远比国与国之间的经济往来要频繁得多，而有关地区之间经济往来的统计登录，又远不如国际经济往来的统计资料那么系统和完整。此外，地区内既存在经济利益中心只涉及一个地区的"地区单位"，也有经济利益中心涉及两个及以上地区的"跨地区单位"，还有经济利益中心很难明确其地区属性的"全国性单位"。特别如中国这样的国家，领土范围广袤，且各地区之间在自然条件和经济发展水平方面都具有较大差异，因此，地区生产总值的核算比一国国内生产总值的核算更具复杂性。

2. 地区经济核算的基本模式

地区经济核算主要有三种模式。

（1）自下而上法，指依据地区基层单位的数据进行地区经济核算，然后将各地区的数据汇总，就得到整个国家的国民经济核算数据。自下而上法要求严格区分地区常住单位和非常住单位，但实际中由于地区常住单位界定的困难，该方法下得到的核算数据与国家国民经济核算的数据难以保证一致。

（2）自上而下法，指先在国家层面进行国民经济核算，再依据地区的一些相关指标，如地区就业数据、地区税收数据等，将国家的国民经济核算数据在各个地区进行分解。该方法能保证国家国民经济核算数据与地区经济核算数据一致，但不足在于地区经济数据是依据某些相关指标进行的推算，而非来自地区基层数据的统计结果。

（3）混合法，指将自下而上和自上而下两种方法结合起来使用。混合法的基本思路是，以自下而上法为基础，当难以判断地方单位的常住属性时，采用自上而下法进行推算。

3. 地区经济核算与国家经济核算的关系

理论上讲，各个地区的生产总值加总应该等于一国的国内生产总值。但在我国实践中，二者总是不等，各地区生产总值之和往往大于国内生产总值。

首先，由于跨地区经济交易的存在，可能造成各地区核算的重复和遗漏，围绕中央政府所发生的各种经济交易也难以分摊到各个地区。

其次，不同地区之间在核算范围、基础数据来源上可能存在差异，具体核算中可能会采取不同的估算方法和估算比例，由此会导致各地区核算结果的不一致。特别是在涉及跨地区的经济往来时，核算的不一致性会使得地区间的流入流出量在国家层面不能被抵消。

再次，国家经济核算与地区经济核算的数据来源并不统一。国家经济核算数据资料来自国家一级的基础数据，而不是由地区经济核算资料逐级汇总得到。二者数据来源的不一致性也导致了地区生产总值之和不等于国内生产总值。

最后，由于地方政府往往难以保证统计核算的中立性，受制于实现地方经济发展目标的外在压力，可能会存在主观操纵核算过程，从而使得地区生产总值之和总是超出国内生产总值。

为解决此问题，国家统计局做出了一些措施：一是制度建设，不断完善国家和地区

GDP 核算方法，制定了各地区统一使用的核算方法，建立了地区 GDP 数据联审制度；二是基于经济普查数据，对国家 GDP 进行重新核算，对各地区 GDP 进行统一联算，对历史数据进行修订。

2017 年国家统计局发布了《地区生产总值统一核算改革方案》（以下简称《改革方案》），提到将利用开展第四次全国经济普查的契机，2019 年实施地区生产总值统一核算改革。《改革方案》的主要内容是各省（自治区、直辖市）生产总值由现行的省级统计机构核算，改革为国家统计局和省级统计机构共同开展的统一核算。地区生产总值，将按照统一的核算方法，遵循真实准确、规范统一和公开透明的原则，进行统一核算，并统一公布核算结果，实现地区生产总值汇总数据与国内生产总值数据的基本衔接，准确反映地区经济增长的规模、结构和速度。通过实施地区生产总值统一核算改革，按照统一的核算方法，使用统一的数据来源，能够把地区生产总值汇总数据与国内生产总值数据差率控制在合理范围之内，实现地区生产总值汇总数据与国内生产总值数据的基本衔接。

3.4.3 我国国内生产总值统计的资料来源、计算方法和数据发布

1. 主要资料来源和计算方法[①]

（1）国内生产总值生产核算。

我国年度现价 GDP 生产核算的主要资料来源如下所示。

一是国家统计局系统的统计调查资料，包括国家统计局系统组织实施的农林牧渔业、工业、建筑业、批发和零售业、住宿和餐饮业、房地产开发经营业、部分服务业、人口、劳动工资、价格、住户等统计调查资料。

二是部门统计资料，即有关行政管理部门根据国家统计局与相应部门共同建立的部门统计制度收集的有关服务业统计资料，包括教育部、卫生部、文化部、铁道部、国家广播电影电视总局等部门的有关服务业财务统计资料，新闻出版总署全国出版业统计资料等。

三是部门会计决算资料，主要包括中国人民银行、证监会、保监会等部门会计决算资料。

四是部门行政记录，主要包括财政部、民政部、国家税务总局、国家工商总局等行政管理部门的行政记录，例如财政部财政决算资料、国家税务总局分行业税收资料等。

年度现价 GDP 生产核算采用直接计算法与间接计算法相结合的方法。直接计算法就是直接利用生产法或收入法计算行业现价增加值，这种方法要求能够获得比较完整的资料来源。如果采用生产法，要求能够获得计算生产法增加值的两个项目，即总产出和中间投入的资料来源；如果采用收入法，要求能够获得计算收入法增加值的四个构成项目，即劳

[①] 许宪春. 中国现行国内生产总值方法［J］. 求是学刊，2014（3）.

动者报酬、生产税净额、固定资产折旧和营业盈余的资料来源。

间接计算法包括比重推算法、增加值率推算法和相关指标推算法。比重推算法是针对只能获得一部分比较完整资料来源的行业所采取的计算方法。对于这样的行业，先采用直接计算法计算出其中一部分增加值，然后利用经济普查年度这部分增加值占整个行业增加值的比重进行外推，得出整个行业增加值。增加值率推算法是针对只能获得计算总产出所需要的比较完整的资料来源的行业所采取的计算方法。对于这样的行业，先计算出总产出，然后利用总产出乘以经济普查年度增加值率计算出该行业的增加值。相关指标推算法是针对那些资料来源更少的行业所采取的计算方法，包括两种情况：一种是利用相关指标与增加值绝对额之间的比例系数计算行业增加值的方法，另一种是利用相关指标发展速度与增加值发展速度之间的比例系数计算行业增加值的方法。对于第一种情况，先确定相关指标与增加值绝对额之间的比例系数，然后利用当年相关指标和上述比例系数计算出该行业当年增加值。对于第二种情况，先确定相关指标发展速度与增加值发展速度之间的比例关系，然后利用该行业上年度增加值、相关指标发展速度和上述比例关系计算出该行业增加值。

（2）国内生产总值使用核算。

GDP 使用核算，即支出法 GDP 核算，目前我国年度核算主要采用直接计算法，而季度核算则主要采用间接计算法。

支出法 GDP 中的居民消费支出包括农村居民消费支出和城镇居民消费支出。前者主要利用农村住户调查中的农村居民生活消费支出计算，后者主要利用城镇住户调查中的城镇居民消费性支出计算。但是，由于口径范围上存在若干方面区别，在计算时需要进行一系列的调整和补充。

政府消费支出主要依据财政支出资料计算。但是财政支出与政府消费支出在口径范围上是不同的，在计算时需要加以区分。

固定资本形成总额是对投资统计中的全社会固定资产投资进行调整计算出来的。

存货增加按农、林、牧、渔业，工业，建筑业，交通运输、仓储和邮政业，批发和零售业，住宿和餐饮业，房地产业，其他服务业分别进行计算。每一行业都利用相应行业的统计调查或会计汇总资料提供的期初期末存货价值资料计算。

货物和服务出口及进口都直接利用国际收支平衡表中的相应资料计算，只需要利用当年平均汇率将国际收支平衡表中按美元计算的货物和服务出口及进口转换成按人民币计算的货物和服务出口及进口。

2. 数据的发布

2017 年 1 月，国家统计局发布了《关于改革我国国内生产总值核算和数据发布制度的公告》，公告提到，"随着我国统计改革的不断深化，国内生产总值（GDP）核算基础和核算方法不断改进和完善。为更好地服务宏观决策和适应社会需求，避免数据多次修订给使用者带来的不便，国家统计局决定对现行的 GDP 核算和数据发布制度进行精简改革，由目前初步核算、初步核实和最终核实三个步骤调整为初步核算和最终核实两个步骤，并按规定发布。"因此，我国年度国内生产总值数据的发布包括初步核算和最终核实两个步骤。

年度 GDP 初步核算数一般在次年 1 月 20 日左右发布，年度 GDP 最终核实数在隔年的 1 月份发布。年度 GDP 初步核算数在年度国民经济运行情况新闻发布会、国家统计局网站、《中国经济景气月报》上公布；年度 GDP 最终核实数在国家统计局网站以国家统计局公告的形式发布；同时，年度 GDP 最终核实数还在隔年的《中国统计摘要》和《中国统计年鉴》上公布。国家统计数据库将同步更新年度 GDP 最终核实数，并能够提供历史数据。

季度 GDP 初步核算数一般于季后 15 日左右发布，具体日期参考当年《国家统计局主要统计信息发布日程表》，在季度国民经济运行情况新闻发布会、国家统计局官方网站（www.stats.gov.cn）、《中国经济景气月报》上公布；季度 GDP 最终核实数在国家统计数据库（http://data.stats.gov.cn/）、《中国经济景气月报》上公布。对于 1992 年 1 季度以来的季度 GDP 数据时间序列，可以通过国家统计数据库进行查询。

年度国内生产总值数据的确定除了经历初步核算和最终核实过程外，在开展全国经济普查，发现对 GDP 数据有较大影响的新的基础资料，或核算方法及分类标准发生变化后，也要对年度 GDP 历史数据进行修订，并且对季度 GDP 历史数据进行相应修订。

3.4.4 国民经济核算与会计核算

在一个企业中，会计核算是指采用一系列的账户体系，对企业经济活动进行全面的反映和监测，并为企业的经营决策提供信息支持。国民经济核算则是指采用一系列的账户体系、统计表格和会计平衡关系式等，对整个国民经济活动进行系统、全面的反映和监测，从而为各级政府进行国民经济管理提供信息支持，为经济研究和广大公众了解国家经济形势提供数据，因而国民经济核算又常被称作"社会会计"或"国民会计"。国民经济核算与会计核算，二者既有较强的内在联系，又有显著差异。

1. 联系

企业是组成国民经济的基本经济单位，国民经济活动的许多特征是由企业经济状况来决定的，而企业会计核算正是对企业经济状况的基本描述，因此，企业会计核算资料是国民经济核算所采用数据资料的最主要来源。

此外，国民经济核算从概念、框架及记账方法等诸方面，都不同程度地吸收了会计核算的思想。比如，确定组成国民经济机构单位时，特别强调必须能够编制一套包括资产负债表在内的完整的会计报表，运用复式记账法作为国民经济核算的基本方法，以流量核算和存量核算及其关系来构筑国民经济核算体系等。

2. 差异

二者核算的对象不同。会计核算的对象是单个特定企业的生产经营活动,国民经济核算的对象是一国国民经济活动的整体,二者分别是微观和宏观两个层次上的核算体系。

二者核算的基本概念不同。资产:会计核算依据流动性大小将资产分为流动资产、长期投资、固定资产、无形资产、递延资产和其他资产;国民经济核算则强调资产的形态,区分为非金融资产与金融资产,然后做进一步分类。费用和中间消耗:国民经济核算中的中间消耗是指生产过程中对非耐用货物和服务的耗费;而会计中的费用除以上内容,还包括对劳动的耗费,如工资及工资性支付,和一些计入生产费用的税金等。利润和增加值:会计中的利润以销售为基础,是当期销售收入减去费用,因此利润还包括以前生产当期销售实现的利润;国民经济核算的增加值以生产为基础,是当期生产价值减中间消耗,仅反映当期生产,不论是否实现销售,另外增加值还包含了计入会计费用中的劳动费用和企业在生产销售过程中的税收。

二者核算的计价基础不同。会计核算与国民经济核算都以货币为统一计量单位,但是采用何种价格计价,两种体系却不相同。会计核算采用历史成本计价,对资产根据购入期的购入成本计价,不考虑资产的重置价值与变现价值,使用资产形成的经营费用也依据历史成本加以估算;而国民经济核算对各种经济交易均以核算当期的市场价格作为基本计价基础,资产与负债要求按照编表时的现价而不是原始价格估价,在没有货币交易情况下,根据支出的当期成本和可参照的市场价格做出估价。

□ 本章小结

1. 生产活动是国民经济最基本的活动。经济生产是指在机构单位负责、控制和管理下,投入劳动、资本及其他生产要素,生产另外一些货物或服务的活动。SNA 对生产范围的界定比经济生产的定义更严格,范围更窄——与经济生产范围相比较,除自有住房服务和付酬的家务劳动外,住户为自身最终使用而进行的服务生产都不在 SNA 的生产范围之内。

2. 国内生产总值是一个国家(或地区)的所有常住单位在一定时期内生产并提供给社会最终使用的货物和服务的价值总量,有价值形态、收入形态和实物形态三种表现形式。

3. 生产法 GDP 是社会总产出减中间投入;社会总产出有"产品法""企业法"和"营业收入法"三种计算方法;通过生产法 GDP,可以计算中间投入率、单位中间投入创造的 GDP 和增加值率。收入法 GDP 是固定资产折旧加上劳动者报酬、生产税净额和营业盈余,由此可以得到国家、企业和住户三者的初次分配收入,以及分配比例关系。支出法 GDP 是最终消费加上资本形成总额和净出口,最终消费分为居民消费和政府消费,资本形成总额由固定资本形成总额加存货增加得到,净出口是出口减进口,由此可以计算投资率、消费率和净出口率。三种方法计算得到的 GDP 理论上应该相等。
4. 在国内生产总值基础上,可以得到国民总收入和国民可支配总收入两个收入总量指标。扣除固定资产折旧后,可以得到相应层次上的净额指标。
5. 季度国内生产总值的计算方法有:直接计算法、增加值率和速度推算法。
6. 地区生产总值的核算具有复杂性,要考虑地区生产总值与国内生产总值数据的衔接。
7. 年度国内生产总值统计的资料来源主要有统计资料、行政管理资料和会计决算资料。发布主要有初步核算与最终核实两个阶段。
8. 国民经济核算与会计核算,二者既有较强的内在联系又有显著差异,并在相互影响中得以发展。

□ 思考题

1. SNA 核算体系采用的生产概念是什么?
2. 什么是经济流量和经济存量,二者的区别与联系是什么?
3. 什么是国内生产总值?其表现形态是什么?
4. 评价社会总产出指标。
5. 三次产业总产出的计算有无异同?为什么?
6. 试述总产出与总产值指标的区别和联系。
7. 试述国内生产总值统计的生产法、收入法和支出法的核算思路与计算公式。
8. 试述"三面等值"原则的思想。
9. 试述年度国内生产总值数据的形成与发布程序。
10. 试述国民经济核算与会计核算的区别和联系。
11. 某地某年农业总产出 225 亿元,中间投入率 37%;工业总产出 650 亿元,货物和服务消耗占 69.5%;建筑业总产出 190 亿元,中间投入 110 亿元;运输邮电业总产出 250 亿元,中间投入 115 亿元;商业总产出 120 亿元,增加值率 60%;其他服务部门的固定资本折旧 25 亿元,劳动者报酬 80 亿元,生产税净额 15 亿元,营业盈余 10 亿元。

要求:

(1) 计算该地 GDP。
(2) 分析该地三次产业的结构。
12. 某钢铁厂某年生产钢铁 5 000 万元,生产备件 120 万元,其中 50 万元投入到本厂生产用,45 万元出售,25 万元库存,则该厂该年的总产出是多少?
13. 某年某地区各种收入如下(单位:亿元):劳动者报酬 32 000,生产税净额 7 600,营业盈余 12 900,固定资本折旧 5 500,来自国外的要素收入净额 -1 000,来自国外的经常转移收入净额 600,资本转移收入净额 -200,求该地区该年 GDP、GNI 和 NDI 各是多少。

14. 已知某国当年国内生产总值1 854亿元，对国外支付雇员报酬2亿元，支付财产收入38亿元，支付经常性转移39亿元，来自国外的雇员报酬6亿元，财产收入63亿元，所得税1亿元，其他经常转移收入19亿元。

要求：计算该时期的国民总收入和国民可支配总收入。

15. 国内生产总值及其使用如下所示（单位：亿元）。

生产	金额	使用	金额
一、生产法国内生产总值		一、支出法国内生产总值	89 341
（一）总产出	260 713	（一）最终消费	
（二）中间投入（-）		（二）资本形成总额	32 500
二、收入法国内生产总值		固定资本形成总额	32 624
（一）劳动者报酬	42 568	存货增加	
（二）生产税净额	16 388	（三）净出口	
（三）固定资产折旧	13 650	出口	23 143
（四）营业盈余		进口（-）	20 903
		二、统计误差	127

要求：

（1）根据表中数据填写空白项数据。

（2）写出国内生产总值三种计算方法的公式（代入数据）。

16. 有如下资料（单位：亿元）。

居民购买货物和服务的支出	1 500
政府购买货物和服务的支出	160
固定资产形成总额	900
其中：固定资产折旧	70
存货增加	150
货物和服务进口	180
货物和服务出口	225

要求：根据上述资料，计算国内生产总值、投资率和消费率、居民消费在最终消费中的比重。

17. 已知某地区某年国民经济核算资料如下（单位：亿元）。

总产出	16 000
最终消费	8 110
其中：居民消费	5 600
政府消费	2 510
资本形成总额	3 037
其中：固定资产折旧	1 480
货物和服务进口	1 060

货物和服务出口	1 200
劳动者报酬	5 240
生产税	610
生产补贴	15

要求：根据上述资料，计算 GDP、中间投入和营业盈余。

18. 假定某经济总体只分为甲、乙、丙、丁四个部门，甲部门作为生产起点，没有任何中间投入。核算期内，甲部门生产了 100 万元的产品，全部售给乙部门作原材料；乙部门生产了 150 万元的产品，其中 80 万元售给丙部门，45 万元售给丁部门作中间投入，其余用于消费；丙部门生产了 250 万元产品，其中 100 万元售给丁部门进一步加工，其余用于消费；丁部门生产了 300 万元的消费品。

要求：分别用生产法和支出法计算该经济总体的 GDP。

CHAPTER 4
第4章

投入产出统计

"瑞典皇家科学院已决定将1973年度诺贝尔经济学奖金授予美国马萨诸塞州坎布里奇哈佛大学的华西里·列昂惕夫教授。因为投入产出法的发展，并且因为它在重要经济问题上的应用。"

"列昂惕夫教授是投入产出技术独一的和没有挑战的创始人。这项重要发明给了经济科学一种经验上有用的方法，以阐明一个社会的生产系统中的一般相互依赖关系。特别是，这个方法可以帮助系统地分析一个经济中的复杂的产业之间的交易。"⊖

——瑞典皇家科学院公告，1973年

4.1 投入产出统计概述

4.1.1 投入产出分析的基本概念与特点

1. 基本概念

投入产出分析（投入产出法）是在一定经济理论指导下，编制投入产出表，建立相应的投入产出模型，综合系统分析国民经济各部门、再生产各环节之间数量依存关系的一种经济数量分析方法。它是经济学、统计学与数学相结合的产物，是对具有复杂联系现象进行数量分析的一种方法。

所谓投入，指从事一项经济活动的消耗，包括产品生产经营过程中所消耗的原材料、辅助材料、燃料、办公用品、服务、机器设备、劳动力等。所谓产出，指从事经济活动后得到的一定数量的货物和服务以及它们的分配使用去向。我们称反映投入与产出相互关系

⊖ 摘自《诺贝尔经济学奖金获得者讲演集》，由王宏昌编译，中国社会科学出版社于1997年7月出版。

的表格为投入产出表,称反映投入和产出相互关系的数学公式为投入产出模型。投入产出法的基本内容是编制投入产出表,建立投入产出模型,进行经济分析和预测,所以投入产出法也常常被称为投入产出分析、投入产出技术。

2. 特点

投入产出法是一种经济计量方法。西方把投入产出法作为经济统计和经济计量学的一个组成部分。投入产出法通过一些假定,把各种经济变量之间的关系都处理成一次函数关系,利用相对稳定的经济参数(系数)建立确定的线性模型,用以描述各个生产部门的内在联系,反映不同部门之间的货物和服务流量。

投入产出法是一种系统分析方法。所谓系统是由相互作用、相互依存的若干部分结合而成的,具有特定功能的有机整体,而这个整体(系统)本身又是它所从属的一个更大系统的一个组成部分或者一个子系统。投入产出法遵循系统论的思想,把国民经济看作由许多子系统构成的巨大经济系统。从横向看,国民经济由各个部门——货物生产部门子系统和服务生产部门子系统构成,其中每一个子系统又由若干低一层次的子系统组成,这些子系统还可以再细分。同一层次的子系统相互依存、相互制约,存在着错综复杂的横向联系。从纵向看,国民经济由各种活动——生产、流通、分配、使用等再生产子系统构成,每一个子系统又可以细分成若干小一些的子系统。这些子系统在时间上依次继起,周而复始,上下子系统之间存在着错综复杂的纵向联系。

阅读材料:投入产出法的产生与发展

投入产出法产生于 20 世纪 30 年代中期,创始人是当时在美国哈佛大学任教的美籍俄国经济学家华西里·列昂惕夫(Wassily Leontief)教授。1936 年,他在《经济统计评论》上发表了系统研究成果《美国经济中投入与产出的数量关系》,这篇文章的发表被认为是投入产出法产生的标志。1970 年诺贝尔经济学奖获得者保罗·萨缪尔森说:"哈佛大学的华西里·列昂惕夫于 1973 年荣获诺贝尔经济学奖,他是因为就一个经济各个部门的投入产出结构所做的开创性研究工作而获得此殊誉的。投入产出分析是一种用于分析经济的解剖学和生理学的非常复杂的统计方法,除了是一种描述工具之外,它还是一种重要的预测和计划手段。"

第二次世界大战后,美国政府深感需要有一个比较科学、完备和准确的计算工具来研究经济、控制经济、干预经济,于是投入产出法受到美国企业界和政府的重视,并很快传播到世界很多国家。迄今,已有 100 多个国家编制过投入产出表。据国际投入产出协会 2000 年度报告,世界上有 80 多个国家和地区定期编制投入产出表。⊖我国 1965 年编制了第一张企业投入产出表,1974 年编制了第一张全国实物型投入产出表,1982 年编制了第一张全国价值型投入产出表。经国务院批准,从 1987 年起,我国每隔 5 年编制全国投入

⊖ 许宪春,刘起运. 中国投入产出分析应用论文精粹[M]. 北京:中国统计出版社,2004.

产出表。

联合国 1968 年 SNA 正式把投入产出核算纳入国民经济核算体系，并制定了编表的部门分类目录、指标解释、计价标准、计算方法等。1993 年 SNA 强调"将投入产出法纳入国民经济核算体系是 SNA 的一个重要特点"○。2008 年 SNA 更是突出了投入产出核算，把 1993 年 SNA "供给和使用表及投入产出"一章，分成了"供给使用表及货物和服务账户"和"投入产出及其他基于矩阵的分析"两章。在国民经济核算体系中，投入产出的重要作用是把货物和服务账户与生产和收入形成账户相连接起来，将机构部门的生产账户和收入分配账户加以细化，通过编制投入产出表，得到一个完整描述生产领域的核算框架。这个框架是使来自不同统计渠道的有关货物和服务流量统计数据一致性的核算框架，是使经济统计的定义和分类一致性的协调框架，是使产业关系和产品关系明晰化的分析框架。这个框架也适合计算国民经济核算中的大部分数据，如国内生产总值及其组成部分，并且易于发现数据中存在的问题，对于把货物和服务流量分解成物量和价格从而进行一系列价格和物量的测算是非常重要的。

4.1.2 投入产出法研究的经济关系

投入产出法研究国民经济各个部门之间在生产中发生的直接和间接的联系。由于社会分工，国民经济体系逐步形成了很多具有不同作用的部门。国民经济各个部门之间存在着密切而复杂的相互依存、相互制约的关系，这些关系最突出地表现在产出与消耗的关系上。国民经济每一个部门生产的产品都要提供给其他部门做生产消耗用，每一个部门在生产中又都要消耗其他部门的产品。比如，生产钢铁需要消耗机械，生产机械也需要消耗钢铁，这是双向的联系；生产煤炭需要消耗机械，但是生产机械不需要消耗煤炭，这是单向的联系。这种消耗和被消耗的关系不仅有直接的，还有间接的，比如，为了生产机械，需要直接消耗钢铁，但是为了生产钢铁需要直接消耗电，为了生产电又需要直接消耗煤炭等，生产机械除了直接消耗钢铁外，还要间接消耗电、煤炭等。事实上，间接消耗是无穷次的。任何一个部门的产品在这个产品链上发生了问题，都会影响其他部门。正是各个部门这样的联系，才构成了国民经济大系统。

国民经济的这种复杂联系早就为人们所知，但是要从数量上确定这些联系却不是靠人们的经验和常识，或靠一般的数量分析方法所能奏效的，唯有投入产出方法能够定量地分析这些直接和间接关系。投入产出法以国民经济为整体，以产品为对象，把产出和进口作为总资源，把中间消耗、最终使用、资本形成总额、出口作为总资源的使用，从数量上揭示国民经济各个部门之间相互依存、相互制约的关系。

4.1.3 投入产出统计的部门

在现实的经济管理中，国民经济有许多部门，最常用的是按行政隶属关系划分的"企

○ 联合国. 国民经济核算体系 [M]. 国家统计局国民经济核算司, 译. 北京：中国统计出版社，1995.

业部门"和按生产同一性划分的产业部门。

按行政隶属关系划分的企业部门是机构单位的集合,如"冶金工业部门""纺织工业部门""教育部门"……企业部门的划分是为了适应行政管理的需要,通常一个企业不只生产一种产品,不只进行一种经济活动,我们只能按照企业的主要产品去划分其所属的部门。例如钢铁企业,除了炼铁、炼钢、轧钢等主要活动以外,常常还包括耐火材料、石灰石等的生产,冶金设备的制作与修理,以及电力、运输、建筑安装等这样一些本来应当属于其他部门的经济活动。因此,企业部门所从事的经济活动是不纯的。

产业部门虽然是从事同一种生产活动的基层单位的集合,但是,一个基层单位的生产可能包含主要活动与次要活动,次要活动的产品可能是其他部门的主要产品。因此,产业部门所从事的经济活动也不是很纯的。

投入产出法的目的是定量地研究国民经济各部门之间的技术经济联系,即投入和产出关系,所以要求各个部门在投入与产出两方面具有同质性。这种部门就是同质生产单位的集合——"产品部门"或"纯部门",它要求同一类产品不论是哪个部门生产的,都归为同一个部门。只有这种"产品部门"或"纯部门"之间的经济联系,才主要决定于生产技术联系,才是相对稳定的。

1. 用什么标准划分部门

以同质生产单位为统计单位的产品部门划分标准是:产品经济用途的同质性和消耗结构与生产工艺的同质性。

产品经济用途的同质性指,一个部门只生产一种或一类产品,同一个部门的产品可以相互替代,不同部门的产品不能相互替代。按照这个标准,钢铁企业的耐火材料、石灰石、冶金设备的制作与修理,以及电力、运输、建筑安装等应该分别归属到其他以这些产品为主要生产的部门中去;而胶鞋、皮鞋、布鞋用途相同,则应合并为一个部门。

消耗结构和生产工艺的同质性指,同一个部门生产的所有产品的消耗结构和生产工艺基本上是相同的。按照这个标准,橡胶可分为天然橡胶和合成橡胶,电力可以分为水力发电和火力发电,钢可以分为电炉钢和转炉钢等,它们分别归属不同的部门。而焦炭和炼焦煤气等联产品的消耗结构相同,就应当作为同一部门。

事实上,很多生产单位不能同时满足上述两个标准,如水电和火电用途相同,但是消耗结构和生产工艺不同;作为原油生产过程中产生的副产品天然气,它与原油的消耗结构和生产工艺相同,但是用途却不同。所以,同质生产单位从而产品部门通常是不存在的,它只是为对称性产品×产品而设置的一种抽象的或理想的单位和部门。

从统计上的可操作性看,编表用企业部门或产业部门比较方便,而从分析的角度看,需要产品部门的"纯表"。

2. 产品部门划分的程度

要保证产品消耗构成和用途完全相同,必然要把产品部门划分得相当细。如果我们把各种产品的每个品种、每种规格都作为一个部门，这样划分的部门当然非常纯，可是收集如此细分的数据资料是十分困难的。

投入产出分析中部门划分过粗或过细都各有利弊。部门划分越细，模型的效能越高，系数越精确，但是资料的收集越困难，编表花费的时间、人力、物力也越大，并且投入产出表的填满率也越低。部门划分越粗，模型分析的问题越粗糙，模型的运用有一定局限，但是资料的收集相对比较容易，投入产出表的填满率较高。部门划分的程度应根据需要与可能加以权衡。我国及各省市编制投入产出表时，一般划分为120个部门左右。

阅读材料：中国2017年投入产出调查简介

按国务院要求，从1987年开始，每五年（逢2、逢7年份）开展一次全国投入产出调查。2017年全国投入产出调查是第七次投入产出调查。

一、调查范围

2017年全国投入产出调查涵盖所有国民经济行业。

二、调查对象

2017年全国投入产出调查的对象是选中的法人单位和农户，全国共选取调查单位约24 000个。其中农林牧渔业企业和农户700个，工业企业17 000个（含规模以下企业2 000个），建筑企业约300个，服务企业约6 000个。

三、调查内容

2017年投入产出调查的内容是分行业重点法人单位的投入结构和固定资产投资构成调查，包括农业投入构成调查、规模以上工业企业产品制造成本构成调查、规模以下工业企业成本费用调查、建筑业及服务业的投入构成调查、固定资产投资构成调查、运输费构成等补充调查，以及进口货物使用去向调查。

四、调查表

2017年投入产出调查表包括56张分行业调查表和5张补充调查表。分行业调查表按照调查对象不同分为21套：农业投入构成调查表，工业企业调查表，建筑业企业调查表，批发和零售企业调查表，道路运输企业调查表，水上运输企业调查表，航空运输企业调查表，仓储企业调查表，住宿企业调查表，餐饮企业调查表，软件和信息技术服务企业调查表，货币金融服务企业调查表，资本市场服务企业调查表，保险企业调查表，房地产开发经营企业调查表，卫生单位调查表，新闻出版企业调查表，娱乐企业调查表，其他服务企业调查表，行政事业单位调查表和固定资产投资构成调查表。补充调查表包括运输费构成、差旅费构成、机物料消耗构成、研究与开发费构成与低值易耗品摊销构成5张调查表。

○ http://www.czs.gov.cn/tjj/zwgk/gzdt/content_ 1268425.html.

五、调查方案变化

与 2012 年投入产出调查相比，2017 年全国投入产出调查方案主要有以下三方面的变化。

（一）采用新的行业分类细化投入产出部门分类

方案遵循最新的国民经济行业分类标准《国民经济行业分类（2017）》，同时参考了生产性服务业、高新技术产业等分类标准，增加了一些与此相关的分类。2017 年投入产出表中的产品部门分类确定为 149 个，比 2012 年多 10 个。

（二）根据新的要求和情况增加新内容

（1）增加农业各部门的中间消耗调查表，由部分"农业大省"组织调查，调查汇总资料供国家和其他地区使用。

（2）增加仓储及新闻出版业调查表。

（3）增加服务业调查点数，细化了服务业调查表。

（4）增加"新兴经济"活动的内容，在调查表增加"是否有新经济活动"选项，在"主营业务收入"指标下列出"其中：新经济活动收入"，为新兴经济的核算提供依据。

（5）增加建筑企业和批发零售企业的购进材料（商品）来源、产值流向（商品销售初次去向）调查表，能更好地满足地区表的编制需求。

（6）增加企业主产品结构调查内容，涉及道路运输业、水上运输业、航空运输业、餐饮业、软件和信息技术服务业以及其他服务业等。

（三）创新数据录入及上报方式

2017 年全国投入产出调查改变原有调查数据处理方式，利用企业一套表联网直报平台进行数据的录入审核和汇总。企业一套表平台上已有的数据可直接导入投入产出调查数据库中，调查单位不需再进行填报，如规模以上工业企业总产值、劳动者报酬等指标可以直接从一套表平台中获取。

4.2 投入产出表的结构及平衡关系

投入产出表种类较多，按对象有产品表、固定资产投表、能源表等，按范围有全国表、地区表、部门表、企业表等，按计量单位有实物型表、价值型表、劳动表等，按时间有静态表和动态表等。但是基本的投入产出表是全国价值型静态产品投入产出表，本章若无特别指明，所阐述的均是这种表。

4.2.1 对称投入产出表的表式结构

价值型投入产出表是以国民经济中的"纯部门"编制的，其表式结构如表 4-1 所示，表 4-2 是一张有实际数例的投入产出表。

表 4-1 价值型投入产出表的表式结构

		中间使用 1 2 3 … n 合计	最终使用 最终消费　资本形成总额　出口　进口　合计	总产出
中间投入	1 2 3 ⋮ n 合计	x_{ij}	Y_i	X_i
增加值	固定资本折旧 劳动者报酬 生产税净额 营业盈余 合计	D_j V_j T_j M_j N_j		
总投入		X_j		

表 4-1 中的中间投入与增加值之间的横线和中间使用与最终使用之间的竖线将价值表分成了四个部分（或四个象限）。

第一象限（左上）采用复式记账的矩阵形式，主栏和宾栏都是产品部门，且横行、纵列的部门名称、部门数、部门排列顺序都相同。从横行看该象限是中间产品或中间使用象限，从纵列看该象限是中间投入或中间消耗象限，可以统称为中间流量矩阵。每一个元素 x_{ij} 从横行看，表示 i 部门的产品提供给 j 部门作生产使用的数量，从纵列看，表示 j 部门生产中消耗的 i 部门产品的数量。比如表 4-2 中，第 2 行是工业部门，第 5 列是交通运输、仓储和邮政与信息传输、软件和信息技术服务部门，因此，x_{25} = 24 232 亿元，从横行看，表示工业部门提供了 24 232 亿元给交通运输、仓储和邮政与信息传输、软件和信息技术服务部门作生产使用，从纵列看，表示交通运输、仓储和邮政与信息传输、软件和信息技术服务部门生产中消耗了 24 232 亿元的工业产品。行、列交叉处的元素即主对角线上元素，表示各部门产品提供给本部门生产使用，或者本部门生产过程中消耗的本部门产品数量。比如表 4-2 中，x_{22} = 570 549 亿元，表示 570 549 亿元工业产品提供给工业部门生产使用，或者工业部门生产过程中投入了 570 549 亿元本部门的产品。

第一象限是投入产出表的基本象限。它反映了国民经济各部门间的生产技术联系。但由于各部门间的联系受部门划分粗细及价格变动等因素的影响，所以确切地说，它反映的是国民经济各部门间的经济技术联系。投入产出表的规模是用第一象限的行数和列数的乘积来表示的。例如，表 4-1 是一张 $n \times n$ 的投入产出表，表 4-2 是一张 6×6 的投入产出表。通常称不足 30 个部门的表为小型投入产出表，30 至 79 个部门的表为中型投入产出表，80 个部门以上的表为大型投入产出表。此外，投入产出表的填满率（也称投入产出表的密度）是用第一象限填有数字的方格数占该象限全部方格数的比重来表示的。一般部门划分越细，填满率越低。表 4-2 的填满率为 100%。

表 4-2 中国 2012 年投入产出表①

（单位：亿元）

		中间使用							最终使用②				总产出
		农林牧渔	工业	建筑	批零住餐	交仓软计	其他服务	合计	最终消费	资本形成	净出口和其他	合计	
中间投入	农林牧渔	12 321	47 230	1 093	2 601	847	1 159	65 250	21 194	6 693	-3 715	24 172	89 421
	工业	20 249	570 549	76 964	11 593	24 232	49 037	752 625	81 021	86 546	5 271	172 839	925 463
	建筑	8	1 440	3 735	278	597	2 604	8 661	0	128 912	1 039	129 951	138 613
	批零住餐	1 398	30 366	3 390	3 875	2 989	12 490	54 508	24 243	5 542	11 197	40 982	95 490
	交仓软计	1 172	25 266	5 905	3 242	12 797	11 559	59 942	14 306	10 081	2 724	27 110	87 052
	其他服务	1 915	43 397	10 720	14 534	10 855	42 422	123 842	130 955	10 616	175	141 747	265 588
	合计	37 063	718 247	101 808	36 122	52 318	119 270	1 064 827	271 719	248 390	16 692	536 800	1 601 627
增加值	劳动者报酬	52 996	79 612	22 462	21 179	14 699	73 186	264 134					
	生产税净额	-2 896	40 612	5 121	17 166	1 248	12 354	73 606					
	固定资产折旧	2 258	29 822	1 646	3 861	8 004	26 091	71 682					
	营业盈余	0	57 170	7 576	17 161	10 783	34 687	127 378					
	合计	52 359	207 217	36 805	59 368	34 734	146 318	536 800					
总投入		89 421	925 463	138 613	95 490	87 052	265 588	1 601 627					

① 本表根据《2012 年中国投入产出表》42×42 投入产出表合并而成。其中，将金融、房地产、租赁和商务服务、科学研究和技术服务、水利环境和公共设施管理、居民服务修理和其他服务、教育、卫生和社会工作、文化体育和娱乐、公共管理和社会保障和社会组织 10 个产品部门合并，简称为"其他服务"。同时，把原表计量单位由"万元"调整为"亿元"，取整数。

② 为了排版和讲投方便，对第二象限做了合并，其中"净出口和其他"等于原表的"出口－进口＋其他"，包括原表的"最终使用""进口""出口"和"其他"。"最终使用"简称"最终使用"。

第二象限（右上）是最终使用象限。它是第一象限在水平方向的延伸，主栏与第一象限相同，是产品部门，宾栏是最终使用，即已退出当前生产过程的产品。这一象限实际上是把支出法国内生产总值的各个项目，按产品部门进行了分解，反映社会最终使用产品的部门构成和项目构成。

第三象限（左下）是增加值（或国内生产总值、最初投入）象限。它是第一象限在垂直方向的延伸，故其宾栏与第一象限相同，是产品部门，主栏是增加值各个项目。第三象限实际上是把收入法或分配法增加值的各个项目，按产品部门进行了分解，反映增加值的项目构成和部门构成。

第四象限（右下）是由第二与第三象限共同延伸组成的。它的主栏是增加值，宾栏是最终使用。这一象限理论上反映增加值经过分配和再分配，形成各个部门的最终收入，这些最终收入用于何种最终使用，显然一个象限无法反映这么多的经济内容，因此只是一个理论象限。目前编表一般将这一部分略去。

4.2.2 对称投入产出表的平衡关系

1. 行平衡关系

把价值表的第一和第二象限联系起来，反映产品的分配使用去向，表现了这样一个平衡关系：

$$中间使用 + 最终使用 = 总产出$$

用式子表示就是：

$$\begin{cases} x_{11} + x_{12} + \cdots + x_{1n} + Y_1 = X_1 \\ x_{21} + x_{22} + \cdots + x_{2n} + Y_2 = X_2 \\ \qquad\qquad\qquad\vdots \\ x_{n1} + x_{n2} + \cdots + x_{nn} + Y_n = X_n \end{cases} \tag{4-1}$$

一般表达式为：

$$\sum_{j=1}^{n} x_{ij} + Y_i = X_i \quad (i = 1,2,3,\cdots,n) \tag{4-2}$$

式中：i 表示横行部门；j 表示纵列部门；$\sum_{j=1}^{n} x_{ij}$ 表示 i 部门提供给各个部门作生产消耗的数量之和，或者各个部门在生产中消耗的 i 部门产品数量之和；Y_i 表示 i 部门最终使用的合计；X_i 表示 i 部门的总产出。

这一组线性方程从实物方面反映每一种产品的产出总量与其分配使用去向，所以也称为"分配方程组"。

2. 列平衡关系

把价值表的第一和第三象限联系起来，反映产品的各种投入，表现了这样一个平衡关系：

中间投入 + 最初投入（增加值）= 总投入

用式子表示就是：

$$\begin{cases} x_{11} + x_{21} + \cdots + x_{n1} + D_1 + V_1 + T_1 + M_1 = X_1 \\ x_{12} + x_{22} + \cdots + x_{n2} + D_2 + V_2 + T_2 + M_2 = X_2 \\ \qquad\qquad\qquad\vdots \\ x_{1n} + x_{2n} + \cdots + x_{nn} + D_n + V_n + T_n + M_n = X_n \end{cases} \quad (4\text{-}3)$$

一般表达式为：

$$\sum_{i=1}^{n} x_{ij} + D_j + V_j + T_j + M_j = X_j \quad (j = 1,2,3,\cdots,n) \quad (4\text{-}4)$$

或：

$$\sum_{i=1}^{n} x_{ij} + N_j = X_j \quad (j = 1,2,3,\cdots,n)$$

式中：$\sum_{i=1}^{n} x_{ij}$ 表示 j 部门生产过程中消耗的各个部门产品的数量之和，或中间投入之和。D_j、V_j、T_j、M_j、N_j、X_j 分别表示 j 部门的固定资本折旧、劳动者报酬、生产税净额、营业盈余、增加值和总投入。

这一组线性方程既反映国民经济中某一部门生产过程中的各种消耗与总投入之间的平衡关系，又反映各种产品的价值构成，所以也称为"生产方程组"或"投入方程组"。

3. 其他平衡关系

除了上述分配方程组和生产方程组外，价值型投入产出表还反映了其他一些平衡关系：

同一部门的平衡关系——各部门的总产出与总投入相等，也就是同一部门的生产方程与分配方程相等。如果 $i = j = k$，则有：

$$X_i = X_j = X_k \quad (k = 1,2,\cdots,n)$$

用式（4-2）和式（4-4）表示：

$$\sum_{j=1}^{n} x_{kj} + Y_k = \sum_{i=1}^{n} x_{ik} + N_k \quad (k = 1,2,\cdots,n) \quad (4\text{-}5)$$

整个国民经济的平衡关系——全社会的总产出与总投入相等。用式子表示：

$$\underbrace{\sum_{i=1}^{n} \Big(\sum_{j=1}^{n} x_{ij} + Y_i \Big)}_{\text{一、二象限之和}} = \underbrace{\sum_{j=1}^{n} \Big(\sum_{i=1}^{n} x_{ij} + N_j \Big)}_{\text{一、三象限之和}} \quad (4\text{-}6)$$

上式中 $\sum_{i=1}^{n}\sum_{j=1}^{n} x_{ij}$ 和 $\sum_{j=1}^{n}\sum_{i=1}^{n} x_{ij}$ 都是对第一象限求和，当然是相等的，把它们消去后有第二象限合计等于第三象限合计：

$$\sum_{i=1}^{n} Y_i = \sum_{j=1}^{n} N_j \quad (4\text{-}7)$$

式（4-7）表示全社会最终使用的价值与全社会各个部门增加值之和即国内生产总值相等，这与国内生产总值的概念是一致的。但要注意：对于一个部门来说，它的最终使用与增加值一般说来没有这种平衡关系,即 $Y_k \neq N_k$ ($k=1, 2, \cdots, n$)。因为各个部门生产性质不同,产品的用途不同,所以一个部门提供给各个部门作中间使用的产品价值往往与本部门消耗各个部门产品的价值是不相等的,即:

$$\sum_{j=1}^{n} x_{ij} \neq \sum_{i=1}^{n} x_{ij} \quad (i = j)$$

4.2.3 UV 表式结构

基于数据采集和分析的目的,在国民经济核算中,采用了两种投入产出表,一种是上文介绍的对称表,还有一种称作供给表(V 表)和使用表(U 表)。供给表和使用表是直接收集数据编制的表,它们提供核算框架的功能;对称投入产出表往往采用纯部门分解法或者是在一定的假定下,由 UV 表推导编制,它提供分析应用功能。

由于投入产出分析是基于"产品×产品"表进行的,而"产品×产品"表可以在一定的假定下,通过供给表和使用表推导出来,为此需要将供给表和使用表结合起来,这就形成了供给和使用表或 UV 表。如果产业部门分类与产品分类一一对应,则为方形供给和使用表,如果产业部门分类与产品分类不一一对应,则是长方形供给和使用表。表 4-3 是一张方形供给和使用表。

表 4-3 供给和使用表(UV 表)

		产品				产业				最终需求	总产出
		1	2	$\cdots$	n	1	2	$\cdots$	n		
产品	1 2 $\vdots$ n					U 表 u_{ij}				F	Q
产业	1 2 $\vdots$ n	V 表 v_{ij}									G
最初投入						N'					
总投入		Q'				G'					

与对称投入产出表相比,UV 表的第一象限包括四个子象限:产品×产品表、产品×产业表、产业×产品表、产业×产业表。

U:U 表,又称为投入矩阵、消耗矩阵,是一张产品×产业表。从横行看,U 表的元素 u_{ij} 表示 i 产品提供给 j 产业部门作生产投入的数量;从纵列看,表示 j 产业部门生产中消耗的 i 产品数量,这可能是 j 产业部门生产多种产品消耗的 i 产品数量。显然,从纵列方向编制 U 表比较容易。

V:V 表,又称为制造矩阵、产出矩阵,是一张产业×产品表。从横行看,V 表的元素 v_{ij} 表示 i 产业部门生产出的 j 产品数量;从纵列看,表示 j 产品由 i 产业部门提供的数量。V 表主对角上的元素是一个产业部门生产的主产品数量，其余的是这个产业部门的次要产品数量。显然，从横行编制 V 表比较容易。

F：最终产品列向量，其中的元素 f_i 是作为最终使用的 i 产品数量。

Q：总产品列向量，其中的元素 Q_i 为 i 总产品数量。

G：产业部门的产出列向量，其中的元素 G'_i 为 i 产业部门的总产出。

N：产业部门的最初投入（增加值）列向量，其中的元素 N_j 为 j 产业部门的最初投入。

4.3 基本的技术经济系数和投入产出模型

4.3.1 直接消耗系数的意义及计算

1. 直接消耗系数的意义

直接消耗系数 a_{ij} 是生产单位 j 总产出对 i 产品的直接消耗量。

在价值型投入产出表中，第一象限纵列各元素 x_{ij} 是 j 部门生产中消耗的第 i 部门产品数量，纵列合计 X_j 是 j 部门的总投入，而总投入等于总产出。因此，根据直接消耗系数的定义，它们实际上是一些结构相对数，其计算式是：

$$a_{ij} = \frac{x_{ij}}{X_j} \quad (i,j = 1,2,\cdots,n) \tag{4-8}$$

直接消耗系数计算式的分子是 i 产品，分母是 j 产品部门。

根据表 4-2，农林牧渔产品和服务部门对其他部门产品的直接消耗系数分别为：

$$a_{11} = \frac{12\,321}{89\,421} = 0.137\,8 \quad a_{41} = \frac{1\,398}{89\,421} = 0.015\,6$$

$$a_{21} = \frac{20\,249}{89\,421} = 0.226\,4 \quad a_{51} = \frac{1\,172}{89\,421} = 0.013\,1$$

$$a_{31} = \frac{8}{89\,421} = 0.000\,1 \quad a_{61} = \frac{1\,915}{89\,421} = 0.021\,4$$

这些直接消耗系数的经济意义是，农林牧渔产品和服务部门每生产单位（1 亿元）总产出，要直接消耗 0.137 8 亿元本部门产品，0.226 4 亿元工业产品，0.000 1 亿元建筑业产品，0.015 6 亿元批发和零售、住宿和餐饮，0.013 1 亿元交通运输、仓储和邮政与信息传输、软件和信息技术服务，0.021 4 亿元服务业的服务。

直接消耗系数反映了国民经济各个产品部门之间的生产联系，这些联系是通过中间投入或者中间消耗发生的。把每生产 1 亿元 j 产品对各种产品的消耗量加总，即为各产品部门的中间投入率。如农林牧渔产品和服务部门的中间投入率为 0.414 4（=0.137 8 + 0.226 4 + 0.000 1 + 0.015 6 + 0.013 1 + 0.021 4）。

在进行投入产出分析时，常常把直接消耗系数的整体用矩阵的形式表示，这个矩阵称为直接消耗系数矩阵（或投入系数矩阵），通常以 A 表示。

$$A = \begin{pmatrix} a_{11} & a_{12} & \cdots & a_{1n} \\ a_{21} & a_{22} & \cdots & a_{2n} \\ \vdots & \vdots & & \vdots \\ a_{n1} & a_{n2} & \cdots & a_{nn} \end{pmatrix} = \begin{pmatrix} 0.1378 & 0.0510 & 0.0079 & 0.0272 & 0.0097 & 0.0044 \\ 0.2264 & 0.6165 & 0.5552 & 0.1214 & 0.2784 & 0.1846 \\ 0.0001 & 0.0016 & 0.0269 & 0.0029 & 0.0069 & 0.0098 \\ 0.0156 & 0.0328 & 0.0245 & 0.0406 & 0.0343 & 0.0470 \\ 0.0131 & 0.0273 & 0.0426 & 0.0340 & 0.1470 & 0.0435 \\ 0.0214 & 0.0469 & 0.0773 & 0.1522 & 0.1247 & 0.1597 \end{pmatrix}$$

根据直接消耗系数矩阵，可以在既定的总产出下求得中间流量矩阵：

$$W = A\hat{X} \tag{4-9}$$

其中 W 是中间流量矩阵，A 是直接消耗系数矩阵，$\hat{X}$ 是以各部门总产出为元素的对角矩阵。我国每逢尾数为 0、5 年份编制的投入产出延长表的第一象限，就是利用尾数为 7、2 年份的直接消耗系数矩阵与 0、5 年份各个部门的总产出计算的。

2. 直接消耗系数的特点

价值表的直接消耗系数有以下特点：

第一，$0 \leqslant a_{ij} < 1$（$i, j = 1, 2, \cdots, n$），即直接消耗系数非负并必定小于 1。因为负投入从经济意义上是不通的。如果 $a_{ij} \geqslant 1$，也就意味着 $x_{ij} \geqslant X_j$，这表明 j 部门生产过程中，仅消耗的 i 产品一项的价值就大于或等于 j 产品的总价值了，这种生产肯定是亏本生产，无法继续下去。所以，根据有现实经济意义数据编制的投入产出表，一定有 $0 \leqslant a_{ij} < 1$（$i, j = 1, 2, \cdots, n$）的特点。

第二，$\sum_{i=1}^{n} a_{ij} < 1$（$j = 1, 2, \cdots, n$），即直接消耗系数矩阵的列和一定小于 1。$\sum_{i=1}^{n} a_{ij}$ 是生产单位 j 产品的中间投入之和，即中间投入率，也就是在单位产品的价值中，货物和服务消耗所占的比重。在单位产品价值中，中间投入率与增加值率之和应等于 1。如果中间投入率大于 1 或等于 1，是亏本生产。同上边道理一样，这样的生产也是难以为继的。所以，有现实意义的 $\sum_{i=1}^{n} a_{ij}$ 必定小于 1。

第三，直接消耗系数可以直接观测。显然，给定一张投入产出表，就可以计算出直接消耗系数矩阵。

3. 用直接消耗系数建立投入产出模型

把直接消耗系数分别引进分配方程组和生产方程组中去，可以建立基本的投入产出模型。

（1）行模型。

由 $a_{ij} = \dfrac{x_{ij}}{X_j}$，有 $x_{ij} = a_{ij}X_j$，把它代入式（4-1）：

$$\begin{cases} a_{11}X_1 + a_{12}X_2 + \cdots a_{1n}X_n + Y_1 = X_1 \\ a_{21}X_1 + a_{22}X_2 + \cdots a_{2n}X_n + Y_2 = X_2 \\ \quad\quad\quad\quad\quad\quad \vdots \\ a_{n1}X_1 + a_{n2}X_2 + \cdots a_{nn}X_n + Y_n = X_n \end{cases} \quad (4\text{-}10)$$

一般表达式为：

$$\sum_{j=1}^{n} a_{ij}X_j + Y_i = X_i \quad (i = 1,2,3,\cdots,n)$$

由于线性方程组与矩阵有一一对应关系，所以线性方程组可以写成矩阵形式。以 A 表示直接消耗系数矩阵，I 表示单位矩阵，X 和 Y 表示各部门总产出列向量和最终使用列向量，即：

$$A = \begin{pmatrix} a_{11} & a_{12} & \cdots & a_{1n} \\ a_{21} & a_{22} & \cdots & a_{2n} \\ \vdots & \vdots & & \vdots \\ a_{n1} & a_{n2} & \cdots & a_{nn} \end{pmatrix} \quad X = \begin{pmatrix} X_1 \\ X_2 \\ \vdots \\ X_n \end{pmatrix} \quad I = \begin{pmatrix} 1 & 0 & \cdots & 0 \\ 0 & 1 & \cdots & 0 \\ \vdots & \vdots & & \vdots \\ 0 & 0 & \cdots & 1 \end{pmatrix} \quad Y = \begin{pmatrix} Y_1 \\ Y_2 \\ \vdots \\ Y_n \end{pmatrix}$$

则式（4-10）可以写成：

$$AX + Y = X \quad (4\text{-}11)$$

投入产出模型一般是把总产出作为一组变量，最终使用作为另一组变量，在它们之间建立起联系。

$$Y = (I - A)X \quad (4\text{-}12)$$

以 $(I-A)$ 的逆矩阵 $(I-A)^{-1}$ 左乘式（4-12），得：

$$X = (I - A)^{-1}Y \quad (4\text{-}13)$$

式（4-12）和式（4-13）建立了总产出与最终使用之间的联系，它们是利用投入产出模型进行一系列计算和分析的基础。$(I - A)$ 矩阵是投入产出模型的核心和基础。

$$(I - A) = \begin{pmatrix} 1 - a_{11} & -a_{12} & -a_{13} & \cdots & -a_{1n} \\ -a_{21} & 1 - a_{22} & -a_{23} & \cdots & -a_{2n} \\ -a_{31} & -a_{32} & 1 - a_{33} & \cdots & -a_{3n} \\ \vdots & \vdots & \vdots & & \vdots \\ -a_{n1} & -a_{n2} & -a_{n3} & \cdots & 1 - a_{nn} \end{pmatrix}$$

从纵列来看，$(I-A)$ 中的元素反映了投入与产出的关系，凡冠以负号的元素表示投入，主对角线上的元素是各种产品扣除自身的消耗后的净产出。每一列的合计 $1 - \sum_{i=1}^{n} a_{ij}(j = 1,2,\cdots,n)$ 是各部门增加值所占的比重，即增加值率，$\sum_{i=1}^{n} a_{ij}$ 是各部门的中间投入率。

$(I-A)$ 的出现，使得简单的数学模型走进了复杂的经济网络中，打开了对经济进行深入分析的路子。为纪念它的创始者，称 $(I-A)$ 为"列昂惕夫矩阵"，将它的逆矩阵 $(I-A)^{-1}$ 称为"列昂惕夫逆矩阵"。

（2）列模型。

把 a_{ij} 引进生产方程组（4-2）：

$$\begin{cases} a_{11}X_1 + a_{21}X_1 + \cdots + a_{n1}X_1 + D_1 + V_1 + T_1 + M_1 = X_1 \\ a_{12}X_2 + a_{22}X_2 + \cdots + a_{n2}X_2 + D_2 + V_2 + T_2 + M_2 = X_2 \\ \vdots \\ a_{1n}X_n + a_{2n}X_n + \cdots + a_{nn}X_n + D_n + V_n + T_n + M_n = X_n \end{cases} \tag{4-14}$$

一般表达式为：

$$\sum_{i=1}^{n} a_{ij}X_j + D_j + V_j + T_j + M_j = X_j \quad (j = 1, 2, \cdots, n) \tag{4-15}$$

以 $\hat{C}$ 表示如下对角矩阵：

$$\hat{C} = \begin{pmatrix} \sum_{i=1}^{n} a_{i1} & & & \\ & \sum_{i=1}^{n} a_{i2} & & \\ & & \ddots & \\ & & & \sum_{i=1}^{n} a_{i2} \end{pmatrix} = \begin{pmatrix} c_1 & & & \\ & c_2 & & \\ & & \ddots & \\ & & & c_n \end{pmatrix}$$

再分别以 D, V, T, M 表示固定资折本旧列向量、劳动报酬列向量、生产税净额列向量和营业盈余列向量，N 表示增加值列向量，即：

$$D = \begin{pmatrix} D_1 \\ D_2 \\ \vdots \\ D_n \end{pmatrix} \quad V = \begin{pmatrix} V_1 \\ V_2 \\ \vdots \\ V_n \end{pmatrix} \quad T = \begin{pmatrix} T_1 \\ T_2 \\ \vdots \\ T_n \end{pmatrix} \quad M = \begin{pmatrix} M_1 \\ M_2 \\ \vdots \\ M_n \end{pmatrix} \quad N = \begin{pmatrix} D_1 + V_1 + T_1 + M_1 \\ D_2 + V_2 + T_2 + M_2 \\ \vdots \\ D_n + V_n + T_n + M_n \end{pmatrix}$$

则式（4-15）可以写成：

$$\hat{C}X + D + V + T + M = X \tag{4-16}$$

或：

$$\hat{C}X + N = X$$

移项并整理得：

$$N = (I - \hat{C})X \tag{4-17}$$

$$X = (I - \hat{C})^{-1} N \tag{4-18}$$

式（4-17）和式（4-18）反映了总投入与增加值的联系。

4.3.2 完全消耗系数

1. 完全消耗系数的意义和求解

国民经济各个部门的联系除了有直接的消耗和被消耗联系外，还有非常复杂和层次众多的间接消耗和被消耗联系。增加一个部门的生产，可能会使国民经济所有部门的生产发生一定的变化。综合、定量地研究这样的直接和间接联系对国民经济良性发展有重要意义。比如，我们在第1章中举的例子，为了增加一定数量的飞机生产，并不是只需要增加飞机制造部门的生产，因为生产飞机要直接消耗合金铝，必须增加合金铝的生产；而为了生产合金铝，需消耗电力，因而需要增加电力部门的生产；为了传输电力，需要增加铜的生产；为了生产铜，需要铜矿；为了挖掘铜矿，需要机器……这种循环可以是无穷次的。这里飞机对合金铝的消耗是直接消耗，而飞机对电力、铜、铜矿、机器等的消耗是不同层次的间接消耗。一种产品对某种产品的直接消耗量与全部间接消耗量之和称为完全消耗量。

完全消耗系数是生产单位最终使用（产品）所要直接消耗某种产品的数量与全部间接消耗这种产品的数量之和，一般用 b_{ij} 表示完全消耗系数。b_{ij} 的含义是生产单位 j 最终产品所要直接消耗的 i 产品数量和全部间接消耗的 i 产品数量之和。用 $\boldsymbol{B}$ 表示完全消耗系数矩阵：

$$\boldsymbol{B} = \begin{pmatrix} b_{11} & b_{12} & \cdots & b_{1n} \\ b_{21} & b_{22} & \cdots & b_{2n} \\ \vdots & \vdots & & \vdots \\ b_{n1} & b_{n2} & \cdots & b_{nn} \end{pmatrix}$$

完全消耗系数不能像直接消耗系数一样可以直接根据投入产出表计算。比如，采煤要直接消耗电力、采煤工具、钢材、坑木等，采煤工具、钢材、坑木要直接消耗电力；采煤工具还要直接消耗钢、配件等，钢、配件要直接消耗电力……要求解采煤对电力的全部间接消耗系数，从而求出采煤对电力的完全消耗系数太困难了，并且部门如此众多，要把各个部门的完全消耗系数都求解出来，根本不可能。那么能不能求得完全消耗系数，如何求得完全消耗系数呢？我们用图4-1来看生产一个单位的煤对电力的直接消耗和间接消耗的情况。

图4-1揭示了各生产部门的直接和全部消耗关系，这给我们一个启示：虽然完全消耗系数 b_{ij} 不能按定义由消耗总量求出，但是它与一系列直接消耗系数有关，一种产品生产对某种产品的间接消耗可以用一系列的直接消耗表示，因此可以通过一系列直接消耗系数来求全消耗系数。

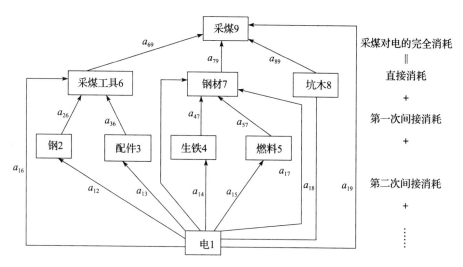

图 4-1 采煤对电的完全消耗示意图

图 4-1 中，单位采煤对电的直接消耗是 a_{19}；采煤通过采煤设备对电的消耗是第一次间接消耗，它等于 $a_{16}a_{69}$。同理，采煤通过钢材和坑木对电的第一次间接消耗分别等于 $a_{17}a_{79}$ 和 $a_{18}a_{89}$。因此，单位采煤对电的第一次间接消耗量是：

$$a_{16}a_{69} + a_{17}a_{79} + a_{18}a_{89}$$

类似地，单位采煤通过采煤设备和钢材，再通过钢、配件、生铁和燃料对电的第二次间接消耗量是：

$$a_{12}a_{69}a_{69} + a_{13}a_{36}a_{69} + a_{14}a_{47}a_{79} + a_{15}a_{57}a_{79}$$

所以采煤对电的完全消耗系数为：

$$b_{19} = a_{19} + (a_{16}a_{69} + a_{17}a_{79} + a_{18}a_{89}) + (a_{12}a_{69}a_{69} + a_{13}a_{36}a_{69} + a_{14}a_{47}a_{79} + a_{15}a_{57}a_{79}) + \cdots$$

将单位采煤对电的完全消耗表达式推而广之，n 种产品之间的完全消耗系数可以表示为：

$$b_{ij} = a_{ij} + \sum_{k=1}^{n} a_{ik}a_{kj} + \sum_{s=1}^{n}\sum_{k=1}^{n} a_{is}a_{sk}a_{kj} + \cdots (i, j = 1, 2, \cdots, n) \tag{4-19}$$

式（4-19）可以写成矩阵形式：

$$\boldsymbol{B} = \boldsymbol{A} + \boldsymbol{A}^2 + \boldsymbol{A}^3 + \cdots + \boldsymbol{A}^k \tag{4-20}$$

其中：$\boldsymbol{B}$ 为完全消耗系数矩阵，$\boldsymbol{A}$ 为直接消耗系数矩阵。

$\boldsymbol{A}^2$ 为第一次间接消耗系数矩阵。

$\boldsymbol{A}^3$ 为第二次间接消耗系数矩阵。

$\boldsymbol{A}^k$ 为第（$k-1$）次间接消耗系数矩阵。

但是按式（4-20）算完全消耗系数矩阵仍然是不可能的，因为 k 趋于无穷。我们对式（4-20）进行一些恒等变形。

用单位矩阵加在式（4-20）的两端：

$$I + B = I + A + A^2 + A^3 + \cdots + A^k \tag{4-20a}$$

用 $(I-A)$ 去左乘式（4-20a），其中右端为：

$$(I - A)(I + A + A^2 + A^3 + \cdots + A^k) = I - A^{k+1} \tag{4-20b}$$

对于价值型投入产出表来说有：

$$0 \leqslant a_{ij} \leqslant 1 \quad (i,j = 1,2,\cdots,n)$$

故当 $k \to \infty$ 时，$A^k \to 0$

则 $(I-A)(I + A + A^2 + \cdots + A^k) \to I$

根据逆矩阵原理，两个矩阵相乘为一个单位矩阵，这两个矩阵就互为逆矩阵。所以，$(I-A)$ 与 $(I + A + A^2 + \cdots + A^k)$ 互为逆矩阵，也就是 $(I-A)$ 与 $(I+B)$ 互为逆矩阵，即：

$$I + B = (I - A)^{-1}$$

整理得：

$$B = (I - A)^{-1} - I \tag{4-21}$$

这就是完全消耗系数的求解公式。完全消耗系数矩阵等于列昂惕夫逆矩阵减去一个单位矩阵。只要 $0 \leqslant a_{ij} < 1$，不仅有 $k \to \infty$ 时，$A^k \to 0$，而且后一层次的间接消耗系数矩阵中的元素一定小于前一层次间接消耗系数矩阵中的对应元素。每一个完全消耗系数都大于对应的直接消耗系数，二者之间的差额就是间接消耗系数。

根据表4-2算得的完全消耗系数矩阵 B：

$$B = \begin{pmatrix} 0.1907 & 0.1069 & 0.0775 & 0.0553 & 0.0567 & 0.0367 \\ 0.4861 & 0.7465 & 1.0738 & 0.3332 & 0.6637 & 0.4517 \\ 0.0020 & 0.0048 & 0.0322 & 0.0065 & 0.0123 & 0.0141 \\ 0.0409 & 0.0700 & 0.0770 & 0.0681 & 0.0786 & 0.0803 \\ 0.0392 & 0.0669 & 0.0996 & 0.0658 & 0.2101 & 0.0824 \\ 0.0709 & 0.1232 & 0.1856 & 0.2238 & 0.2334 & 0.2443 \end{pmatrix}$$

应当指出，完全消耗系数的"完全"是相对的，因为它要受投入产出表大小的影响。投入产出表小，产品包括不全，只能反映主要的产品部门，也就是只能反映主要的间接消耗系数，把未包括在表中的那些产品实现的间接消耗排斥在外了。这样计算出来的完全消耗系数就会偏小。另外，部门划分粗细也会影响完全消耗系数。如果部门划分粗，也就是要把很多部门合而为一，而同类产品中，各种产品的直接消耗系数是不同的，合并后，直接消耗系数会发生变化。一般说来，投入产出表编得越详细，计算出来的完全消耗系数越精确。因此，根据投入产出表计算出来的完全消耗系数，其"完全性"是相对的。

2. 完全消耗系数的特点

完全消耗系数的求得是投入产出法最突出的特点之一，它比直接消耗系数更本质、更全面地反映部门之间的技术经济联系，因此它不仅在经济分析上有意义，而且在计划和经济预测方面也有重要作用。

与直接消耗系数相比，完全消耗系数有以下特点。

第一，b_{ij}是对最终产品而言的，而a_{ij}是对总产品而言的。

第二，完全消耗系数一般大于相对应的直接消耗系数。这一点是显然的，有时即使$a_{ij}=0$，b_{ij}也不一定等于0。因为没有直接消耗，不一定没有间接消耗。

第三，b_{ij}可以大于1，而价值表的a_{ij}必定小于1。b_{ij}是与最终产品相联系的，它大于1，只是说j产品对i产品的完全消耗价值大于最终产品价值。j产品还有做中间产品的那一部分，这部分供给了其他部门作生产消耗，还可以盈利。所以b_{ij}可以大于1。

3. 引进完全消耗价值的投入产出模型

前边在建立投入产出的模型时，得到了：

$$X = (I - A)^{-1}Y$$

由于$(I - A)^{-1} = I + B$，故：

$$X = (I + B)Y \tag{4-22}$$

这个模型说明，只要已知各部门最终产品合计数Y列向量，而且在完全消耗系数已经计算出来的情况下，可以计算出各部门的总产品X。

比较$X = Y + BY$和$X = Y + AX$，可知列向量BY和AX相等，但对于每一个对应的$b_{ij}Y_j$和$a_{ij}X_j$却往往不相等。因为$a_{ij}X_j$是生产j总产品要直接消耗的i产品的数量，而$b_{ij}Y_j$是生产j最终产品要完全消耗的i产品的数量。

4.3.3 完全需求系数

完全需求系数就是列昂惕夫逆矩阵中的元素。若以b_{ij}表示完全消耗系数矩阵B中的元素，则$(I-A)^{-1}$中的元素就是B矩阵的主对角线元素加上1。以$\overline{B}$代表$(I-A)^{-1}$，$\overline{b}_{ij}$代表$(I-A)^{-1}$中的元素，有：

$$\overline{B} = (I-A)^{-1} = I + B = \begin{pmatrix} 1+b_{11} & b_{12} & \cdots & b_{1n} \\ b_{21} & 1+b_{22} & \cdots & b_{2n} \\ \vdots & \vdots & & \vdots \\ b_{n1} & b_{n2} & \cdots & 1+b_{nn} \end{pmatrix} = \begin{pmatrix} \overline{b}_{11} & \overline{b}_{12} & \cdots & \overline{b}_{1n} \\ \overline{b}_{21} & \overline{b}_{22} & \cdots & \overline{b}_{2n} \\ \vdots & \vdots & & \vdots \\ \overline{b}_{n1} & \overline{b}_{n2} & \cdots & \overline{b}_{nn} \end{pmatrix}$$

假定第一个部门要得到一个单位最终产品，其余部门的最终产品为0，由$X = (I-A)^{-1}Y = (I+B)Y$，有：

$$X = \begin{pmatrix} \overline{b}_{11} & \overline{b}_{12} & \cdots & \overline{b}_{1n} \\ \overline{b}_{21} & \overline{b}_{22} & \cdots & \overline{b}_{2n} \\ \vdots & \vdots & & \vdots \\ \overline{b}_{n1} & \overline{b}_{n2} & \cdots & \overline{b}_{nn} \end{pmatrix} \begin{pmatrix} 1 \\ 0 \\ \vdots \\ 0 \end{pmatrix} = \begin{pmatrix} 1+b_{11} \\ b_{21} \\ \vdots \\ b_{n1} \end{pmatrix} = \begin{pmatrix} \overline{b}_{11} \\ \overline{b}_{21} \\ \vdots \\ \overline{b}_{n1} \end{pmatrix}$$

其中，$\overline{b}_{ij}$是$(I-A)^{-1}$或$(I+B)$中的元素。上式正好是$\overline{B}$矩阵中第一列的元素。说

明由于直接和间接消耗，不仅第一部门的总产出需要增加，而且要求各部门的总产出都要增加，也就是对各个部门的总产出都有一定的需求量。

同样，为了得到第 j 部门一个单位的最终产品，对各部门的需要量是：

$$X = \begin{pmatrix} \bar{b}_{11} & \bar{b}_{12} & \cdots & \bar{b}_{1n} \\ \bar{b}_{21} & \bar{b}_{22} & \cdots & \bar{b}_{2n} \\ \vdots & \vdots & & \vdots \\ \bar{b}_{n1} & \bar{b}_{n2} & \cdots & \bar{b}_{nn} \end{pmatrix} \begin{pmatrix} 0 \\ \vdots \\ 1 \\ \vdots \\ 0 \end{pmatrix} = \begin{pmatrix} b_{1j} \\ b_{2j} \\ \vdots \\ 1+b_{ij} \\ \vdots \\ b_{nj} \end{pmatrix} = \begin{pmatrix} \bar{b}_{1j} \\ \bar{b}_{2j} \\ \vdots \\ \bar{b}_{nj} \end{pmatrix}$$

可见，为了得到一个部门的单位最终产品，不仅这个部门本身要增加总产出，而且由于国民经济各部门间有相互消耗的关系，使得其他各个部门的总产出都要增加，其增加的数量是非主对角线上的数字。这就是说，任何一个部门为了得到一个单位最终产品，由于直接和间接消耗关系，对国民经济各个部门的产量都有一定的需求，所以称 $\bar{b}_{ij}$ 为"完全需求系数"，称 $(I-A)^{-1}$ 为"完全需求系数矩阵"。

根据表 4-2 计算的完全需求系数矩阵如下：

$$(I-A)^{-1} = \bar{B} = \begin{pmatrix} 1.1907 & 0.1069 & 0.0775 & 0.0553 & 0.0567 & 0.0367 \\ 0.4861 & 1.7465 & 1.0738 & 0.3332 & 0.6637 & 0.4517 \\ 0.0020 & 0.0048 & 1.0322 & 0.0065 & 0.0123 & 0.0141 \\ 0.0409 & 0.0700 & 0.0770 & 1.0681 & 0.0786 & 0.0803 \\ 0.0392 & 0.0669 & 0.0996 & 0.0658 & 1.2101 & 0.0824 \\ 0.0709 & 0.1232 & 0.1856 & 0.2238 & 0.2334 & 1.2443 \end{pmatrix}$$

$(I-A)^{-1}$ 能表明对每一个部门最终产品需求而引发的对所有部门总产出的影响。这类似于凯恩斯乘数，所以西方也称 $(I-A)^{-1}$ 为"矩阵乘子"。用这个矩阵可以解释生产体系的相互依赖关系，可以从最终使用确定各个部门的总产出。

完全需求系数 $(I-A)^{-1}$ 与完全消耗系数 $(I-A)^{-1} - I$ 虽然都反映了国民经济各部门间的完全消耗关系，但它们是不同的。前者站在最终需求的角度，系数中包括了一个单位的最终产品；后者站在生产的角度，系数中不包括一个单位的最终产品。

4.3.4 分配系数

所谓分配系数，是一个部门的产品分配（提供）给各个部门作生产使用和提供给社会最终使用的数量占该部门产品总量的比重，一般用 h 表示。根据这个概念，分配系数有中间产品分配系数 h_{ij} 和最终产品分配系数 h_{iy_k} 之分，其计算式分别为：

$$h_{ij} = \frac{x_{ij}}{X_i} \quad (i,j=1,2,\cdots,n) \tag{4-23}$$

$$h_{iy_k} = \frac{Y_{ik}}{X_i} \quad (i = 1,2,\cdots,n; k = 1,2,\cdots,m) \tag{4-24}$$

式（4-24）中，Y_{ik} 表示 i 部门提供给社会做 k 种最终使用的数量。比如表 4-1 中，$k = 4$，Y_{i1}，Y_{i2}，Y_{i3}，Y_{i4} 分别表示 i 部门提供给社会作最终消费、资本形成、出口和进口的数量。

分配系数实际上是从投入产出表横行计算的结构相对数，因此有：

$$\sum_{j=1}^{n} h_{ij} + \sum_{k=1}^{m} h_{iy_k} = 1 \quad (i = 1,2,\cdots,n) \tag{4-25}$$

h_{ij} 表示 i 部门的产品被 j 部门用作中间产品的数量占 i 部门产品总量的比重，该值越大，说明 i 部门向 j 部门提供的中间使用相对越多，或者是 h_{ij} 值越大，i 部门从 j 部门得到的收入也就越多。h_{iy_k} 表示 i 部门的产品提供给社会作第 k 种最终使用（如最终消费、固定资本投资、存货、出口等）的数量占 i 部门产品总量的比重，该值越大，说明 i 部门向社会提供的最终产品相对越多。

根据表 4-2 计算的中间使用分配系数矩阵（以下若没有特别说明，我们称"中间使用分配系数"为"分配系数"）和最终使用分配系数矩阵为：

$$\boldsymbol{H} = \begin{pmatrix} 0.1378 & 0.5282 & 0.0122 & 0.0291 & 0.0095 & 0.0130 \\ 0.0219 & 0.6165 & 0.0832 & 0.0125 & 0.0262 & 0.0530 \\ 0.0001 & 0.0104 & 0.0269 & 0.0020 & 0.0043 & 0.0188 \\ 0.0146 & 0.3180 & 0.0355 & 0.0406 & 0.0313 & 0.1308 \\ 0.0135 & 0.2902 & 0.0678 & 0.0372 & 0.1470 & 0.1328 \\ 0.0072 & 0.1634 & 0.0404 & 0.0547 & 0.0409 & 0.1597 \end{pmatrix}$$

$$\boldsymbol{H}_Y = \begin{pmatrix} 0.2370 & 0.0748 & -0.0415 \\ 0.0875 & 0.0935 & 0.0057 \\ 0.0000 & 0.9300 & 0.0075 \\ 0.2539 & 0.0580 & 0.1173 \\ 0.1643 & 0.1158 & 0.0313 \\ 0.4931 & 0.0400 & 0.0007 \end{pmatrix}$$

以上矩阵中分配系数出现了负数，是因为把出口和进口以净出口表示。根据表 4-2 中的"原表第二象限"数据（不包括进口）计算的分配系数矩阵如下：

$$\boldsymbol{H}_Y = \begin{pmatrix} 0.0899 & 0.1403 & 0.0068 & 0.0346 & 0.0402 & 0.0087 & 0.0070 \\ 0.0199 & 0.0677 & 0.0000 & 0.0872 & 0.0063 & 0.1195 & 0.0009 \\ 0.0000 & 0.0000 & 0.0000 & 0.9300 & 0.0000 & 0.0056 & 0.0036 \\ 0.0483 & 0.2056 & 0.0000 & 0.0489 & 0.0092 & 0.1292 & 0.0001 \\ 0.0274 & 0.1142 & 0.0227 & 0.1126 & 0.0034 & 0.0769 & 0.0004 \\ 0.0444 & 0.1828 & 0.2658 & 0.0400 & 0.0000 & 0.0207 & 0.0001 \end{pmatrix}$$

农村居民　城镇居民　政府消费　固定资本形成　存货增加　　出口　　　其他

与直接消耗系数相比，分配系数有不同的特点。

第一，分配系数不受价格变化的影响。分配系数的分子和分母都是 i 产品，所以即使由价值型投入产出表计算的分配系数也不受价格变化的影响。而直接消耗系数实际上是从投入产出表纵列计算的结构相对数，分子是 i 产品，分母是 j 产品，所以由价值型投入产出表计算的直接消耗系数会受 i 产品和 j 产品相对价格变化的影响。

第二，分配系数一般小于1，但是也有例外。分配系数实质上是 i 部门提供给 j 部门作生产消耗用的产品数量在 i 部门总产出中的比重，所以无论是由实物型投入产出表还是由价值型投入产出表计算的分配系数一般都小于1。但是当一经济体（特别是地区）生产的某种产品很少，需要大量进口或购入时，分配系数有可能等于或者大于1。而根据价值型投入产出表计算的直接消耗系数必定小于1，根据实物型投入产出表计算的直接消耗系数矩阵中的主对角上的元素也必定小于1。

第三，影响分配系数大小的因素主要有：产品的用途，一般第一部类产品的中间产品分配系数比较大，第二部类产品的最终产品分配系数比较大；市场状况（包括进出口状况），如果市场对某种产品的需求充分，或者说某种产品能根据市场需求进行生产，存货所占的比重就比较小，反之，存货所占的比重就比较大。而影响直接消耗系数的主要因素是生产技术水平、产品的相对价格、产品的替代性。

4.4 投入产出法的应用和拓展

4.4.1 投入产出系数在产业关联分析中的应用

1. 利用投入产出表确定的系数进行分析

（1）利用投入产出表直接确定的系数进行分析。

一张完整的投入产出表，本身就是表现各种经济变量相互联系的"数据库"，由投入产出表直接确定的系数可以进行产业关联分析。

直接消耗系数 a_{ij} 反映了 i 部门、j 部门之间的技术经济联系，a_{ij} 越大，i 部门与 j 部门联系越紧密，相互依赖程度越高。

分配系数 $h_{ij} = \dfrac{x_{ij}}{X_i}$ $(i, j = 1, 2, \cdots, n)$ 表示 i 部门产品提供给 j 部门用作中间产品的数量占 i 部门产品总量的比重，也表示 i 部门从部门 j 取得收入的比重，可以分析各个部门相互依赖的程度。

固定资产折旧系数、劳动报酬系数（j 部门的固定资产折旧、劳动报酬与其总投入之比）可以分析研究部门的有机构成和劳动生产率，分析不同条件下劳动者的收入，研究居民个人消费基金的形成和劳动就业问题等；生产税净额系数、营业盈余系数（j 部门的生产税净额、营业盈余与其总投入之比）可以分析各部门对国家的贡献和可能取得的盈利水平，测算各种条件下财政收入水平和企业盈利水平等。

(2) 利用列昂剔夫逆阵$(I-A)^{-1}$确定的参数进行分析。

完全需求系数矩阵中,每一列的合计$\sum_{i=1}^{n}\bar{b}_{ij}(j=1,2,\cdots,n)$是$j$部门的最终需求增加一个单位时,对全社会总产出的需求之和,换个角度,是j部门的最终需求增加一个单位时,对国民经济各个部门的影响,所以称它为j部门的影响力。某一部门对其他部门的中间产品需求越大,则该部门的影响力越大,反映的是该部门对其他部门的拉动作用,常常用它来分析产业部门的后向关联度。每一个部门的最终需求增加时,都会促进社会生产规模的扩大,但是不同的部门这种促进作用的大小是不同的。为了便于比较各个部门的影响力,常常把某个部门的影响力与社会平均影响力对比,这样得到的系数称为影响力系数,用r_j表示。

$$r_j = \frac{\sum_{i=1}^{n}\bar{b}_{ij}}{\frac{1}{n}\sum_{j=1}^{n}\sum_{i=1}^{n_{ij}}\bar{b}_{ij}} \qquad (4-26)$$

影响力系数有三种情况:

当$r_j=1$时,说明j部门对社会生产的影响程度与平均水平相同。

当$r_j<1$时,说明j部门对社会生产的影响程度小于平均水平。

当$r_j>1$时,说明j部门对社会生产的影响程度大于平均水平。

社会生产的目的是满足人民不断提高的物质文化的需要,社会最终需求的增加是社会生产规模扩大和结构调整的推动力量,利用各部门的影响力,可以研究某种最终产品需求量的变动,对全社会生产所产生的促进作用。

为了比较,可参见以我国2007年和2012年6×6投入产出表计算的各部门的影响力系数(表4-4第r_j行)。从计算看出,影响力系数最大的是建筑业,2007年和2012年分别为1.2648和1.2307,其次是工业,两个年份分别为1.2647和1.0241,表明扩大建筑业和工业的最终需求对国民经济发展的促进作用最大。事实上,在现实生活中,当经济过热或者过冷需要调整产业结构的时候,首当其冲的就是建筑业。但是这两个部门2012年的影响力有所下降。而农林牧渔和交仓软计的影响力在上升,特别是后者,2012年比2007年上升了18.7%,大于社会平均影响力了。

表4-4 我国2007年和2012年各部门的影响力系数和感应度系数

	年份	农林牧渔	工业	建筑业	批零住餐	交仓软计	其他服务
r_j	2007	0.7813	1.2647	1.2648	0.8493	0.9180	0.9218
	2012	0.8846	1.0241	1.2307	0.8474	1.0901	0.9231
s_i	2007	0.6237	3.2353	0.3654	0.5200	0.5880	0.6676
	2012	0.7367	2.2988	0.5182	0.6840	0.7561	1.0062

2. 感应度和感应度系数

完全需求系数矩阵中每一行的合计 $\sum_{j=1}^{n} \bar{b}_{ij}(i = 1,2,\cdots,n)$ 表示，当对国民经济各个部门的最终需求都增加一个单位时，i 部门应该增加的总产出量，换个角度，是国民经济各个部门的最终需求都增加一个单位时，i 部门应该做出的反应或者感应，所以称它为 i 部门的感应度。某一部门提供给其他部门的中间使用越多，那么其感应度越大，反映的是该部门对其他部门的支撑和制约作用，所以常常用来分析产业部门的前向关联度。

面对国民经济各个部门的最终需求都增加一个单位时，每一个部门都会在总产出方面做出反应，但是不同的部门反应程度是不一致的。为了便于比较各个部门的感应度，常常把完全需求系数矩阵中每一行的合计与各行合计的平均值（社会平均感应度）对比，这样得到的系数称为感应度系数，用 s_i 表示。

$$s_i = \frac{\sum_{j=1}^{n} \bar{b}_{ij}}{\frac{1}{n}\sum_{i=1}^{n}\sum_{j=1}^{n} \bar{b}_{ij}} \tag{4-27}$$

感应度系数也在 1 的上下，哪个部门的值大，说明哪个部门受其他各个部门最终需求的影响大，当各个部门的最终需求都增加时，这个部门的总产出应该增加最多。从 2007 年和 2012 年感应度系数（表 4-4 第 s_i 行）看出，当各个部门的最终需求都增加时，要扩大各个部门的生产，需要大量增加消耗原料、材料、动力等工业产品，所以工业的感应度非常大，为 3.235 3，比其他五个部门的总和还大。但是要注意，建筑业的感应度系数与其影响力系数完全相反，仅为 0.365 4，是感应度系数最小的部门。原因是对建筑业产品的消耗没有表现在投入产出表的第一象限，而是在第三象限反映，同时对建筑业产品的最终需求表现在投入产出表的第二象限。所以，还不能完全根据感应度系数判断建筑业受各个部门最终需求影响的程度小。

3. 国民经济综合关联分析

影响力系数和感应度系数的社会平均值都为 1。为了反映各个部门的拉动作用与支撑作用情况，我们以影响力系数为 1 的直线作为 X 轴，以感应度系数为 1 的直线为 Y 轴，两者的交点为原点构成一个坐标系，所分成的四部分分别为一、二、三、四象限。我国 2012 年 139 个部门的影响力系数与感应度系数落入四个象限的情况如图 4-2 所示。[⊖]

处于第一象限的产业部门影响力系数与感应度系数都大于 1，这些部门具有强辐射和强制约性的双重性质。它们对国民经济的拉动和支撑作用都大，也就是与其他部门的关联度比较大。这样的产业部门就产业关联方面来讲，是实施产业集群发展战略的最佳选择。我国 2012 年处于该象限的有 20 个部门，都属于第二产业。

⊖ 以下我们均只用 2012 年投入产出表数据进行计算和分析。

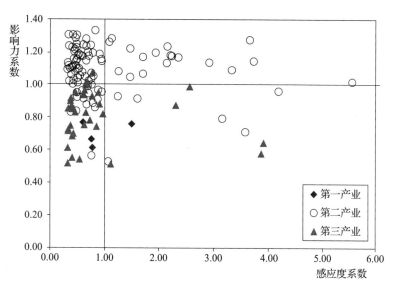

图 4-2 我国 2012 年各部门影响力系数和感应度系数象限图

处于第二象限的产业部门影响力系数大于 1，感应度系数小于 1，属于强辐射、低制约性的部门，对经济发展的拉动作用较强。2012 年有 59 个部门落入第二象限，其中 58 个部门属于第二产业，只有科技推广和应用服务属于第三产业。处于第二象限的产业部门其平均影响力高于社会平均影响力 14.91%。它们是受其他产业部门发展制约程度较小，但对整体经济发展拉动较大的部门。

处于第三象限的产业部门影响力系数与感应度系数都小于社会平均水平，共有 49 个产业部门。大部分是第三产业和第一产业及对第一产业产品进行加工的部门，主要提供消费的货物和服务，因此，对各个部门生产的辐射和制约比较弱。

处于第四象限的产业部门影响力系数小于社会平均水平，而感应度系数高于社会平均水平，有 11 个部门，属于弱辐射力、强制约性的行业。

总体看，我国国民经济感应度系数和影响力系数较大的产业主要集中在第二产业。需要加快产业结构调整，在改造现有传统工业的同时，积极扶植与知识经济、信息技术相关的集约型、高科技产业，大力扶植和支持旅游业等有较大盈利空间的特殊产业发展，以实现产业结构的"高度化"和"软化"。此外，我们还可以用一个部门影响力系数与感应度系数的平均值——综合关联度系数——来分析产业部门对国民经济的拉动和支撑作用。

$$综合关联度系数 = \frac{影响力系数 + 感应度系数}{2} \tag{4-28}$$

4.4.2 投入产出模型在经济规划中的应用

1. 某些产品的中间需求和总产出增加对国民经济的影响分析

（1）某些产品的中间需求增加对国民经济的影响分析。

一个或若干个大型项目的建设中，因为要消耗各个部门的产品，从而会影响各个部门的生产。由于这些中间需求是在投入产出表范围以外的需求,所以我们可以将这些中间需求增加看作是对这些产品的最终需求增加。而最终需求增加必然要影响各个部门的总产出,利用投入产出行模型可以计算出这种影响程度。

令 ΔY^* 是大型项目建设中要消耗的各种产品数量,比如要中间投入第 k、l、$n-1$ 种产品,Y^* 是包括这些新增加需求的最终使用量;X^* 是在新的最终需求条件下,各个部门总产出应该达到的数量。则我们有:

$$Y^* = Y + \Delta Y^* = \begin{pmatrix} Y_1 \\ Y_2 \\ \vdots \\ Y_k + \Delta Y_k \\ \vdots \\ Y_l + \Delta Y_l \\ \vdots \\ Y_{n-1} + \Delta Y_{n-1} \\ Y_n \end{pmatrix} \quad (4\text{-}29)$$

$$X^* = (I - A)^{-1} Y^*$$

这样计算出来的总产出,就是既能满足现行生产和人民消费需求,又能满足大型项目建设对中间产品需要的数量。

(2) 产品总量变化对国民经济的影响分析。

某种产品总量无论增加还是减少,只要其可以作生产资料,就可能使生产结构发生变化。假定第 n 种产品发生了增量 ΔX_n,则对其他 $n-1$ 个部门总产出会产生如下影响:

$$\Delta X_{(n-1)} = \begin{pmatrix} \dfrac{\bar{b}_{1n}}{\bar{b}_{nn}} \\ \dfrac{\bar{b}_{2n}}{\bar{b}_{nn}} \\ \vdots \\ \dfrac{\bar{b}_{n-1n}}{\bar{b}_{nn}} \end{pmatrix} \Delta X_n \quad (4\text{-}30)$$

前 $n-1$ 个部门总产出的变化量与 n 阶列昂惕夫逆矩阵 $(I-A)^{-1}$ 的第 n 列元素有关,它等于前 $n-1$ 个元素与第 n 个元素的比值乘以第 n 部门总产出的变化量。显然,如果不是第 n 部门的总产出发生变化,而是任何其他部门总产出变化,比如第 k 部门总产出变化了,则其他部门总产出的变化量等于第 k 列各个元素与主对角上的元素的比值与第 k 部门总产出变化量的乘积。

比如根据表4-2,如果交仓软计的总产出增加10%,即增加87.052亿元,则我们可以计算出其他各个部门总产出的变化量：

$$\begin{pmatrix} \Delta X_1 \\ \Delta X_2 \\ \Delta X_3 \\ \Delta X_5 \\ \Delta X_6 \end{pmatrix} = \begin{pmatrix} \dfrac{\bar{b}_{15}}{\bar{b}_{55}} \\ \dfrac{\bar{b}_{25}}{\bar{b}_{55}} \\ \dfrac{\bar{b}_{35}}{\bar{b}_{55}} \\ \dfrac{\bar{b}_{45}}{\bar{b}_{55}} \\ \dfrac{\bar{b}_{65}}{\bar{b}_{55}} \end{pmatrix} \times \Delta X_4 = \begin{pmatrix} \dfrac{0.0567}{1.2101} \\ \dfrac{0.6637}{1.2101} \\ \dfrac{0.0123}{1.2101} \\ \dfrac{0.0786}{1.2101} \\ \dfrac{0.2334}{1.2101} \end{pmatrix} \times 87.052 = \begin{pmatrix} 4.079 \\ 47.745 \\ 0.885 \\ 5.654 \\ 16.791 \end{pmatrix}$$

计算表明，交仓软计的总产出增加 10%，农林牧渔业总产出可以增加 4.076 亿元，工业总产出可以增加 47.744 亿元，建筑业总产出可以增加 0.882 亿元，批发零售贸易、住宿和餐饮业总产出可以增加 5.656 亿元，其他服务业总产出可以增加 16.793 亿元。

2. 投入产出模型在制订规划中的作用

投入产出模型通过直接消耗系数、完全消耗系数和其他系数，建立起了各部门、各种产品之间总量和结构间的直接间接数量联系，能从局部与整体、实物运动与价值运动的结合中，建立部门之间、再生产环节之间的数学模型，利用电脑的高速运转，量化国民经济错综复杂的直接和间接联系。这些对于制定与检查国民经济规划、预测国民经济的发展前景，是非常重要的。

投入产出行模型和列模型分别建立了总产出与最终使用、总产出（总投入）与增加值（最初投入）之间的联系，所以利用投入产出模型制订规划的方法也有多种。

（1）从总产出出发制订规划。

从总产出出发制订规划的基本思想是，在模型以外确定各个部门的总产出，然后代入 $Y=(I-A)X$ 中，求出在这样的总产出水平下，各个部门可以有多少产品供社会最终使用。

从总产出出发制订规划的优点是可以充分考虑生产能力和资源条件的制约，所得规划建立在切实可行的基础上。但是没有考虑社会的最终需求，可能会出现总产出与最终产品增长相悖的情况。因为总产出增长速度低（高）的部门，为了满足总产出增长速度高（低）部门的需要，就必须提供较多（少）的产品给它们，一定的总产出量减去较多（少）的中间产品，剩下的最终产品就相对少（多）了。

从总产出出发制订规划与传统规划方法看起来好像没有什么区别，但是它把所有部门联系起来进行综合平衡，因此与传统规划方法还是有本质的不同。同时，根据投入产出模型可以定量地测度出在各个部门一定的总产出水平下，实际可以得到多少各个部门的最终产品，从而调整总产出水平。此外，这种方法可以作为其他方法的参照，以该法之长，补其他方法之短。

(2) 从最终产品出发制订规划。

在社会主义市场经济条件下，编制科学的可行的国民经济发展规划，应该体现社会主义经济发展的目标，符合社会主义基本经济规律的要求，从根本上说，看是否能够满足人民群众日益增长的物质文化需求。这就要求从最终产品出发制订规划。

从最终需求出发制订国民经济规划，首先要确定对各部门产品的最终需求量 Y。这就要求从社会人口发展和人民生活水平提高的角度出发，决定消费需求总量和构成；从安排好社会简单再生产的需求出发，确定固定资产更新的需求；从社会经济发展的长远目标考虑，确定固定资产投资和存货投资的规模；从经济总体的产业结构、社会需求，以及外部市场条件，确定进出口产品总量和结构。然后利用投入产出模型 $X = (I-A)^{-1}Y$，确定各部门应当提供的中间产品规划和各部门总产出规划。

从最终所用出发制订国民经济计划有许多优点，它符合社会主义基本经济规律的要求，可以防止因为生产与需求的脱节而导致的严重积压或供不应求，有利于协调一些重大比例关系，为调整产业结构提供依据。但是，从最终需求出发做规划也有不足之处，事先难以充分考虑规划期生产能力的限制和资源条件的满足程度，从目前的计划管理水平和统计工作状况看，还难以完全满足这种方式对最终使用测算的要求。

(3) 从部分最终产品和部分总产品出发制订规划。

同时从最终所用和总产出出发做规划，即把所有的社会产品分为两部分，一部分首先确定最终需求，另一部分首先确定总产出。一般说来，对于同人民生活关系最直接的产品，如重要的消费品，以及主要满足最终需求的产品，如建筑产品、机械设备等，应当首先确定其最终所用量，其余产品的最终所用量，则作为待定的外生变量。对于生产能力有限，或者需要充分发挥资源优势的产品，以及最终使用作为外生变量的产品，确定它们的总产出。为了测算全部计划方案，我们令：

$$Y = \begin{pmatrix} Y_m \\ Y_{n-m} \end{pmatrix} \quad X = \begin{pmatrix} X_m \\ X_{n-m} \end{pmatrix} \quad (I-A)^{-1} = \begin{pmatrix} \overline{B}_{mm} & \overline{B}_{m,n-m} \\ \overline{B}_{n-m,m} & \overline{B}_{n-m,n-m} \end{pmatrix}$$

其中：Y_m 为待定的 m 种产品的最终所用数，Y_{n-m} 为事先确定的 $n-m$ 种产品的最终所用量，X_m 为事先确定的 m 种产品的总产出，X_{n-m} 为待定的 $n-m$ 种总产出。

由模型 $X = (I-A)^{-1}Y$ 有：

$$X = \begin{pmatrix} X_m \\ X_{n-m} \end{pmatrix} = \begin{pmatrix} \overline{B}_{mm} & \overline{B}_{m,n-m} \\ \overline{B}_{n-m,m} & \overline{B}_{n-m,n-m} \end{pmatrix} \begin{pmatrix} Y_m \\ Y_{n-m} \end{pmatrix} \tag{4-31}$$

解式 (4-31) 得：

$$X_m = \overline{B}_{mm} Y_m + \overline{B}_{m,n-m} Y_{n-m} \tag{4-32}$$

$$X_{n-m} = \overline{B}_{n-m,m} Y_m + \overline{B}_{n-m,n-m} Y_{n-m} \tag{4-33}$$

由式 (4-33) 可得：

$$Y_m = \overline{B}_{mm}^{-1}(X_m - \overline{B}_{m,n-m} Y_{n-m}) \tag{4-34}$$

把式（4-34）代入式（4-33）得：
$$X_{n-m} = \overline{B}_{n-m,m} \overline{B}_{mm}^{-1}(X_m - \overline{B}_{m,n-m}Y_{n-m}) + \overline{B}_{n-m,n-m}Y_{n-m} \quad (4\text{-}35)$$
用式（4-34）和式（4-35），就可以求出未知的 $n-m$ 种总产出和 m 种最终使用。

（4）综合方法制订规划。

实际经济中往往要制订国内生产总值发展规划，在这种情况下，可以通过模型 $X = (I - \hat{C})^{-1}N$ 求得各个部门总产出应该达到的规模。然后把各个部门总产出列向量 X 作为外生变量，通过模型 $Y = (I - A)X$ 求得可以为社会提供的最终使用量 Y。检查计算出的最终使用量及其结构是否能满足社会的最终需求，从而调整最终使用 X 列向量；把各个部门最终使用列向量 Y 作为外生变量，代入模型 $X = (I - A)^{-1}Y$，检查计算出的总产出列向量 X 是否有生产能力和资源保证，从而调整 Y；如此循环，求得一个最佳规划。

4.4.3 投入产出法在价格分析中的应用

价格是价值的货币表现，价格体系是否合理直接关系到国民经济能否持续、稳定地发展。投入产出表的第一和第三象限反映了产品的价值运动，所以投入产出法在价格变动分析中有其独到的作用。

1. 价格方程的建立和价格指数的基数

建立价格方程应该用实物型投入产出表，但是实物型投入产出表只有一、二两个象限，并且纵列不能相加，因此我们把第三象限扩展进去（如表 4-5 所示）。

表 4-5　扩展的实物型投入产出表

	计量单位	中间使用					最终使用	总产出	价格
		1	2	3	…	n			
中间投入				q_{ij}			Y_i	Q_i	P_i
扩充：增加值	元			N_j					
总投入				$Q_j P_j$					

令要求的价格为 P_i（$i = 1, 2, \cdots, n$），这样我们可以得到各个部门的总产出：
$$Q_j P_j = q_{1j}P_1 + q_{2j}P_2 + \cdots + q_{nj}P_n + N_j \quad (4\text{-}36)$$
两端除以 Q_j 得：
$$P_j = a_{1j}^* P_1 + a_{2j}^* P_2 + \cdots + a_{nj}^* P_n + a_{N_j}^* \quad (j = 1, 2, \cdots, n) \quad (4\text{-}37)$$
其中 a_{ij}^* 是实物型投入产出直接消耗系数，$a_{N_j}^*$ 是实物型投入产出表第 j 部门的增加值率。式（4-37）的矩阵表示是：
$$P = A^{*\prime}P + A_N^*$$
整理得：

$$P = (I - A^{*\prime})^{-1} A_N^* \tag{4-38}$$

式(4-38)就是确定各种产品的价格方程。

如果把价值型投入产出表的数据代入式(4-38)(此时式中的 * 去掉),得到的价格全部为1,因为这实际上是单位价值的价格,当然为1。我们把各个部门等于1的价格作为价格变动以前的基数,即价格指数的基数,可以用来测算和分析由于增加值因素、某种或若干种产品价格发生变化时,整个价格体系的相对变化程度。

2. 价格方程的应用

(1) 增加值因素变化对价格体系的影响。

式(4-38)表明,固定资产消耗、劳动者报酬、生产税、营业盈余等增加值因素都是价格的组成部分。随着经济的发展、技术的进步、劳动生产率的提高等,这些因素会发生变化,从而使价格体系发生变化,其变化程度为:

$$\Delta P = (I - A^\prime)^{-1} \Delta A_N \tag{4-39}$$

应当指出的是,当用实物型投入产出模型进行分析时,计算出来的是价格变动的绝对金额;而如果用价值型投入产出模型进行分析,计算出来的是价格变动率。

(2) 一种或若干种产品价格变化对价格体系的影响分析。

任何一种产品的价格都是各个部门价格的函数,因此只要有一种产品的价格发生了变化,就会引起所有产品的价格发生变化。利用投入产出模型可以具体分析这种变化。

① 一种产品价格变化对价格体系影响的分析模型。

假定第 n 部门的价格发生了变化,则其他 $n-1$ 个部门的价格也会发生变化,其变化量为:

$$\Delta P_{(n-1)} = [I - A^\prime_{(n-1)}]^{-1} \begin{pmatrix} a_{n1} \\ a_{n2} \\ \vdots \\ a_{n,n-1} \end{pmatrix} \Delta P_n \tag{4-40}$$

可以证明:

$$[I - A^\prime_{(n-1)}]^{-1} \begin{pmatrix} a_{n1} \\ a_{n2} \\ \vdots \\ a_{n,n-1} \end{pmatrix}_n = \begin{pmatrix} \dfrac{\bar{b}_{n1}}{\bar{b}_{nn}} \\ \dfrac{\bar{b}_{n2}}{\bar{b}_{nn}} \\ \vdots \\ \dfrac{\bar{b}_{n,n-1}}{\bar{b}_{nn}} \end{pmatrix} \tag{4-41}$$

故式(4-40)可以表示为:

$$\Delta \boldsymbol{P}_{(n-1)} = \begin{pmatrix} \dfrac{\overline{b}_{n1}}{\overline{b}_{nn}} \\ \dfrac{\overline{b}_{n2}}{\overline{b}_{nn}} \\ \vdots \\ \dfrac{\overline{b}_{n,n-1}}{\overline{b}_{nn}} \end{pmatrix} \Delta P_n \tag{4-42}$$

当用实物型投入产出模型进行分析时,ΔP_n 是价格变动的绝对额,计算出来的 $\Delta \boldsymbol{P}_{(n-1)}$ 也是其他 $n-1$ 个部门价格变动的绝对金额。而如果用价值型投入产出模型进行分析,ΔP_n 是价格变动的相对程度,计算出来的 $\Delta \boldsymbol{P}_{(n-1)}$ 也是其他 $n-1$ 个部门价格变动的相对程度(价格指数减 1)。

② 两种产品价格变化对价格体系影响的分析模型。

若第 n 种和第 $n-1$ 种产品价格发生了变化,前 $n-2$ 个部门的价格变化为:

$$\Delta \boldsymbol{P}_{(n-2)} = \begin{bmatrix} \boldsymbol{I} - \boldsymbol{A}'_{(n-2)} \end{bmatrix}^{-1} \begin{pmatrix} a_{n-1,1} & a_{n1} \\ a_{n-1,2} & a_{n2} \\ \vdots & \vdots \\ a_{n-1,n-2} & a_{n,n-2} \end{pmatrix} \begin{pmatrix} \Delta P_{(n-1)} \\ \Delta P_n \end{pmatrix} \tag{4-43}$$

③ k 种产品价格变化对价格体系影响的分析模型。

比较式(4-40)和式(4-43),采用数学归纳法,可以得到当后 k 种产品价格变化,则前 $n-k$ 种产品的价格变化为:

$$\Delta \boldsymbol{P}_{(n-k)} = \begin{bmatrix} \boldsymbol{I}_{(n-k)} - \boldsymbol{A}'_{(n-k)} \end{bmatrix}^{-1} \begin{pmatrix} a_{n-k+1,1} & a_{n-k+2,1} & \cdots & a_{n-1,1} & a_{n1} \\ a_{n-k+1,2} & a_{n-k+2,2} & \cdots & a_{n-1,2} & a_{n2} \\ \vdots & \vdots & & \vdots & \vdots \\ a_{n-k+1,n-k-1} & a_{n-k+2,n-k-1} & \cdots & a_{n-1,n-k-1} & a_{n,n-k-1} \\ a_{n-k+1,n-k} & a_{n-k+2,n-k} & \cdots & a_{n-1,n-k} & a_{n,n-k} \end{pmatrix} \begin{pmatrix} \Delta P_{n-k+1} \\ \Delta P_{n-k+2} \\ \vdots \\ \Delta P_{n-1} \\ \Delta P_n \end{pmatrix} \tag{4-44}$$

阅读材料:投入产出法应用的广泛性

以下是列昂惕夫著作《投入产出经济学》[一]一书中的目录内容,由此可见,投入产出法对经济问题分析的广泛适用性。有兴趣的读者可以进一步深入学习。

目录

一、投入产出经济学(1951 年)

[一] 中国统计出版社于 1990 年出版,由崔书香等翻译。

二、投入产出分析法（1985 年）
三、投入产出分析和国民经济核算中合并法的一个替代方法（1967 年）
四、工资、利润、物价和捐税（1947 年）
五、国内生产和对外贸易：美国资本地位的再审查（1953 年）
六、要素比例和美国贸易的结构：进一步的理论和经验分析（1956 年）
七、多地区投入产出分析（1963 年）
八、发展的结构（1963 年）
九、裁军的经济影响（1961 年）
十、削减军备对各部门和各地区的经济影响（1965 年）
十一、环境影响和经济结构：投入产出方法（1970 年）
十二、国民收入、经济结构和环境事务（1973 年）
十三、空气污染和经济结构：投入产出计算的经验结果（1972 年）
十四、动态逆矩阵（1970 年）
十五、世界经济的结构：一个简单投入产出表述纲要（1974 年）
十六、人口增长与经济发展：预计示例（1979 年）
十七、职业和收入的分配（1982 年）
十八、海上运输量的增长与世界港口的未来（1979 年）
十九、美国经济中的技术变革、物价、工资与资本报酬率（1985 年）
二十、现代经济中用于政策决策的信息系统（1979 年）

4.5 投入产出表的编制和修订方法

4.5.1 投入产出表的编制方法

为了编制出符合分析要求的纯部门投入产出表，一般有两种方法，即直接分解法和间接推导法。

1. 直接分解法

直接分解法的基本思路是：用各种调查方式取得和推算出全社会所有企业部门的投入和产出资料、收入法增加值和支出法国内生产总值资料；对这些资料按纯部门的要求逐一进行分解，得到纯部门的相应数据；按纯部门的全社会总产出与总投入平衡即 $\sum_{i=1}^{n} X_i = \sum_{j=1}^{n} X_j$ 为总控制数，由外向内层层平衡：各部门总产出与总投入平衡，即 $X_i = X_j$（$i = j$ 时）→第二象限合计数与第三象限合计数平衡，即 $\sum_{i=1}^{n} Y_i = \sum_{j=1}^{n} N_j$ →第一象限横行合计数与纵列合计数平衡，即 $\sum_{i=1}^{n} U_i = \sum_{j=1}^{n} C_j \rightarrow$ 各象限内部平衡，即 $\sum_{k=1}^{m} Y_{ik} = Y_i$ [一]，$\sum_{k=1}^{s} N_{kj} = N_j$ [二]，$\sum_{j=1}^{n} x_{ij} = U_i$，$\sum_{i=1}^{n} x_{ij} = C_j \rightarrow$ 同一部门按构成的总产出与按构成的总投入平衡，即 $\sum_{j=1}^{n} x_{ij} + Y_i = \sum_{i=1}^{n} x_{ij} + N_j (i = j)$。

从实际操作看，直接分解法要求每一个统计单位、每一个企业部门都按上述思路进行数据的分解和平衡，工作量非常庞大。我国的投入产出表目前就主要是采用这种方法编制的。

阅读材料：中国 2017 年投入产出表调查

中国 2017 年投入产出表调查——报表目录如表 4-6 所示。

表 4-6　中国 2017 年投入产出表调查——报表目录[三]

表号	表名	填报范围
投 117 表	规模以上工业企业购进材料来源	规模以上工业企业的重点调查单位
投 118 表	规模以上工业企业产品初次去向	
投 120 表	建筑业企业主营业务成本构成	建筑业企业的重点调查单位
投 123 表	建筑业企业购进材料来源	
投 124 表	建筑业企业产值流向	
投 128 表	批发和零售企业购进商品来源	批发和零售企业的重点调查单位
投 129 表	批发企业商品销售初次去向	批发企业的重点调查单位
投 141 表	仓储企业利润表	仓储企业的重点调查单位
投 150 表	软件和信息技术服务企业利润表	软件和信息技术服务企业的重点调查单位
投 151 表	货币金融服务企业投入构成	货币金融服务企业、其他金融企业的重点调查单位
投 152 表	资本市场服务企业投入构成	资本市场服务企业的重点调查单位
投 153 表	保险企业投入构成	保险企业的重点调查单位
投 158 表	新闻出版企业收入和支出构成	新闻出版企业的重点调查单位
投 161 表	娱乐企业利润表	娱乐企业的重点调查单位
投 164 表	其他服务企业利润表	其他服务企业的重点调查单位
投 171 表	固定资产投资构成	计划投资 2 亿元及 2 亿以上固定资产投资项目
……	其他报表与《2017 年全国投入产出调查方案》保持一致，未列出	……

2. 间接推导法

间接推导法就是利用 UV 表推导出产品×产品表和产业×产业表的方法。如前所述，

[一] k 为支出法国内生产总值各个项目，如最终消费、资本形成总额、净出口。
[二] k 为收入法国内生产总值各个项目，如固定资本折旧、劳动者报酬、生产税净额、营业盈余。
[三] 取自《2017 年全国投入产出调查方案》，http://www.docin.com/p-1795328871.html.

UV 表对于利用实际部门（产业部门）资料编表比较方便，因为每一个部门生产中消耗了哪些产品、消耗了多少产品是有记录的，每一个部门生产了些什么产品、生产了多少产品也是有记录的，但是进行投入产出分析要用"纯"表的系数。这就提出如何将 UV 表转换成产品×产品表和产业×产业表的问题。

为了从 UV 表推导出产品×产品表和产业×产业表，必须以下边两个假定之一为基础：一是产品工艺假定——假定一种产品无论在哪个部门生产，都有相同的投入结构；二是部门工艺假定——假定同一个部门无论生产什么产品，都有相同的投入结构。

下面以表 4-7 为例说明在产品工艺假定下推导产品×产品表的间接推导法，其余直接给出每个象限的表达式。

表 4-7　简化的 UV 表

		产品			产业			最终需求	总计
		1	2	3	1	2	3		
产品	1				10	60	0	20	90
	2				40	60	20	180	360
	3				20	30	60	100	210
产业	1	90	10	0					100
	2	0	280	20					300
	3	0	10	190					200
最初投入					30	150	120		

（1）在产品工艺假定下推导产品×产品表。

为了编制产品×产品表，需要把各部门中次要产品的产出和投入转移到它们所属的主产品部门中去，使得各个部门的唯一产品就是自己的主产品。为此，先用各个部门的产出合计数去除 U 表中各个部门生产中所消耗的各种产品数，这样得到 j 部门生产单位产出（系多种产品的产出）所消耗的 i 产品数量 h_{ij}。令 H 是以 h_{ij} 为元素的矩阵，则 h_{ij} 的计算式及矩阵表示是：

$$h_{ij} = \frac{u_{ij}}{G_j} \tag{4-45}$$

$$H = U\hat{G}^{-1} \tag{4-46}$$

以表 4-7 为例计算：

$$H = U\hat{G}^{-1} = \begin{pmatrix} 10 & 60 & 0 \\ 40 & 60 & 20 \\ 20 & 30 & 60 \end{pmatrix} \begin{pmatrix} \frac{1}{100} & & \\ & \frac{1}{300} & \\ & & \frac{1}{200} \end{pmatrix} = \begin{pmatrix} 0.1 & 0.2 & 0 \\ 0.4 & 0.2 & 0.1 \\ 0.2 & 0.1 & 0.3 \end{pmatrix}$$

再利用各部门的产出去除各该部门所生产的各种产品数，得到产品比例矩阵 C，其中的元素 c_{ij} 表示在 j 部门的总产出中 i 产品所占的比重。令 C 是以 c_{ij} 为元素的矩阵，则 c_{ij} 的计算式及矩阵表示是：

$$c_{ij} = \frac{v_{ji}}{G_j} \tag{4-47}$$

$$\boldsymbol{C} = \boldsymbol{V}'\hat{\boldsymbol{G}}^{-1} \tag{4-48}$$

以表 4-7 为例计算：

$$\boldsymbol{C} = \boldsymbol{V}'\hat{\boldsymbol{G}}^{-1} = \begin{pmatrix} 90 & 0 & 0 \\ 10 & 280 & 10 \\ 0 & 20 & 190 \end{pmatrix} \begin{pmatrix} \frac{1}{100} & & \\ & \frac{1}{300} & \\ & & \frac{1}{200} \end{pmatrix} = \begin{pmatrix} 0.9 & 0 & 0 \\ 0.1 & 0.94 & 0.05 \\ 0 & 0.06 & 0.95 \end{pmatrix}$$

在产品工艺假定下，j 部门单位产出对 i 产品的消耗系数 h_{ij}，是 j 部门所生产的各种产品单位产出对 i 产品的消耗系数（产品×产品表直接消耗系数 a_{i1}，a_{i2}，…，a_{in}）的加权算术平均数，权数为 j 部门产出中各种产品所占的比重 c_{1j}，c_{2j}，…，c_{nj}，即：

$$h_{ij} = a_{i1}c_{ij} + a_{i2}c_{2j} + \cdots + a_{in}c_{nj} = \sum_{k=1}^{n} a_{ik}c_{kj} \tag{4-49}$$

用矩阵表示是：

$$\boldsymbol{H} = \boldsymbol{A}_c \boldsymbol{C} \tag{4-50}$$

$\boldsymbol{A}_c$ 是在产品工艺假定下的产品×产品表直接消耗系数矩阵，由式（4-50）可以求出它：

$$\boldsymbol{A}_c = \boldsymbol{H}\boldsymbol{C}^{-1} = \boldsymbol{U}\hat{\boldsymbol{G}}^{-1}(\boldsymbol{V}'\hat{\boldsymbol{G}}^{-1})^{-1} = \boldsymbol{U}\boldsymbol{V}'^{-1} \tag{4-51}$$

产品的中间流量矩阵是：

$$\boldsymbol{W}_c = \boldsymbol{A}_c \hat{\boldsymbol{Q}} \tag{4-52}$$

以表 4-7 为例计算：

$$\boldsymbol{A}_c = \boldsymbol{H}\boldsymbol{C}^{-1} = \begin{pmatrix} 0.1 & 0.2 & 0 \\ 0.4 & 0.2 & 0.1 \\ 0.2 & 0.1 & 0.3 \end{pmatrix} \begin{pmatrix} 0.9 & 0 & 0 \\ 0.1 & 0.94 & 0.05 \\ 0 & 0.06 & 0.95 \end{pmatrix}^{-1} = \begin{pmatrix} 0.0874 & 0.2135 & -0.0112 \\ 0.4215 & 0.2067 & 0.0944 \\ 0.2126 & 0.0865 & 0.3112 \end{pmatrix}$$

$$\boldsymbol{W}_c = \boldsymbol{A}_c \hat{\boldsymbol{Q}} = \begin{pmatrix} 0.0874 & 0.2135 & -0.0112 \\ 0.4215 & 0.2067 & 0.0944 \\ 0.2126 & 0.0865 & 0.3112 \end{pmatrix} \begin{pmatrix} 90 & & \\ & 300 & \\ & & 210 \end{pmatrix} = \begin{pmatrix} 8 & 64 & -8 \\ 38 & 62 & 20 \\ 19 & 26 & 65 \end{pmatrix}$$

现在我们分析一下 $\boldsymbol{A}_c$ 是否是产品×产品表，是否坚持了产品工艺假定。首先，矩阵 $\boldsymbol{H}$ 中的元素 h_{ij} 是通过 U 表计算的，所以它是一个产品×产业表；矩阵 $\boldsymbol{C}$ 是通过 V 表转置求得的，所以是一个产品×产业表，则 $\boldsymbol{C}^{-1}$ 是产业×产品表。根据矩阵的运算规则，$\boldsymbol{A}_c = \boldsymbol{H}\boldsymbol{C}^{-1}$ 是产品×产品表。其次，从 $h_{ij} = \sum_{k=1}^{n} a_{ik}c_{kj}$ 可以看出，k 产品对 i 产品的消耗系数 a_{ik} 取决于 k 是什么产品，与 k 产品是哪个部门生产的无关，不管是哪个部门，只要生产 k 产品，其消耗系数都是 a_{ik}。所以可以断定 $\boldsymbol{A}_c$ 的求得坚持了产品工艺假定。

上边的计算只是推算出了产品×产品表第一象限的系数，还应该推导出产品的最初投入系数列向量 A_{Zc}。推导的思路仍然是首先计算出 j 部门单位总产出（系多种产品）中最终投入的比重，然后用 j 部门产出中各种产品所占的比重对其加权平均，得到产品的最初投入系数。

$$A'_{Zc} = N'\hat{G}^{-1}C^{-1} = N'\hat{G}^{-1}(V'\hat{G}^{-1})^{-1} = N'V'^{-1} \quad (4\text{-}53)$$

产品的最初投入向量为：

$$Z_c = A'_{Zc}\hat{Q} \quad (4\text{-}54)$$

以表 4-7 为例计算：

$$Z'_c = N'\hat{G}^{-1}C^{-1}\hat{Q}^{-1} = (30 \quad 150 \quad 120)\begin{pmatrix}\frac{1}{300} & & \\ & \frac{1}{300} & \\ & & \frac{1}{210}\end{pmatrix}\begin{pmatrix}0.9 & 0 & 0 \\ 0.1 & 0.94 & 0.05 \\ 0 & 0.06 & 0.95\end{pmatrix}\begin{pmatrix}90 & & \\ & 300 & \\ & & 210\end{pmatrix}$$

$$= (25 \quad 148 \quad 127)$$

综上所述，在产品工艺假定下推导的产品×产品表结构和数例如表 4-8 所示。

表 4-8（1） 产品×产品表（产品工艺假定）

		产品				最终使用	总产出
		1	2	…	n		
产品	1 2 ⋮ n	\multicolumn{4}{c	}{$W_c = A_c\hat{Q} = HC^{-1}\hat{Q} = UV'^{-1}$}	F	Q
最初投入		\multicolumn{4}{c	}{$Z'_c = N'\hat{G}^{-1}C^{-1}\hat{Q}^{-1} = N'V'^{-1}\hat{Q}$}		
总投入		\multicolumn{4}{c	}{Q'}		

表 4-8（2） 产品×产品表（产品工艺假定）

		产品			最终使用	总产出
		1	2	3		
产品	1	8	64	−2	20	90
	2	38	62	20	180	300
	3	19	26	65	100	210
最初投入		25	148	127		
总投入		90	300	210		

（2）在部门工艺假定下推导产品×产品表。

具体如表 4-9 所示。

表 4-9 产品×产品表（部门工艺假定）

		产品				最终使用	总产出
		1	2	⋯	n		
产品	1 2 ⋮ n		$W_m = HD\hat{Q}$			F	Q
最初投入			$Z'_m = N'\hat{G}^{-1}D\hat{Q}$				
总投入			Q'				

（3）在两种假定下推导产业×产业表的结构。

具体如表 4-10 和表 4-11 所示。

表 4-10 产业×产业表（产品工艺假定）

		产品				最终使用	总产出
		1	2	⋯	n		
产品	1 2 ⋮ n		$W_D = C^{-1}H\hat{G}$			$F_D = C^{-1}F$	G
最初投入			N'				
总投入			G'				

表 4-11 产业×产业表（部门工艺假定）

		产品				最终使用	总产出
		1	2	⋯	n		
产品	1 2 ⋮ n		$W_P = DH\hat{G}$			$F_P = DF$	G
最初投入			N'				
总投入			G'				

需要指出的是，如果不是产品与部门对应的方形 UV 表，则不能在产品工艺假定下推导纯表。

4.5.2 直接消耗系数的修订方法

1. 问题的提出

直接消耗系数实际上是一种按大类产品计算的综合定额，它不仅受生产技术变化的影响,而且受生产结构、生产布局、价格因素、生产管理因素等的影响,所以直接消耗系数会发生变化。解决消耗系数变化这个问题的最好方法是每年编制投入产出表,但是,由于编制投入产出表的工作量很大,需要进行许多专门调查,目前大部分国家都是隔若干年编一次表。编表有一定间隔年,加上编表本身所用时间较长,这就提出了在利用投入产出表进行经济分析和预测时,应该对直接消耗系数进行修订的问题。修订直接消耗系数有非数学方法和数学方法两大类。

2. 修订直接消耗系数的非数学方法

(1)"德尔菲"法(Delphi method)——专家调查法。

由于直接消耗系数的变化主要是由生产技术条件决定的,因此可以通过向专家、技术人员进行调查的方法来修订。这种方法采用通信方式,向有关专家发出调查表,征求他们对未来直接消耗系数变化的意见。通常要进行几轮,即把有关专家的意见进行综合整理和相对集中,再反馈给每个专家,请他们做第二轮、第三轮的推断、分析。每个专家可以根据反馈的信息修改原先的意见,也可以坚持原先的意见。经过不记名的若干次反馈、综合、分析,常常可以在很大程度上得到直接消耗系数的比较一致的意见,据此做出最后的修订。

这个方法是美国兰德公司在20世纪40年代首先采用的方法,特别适合高度复杂、理论不完善、数据不确定现象的调查。这种方法具有专家匿名性、多轮反馈性和意见收敛性等特点,所以一般能得到比较准确的答案。

(2)重点系数修订法。

把基期投入产出表的直接消耗系数由大到小排队,从中选出前 k 个 a_{ij} 求和,使其占到 $\sum_{i=1}^{n}\sum_{j=1}^{n} a_{ij}$ 的90%以上,这 k 个 a_{ij} 称为重点系数。对这 k 个 a_{ij} 重点系数做技术经济分析,进行认真的修订,其他比重占90%以外的系数,由于其影响不大,可以用同一个比率调整。

山西省在利用1979年的投入产出表进行预测时采用过这种方法。在 19×19 的投入系数矩阵中,共有361个直接消耗系数。其中比重占90%以上的有71个系数,经过分析需要调整的只有30个左右,而其他290个系数按0.25%的比率调小。

3. 修订直接消耗系数的数学方法

(1)RAS法——适时修正法。

这是1960年前后在英国的剑桥大学发展起来的方法。它的主要优点是修订工作量少,花费时间少,在一定的经济假定下,根据少量调查资料,很快得到修正结果。

RAS法的原理是:利用某些控制数据,如中间使用合计数 U^*、中间投入合计数 C^* 等,找出一套行乘数(系数)R 去调整原有矩阵的各行元素,同时找出一套列乘数 S 去乘原有矩阵的各列元素,使经过调整的数据等于各个控制数据。

行乘数和列乘数一般通过迭代的方法求得。其步骤是:

第一步,用基年的直接消耗系数 A_0 乘以计算年度的总产出 $X_{(t)}$,得到假定的计算年

度的中间流量 $A_0 \hat{X}_{(t)} = W_{(1)}$。若 $W_{(1)}$ 中各行合计与各列合计都与 U^* 和 C^* 中的数据不一致，需要计算行系数进行调整。假定 $A_0 \hat{X}_{(t)} = W_{(1)}$ 中每一行的合计量数列向量为 $U_{(1)}$，则行调整系数 r_1 应当为 $r_1 = \dfrac{U^*}{U_{(1)}}$。

第二步：调整矩阵 $A_0 \hat{X}_{(t)}$ 的各行，即用 r_1 去乘该矩阵的各行元素，相当于用对角矩阵 $\hat{r}_1$ 去左乘 $A_0 \hat{X}_{(t)}$，得 $\hat{r}_1 A_0 \hat{X}_{(t)}$。调整后的中间流量矩阵的各行合计数列向量等于 U^*，但是各列合计数 $C_{(1)}$ 和 C^* 可能不一致，需要计算列系数进行调整。列调整系数 $s_1 = \dfrac{C^*}{C_{(1)}}$。

第三步：调整矩阵 $\hat{r}_1 A_0 \hat{X}_{(t)}$ 的各列，即 $\hat{r}_1 A_0 \hat{X}_{(t)} \hat{s}_1$。

以上迭代逐次进行，直到 U 与 U^*，C 和 C^* 相当接近或相等，从而得到中间流量矩阵 $W_{(t)}$，进而得到通过 RAS 法调整后的中间流量矩阵：

$$W_t = \hat{r}_k \hat{r}_{k-1} \cdots \hat{r}_2 \hat{r}_1 A_0 \hat{X}_{(t)} \hat{s}_1 \hat{s}_2 \cdots \hat{s}_{k-1} \hat{s}_k \tag{4-55}$$

令 $\hat{R} = \hat{r}_k \hat{r}_{k-1} \cdots \hat{r}_2 \hat{r}_1$ 为总行乘数，$\hat{S} = \hat{s}_1 \hat{s}_2 \cdots \hat{s}_{k-1} \hat{s}_k$ 为总列乘数。

则：

$$W_t = \hat{R} A_0 \hat{X}_{(t)} \hat{S} \tag{4-56}$$

调整后的直接消耗系数矩阵为：

$$A_t = W \hat{X}_{(t)}^{-1} \hat{R} A_0 \hat{X}_{(t)} \hat{S} \hat{X}_{(t)}^{-1} = \hat{R} A_0 \hat{S} \tag{4-57}$$

这就是 RAS 法的数学表达式，也是这种修订法名称的由来。英国数学家巴卡拉克对 RAS 法的数学性质做了探索，证明了 RAS 法的迭代是收敛的，无论先从行开始还是先从列开始调整，RAS 法都会得到唯一的解。

RAS 法是建立在代替影响一致和制造影响一致假定基础上的。代替影响指，在产品的生产过程中，i 产品被其他产品代替，或 i 产品代替了其他产品。这种代替的影响反映在 RAS 的行调整上。若 $r_i < 1$，则第 i 种产品作为中间产品的数量减少，它为其他产品所代替了，若 $r_i > 1$，则第 i 种产品作为中间产品的数量增加，它代替了其他产品，并且这种代替和被代替对各个部门是同样的。制造影响是指各种产品在生产过程中由于生产技术水平、管理水平的变动对消耗系数的影响。这种制造的影响反映在列的调整上，若 $s_j < 1$，则第 j 部门的中间投入比重减少；若 $s_j > 1$，则第 j 部门的中间投入比重上升，而且各个部门减少或上升的比重相同。

RAS 法作为一种数学方法，有其严格的假定性，使得修订了的直接消耗系数矩阵与实际情况有出入。所以有学者提出了改进的 RAS 法和再改进的 RAS 法，其基本思想就是对基期的中间流量矩阵分块，分别施以 RAS 法或保持不变。

（2）平均增加倍率法。

这是日本提出的数学修订方法。所谓平均增加倍率法，是在已知基期的中间产品流量 $x_{ij}^{(0)}$，基期和计算期的中间产品合计数 $U_i^{(0)}$ 与 $U_i^{(t)}$ 及中间投入合计数 $C_j^{(0)}$ 与 $C_j^{(t)}$ 的情况下，用一定的公式迭代，求得计算期的中间流量 $x_{ij}^{(t)}$，然后计算出计算期消耗系数 $a_{ij}^{(t)}$，其具体计算步骤如下。

第一步，求计算的中间产品流量暂定数 $x_{ij}^{(1)}$：

$$x_{ij}^{(1)} = \frac{1}{2} x_{ij}^{(0)} \left(\frac{U_i^{(t)}}{U_j^{(0)}} + \frac{C_j^{(t)}}{C_j^{(0)}} \right)$$

第二步，利用上式逐次迭代计算：

$$x_{ij}^{(2)} = \frac{1}{2} x_{ij}^{(1)} \left(\frac{U_i^{(t)}}{U_j^{(1)}} + \frac{C_j^{(t)}}{C_j^{(1)}} \right)$$

其中：

$$U_i^{(1)} = \sum_{j=1}^{n} x_{ij}^{(1)}, \quad C_i^{(1)} = \sum_{i=1}^{n} x_{ij}^{(1)}$$

逐次迭代至第 k 次，计算式为：

$$x_{ij}^{(k)} = \frac{1}{2} x_{ij}^{(k-1)} \left[\left(\frac{U_i^{(t)}}{U_i^{(k-1)}} \right) + \frac{C_j^{(t)}}{C_j^{(k-1)}} \right] \tag{4-58}$$

其中：

$$U_i^{(k-1)} = \sum_{j=1}^{n} x_{ij}^{(k-1)} \quad C_i^{(k-1)} = \sum_{i=1}^{n} x_i^{(k-1)}$$

如果 $\sum_{j=1}^{n} x_{ij}^{(k)} = U_i^{(t)}$，$\sum_{i=1}^{n} x_{ij}^{(k)} = C_j^{(t)}$，就停止迭代，$x_{ij}^{(k)}$ 就可以为计算期的中间流量了，而 $a_{ij}^t = \frac{x_{ij}^k}{X_t}$ $(i, j = 1, 2, \cdots, n)$。

□ 本章小结

1. 投入产出法是在纯部门的基础上，编制投入产出表，建立投入产出模型，综合系统分析国民经济各部门之间在生产中发生的直接和间接联系的经济计量方法。
2. 基于数据采集和分析的目的，有 UV 表和产品×产品对称表两种投入产出表。根据对称表可以建立分配方程组和投入方程组，它们是建立投入产出模型的基础。
3. 把技术经济系数引进分配方程组和投入方程组，就得到投入产出行模型和列模型。基本的技术经济系数有直接消耗系数、完全消耗系数、完全需求系数。
4. 利用投入产出技术经济系数和模型，可以进行产业关联分析，某些产品中间需求和总产出变化对国民经济的影响分析，增加值因素变化及一些产品价格变化对整个价格体系影响的分析，从总产出、最终使用、部分总产出部分最终使用和综合角度出发做规划。
5. 产品×产品对称表的编制可以采取直接分解法和间接推导法。直接消耗系数的修订有非数学方法和数学方法两大类。

□ 思考题

1. 什么是投入产出法？有什么主要特点？
2. 为什么对称投入产出表要以产品部门为部门？如何划分部门？
3. 投入产出表各个象限的经济内容是什么？
4. 对称投入产出表和 UV 表分别有哪些平衡关系？反映什么经济内容？
5. 基本的技术经济系数有哪些？其经济意义是什么？如何计算？
6. 直接消耗系数有什么特点？完全消耗系数有什么特点？
7. 完全消耗系数与完全需求系数有什么异同？
8. 投入产出模型的基本假定是什么？为什么要做这些假定？
9. 编制纯部门投入产出表有哪些方法？其基本思想是什么？
10. 为什么要修订直接消耗系数？有哪些修订方法？
11. 什么是影响力系数和感应度系数？可以做什么分析？
12. 如何分析某些产品的中间需求和总产出变化对国民经济的影响？
13. 可以从哪些角度出发做规划？各有什么优缺点？
14. 实物型与价值型投入产出模型在价格分析中有什么不一样？
15. 假设国民经济分为农、轻、重、其他 4 个部门，通过调查取得以下资料（单位：亿元）。
    （1）农业总产出 1 200，轻工业总产出 1 560，重工业 2 040，其他 1 200。
    （2）农业生产中消耗：轻工业产品 2，重工业产品 31.3，农产品 70.2，其他 31.3。
    （3）轻工业生产中消耗：农产品 174.4，重工业产品 217.8，轻工业产品 451，其他 251.2。
    （4）重工业生产中消耗：农产品 149.3，重工业产品 876.2，轻工业产品 26.3，其他 270.7。
    （5）其他部门生产中的消耗资料未能取得。
    （6）全社会国内生产净值 2 801.3，其中农业 1 065.2，轻工业 465.6，重工业 717.5；国内生产净值中，劳动者报酬占 48.87%，其中农业的劳动者报酬 852.2，轻工业 81，重工业 215。
    （7）全社会资本形成总额 700.3，其中农业 33.7，轻工业 128.5，重工业 353.3。
    （8）全社会最终消费 2 101，其中农业 640，轻工业 859.7，重工业 324。
    要求：
    （1）利用上述资料编制一张投入产出表。
    （2）计算直接消耗系数。
16. 根据给定的资料，完成下列投入产出表（写出计算过程）。

$$A = \begin{pmatrix} 0.10 & 0.10 & 0.05 & 0.05 \\ 0.13 & 0.30 & 0.35 & 0.15 \\ 0.03 & 0.01 & 0.03 & 0.05 \\ 0.05 & 0.05 & 0.08 & 0.10 \end{pmatrix}$$

		中间使用				最终使用	总产出
		1	2	3	4		
中间使用	1	60					
	2						
	3						200
	4					164	
增加值			648				
总投入							

17. 国民经济分为 3 个部门，它们的总产出分别为 3 040 万元、3 500 万元、4 460 万元，3 个部门的直接消耗系数矩阵为：

$$A = \begin{pmatrix} 0.310\,8 & 0.259\,8 & 0 \\ 0 & 0.170\,6 & 0.221\,7 \\ 0.138\,9 & 0 & 0.392\,0 \end{pmatrix}$$

要求：

(1) 计算中间流量矩阵。

(2) 计算各部门的增加值。

(3) 计算各部门的最终使用数量。

18. 假设国民经济分为农业、工业、建筑业、运输邮电业、商业、其他服务业 6 个部门，其基期总产出（亿元）和完全消耗系数资料如下。

$$B = \begin{pmatrix} 0.073\,7 & 0.253\,6 & 0.073\,8 & 0.091\,7 & 0.207\,8 & 0.012\,5 \\ 0.008\,6 & 0.455\,5 & 0.391\,4 & 0.173\,6 & 0.149\,9 & 0.162\,9 \\ 0 & 0 & 0 & 0 & 0 & 0 \\ 0.066\,9 & 0.493\,4 & 0.887\,7 & 0.195\,0 & 0.105\,8 & 0.239\,1 \\ 0.038\,5 & 0.271\,6 & 0.067\,5 & 0.032\,5 & 0.056\,7 & 0.013\,9 \\ 0.068\,5 & 0.131\,2 & 0.053\,9 & 0.027\,6 & 0.181\,2 & 0.230\,4 \end{pmatrix} \quad X = \begin{pmatrix} 2\,760 \\ 1\,650 \\ 1\,900 \\ 980 \\ 1\,250 \\ 2\,050 \end{pmatrix}$$

要求：

(1) 计算各部门的影响力系数，并做简要的分析说明。

(2) 计算第 2 部门的感应度系数。

(3) 若报告期农业总产出增长 10%，第三产业的总产出将增加多少亿元？

(4) 若报告期运输邮电业的价格提高 10%，其他部门的价格将发生多大的变化？

19. 某期实物型投入产出表如下。

			中间使用			最终使用	总产出
			甲	乙	丙		
中间投入	甲	（吨）		200	450	350	1 000
	乙	（件）	300	400	250	1 550	2 500
	丙	（箱）	200			800	1 000
增加值	劳动者报酬（元）		500	1 125	2 000		
	其他部分（元）		160	275	600		

$$A = \begin{pmatrix} 0 & 0.08 & 0.45 \\ 0.3 & 0.16 & 0.25 \\ 0.2 & 0 & 0 \end{pmatrix} \quad (I-A)^{-1} = \begin{pmatrix} 1.140\,684 & 0.108\,637 & 0.540\,467 \\ 0.475\,285 & 1.235\,741 & 0.522\,814 \\ 0.228\,137 & 0.021\,727 & 1.108\,093 \end{pmatrix}$$

根据上表资料计算三个部门的平均价格。

20. 根据基期资料求经过修订的直接消耗系数。

$$A_0 = \begin{pmatrix} 0.20 & 0.10 & 0 \\ 0.20 & 0.40 & 0.29 \\ 0 & 0.11 & 0.12 \end{pmatrix}$$

利用 RAS 法对直接消耗系数进行修订，通过迭代，得各次行乘数和列乘数：

$$r_1 = \begin{pmatrix} 0.985\,3 \\ 1.101\,1 \\ 1.009\,2 \end{pmatrix} \quad r_2 = \begin{pmatrix} 0.905\,3 \\ 0.998\,7 \\ 0.965\,9 \end{pmatrix} \quad r_3 = \begin{pmatrix} 0.989\,6 \\ 0.927\,6 \\ 1.016\,2 \end{pmatrix}$$

$$s_1 = \begin{pmatrix} 1.098\,4 \\ 0.987\,6 \\ 0.969\,9 \end{pmatrix} \quad s_2 = \begin{pmatrix} 1.002\,5 \\ 0.991\,1 \\ 0.998\,7 \end{pmatrix}$$

CHAPTER 5

第5章

资金流量核算

社会再生产是实物运动和价值运动的统一过程。生产一方面提供货物和服务给社会最终使用，另一方面创造收入，这些收入只有经过分配和金融交易，形成各个部门的最终收入，才能实现消费和投资（资本形成）。资金流量核算是以整个社会的资金运动过程作为研究对象的核算，反映一定时期内各机构部门收入的形成、分配、使用，资金的筹集和使用以及各机构部门间资金流入和流出情况。资金流量核算是国民经济核算体系的重要组成部分，是研究货币政策、管理宏观经济的重要工具。

5.1 经济交易与资金流量

5.1.1 基本概念

1. 资金流量核算中的经济交易及其分类

交易是指机构单位之间相互的经济活动所产生的流量。一方面，交易总是与经济生活的各个方面相联系，如劳动者取得工资收入，消费者发生消费支出，银行吸收存款与发放贷款等；另一方面，交易是在机构单位之间传递一定数量的具有使用价值的经济权益，包括经济权益的创造、转移，以及具体性质的改变和消失。

根据经济交易的发生是否伴随货币流量，经济交易可以分为货币交易和非货币交易。

货币交易是指交易的一方对另一方支付货币，或者交易一方对另一方确定金融债权（如货物已经发出，货款尚未收到），或者交易一方对另一方金融负债的消失（如支付应付而未付的货款）而形成的交易。非货币交易是指一方对另一方不产生金融债权、债务或通货转移的交易，具体包括易货交易、实物转移和单位内部交易三种类型。

2. 资金与资金流量

国民经济核算体系中的资金流量核算主要反映生产结束后的收入分配、再分配、消费、积累支出和资金融通，所以，资金流量核算中的资金，具体是指收入分配、消费和投资及金融活动中的资金。资金流量即指一定时期的这些资金增减变化量。资金流量核算应与生产核算保持一致，即作为生产结果的增加值是资金流量核算的初始量，生产核算包括什么，反映到收入分配的资金流量也包括什么。例如，生产核算中包括农民自产自用产品的增加值、自有住房服务增加值，这些非市场产出的增加值，虽然都没有经过市场交换，但它们都是生产活动成果的一部分，都是按市场交易原则推算的价值流量，在进行资金流量核算时，同样包括这些内容，将其作为初始收入纳入收入分配核算。

阅读材料：中国资金流量核算发展历史①

中国的资金流量核算始于 1992 年，至今已有 20 多年。我国最初的资金流量核算属于 MPS 范畴，财政信贷资金平衡表就是资金流量表的前身。1992 年，我国颁布实施《中国国民经济核算体系（试行方案）》（1992）（以下简称《1992 年方案》）；1997 年，国家统计局对《1992 年方案》中的资金流量表进行了部分修订，在总结过去多年编制资金流量表经验的基础上，吸收国际上比较成熟的经验，按照新的标准和制度，制定了《中国资金流量表编制方案》（1997），这是一套较为成熟的资金流量表编制方案，确立了中国资金流量表的基本结构和核算原则。2002 年，为全面准确地反映我国国民经济运行状况，增强国民经济核算在总体框架、基本原则、计算方法上与国际标准的一致性，国家统计局对《1992 年方案》进行了全面修订，形成了《中国国民经济核算体系》（2002）。此后分别于 2005 年和 2009 年根据第一次和第二次全国经济普查中的实际情况进行修订，形成了《中国经济普查年度资金流量表编制方法》（2005）和《第二次经济普查年度资金流量核算方法（草案）》（2009）。2017 年 7 月，国家统计局在《中国国民经济核算体系（2016）》中吸收 SNA2008 的建议并结合中国实际，对我国资金流量核算做了进一步的规范。

5.1.2 资金流量核算的范围

资金流量核算范围因各国国民经济核算的完善程度、国民经济核算工作在各经济管理机构中的分工情况、国民经济运行机制和管理方式以及金融市场发育程度的不同而有所差异。目前，各国资金流量核算的范围大致可分为三种情况：

（1）只核算金融交易。一般来说，统计组织和管理系统较为松散的国家大多采用这种方式。资金流量表通常由中央银行独立编制和发表，政府综合统计部门不再加工、整理。用这种方式编制的资金流量表的优点是货币银行统计资料完整，编表的时间短，可按

---

① 蒋萍，许宪春，许亚婷，等. 国民经济核算理论与中国实践 [M]. 北京：中国人民大学出版社，2014.

季度编制，实用性强。但存在着与国民经济其他核算的协调问题，如部门划分一般直接使用金融统计的分类方法，与一般的国民经济分类有差别。另外，资金使用与来源也缺乏与国民总支出的消费与投资（收入分配部分资料）之间的联系。使用者难以将资金流量核算资料与其他经济核算资料结合使用，从而使得资料的使用价值降低。

（2）除金融交易外，还包括总储蓄和实物投资，在一定程度上把资金流量表同其他核算联系起来。这类资金流量表，有的国家由中央银行编制，由国家统计部门做一些技术处理与调整，或由国家统计部门直接把与其他核算相联系的各种要求设计到总框架与各种分类中，由银行处理资料时根据上述要求来编制；还有的国家由银行提供基础资料，由政府统计部门编制。采用这类表能够较好地消除与其他核算的协调问题，直接提供实物投资与金融投资的关系。编制这类表的国家的国民经济核算中，生产收支核算一般都较为规范，目前大多数国家编制的都是这类资金流量表。

（3）以国内生产总值作为核算的初始流量，不仅包括金融交易，还包括收入、分配、再分配与消费及投资的形成，用于观察探讨整个分配过程中各种经济关系及研究分配、生产、使用以及各机构部门资金融通情况。

考虑到我国的经济发展水平、金融市场的发育程度和经济管理的实际需要，我国的资金流量核算选择了第三种核算范围，由国家统计局负责非金融交易部分的编制，中国人民银行负责金融交易部分的编制。

5.1.3 资金流量核算的原理

从全社会来说，一个国家在一定时期内的国民可支配总收入用于消费后的余额为总储蓄，总储蓄用于资本形成（实物投资）。在封闭经济下，总储蓄和资本形成总额是相等的；但在开放经济下，总储蓄和资本形成总额往往不相等，差额由国家间资本流动来弥补。如果用 Y 表示国民总收入，即国内生产总值与来自国外的要素收入净额，T 代表转移收入净额，C 代表消费，I 代表资本形成，用 X 和 M 分别代表出口和进口，对包括"国外"在内的整个国民经济而言转移收入净额为 0，因此有：

国民可支配总收入 = 国民总收入 = 国内生产总值 = 消费 + 储蓄 + 国家间资金流动
= 最终消费 + 资本形成 + 出口 − 进口

即 $Y = C + I + (X - M)$，移项则有 $Y - C - I - (X - M) = 0$。但是对于各个机构部门来说，这个恒等式往往不成立。如果把转移收入净额考虑进去，则上式中每一项都有各个机构部门的交易构成，是五个机构部门各种交易的合计。

资金流量核算原理如表 5-1 所示。

表 5-1 资金流量核算原理

	国民总收入	转移收入	资本形成	货物和劳务出口净额	资金盈余或亏缺
政府部门	Y_1	$+ T_1$	$- I_1$		$= F_1$
住户部门	Y_2	$+ T_2$	$- I_2$		$= F_2$

(续)

	国民总收入	转移收入	资本形成	货物和劳务出口净额	资金盈余或亏缺
企业部门	Y_3	$+T_3$	$-I_3$		$=F_3$
金融部门	Y_4	$+T_4$	$-I_4$		$=F_4$
国外部门		$+T_5$		$-(X-M)$	$=F_5$
合计	Y	0	$-I$	$-(X-M)$	$=0$

由此可知，对国内各个机构部门来说，$Y_i \neq C_i + I_i$，即可支配总收入减在货物和服务上的经常支出（消费）和资本支出（实物投资），其结果或为资金盈余，或为资金亏缺。比如，在政府部门和金融部门，资金盈余和亏缺的情况都可能存在，即 F_1、F_4 可能为正，也可能为负；企业部门通常是资金亏损，即 F_3 通常为负数；住户部门通常是资金盈余，即 F_2 通常是正数。

一个部门如果为资金亏缺，则必须从其他部门筹措，即增加本部门对其他部门的债务（金融负债）或减少本部门对其他部门的债权。相反，一个部门如果有资金盈余，则必然要借给其他部门，即增加本部门的债权（金融资产）或减少本部门的债务。比如，就单个企业来说，企业投资大于、等于和小于自身储蓄的情况都是有的，但就企业部门来说，其本身的储蓄总是不敷自身资本形成所需，其资金缺口部分，通常需要通过发行债券、股票或从银行贷款等来平衡，而这些都使企业部门的负债增加。就单个居民家庭来说，其储蓄大于、等于和小于自身投资的情况也都是有的，但就住户作为一个部门来说，它的储蓄总是大于自身的资本形成，其资金盈余，通常采取购买债券、股票或存入银行等，使得住户部门的金融资产增加。

部门间的债权债务关系通过各种金融活动最终反映在部门的金融资产或负债的增减上。任何一种金融活动至少涉及两个机构部门，一个机构部门的资产或负债有增减，另一个机构部门的金融负债或资产也会相应地减增。比如，政府从银行借款，则政府的金融负债增加，银行的金融资产也增加，金额相等；政府向国外借债，则本国政府的金融负债增加，"国外"部门对本国的金融资产也相应增加。

综上所述，我们可以得出如下结论：

（1）资金盈余或亏缺是度量一个部门因储蓄与投资之差而产生的净金融资产指标。如果一个部门的资金有余，则其净金融资产为正数，表示这个部门的净金融资产增加了盈余额那么多；如果一个部门的资金亏缺，则其净金融资产为负数，表示这个部门的金融负债增加了亏缺额那么多。

（2）由于国内机构部门之间的交易抵消了，因此各个部门资金盈余之和或亏缺之和与国外部门的金融资产和负债的变动额相等。

（3）就包括国外的整个国民经济而言，由于各个部门的债权债务相互抵消了，从而资金盈余与亏缺的代数和为零。

5.1.4 资金流量核算的基本原则

1. 估价原则

资金流量按获得或转让资产时的价格记录，而且交易双方应按同一价格记录。这些价格只包括金融资产本身的价值，不包括手续费、佣金和对交易当中所供服务的类似付款（作为服务付款记录），也不包括金融交易税（作为产品税范围的服务税处理）。

2. 记录时间原则

资金流量交易按权责发生制原则记录，金融交易双方应在同一时间记录。如果金融账户的某笔登录的对等登录是非金融性的，记录金融债权的时间要与本体系其他账户的记录引起该金融债权的交易的时间一致。当与交易有关的所有登录只属于金融账户时，它们应当在资产所有权转移时记录。

3. 取净额和合并原则

取净额和合并是指以什么为基础记录金融交易。对金融交易取净额的程度应主要取决于分析需要。一般情况下，金融账户可以按资产的净获得和负债的净发生记录当期的各种金融交易。其中，金融资产的净获得是核算期新获得的金融资产总额与处置的金融资产总额相抵后的净额，负债的净发生是核算期新发生的负债总额与偿还的负债总额相抵后的净额。

金融交易核算中的合并，是指把某一组机构单位内部相互之间发生的金融资产与负债交易相抵消的过程。合并既可以在经济总体层次上进行，也可以在机构部门或子部门层次上进行。但不同层次的合并对于经济分析具有不同的含义。例如，在经济总体层次上对金融账户合并，会抵消掉国内各机构部门之间的各种金融交易，所得结果将集中反映该经济体与国外的金融状况；而在机构部门层次上对金融账户的合并，将有助于跟踪净借出部门与净借入部门之间的全部资金流动状况；如果仅仅在金融机构的子部门层次上合并金融账户，则能够提供有关金融中介活动的详细信息，并有可能厘清中央银行与其他金融中介机构的交易状况。

5.2 资金流量表

5.2.1 资金流量表的表式结构

1. 标准式

资金流量标准表是描述社会资金运动，进行资金流量统计的基本形式，它是以前述资金流量核算的一般原理为基础设计的。

标准式资金流量表实际上是各部门资金流量账户表的综合。资金流量表可以对某个机构部门（或子部门）编制，也可以就国民经济的所有部门（含国外）来编制。将国民经济各机构部门和国外的资金流量表并列起来，就得到系统反映部门间经济交易和关系的完整的资金流量表。该表是依据 SNA 中有关各部门的账户（包括收入初次分配账户、收入再分配账户、收入使用账户、资本账户和金融账户）编制出来的一张"标准式"国民经济资金流量表，表式上采用机构部门×交易项目的矩阵式平衡表。该表的横行是交易项目分类，纵列首先按机构部门分列，然后在每一部门之下分设"使用"和"来源"两栏，分别用于记录各部门因交易而引起的资产净获得和负债净发生。

中国资金流量表采用标准式的表式，即机构部门×交易项目的矩阵结构（如表 5-2 和表 5-3 所示）。主栏表示交易项目，宾栏表示机构部门。表式由两部分组成，一部分是反映商品流转状况的，即非金融交易部分；另一部分是反映资金流转情况的，即金融交易部分。在机构部门和交易项目的设置上，既向 SNA 靠拢，又充分考虑我国的实际情况。

2. 三维分析表

三维分析表是在已具有二维特征的标准资金流量表的基础上，通过对各部门的各种金融交易进一步按债权人或债务人部门细分得到的。SNA2008 中给出了由两张表构成的三维表：一张称为"详细的资金流量表（金融资产）"，记录按资产类型和债务人部门交叉分类的资产交易。进行资产交易的部门横向列在表的顶部，而按债务人分解的资产类型则垂直排列，对每一个部门的资产交易按资产类型和债务人部门进行了交叉分类。另一张称为"详细的资金流量表（金融负债）"，记录按负债类型和债权人类型交叉分类的负债交易。进行负债交易的部门被依次排列在表的左侧顶部，而按债权人分解的负债类型则垂直排列在表的右侧，这样便可每一个部门的负债交易按负债类型和债权人部门进行交叉分类。

阅读材料：SNA 资金流量核算同货币与金融统计体系（MFS）之间的关系[一]

SNA 虽然包括了全面的金融核算，但它过于综合，只适于反映和分析金融活动的总量与整个国民经济活动的联系，不能充分反映金融活动的结构与效率（风险），不能为制定货币金融政策提供所需要的各类金融机构和各种金融工具的具体数据。SNA 中的金融统计只是"漫画"，有轮廓而没有细节。这也是为什么有了 SNA，国际货币基金组织还要努力建立货币与金融统计体系。

SNA 体系是对国民经济最全面的整体核算，货币与金融统计是 SNA 在金融核算方面的拓展和细化。为了使货币与金融统计的信息与整个国民经济的统计信息直接衔接，国际货币基金组织在制定《货币与金融统计手册》时特别强调与 SNA 在概念、定义、分类等方面的协调性和一致性。

[一] 庞皓，黎实，聂富强，等. 中国货币与金融统计体系研究 [M]. 北京：中国统计出版社，2003.

表 5-2 中国资金流量表(2015 年非金融交易)

(单位:亿元)

机构部门	非金融企业部门		金融机构部门		政府部门		住户部门		国内合计		国外部门		合计	
交易项目	运用	来源	运用	来源	运用	来源	运用	来源	运用	来源	运用	来源	运用	来源
1. 净出口												-22 346.5		-22 346.5
2. 增加值		407 653.5		57 872.6		55 791.4		167 734.6		689 052.1				
3. 劳动者报酬	172 403.0		17 431.4		48 215.9		117 323.1		355 373.3	357 075.8	2 058.7	356.2	357 432.0	357 432.0
4. 生产税净额	67 736.7		7 425.3		318.6	79 668.7	4 188.0		79 668.7	79 668.7			79 668.7	79 668.7
5. 财产收入	56 503.9	24 602.7	54 735.9	51 947.3	7 758.5	23 450.7	10 216.2	24 908.8	129 214.5	124 909.5	11 818.1	16 123.1	141 032.7	141 032.7
6. 初次分配总收入		135 612.6		30 227.4		102 617.8		417 991.9		686 449.6				
7. 经常转移	23 688.5	1 254.1	12 412.8	4 847.7	61 150.1	85 718.5	51 142.5	55 779.7	148 393.9	147 600.1	2 236.4	3 030.2	150 630.3	150 630.3
8. 可支配总收入		113 178.2		22 662.2		127 186.1		422 629.2		685 655.9				685 655.9
9. 最终消费支出					96 286.4		265 980.1		362 266.5				362 266.5	
(1) 居民消费支出							265 980.1		265 980.1				265 980.1	
(2) 政府消费支出					96 286.4				96 286.4				96 286.4	
10. 总储蓄		113 178.2		22 662.3		30 899.7		156 649.1		323 389.4	-18 950.3			304 439.1
11. 资本转移	3 736.6	8 750.6			8 762.9	3 863.9	95.6		12 595.0	12 614.5	31.7	12.3	12 626.8	12 626.8
12. 资本形成总额	200 717.8		641.5		37 759.3		73 716.9		312 835.7				312 835.7	
(1) 固定资本形成总额	192 556.0		641.5		37 370.2		70 935.3		301 503.0				301 503.0	
(2) 存货增加	8 161.8				389.1		2 781.6		11 332.7				11 332.7	
13. 其他非金融资产获得减处置	21 345.6				-5 749.5		-15 596.1							
14. 净金融投资	-103 871.2		22 020.8		6 009.0		98 432.7		10 573.1		-18 969.7		-8 396.6	

表 5-3 中国资金流量表（2015 年金融交易）

（单位：亿元）

机构部门	非金融企业部门		金融机构部门		政府部门		住户部门		国内合计		国外部门		合计	
交易项目	运用	来源	运用	来源	运用	来源	运用	来源	运用	来源	运用	来源	运用	来源
净金融投资	-10 807		-61 245		11 508		81 185		20 641		-20 641		-0.028 521 192	
资金运用合计	130 106		290 968		65 901		122 682		609 657		-17 996		591 661	591 661
资金来源合计		140 913		352 213		54 393		41 497		589 017		2 645		
通货	266		353	2 957	59		2 101		2 780	2 957	177			2 957
存款	67 002		30 346	155 584	23 972		46 818		168 138	155 584	-7 056	5 498	161 083	161 083
证券公司客户保证金	3 715		1 313	11 201	1 837		4 232		11 096	11 201	104		11 201	11 201
贷款		82 867	144 190	15 781			14 446		144 190	140 145	-897	3 147	143 293	143 293
未贴现的银行承兑汇票	-10 569	-10 569	-10 569	-10 569					-21 137	-21 137			-21 137	-21 137
保险准备金	970		8 391			7 025			15 416	15 416			15 416	15 416
金融机构往来			-8 167	-18 134					-8 167	-18 134	-10 461	-494	-18 628	-18 628
准备金			-17 471	-17 513					-17 471	-17 513	-42		-17 513	-17 513
证券	7 191	37 097	110 432	44 111	4 093	47 252	8 156		129 872	128 460	1 063	2 475	130 935	130 935
证券投资基金份额	7 837		2 770	23 630	3 876		8 927		23 410	23 630	220		23 630	23 630
库存现金			-208	-222					-208	-222		14	-208	-208
中央银行贷款			-1 038	-1 038					-1 038	-1 038			-1 038	-1 038
其他（净）	38 273	32 000	62 433	138 772	32 064		38 001		170 772	170 772			170 772	170 772
直接投资	11 298	15 169				116			11 298	15 169	15 169	11 298	26 467	26 467
其他对外债权债务	4 123		-2 026	-738					2 097	-4 532	-4 532	2 097	-2 435	-2 435
国际储备资产			-21 390						-21 390			-21 390	-21 390	-21 390
国际收支错误与遗漏		-11 742								-11 742	-11 742		-11 742	-11 742

注：从理论上讲，表 5-2 与表 5-3 中的衔接项各部门"净金融投资"应该数额相等，而 2015 年两张表中的数据存在很大差距，可能不能简单归咎于"误差与遗漏"的原因。

资料来源：《中国统计年鉴 2017》。

MFS 中的金融统计是在 SNA 的框架内发展起来的，SNA 与 MFS 金融统计的基本原则和方式有内在联系，但也有一定的差异。

首先是两者金融统计核算的目的不同。MFS 以金融公司的活动为重点，主要考察金融资金的流量。SNA 以反映整个社会的经济运行为目的，对金融活动的统计只是全社会账户体系中的一个子系统。

其次是表现形式不同。一是从表式结构来看，SNA 的详细资金流量表采用的主栏表示机构部门，宾栏表示交易项目的二维形式，即所谓标准式。而 MFS 核算体系的详细资金流量表所采用的是一个将金融资产和金融负债分别与交易项目、机构部门进行交叉的三维式矩阵账户。它更加完整地对全社会的资金流动加以描述。二是从部门分类看，两个账户对机构部门均做了不同层次的细分类，但有所不同。SNA 详细资金流量账户中其他存款机构被进一步划分为存款货币机构和其他存款接受机构，对政府部门未进一步划分。MFS 的详细资金流量账户却对不同的政府部门进行了区别。但对于金融公司的划分，它包括中央银行和其他存款性公司两个部分，并未如 SNA 一样进行区分。三是从资产分类看，两种详细的资金流量账户大体相同，只是 MFS 在 SNA 分类的基础上增加了"金融衍生工具"的分类。在对资产进行第三层次划分时，SNA 仅仅区别为常住与非常住两部分，而 MFS 却在每一种资产的本币或外币之下再划分各个部门。这使 MFS 比 SNA 更能够清楚地反映出部门之间的资金流动状况，为进一步的资金流量分析奠定了基础。

除此之外，MFS 还给出了基本的资金流量账户，这是 SNA 没有的。基本的资金流量账户是资金流量矩阵的变形，它包括较少的部门和金融资产的类别。在基本的资金流量账户中选择的部门通常是对金融分析来说最为重要而且可以得到数据的部门，其他部门放在剩余类中。它形式简单灵活，可操作性强，适合于统计资源有限的国家。基本资金流量账户可以对部门和工具的范围进行扩展，逐步减小剩余部门，为进一步编制详细的资金流量表打下基础。

5.2.2 资金流量核算的主要指标

根据资金的运动过程，可以将资金流量核算分为非金融交易核算和金融交易核算两大部分，其中非金融交易部分包括经常交易（收入初次分配、收入再分配和收入使用）和资本交易。

1. 收入初次分配核算

收入初次分配是指生产过程创造的增加值在参与生产过程各要素之间进行的分配和因生产而向政府做出的支付。收入初次分配的对象是生产成果——增加值，参与初次分配的主体是各种生产要素的所有者以及作为社会管理者的政府。

在收入初次分配过程中，居民个人因对生产过程提供了活劳动而得到雇员报酬，政府因对生产过程的宏观管理以及履行社会管理职能而获得生产税净额。从增加值中扣除劳动者所得的报酬、政府所得的生产税净额以及企业为弥补固定资产消耗而提取的折旧后，剩余部分则是企业应得的营业盈余。在初次分配中，还包括各机构单位之间因转让金融资产和其他资产的使用权而产生的财产收入。收入初次分配的结果形成各机构单位部门的原始收入。

固定资本折旧、劳动者报酬、生产税净额、营业盈余的解析见第 3 章。其他指标介绍如下。

(1) 财产收入。

财产收入是指金融资产或自然资源所有者在约定时间内将其资产交由其他机构单位支配使用而获得的收入。在 SNA 中财产收入分为利息、公司已分配收入、外国直接投资的再投资收益、属于投保人的财产收入以及地租等几类，其中公司已分配收入再细分为红利和准公司收入提取。在我国的国民经济核算体系中，财产收入简单地分为利息、红利和土地租金三类。

利息是财产收入的一种形式，它是某种类型金融资产［即存款、债券、贷款和其他应收账款（有可能）］的所有者因将其金融资产交由另一机构单位支配而应得的财产收入。

公司已分配收入是指发行股票的公司向其股东分配的利润。其中红利是指股东将资金交由公司支配而应获得的一种财产收入，它包括公司分配给股东或所有者的一切利润，不论是以现金还是以派发股形式出现，但不包括派发的奖励股，奖励股代表公积金和未分配利润形式的自有资金的资本化。准公司收入提取是指准法人企业业主从企业收益中提取的作为业主投资报酬的收入，可看作一种特殊的红利。

外国直接投资留存（或叫再投资）收益是针对外国投资者直接投资企业的财产收入虚拟的流量，并未形成外商实际财产收入。一般将留存收益看作是按外国投资者所有的权益比例已分配和汇给外国的投资者，然后又由外国投资者将其再投资到企业中。

保险企业持有的专门准备金是指与人寿保险有关的以防备未决风险的精算准备金，包括分红保险单准备金、保险费预付款和未决索赔准备金。保险企业利用保险准备金购买金融资产、土地或地下资产等获得的财产收入，应付给投保人。因此，属于投保人的财产收入是指投保人因对保险准备金具有所有权而应从保险企业获得的财产收入。当然，只有在保险企业利用保险准备金购买金融、土地等资产得到财产收入的条件下，投保人才能获得相应的财产收入。

地租包括土地地租和地下资产地租两种。地租是指土地所有者从土地承租人那里应收取的财产收入，其形式可以是现金，也可以是实物。对土地上的房屋或其他建筑物的应付租金作为购买服务处理。地下资产地租是指地下资产所有者出让地下资产开采权而应收取的一种财产收入，也称为特许权使用费，它实质上是矿藏所有者的地租。地下资产地租可能以固定金额形式定期支付，也可能随地下资产开采数量或质量而变化。

(2) 原始总收入。

原始总收入是指由于机构单位介入生产过程或拥有生产所需的资产而产生的各种收入。增加值在通过各种形式的初次分配之后，就形成各机构单位或机构部门的原始总收入，原始总收入扣除固定资本折旧，就得到各部门的原始净收入。本国所有部门的原始总收入就是国民总收入。用公式表示是：

原始总收入 = 增加值 + 获得的初次分配收入 − 支付的初次分配收入

原始净收入 = 原始总收入 − 固定资本折旧

各机构部门原始总收入之和 = 国民总收入

各机构部门原始净收入余额 = 国民净收入

2. 收入再分配核算及其指标

经过收入初次分配以后形成的原始收入还不是各部门可以自由支配用于消费和储蓄的收入，还需要在初次分配的基础上通过现金和实物转移进行再次分配。与初次分配不同，收入再分配的主体不是以生产活动参与者的身份出现的。获得再分配收入的单位或部门无须为此付出任何生产服务或生产要素，因此，再分配所形成的收入通常是一些没有对等支付的经常性无偿转移。收入再分配包括收入税、社会缴款和社会福利、其他经常转移。

收入税也称直接税，是指对各种初次分配收入（如工资、奖金、利润、分红等）、有关财产项目以及其他对象来征收的税赋。它由纳税人实际负担，通常不能转嫁。收入税通常分为所得税、财产税和其他所得税三种。所得税是关于收入、利润和资本收益征收的税。常见的所得税有：个人或住户所得税、公司所得税、资本收益税、彩票或赌博收入税等。财产税是根据各机构单位拥有的财产或净值数额定期征收（通常是每年一次）的税目，包括对土地和房屋征收的房地产税、对公司企业的资产净值征收的资产税（或净值税），以及对其他贵重物品（珠宝和古董等象征财富的资产）征收的财产税。其他经常税也是定期征收的，常见的税目种类有：对住户或居民个人征收的人头税，对居民个人征收的车船牌照税、枪支执照税、护照费、诉讼费、机场建设费，以及在个别情况下征收的个人支出税，等等。

社会缴款和社会福利是指为了维持居民当前和未来的福利而在机构单位之间发生的经常转移。社会缴款是为获得社会福利而向政府组织的社会保障计划所做的实际或虚拟的支付。具体来说有以下两种形式：一是由雇员、自营职业者及其他社会成员直接向社会保障计划缴款，二是由雇主代其雇员对社会保障计划缴款。在 SNA 中，社会缴款主要分为雇主的实际社会缴款、雇员社会缴款和自我雇用者的社会缴款。社会福利是住户部门从政府及其他部门获得的经常转移，形成住户部门的转移性收入、政府和其他部门的转移性支出。社会福利有两类，即社会保险福利和社会救济福利。社会保险福利是由政府及其他部门在有组织的社会保障计划下向住户提供的福利，即它以居民在此之前支付社会缴款为前提。属于社会保险福利的项目主要有失业金、退休金、养恤金、抚恤金、免费或报销享受的医疗卫生保健等。社会救济福利是指在社会保险计划之外由政府部门或非营利机构向住户支付的转移，它不需要以居民在此之前支付社会缴款为前提。属于社会救济福利的项目主要有政府及其他各单位对居民提供的各种困难补助、救济金、助学金、免费提供的货物和服务等。在 SNA 的收入再分配账户中，实物社会转移以外的社会福利包括现金社会保障福利、私营基金社会福利、未备基金雇员社会福利和现金社会援助福利。

其他经常转移是指除了上述转移之外的各种经常性转移。具体包括不同机构单位之间的经常转移、政府部门内不同级单位之间的经常转移、本国政府与外国政府及国际组织之间的经常转移，如提供的援助、捐赠、缴纳的会费等，不同国家、私人之间发生的经常转移也包括在内。

原始收入通过各种形式的再分配之后，就形成了各机构单位或部门的可支配收入。这一分配过程可以用公式概括为：

$$\text{各机构部门的可支配总收入} = \text{该部门原始总收入} - \text{支付的各种再分配收入之和} + \text{获得的各种再分配收入之和}$$

$$\text{可支配净收入} = \text{该部门原始总收入} - \text{固定资本折旧}$$

3. 收入使用核算及其指标

收入使用就是指有关部门获得的可支配收入用于满足最终消费需要和储蓄的一种活动。从国民经济循环过程来看，经过收入的初次分配和再分配后，接下来就是收入的使用。生产活动的最终目的是为居民个人和社会公众提供各种最终消费的货物和服务。只有将可支配收入用来购买这些货物和服务，生产活动的目的才能得以实现。但是，生产活动向社会提供的最终产品，不可能全部用于当期的最终消费，必须有一部分用于满足扩大再生产的需要。同样，可支配收入也不可能全部用于当期的最终消费支出，必须留一部分收入用于满足固定资本形成的需要。这一部分收入就是可支配收入中用于满足最终消费以后的余额，就是储蓄。

$$\text{储蓄总额} = \text{可支配总收入} - \text{最终消费}$$

$$\text{储蓄净额} = \text{可支配总收入} - \text{固定资本折旧} - \text{最终消费}$$

或：

$$\text{储蓄净额} = \text{可支配净收入} - \text{最终消费}$$

储蓄是各经济主体通过本核算期的有关生产、分配和消费等活动，最终结余下来可以用于积累的经济资源；同时，它又是进行各种投资活动的重要资金来源。一个单位或部门的经常收入大于经常支出，其储蓄是一个正数，反之则是负数。储蓄是资本形成的自有资金。

4. 资本交易核算及其指标

资本交易包括资本筹集和非金融投资两个方面。资本筹集旨在为各种积累活动提供资金来源，而非金融投资则是对筹集到的资金的一种使用。储蓄和资本转移是积累资金的两个重要来源。资本转移是一个机构单位无偿地向另一个机构单位提供用于固定资本形成的资金或实物，而不从后者获得任何对应物作为回报的交易。

资本形成包括固定资本形成总额、存货变化和珍贵物品的获得减处置的总价值。其中珍贵物品指不是用于生产或消费而是作为价值储藏手段所获得和持有的资产，持有这种资产的目的是保值和增值。

值得注意的是，CSNA2016 为适应 SNA2008 和客观反映我国经济现实的需要，对非金融交易核算部分指标做出调整。一是明确提出了"实际最终消费"概念，并增加了与实际最终消费相关的"实物社会转移""调整后的可支配收入"等核算指标；二是修订了资本形成总额、劳动者报酬、生产税净额、财产收入、社会保险缴费、社会保险福利等指标。这种变化将会反映到我国未来发布的资金流量表中。

5. 金融交易核算

我国金融交易表中的金融资产分类比较详细，部分金融资产类型介绍如下，其余指标参见第7章相应介绍。

（1）货币黄金和特别提款权：货币黄金是作为金融资产和外汇储备组成部分特有的黄金，一般是中央银行的金融资产；特别提款权是国际货币基金组织创立并分配给成员国的以补充现有储备资产的国际储备资产。

（2）证券公司客户保证金：包括证券经营机构的客户为保证足额交付证券而存入的资金、出售有价证券所得到的款项（减去经纪佣金和其他正当费用）、持有证券所获得的利息、现金股利、债券利息、上述资金获得的利息以及证监会认定的其他资金。

（3）金融机构往来：指各机构之间的资金往来，包括同业存放款和同业拆借。

（4）其他应收/应付账款：包括商业信用、在建（拟建）工程预付款，以及与税、红利、证券买卖、工资薪金、社会缴款有关的应付账款。

资料阅读：SNA2008关于金融工具之处理和定义的进一步完善○

SNA2008在SNA1993的基础上，根据金融市场新的发展变化，增加了部分金融工具的定义和处理建议。

1. 澄清了对证券回购协议的处理

SNA2008增加了关于证券回购协议以及黄金贷款和存款的解释。证券回购协议（repo）是指这样一项安排：以特定的价格销售证券或其他资产，并承诺在未来某个规定的日期以固定的价格回购相同或近似资产。

SNA2008仍然把证券回购协议视为抵押贷款，并承认已回购证券的出售的可能性。如果已回购证券被出售，则应对贷款人记录一个负资产，以避免发生重复记录。

2. 描述了雇员股票期权的核算

雇员股票期权是公司用来激励其雇员的常用手段。雇员股票期权是在某一特定日期（授权日）订立的一个协议，按照该协议，雇员可以在一个规定的日期（含权日）或者在紧随含权日的一段时期内（行权期）按照约定价格（执行价）购买特定份额的雇主股票。SNA2008建议在金融账户中记录雇员股票期权的交易，对应于由股票期权价值所代表的雇员报酬。理想地，期权价值应当对应于授权日与含权日之间的整个时期；如果不可能采取这种做法，则可以在授权日记录之。

○ 摘自《国民账户体系（2008）》，中国统计出版社于2012年出版。

3. 详细阐述了不良贷款的处理

SNA2008 详细阐述了关于减值（不良）贷款的核算处理。不良贷款的定义为：利息和/或本金支付逾期 90 天及以上的贷款，或者按照协议对逾期 90 天或超过 90 天的利息支付进行资本化、再融资或延迟的贷款，或者逾期支付利息在 90 天之内，但有充分理由（如债务人申请破产）怀疑利息不能完全支付的贷款。

SNA2008 建议，应继续按照名义价值将不良贷款记录在主要账户中，并记录应收利息，直至贷款被偿还或者遵照双方协议而注销本金。建议设立两个与不良贷款相关的备忘项目，一是被视为不良贷款的名义贷款价值，二是这些贷款的市场等量值。对市场等量值最逼近的近似是以公允价值定价或"以市值定价"，即"近似于当事人之间进行市场交易而发生的价值"。如果没有公允价值数据，则不得不采用次优的方法来记录备忘项目，即名义价值减去预期贷款损失。此外，在不良贷款上的应收利息应记录为"其中"项。

此外，SNA2008 还详细阐述了对担保、指数关联型债务证券等的处理建议。

5.2.3 资金流量核算的平衡关系

资金流量表的结构十分严谨，将各机构部门和各个交易项目综合在一起，反映彼此之间的相互关系和资金的来龙去脉。资金流量表的结构有内部平衡和外部平衡两种。内部平衡是各机构部门本身的资金来源总计等于资金使用总计，外部平衡是指各交易项目的资金来源总计等于资金使用总计。现以表 5-2、表 5-3 数据说明各种平衡关系。

（1）从横向来看，各交易项目的平衡关系为：

$$资金使用 = 资金来源$$

从全社会来看，金融交易表中资金使用合计 591 661 = 资金来源合计 591 661。从各交易项目来看，同样具有这样的平衡关系。如财产收入：资金使用合计 56 503.9 + 54 735.9 + 7 758.5 + 10 216.2 + 11 818.1 = 资金来源合计 24 602.7 + 51 947.3 + 23 450.7 + 24 908.8 + 16 123.1 ≈ 141 032.7 [一]；存款：资金使用合计 67 002 + 30 346 + 23 972 + 46 818 − 7 056 = 资金来源合计 155 584 + 5 498 = 161 083 [二]；等等。

（2）从纵向来看，各机构部门的平衡关系为：

① 初次分配总收入 = 增加值 − 支付的劳动者报酬、生产税净额和财产收入 + 收到的劳动者报酬、生产税净额和财产收入。

以住户部门为例：初次分配总收入 417 991.9 = 增加值 167 734.6 − (117 323.1 + 4 188.0 + 10 216.2) + (357 075.8 + 24 908.8)。

② 从收入角度：可支配总收入 = 初次分配总收入 + 经常转移收入 − 经常转移支出。

仍以住户部门为例：可支配总收入 422 629.2 [三] = 初次分配总收入 417 991.9 + 经常转

[一] 此处数据因四舍五入，略有差异，为与统计局数据一致，不做修改。——作者注
[二] 同上。
[三] 同上。

移收入 55 779.7 - 经常转移支出 51 142.5。

从使用角度：可支配总收入 = 最终消费 + 总储蓄。

以住户部门为例：可支配总收入 422 629.2 = 最终消费 265 980.1 + 总储蓄 156 649.1。

③ 总储蓄 + 资本转移 = 总投资 + 净金融投资。

以住户部门为例：总储蓄 156 649.1 - 资本转移 95.6 = 资本形成总额 73 716.9 - 其他非金融资产处置 15 596.1 + 净金融投资 98 432.7。

④ 金融资金使用合计 = 净金融投资 + 金融资金来源合计。

以住户部门为例：资金使用合计 122 682 = 净金融投资 81 185 + 金融资金来源合计 41 497。

5.2.4 资金流量表的编制方法

资金流量核算是一种重要的宏观经济分析工具，然而，国民经济资金流量表的编制却是一项十分庞大、复杂的核算工作。因为，编制资金流量表需要掌握大量的数据资料，而这些资料又需要使用各种各样的方法来搜集、甄别、推算、归纳和整理，工作量非常可观，技术要求也较高。

1. 资金流量表的一般编制程序

编制资金流量表的具体步骤一般分为：第一步，把国民经济划分为几个机构部门，并确立具体的交易项目；第二步，为每一机构部门编制部门资金来源运用表；第三步，把所有部门资金来源运用表并列综合在一起，即为全社会的资金流量表。其中，编制机构部门资金来源运用表的通常做法有两种：一是直接法，即将直接获取的各部门资金来源和使用资料进行编制；二是间接法，即通过各部门的收益表和资产负债表测算各部门的资金流量状况，再进行编制。

2. 我国资金流量表的编制方式

根据我国现阶段的核算基础和条件，目前主要通过直接分解各种宏观经济流量的方式来编制资金流量表。其基本思路是：在现有核算的基础上，广泛搜集和充分利用有关专业的统计资料，以及财政、税收、工商、金融、外贸、外汇管理等业务部门的会计、统计和其他核算资料；依据资金流量核算的部门分类和交易分类要求，对有关各种核算资料进行审核和甄别、分解和归并、调整和整理、推算和补充，然后进行组装与平衡，最后编制成所需要的资金流量表。

其主要资料来源有：各种统计年报，包括增加值或国内生产总值年报、综合财政统计年报、国民财产统计年报、国际收支平衡表、劳动工资统计年报、农村经济统计年报、居民货币收支平衡表等；城镇住户和农村住户抽样调查资料；部分企业及政府部门资金来源与资金占用等会计报表，国营农、林、牧、渔场的年度会计决算表；财政预算决算表、预算外资金收支决算表，以及税收统计报表和税收会计年报表；人民银行、各商业银行及其他金融机构的业务状况报告表、利润表、专用基金表以及保险公司会计报表；此外，还需要由证监会提供有关股票、债券发行的数据，由外经部门提供有关外资利用的情况和数据等。

从以上各种渠道搜集得到的资料，有些只要做相应的归并即可使用，有些则需做进一步的技术处理。利用这些数据，按照一定的部门分类和交易分类就可以组装成初步的部门资金流量表。但这样的资金流量表往往还比较粗糙，汇总后一般也不能平衡，需进行调整和加工。调整的总原则是：先平衡一级部门分类表，作为总控制数，再平衡二级部门分类表；先核定不存在派生流量的非金融交易部分资料，再核定存在派生流量的金融交易部分资料。

5.3 资金流量分析

5.3.1 资金流量的静态分析

资金流量表集中、系统、全面地描述了一个国家的社会资金活动，清楚地反映了国民经济的运行状况。通过资金流量分析，可以深入研究宏观经济运行的情况和问题，为实现经济宏观调控提供决策依据。下面以 2015 年中国资金流量表为例，简要介绍资金流量分析的内容。

1. 资金分配结构分析

（1）资金分配的部门结构分析。

资金分配即资金流量的配置状况，包括社会资金初始流量、收入初次分配和再分配情况。2015 年中国资金分配的部门结构如图 5-1 所示。可以看到，非金融企业部门是增加值的主要创造者，占增加值总额的 59%；其次为住户部门，占增加值总额的 24%；政府部门和金融机构部门创造的增加值较少。

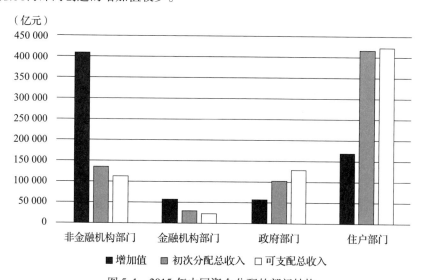

图 5-1 2015 年中国资金分配的部门结构

经过收入初次分配，增加值从非金融企业部门流向了住户和政府部门。非金融机构部门在支付了劳动者报酬、生产税净额和财产收入后，在初次分配收入总额中所占的比重变为

19.76%；金融机构部门变化较小，在初次分配收入总额中所占的比重约下降4%；政府部门得到大量的生产税净额，在初次分配收入总额中占比提高到14.95%；住户部门得到大量的劳动者报酬和财产收入，成为最大的初次分配收入占有部门，比重为60.89%。

经过收入再分配之后，收入的部门结构没有发生较大变化。非金融企业和金融企业支付所得税后，在可支配总收入中的份额变为16.51%和3.31%；政府部门在收到各部门缴纳的所得税后，在可支配总收入中的份额进一步提高到18.55%；住户部门缴纳所得税与收到的经常转移基本相当，在可支配总收入中的份额变化不大。

（2）财产收入的部门结构分析。

2015年，中国各机构部门的财产收入为141 032.7亿元。从各部门的财产收入收支情况看（如图5-2所示），非金融企业部门是最大的财产收入支出部门，财产收入净额为－31 901.2亿元；金融机构部门的财产收支大体相当，规模都较大，财产收入净额为负值；政府部门和住户部门都是财产收入净获得部门，财产收入净额为很大的正值，分别为15 692.2亿元和14 692.6亿元。

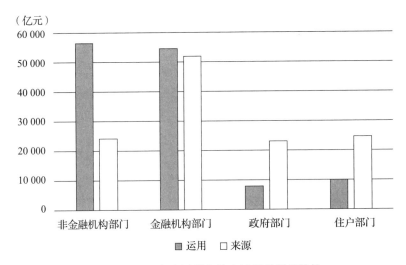

图5-2　2015年中国财产收入流量的部门结构

（3）住户部门的初次分配流量结构分析。

初次分配过程的主要构成项目为劳动者报酬、生产税净额和财产收入。2015年我国住户部门的初次分配流量结构如图5-3所示。可以看到，无论是从来源还是使用来看，劳动者报酬都是住户部门最主要的初次分配手段，在收支流量中的比重均在85%以上；财产收入在住户初次分配环节起的作用很小，在收入来源中的比重只有6.52%。这反映出我国目前的收入初次分配特征：以"按劳分配"为主体，财产收入分配只处于从属地位。

2. 资金使用结构分析

（1）消费和储蓄的部门结构分析。

社会资金的使用，总起来说就是消费和投资。2015年我国的消费和储蓄情况如图5-4

所示。从消费的主体结构来看,政府消费 96 286.4 亿元,占消费总额的 26.58%;居民消费 265 980.1 亿元,接近政府消费的 3 倍。从储蓄的部门机构看,住户部门储蓄最多,占储蓄总额的 48.44%;其次为非金融机构部门,占储蓄总额的 35.0%;金融机构部门和政府部门的储蓄均较少。

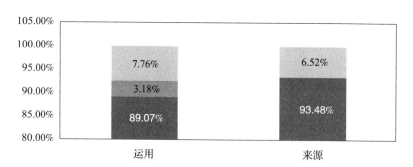

图 5-3　住户部门的初次分配流量结构

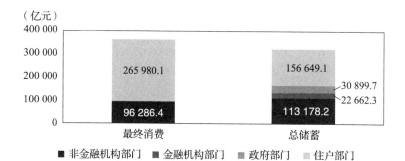

图 5-4　2015 年中国消费和储蓄的部门结构

(2) 机构部门的消费和储蓄倾向分析。

在可支配收入一定的情况下,总消费与总储蓄呈此消彼长的关系。由图 5-4 可以看到,政府和住户部门的消费均大于储蓄,其中政府部门的可支配收入中 75.71% 用于消费支出,24.29% 用于储蓄;住户部门的可支配收入中 62.93% 用于消费支出,37.07% 用于储蓄。同其他国家相比,我国居民的平均消费倾向偏低,这与传统的消费习惯、消费信贷滞后、居民对教育养老等预防性储蓄的偏好等有关。

(3) 实物投资的部门和项目结构分析。

实物投资包括固定资产投资和流动资产投资(即库存增加)。2015 年我国的资本形成总额为 312 835.7 亿元。从实物投资的部门结构(如图 5-5 所示)看,非金融企业部门形成的固定资产最多,占固定资产形成总额的 63.87%;其次为住户部门,占固定资产形成总额 23.53%;政府部门的固定资产形成总额占 12.39%;金融机构部门的固定资产形成较少。

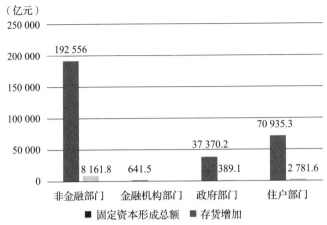

图 5-5 2015 年中国实物投资的部门结构

从各部门的实物投资方式看，非金融企业、政府部门和住户部门均 95% 以上用于固定资本投资，用于流动资产投资比例较小；金融机构则全部用于固定资本投资，没有形成存货增加。

3. 资金融通结构分析

（1）金融投资的总体结构分析。

2015 年，我国国内各部门的金融资产净增加为 609 657 亿元。从部门分布来看，金融机构部门是金融资产净增加最大的部门，占金融资产净增加总额的 47.73%，其次为非金融企业部门和住户部门，政府部门的金融投资所占的比重最低。

从金融资产的分布（如图 5-6 所示）来看，我国金融投资以存款、贷款、证券投资和其他应收/应付为主。在国际金融投资方式中，我国目前以信贷、金融机构往来和直接投资为主，相比之下，证券投资所占的比重微小，我国参与国际投资的方式有待多元化发展。

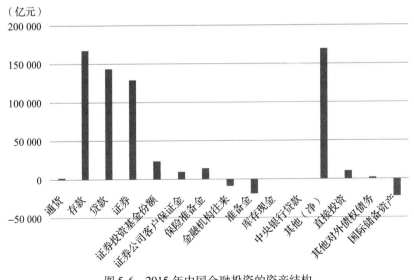

图 5-6 2015 年中国金融投资的资产结构

（2）非金融企业部门融资渠道分析。

非金融企业作为国民经济中最重要的投资主体，其自身的储蓄远远满足不了投资的需要。因此，在社会金融融通中，它是最大的资金短缺部门。由图5-7可以看到，非金融企业部门融资的主要方式是贷款，占其融资总额的58.81%；其次为证券，占融资总额的26.33%；直接投资仅占10.76%。这表明非金融企业以间接融资方式为主，从国际市场融资，特别是国外直接投资也成为非金融企业部门融资的重要途径。

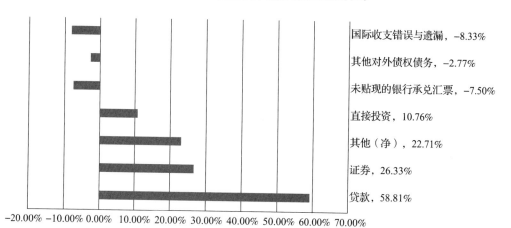

注：因各数字四舍五入，加总为100.01%。

图5-7 2015年非金融企业部门的融资结构

（3）住户部门投资方式分析。

住户部门是最大的资金盈余部门，是社会融资活动中最大的资金供给部门。由图5-8可以看出，住户部门投资的主要方式是存款，占其金融投资总额的38.16%；其他应收/应付、保险、证券基金等也是重要的投资方式。这表明住户部门以间接投资为主的同时，直接投资渠道也逐渐成为住户部门的重要选择。

4. 资金循环渠道分析

（1）资金循环渠道的国内外对比。

资金流量表中包括国内金融交易和国际资本往来，表明各部门利用国内国外两个渠道进行融资的情况。2015年，从使用角度看，我国国内融资比率为96.61%。这说明我国资金循环仍以国内融资为主，国际资本往来使用不足。

（2）资金循环渠道的金融交易方式对比。

金融交易有直接金融与间接金融之分，直接金融是最初投资者与最终融资者之间发生的交易，间接金融则是以金融机构为中介进行的交易。由图5-6可以看到，我国目前的金融市场仍以间接金融为主，所应用的金融工具主要是通货、存款和贷款，它们在资金使用和来源中所占的比重均较大。2015年，政府部门、住户部门和非金融企业部门的通货、存款和贷款三项合计在其资金使用合计中占比分别为36.47%、39.87%和51.7%，金融机构部门的通货、存款和贷款三项合计在其资金使用合计中占比为60.11%。

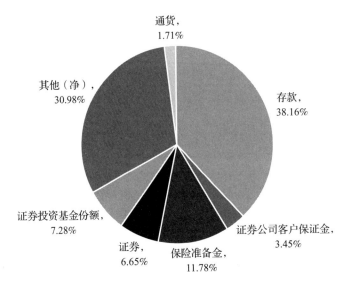

注：因各数字四舍五入，加总为100.01%。

图 5-8　2015 年住户部门投资结构

阅读材料：资金流量表分析的应用举例[一]

本研究将中国的资金流量表调整为矩阵式资金流量表（whom-to-whom flow of funds accounts，W-to-W），分析了部门间资产与负债的基本特征，进而应用列昂惕夫逆矩阵建立了部门间金融风险的波并效应模型并展开乘数分析，给出了各项金融交易风险波及的排序，解析了金融系统性风险对中国金融整体的最终波及效应，并得出以下几点结论和建议：

第一，金融危机源于债务积累。运用 W-to-W 分析表明，从 2009 年开始企业与金融部门内的不良贷款数量呈增长趋势。通过编制 W-to-W 表，观察分析 2010 年各部门的资金运用与筹集的基本状况，揭示了两个存在于中国资金循环中的异常现象，一是资金使用效率的大幅度下降，二是金融泡沫的明显增大。这是需要金融政策当局格外关注的问题，并需要采取相应的政策。

第二，当居民或企业部门的中长期贷款违约时，最初所受到的直接影响可能较小，但从资金循环的视角看，会发生由居民或企业部门向其他部门的负面连锁波及效应，而且随着时间的推移以及市场的急剧变化，其产生的本金及利息的损失会膨胀到当初金额的数倍。这种债务违约所产生的负面连锁波及如同滚雪球，随着时间的推移会越滚越大，所以金融的监管部门应该及早采取相应措施防患于未然。在居民或企业部门发生债务危机的初

[一] 张南. 矩阵式资金流量表与风险波及测算 [J]. 统计研究，2013，30（6）：67-77.

级阶段，金融监管部门只需提供必要的资金救济即可避免金融风险的扩大，否则当负面效应波及很多其他部门，不良债权资金会迅速膨胀到巨额规模，将会导致更大的危机，陷入灾难性的状况。

第三，通过与 2009 年比较，虽然 2010 年存贷款等直接金融或债券等间接金融交易风险的最终波及效应小于 2009 年，但 2010 年的金融交易整体的风险波及效应，即金融风险的压力要大于 2009 年，特别是对外金融交易项目（其他对外债权债务与直接投资）的金融风险压力明显加大，所以金融监管部门应更加注意加强对外资金交易项目的监测。

5.3.2 资金流量的动态分析

1. 消费和投资倾向的变动分析

消费和投资是经济增长的重要因素，资金流量表中提供了消费和投资倾向的分析数据。消费率和投资率分别是指消费支出和资本形成占可支配总收入的比重。总体来说，我国的消费率高于投资率，同时，居民消费在总消费中占的比重大于政府消费。1998~2015 年我国消费率下降而投资率上升（由 1998 年的 38% 上升至 2015 年的 45.63%），投资率提高与我国的经济发展形势密切相关。

2. 实物投资方式的变动分析

资本形成总额包括固定资产形成和库存增加，从资金流量表中可以分析实物投资方式的变动。从 1998~2015 年的情况看，资本形成总额中用于固定资本形成的比重持续增加，1998 年该比重为 94%，至 2015 年资本形成总额中已有 96.38% 都用于固定资本形成，说明我国实物投资的方式以固定资产投资为主，流动资产投资所占比重微乎其微。

3. 金融投资结构的变动分析

从金融投资的机构部门看，金融机构部门是金融资产净增加最大的部门。1998~2015 年金融机构部门在资金使用总额中所占的比例由 41% 上升至 47.73%，而住户部门在资金使用总额中所占的比例由 35% 下降至 20.12%。这表明国内金融投资仍以金融机构部门为主，且其主体地位不断提升。

4. 非金融企业部门融资渠道的变动分析

从非金融企业部门融资渠道的分析来看，贷款的比例从 1997 年的 74.52% 下降到 2015 年的 58.81%。而依靠证券投资筹集的资金比例从 1997 年的 9.95% 上升到 2000 年的 14.44%，然而接着上升到 2015 年的 26.33%。可见非金融部门主要的融资渠道仍是贷款，但其比重在不断下降，而证券投资等融资渠道所占比重正逐渐上升。

5. 住户部门投资方式的变动分析

根据 1998~2015 年的数据来看，住户持有通货的比例从 1998 年的 7.50% 下降到 2015 年的 1.71%，存款的比例由 1998 年的 74.26% 下降至 2015 年的 38.16%，同时，证券、基金、保险等投资方式的比重上升。从而可见，住户部门的投资方式从以存款为主向多样化投资方式转变。

上面是以 1998~2015 年的资金流量资料为基础，对资金流量的静态和动态分析方法的简单介绍。资金流量表中包含了丰富的内容，利用资金流量表还可以进行很多分析，包括专门对某个部门的资金流量进行系统分析，或者针对某个交易项目进行深入的统计研究，等等。

本章小结

1. 资金流量核算是以整个社会的资金运动过程作为研究对象的核算，它反映一定时期内各机构部门收入的形成、分配、使用，资金的筹集和使用以及各机构部门间资金流入和流出情况。
2. 资金流量核算的范围有三种：一是只核算金融交易；二是除核算金融交易外，还核算总储蓄和实物投资；三是核算收入、分配、再分配、消费、投资的形成以及金融交易。我国的资金流量核算采用的是第三种核算范围。
3. 资金流量核算主要反映生产结束后的收入分配、再分配、消费、积累支出和资金融通。生产活动形成的原始收入是资金流量核算的起点，然后经过收入的分配、再分配形成可支配收入。可支配收入扣除消费后形成储蓄，即各机构部门可用于实物投资的自有资金，各部门储蓄和资本转移净收入与实物投资之间会有差额，这个差额通过金融交易来调剂。资金流量核算反映了这样一个资金运动全过程。
4. 资金流量核算的原则包括：估价原则、记录时间原则与取净额和合并原则。
5. 资金流量表的表式结构有标准式和三维式。
6. 资金流量核算的主要指标包括收入初次分配、收入再分配、收入使用、资本交易和金融交易部分。资金流量表中的平衡关系分为内部平衡和外部平衡两种，体现在机构部门和交易项目两个方面。
7. 资金流量表的分析包括静态和动态。其中静态分析主要是指资金分配、资金使用、资金融通和资金循环渠道分析等，动态分析主要是指消费和投资倾向变动、实物投资方式变动、金融投资结构变动等。

思考题

1. 什么是经济交易？它有哪些基本分类？
2. 什么是资金流量？资金流量核算中的资金指什么？
3. 资金流量核算有哪几种范围？它们各有什么特点？
4. 资金流量的核算原理是什么？
5. 试述金融资产在资金流量表中的分类。
6. 试述收入初次分配、收入再分配和收入使用核算的基本流程。

7. 资金流量表中的平衡关系有哪些？试用最近年份《中国统计年鉴》的资金流量表的数据进行说明。
8. 简述如何利用资金流量表进行资金流量分析。
9. 已知某企业增加值 180 亿元，支付劳动报酬 60 亿元，支付生产税 10 亿元，政府生产补贴 0.2 亿元，上缴政府所得税 30 亿元，支付财产收入 20 亿元，补贴医疗、食堂、学校等非物质生产部门 5 亿元，支付灾区捐款 0.1 亿元，国库券兑现收入 10 亿元，利息收入 1.3 亿元。

    要求：计算企业部门的原始收入和可支配收入。

10. 已知某部门固定资产形成总额为 420 亿元，库存变化为 25 亿元，固定资本消耗 100 亿元，总储蓄 363 亿元，应收资本转移为 21 亿元，应付资本转移为 28 亿元，贵重物品净获得和土地及其他生产资产净获得都是 0。

    要求：

    （1）计算净储蓄、资本形成总额、净贷出或者净借入指标。

    （2）判断该部门是住户部门还是企业部门。

11. 已知企业部门当期发行股票 8 000 亿元，债券 6 000 亿元，得到银行贷款 5 500 亿元，在银行存款 3 000 亿元；住户部门购买股票 1 000 亿元，购买债权 600 亿元，在银行存款 10 000 亿元，在银行贷款 450 亿元。

    要求：

    （1）计算企业部门的负债总额。

    （2）计算住户部门的金融资产总额。

    （3）计算银行部门（金融机构）的净金融投资。

    （4）分析三个部门的资金余缺和融资情况。

CHAPTER 6

第6章

国际收支统计

国际收支统计是对一定时期内常住单位与非常住单位之间各种经济交易活动的统计，是国民经济统计的一个有机组成部分。如何通过国际收支的相关报表计算不同账户的顺差额或逆差额，如何认识经常账户和金融账户的顺逆差关系，如何对国际收支进行结构分析和动态分析，都是本章要学习的内容。通过国际收支统计，可以综合反映和研究对外经济关系和国际收支状况，不仅对一国宏观经济管理和决策具有重要作用，也是世界其他国家了解一国涉外经济发展状况的主要途径。

6.1 国际收支统计的概念和原则

6.1.1 国际收支统计的概念

国际收支统计又称为国际收支核算，是一个国家或者地区作为一个经济整体同世界其他国家和地区在一定时期所发生的各项经济交易的系统记录。根据国际货币基金组织的定义，目前国际收支统计主要包括国际收支平衡表和国际投资头寸表两方面的内容。

国际收支最早仅指一个国家的对外贸易收支，后来由于国际经济活动在内容和范围上不断扩大，国际收支被理解为一个国家的外汇收支。第二次世界大战后，无外汇收支的交易在国际经济活动中日趋重要，进而产生了广义的国际收支概念，即一定时期内常住单位与非常住单位之间由于进行各种经济往来而发生的收入和支出，既包括涉及外汇收支的经济往来，也包括不涉及外汇收支的经济往来。

在国际收支统计中，经济往来通常指交易，即一方向另一方提供某种经济价值，再从对方得到同等价值的交换。除此之外，还有一些不是等价交换的特殊交易，如无偿援助，一方把一定的经济价值无偿提供给另一方。

国际收支中的交易具有以下特征：第一，所有交易都必须具有经济价值，凡不能测定其经济价值的，在国际收支统计中不认为是交易；第二，交易必须在常住单位和非常住单位之间进行，否则，进行交易的双方即便使用外汇，也不能列入国际收支统计。

6.1.2 国际收支统计的原则

1. 交易的记录时间

国际收支统计记录交易的一般原则是权责发生制，经济所有权的变动处于核心地位，也就是说在经济价值产生、改变、交换、转移和退出时进行记录。下面介绍权责发生制下不同类型的流量记录时间的基本原则。

（1）货物和服务中的应用。

在实际核算中，服务的进出口通常是在服务提供之时记录，货物的进出口按所有权转移的时点记录。进出口货物所有权变更包括法律上的变更和控制或占有的变更。以下情形需特别注意：①融资租赁情况下的货物，在法律上仍然是出租人的财产，但是由于承租人承担了所有的权利、风险和责任，从经济的观点看，承租人可以视为事实上的所有人。所以在核算时将其虚拟为所有权变更，在所有权由出租人向承租人的变更之时记录。②企业向国外分支机构运送的货物，在法律上没有变更所有权，但是与融资租赁的货物一样，这些货物的权利和责任都由接收货物的单位实际行使了，所以也虚拟所有权变更，并记录之。③商人或商品经销商从非常住单位购买货物，又在同一核算期卖给非常住单位，一买和一卖的差额，应视为商人或商品经销商提供的服务，记录在服务的进出口项目下；但是不在同一核算期向非常住单位买进卖出，买的时候作为进口，以后卖时作为负值的进口。④送往国外加工的货物，若暂时送往国外而不发生所有权转移，且返回时与离开时形态大致相同，因为它们对国内的经济不产生任何影响，所以不算进出口；但是签订合同，将材料或半成品送往国外进行制造加工，付给国外一笔加工费，因为返回时已经成为形状不同的新货物了，所以就要计入进出口。材料或半成品送出时作为出口，返回时作为进口。如果只在国外做了少量加工就返回，则按净额，即返回时的价值扣除送出时价值记录。

（2）初次分配收入和转移中的应用。

分配性的交易在相关权责发生时记录。原始收入、利息在应计之时记录，此处的应计时间取决于单位何时做出分配营业收入或进行转移的决定。股息在应付之时记录，分红在股票除权时记录，国外直接投资的再投资在收益获得之时记录，分支机构和其他非法人企业的分配收益在转移之时记录。

转移，例如由一方向另一方征收的各种税金、罚款或其他转移项目，在产生支付义务时记录。

（3）金融资产交易中的应用。

金融对外交易按债权债务发生的时点进行记录。贷款在实际支付时记录，偿还在到期应付时记录，如果到期仍未偿还，将其作为新的短期债务或一笔新的贷款处理；如果与金融账户中项目相对应的是一笔非金融交易，金融债权的记录时间应与产生这些金融债权的非金融交易的时间一致。如果所有权的变更不明显，变更发生的时间可以用交易各方入账的时间代替。

2. 交易的记录价格

国际收支统计采用市场价格或其对等值作为各种交易估价的基础，市场价格是指常住单位与非常住单位交易时的成交价格，如果交易的市场价格无法观察得到，如单方面转移，应用已存在市场价格的近似产品制定代表价。因此，交易一般是按交易者之间协议的实际价格估价，资产和负债存量按编表时点的市场价格估价。

（1）货物进出口，统一按边境的离岸价格估价。这种价格包括货物的价值和到达经济总体边界的有关运输、销售服务的价值，还包括为进一步运输的装卸费。进口货物离开出口国以后，如果是由非常住单位提供运输和保险，运输费和保险费作为服务的进口处理，也就是说，到岸价格与离岸价格之差应该作为服务的进口。考虑到进出口货物的交货点有可能在出口国、进口国甚至第三国或地区，国际运输费和保险费的支付情况也多样，不一定各种货物都能严格地分解出离岸价格，所以尽可能按离岸价格估价，同时保持按离岸价格估价的货物价值与记录在服务进出口中的运输费和保险费之和，等于按到岸价格估价的货物进出口的价值。以货易货的进出口，根据这些货物在市场上买卖的成交价格估价。需注意，海关出口货值为离岸价格，但进口货值为到岸价格，因此国际收支统计从海关进口货值中调出国际运保费支出，并纳入服务贸易统计。

（2）服务进出口，按实际协议的价格估价。国际保险服务按支付的金额估价；国际金融服务，除了包括明确的佣金和服务费外，还包括"间接计算的金融中介服务"，即根据贷款或债务证券所收到的财产收入与存款所得到的利息之间的差额估计。

（3）原始收入的收支，按有关市场的现行价格估价。对投资人而言，这个价格不包括持有损益，它应该包括在重估价中。转移，一般说来没有市场价格，按照出售所能得到的基本价格虚拟估价。由于提供者和接受者对虚拟价值的看法可能大不相同，实际操作中，可以用提供者所指定的价值作为记录的基础。

（4）金融项目，金融资产的变化按照获得或处置的价格记录；在有组织的市场中进行的交易，按市场上确定的价格记录；对不在市场中进行的交易如通货、可转让存单等，把被指定用于某种目的的价值视为市场价格。对外金融项目的估价不包括任何服务费、手续费、佣金或收入，它们包括在货物和服务的进出口中。

（5）资产和负债存量，按有关日期的现期市场价格。对外金融项目一般在企业或投资者的资产负债表中都有记录，其中基于现行市场价格的部分，与这里的估价一致，但是对基于历史成本的部分，应该做调整。

3. 记账单位与折算

在国际收支统计中的交易价值最初可能是用各种不同的货币或其他价值标准如特别提款权表示的，在编制属于同一个体系的核算报告时，有必要折算成统一的货币。把不同货币换算成统一货币需采用交易日期的通行汇率,如果没有这种汇率,则采用最短时期的平均汇率,即用买入和卖出汇率的中间值,不包括服务费。在官方多重汇率制度下,汇率中可能含有类似税金或补贴的成分,此时应该折算成单一汇率。单一汇率是对外交易的所有官方汇率的加权平均数。我国目前国际收支平衡表中使用的货币单位是美元,所采用的汇率是国家外汇管理局制定的《各种货币对美元统一折算率》。

阅读材料:人民币汇率制度改革回顾[○]

十九大报告明确提出,要深化汇率市场化改革。20 世纪 80 年代到 90 年代上半期,人民币汇率制度属于比较严格的"单一钉住美元"的安排。其间,随着通货膨胀水平和国内外相对价格的变化,人民币对美元的汇率不定期地进行了多次下调,从 1 美元兑 1.5 元下调至 1 美元兑 8.7 元。1994 年年初,在新一轮外汇管理体制改革方案中,我国提出了建立"以市场供求为基础的、单一的、有管理的浮动汇率制度"的改革目标。在其后的 3 年里,人民币汇率适应国际收支顺差趋势,从 1 美元兑 8.7 元逐渐上浮至 1 美元兑 8.3 元。然而 1997 年后,先是为了应对亚洲金融危机冲击,后来主要是为了维持出口竞争能力,主管当局基本放弃了 1994 年设定的汇率改革目标,转而通过持续的调控阻止人民币升值,将汇率牢牢固定在 1 美元兑 8.3 元,成了"事实上钉住汇率"的国家。2005 年 7 月,在"双顺差"迅速积累的情况下,我国决定再次进行改革,宣布人民币汇率将"参考一揽子货币"进行安排,对美元的汇率日波动区间设定为上下 3‰(后多次调整,至 2014 年 3 月达上下 2%)。这次改革开启了近 10 年的人民币持续升值历程。

2015 年 8 月 11 日,为了深化人民币汇率的市场化改革,同时配合人民币加入 SDR 货币篮子,中国人民银行宣布完善人民币对美元中间汇率报价方式。根据新规,做市商将在每日银行间外汇市场开盘前,参考上一日银行间外汇市场收盘汇率,综合考虑外汇供求情况以及国际主要货币汇率变化,向中国外汇交易中心提供中间价报价。这一改革意义深远,结束了多年来人民币中间汇率形成机制的不透明和僵化状态,使人民币汇率真正开始走向市场化。

2016 年 2 月,中国人民银行又公布了一个基于规则的中间价定价机制。根据新规定,当日人民币汇率的中间价将等于上一日的收盘价,且需要同时考虑一个由 13 种货币(2017 年后调整为 24 种)按照贸易权重加权平均后形成的人民币汇率指数(CFETS)的作用。具体讲,当日人民币汇率的中间价,等于上一日收盘价相对中间价的变化与过去 24 小时内人民币汇率指数不变所需要的中间价变化的二者平均。进入 2017 年,中国人民银行又引入了"逆周期调节因子",即在新的定价公式下,中间价 = 收盘价 + 一篮子货币汇率变化 + 逆周期调节因子。纳入逆周期调节因子后,中间价会对顺周期波动进行反向操作,从而避免市场上的羊群效应。

○ 张礼卿. 加快推进人民币汇率制度改革 [J]. 中国外汇, 2018 (1):26-28.

总体上看，自 2016 年年初以来的人民币汇率改革，从制度设计上保证了人民币对美元汇率的相对稳定，有助于化解市场非理性行为，但也在事实上削弱了人民币汇率的市场化属性。总体看，经过几十年的探索和改革，我国人民币汇率制度的市场化程度已有一定程度的提升，弹性也在逐步增强，但无疑仍然有限。

6.2 国际收支平衡表

6.2.1 国际收支平衡表的结构

国际收支平衡表是反映某个时期内一个国家或地区与世界其他国家或地区间的经济交易的统计报表，它是对一个国家或地区与其他国家或地区进行经济技术交流过程中所发生的贸易、非贸易、资本往来以及储备资产的实际动态所做的系统记录，是国际收支核算和宏观经济分析的重要工具。通过国际收支平衡表，可综合反映一国或地区从事对外经济往来的规模和结构、一国或地区的国际经济地位及其参与国际经济竞争的能力。

中国国际收支平衡表是反映特定时期内我国（其中数据不含我国香港、澳门和台湾地区，下同）与世界其他国家或地区经济交易的统计报表。我国的国际收支平衡表是根据国际货币基金组织《国际收支和国际投资头寸手册》（以下简称《手册》）第 6 版的国际收支平衡表的标准表式，依据复式记账原理与有关核算原理，并结合我国的实际情况而设计的，其表式如表 6-1 所示。根据《手册》第 6 版，国际收支平衡表包括经常账户、资本和金融账户。经常账户可细分为货物和服务账户、初次收入账户、二次收入账户。金融账户可细分为直接投资、证券投资、金融衍生工具、其他投资和储备资产。

表 6-1 国际收支平衡表　　　　　（单位：亿美元）

项目	2015	2016	2017
1. 经常账户			
贷方			
借方			
1.A 货物和服务			
贷方			
借方			
1.A.a 货物			
贷方			
借方			
1.A.b 服务			
贷方			
借方			
1.A.b.1 加工服务			
贷方			
借方			

（续）

项目	2015	2016	2017
1.A.b.2　维护和维修服务			
贷方			
借方			
1.A.b.3　运输			
贷方			
借方			
1.A.b.4　旅行			
贷方			
借方			
1.A.b.5　建设			
贷方			
借方			
1.A.b.6　保险和养老金服务			
贷方			
借方			
1.A.b.7　金融服务			
贷方			
借方			
1.A.b.8　知识产权使用费			
贷方			
借方			
1.A.b.9　电信、计算机和信息服务			
贷方			
借方			
1.A.b.10　其他商业服务			
贷方			
借方			
1.A.b.11　个人、文化和娱乐服务			
贷方			
借方			
1.A.b.12　别处未提及的政府服务			
贷方			
借方			
1.B　初次收入			
贷方			
借方			
1.B.1　雇员报酬			
贷方			
借方			

(续)

项目	2015	2016	2017
1.B.2　投资收益			
贷方			
借方			
1.B.3　其他初次收入			
贷方			
借方			
1.C　二次收入			
贷方			
借方			
1.C.1　个人转移			
贷方			
借方			
1.C.2　其他二次收入			
贷方			
借方			
2.　资本和金融账户			
2.1　资本账户			
贷方			
借方			
2.2　金融账户			
资产			
负债			
2.2.1　非储备性质的金融账户			
资产			
负债			
2.2.1.1　直接投资			
2.2.1.1.1　资产			
2.2.1.1.1.1　股权			
2.2.1.1.1.2　关联企业债务			
2.2.1.1.1.a　金融部门			
2.2.1.1.1.1.a　股权			
2.2.1.1.1.2.a　关联企业债务			
2.2.1.1.1.b　非金融部门			
2.2.1.1.1.1.b　股权			
2.2.1.1.1.2.b　关联企业债务			
2.2.1.1.2　负债			
2.2.1.1.2.1　股权			
2.2.1.1.2.2　关联企业债务			
2.2.1.1.2.a　金融部门			

(续)

项目	2015	2016	2017
2.2.1.1.2.1.a　股权			
2.2.1.1.2.2.a　关联企业债务			
2.2.1.1.2.b　非金融部门			
2.2.1.1.2.1.b　股权			
2.2.1.1.2.2.b　关联企业债务			
2.2.1.2　证券投资			
2.2.1.2.1　资产			
2.2.1.2.1.1　股权			
2.2.1.2.1.2　债券			
2.2.1.2.2　负债			
2.2.1.2.2.1　股权			
2.2.1.2.2.2　债券			
2.2.1.3　金融衍生工具			
2.2.1.3.1　资产			
2.2.1.3.2　负债			
2.2.1.4　其他投资			
2.2.1.4.1　资产			
2.2.1.4.1.1　其他股权			
2.2.1.4.1.2　货币和存款			
2.2.1.4.1.3　贷款			
2.2.1.4.1.4　保险和养老金			
2.2.1.4.1.5　贸易信贷			
2.2.1.4.1.6　其他			
2.2.1.4.2　负债			
2.2.1.4.2.1　其他股权			
2.2.1.4.2.2　货币和存款			
2.2.1.4.2.3　贷款			
2.2.1.4.2.4　保险和养老金			
2.2.1.4.2.5　贸易信贷			
2.2.1.4.2.6　其他			
2.2.1.4.2.7　特别提款权			
2.2.2　储备资产			
2.2.2.1　货币黄金			
2.2.2.2　特别提款权			
2.2.2.3　在国际货币基金组织的储备头寸			
2.2.2.4　外汇储备			
2.2.2.5　其他储备资产			
3. 净误差与遗漏			

6.2.2 国际收支平衡表的内容

1. 经常账户

经常账户是国际收支平衡表中最基本、最重要的项目。它是指常住单位与非常住单位之间关于货物和服务及有关要素的收支,包括货物和服务、初次收入和二次收入三个部分。经常项目顺差等于国内供给与国内需求的差额,因此经常项目反映了一个国家的国际交往能力和在国际收支中的自主状况。

(1) 货物和服务。

货物和服务是经常项目的一个重要内容。货物记录经济所有权在我国居民与非居民之间发生转移的货物交易,包括我国海关进出口的所有货物,以及一些虽然不经过海关,但是属于我国和其他国家或地区之间经济交易的货物。后者包括我国运输工具,例如飞机、船只等在境外港口购买的货物,我国远洋渔船向其他国家出售的其所捕获的海产品,我国向周边国家或地区提供的电力、天然气以及淡水等。我国货物贸易数据以海关进出口统计资料为基础,以货物所有权变化为原则进行调整而成,均采用离岸价格计价,进口用海关统计的到岸价减去运输和保险费用;出口直接用海关的统计。此项目中还包括一些未经我国海关的转口贸易,商品退货也在此项目中进行调整。出口记在贷方,进口记在借方。

服务涉及的项目比较繁杂,包括加工服务,维护和维修服务,运输,旅行,建设,保险和养老金服务,金融服务,知识产权使用费,电信、计算机和信息服务,其他商业服务,个人、文化和娱乐服务以及别处未提及的政府服务。贷方记录提供的服务,借方记录接受的服务。具体项目及其含义如下。

加工服务:又称"对他人拥有的实物投入的制造服务",指货物的所有权没有在所有者和加工方之间发生转移,加工方仅提供加工、装配、包装等服务,并从货物所有者处收取加工服务费用。贷方记录我国居民为非居民拥有的实物提供的加工服务。借方记录我国居民接受非居民的加工服务。

维护和维修服务:指居民或非居民向对方所拥有的货物和设备(如船舶、飞机及其他运输工具)提供的维修和保养工作。贷方记录我国居民向非居民提供的维护和维修服务。借方记录我国居民接受的非居民维护和维修服务。

运输:指将人和物体从一地点运送至另一地点的过程以及相关辅助和附属服务,以及邮政和邮递服务。贷方记录居民向非居民提供的国际运输、邮政快递等服务。借方记录居民接受的非居民国际运输、邮政快递等服务。

旅行:指旅行者在其作为非居民的经济体旅行期间消费的物品和购买的服务。贷方记录我国居民向在我国境内停留不足一年的非居民以及停留期限不限的非居民留学人员和就医人员提供的货物和服务。借方记录我国居民境外旅行、留学或就医期间购买的非居民货物和服务。

建设:指建筑形式的固定资产的建立、翻修、维修或扩建,工程性质的土地改良、道路、桥梁和水坝等工程建筑，相关的安装、组装、油漆、管道施工、拆迁和工程管理等，以及场地准备、测量和爆破等专项服务。贷方记录我国居民在经济领土之外提供的建设服务。借方记录我国居民在我国经济领土内接受的非居民建设服务。

保险和养老金服务：指各种保险服务，以及同保险交易有关的代理商的佣金。贷方记录我国居民向非居民提供的人寿保险和年金、非人寿保险、再保险、标准化担保服务以及相关辅助服务。借方记录我国居民接受非居民的人寿保险和年金、非人寿保险、再保险、标准化担保服务以及相关辅助服务。

金融服务：指金融中介和辅助服务，但不包括保险和养老金服务项目所涉及的服务。贷方记录我国居民向非居民提供的金融中介和辅助服务。借方记录我国居民接受非居民的金融中介和辅助服务。

知识产权使用费：指居民和非居民之间经许可使用无形的、非生产/非金融资产和专有权以及经特许安排使用已问世的原作或原型的行为。贷方记录我国居民向非居民提供的知识产权相关服务。借方记录我国居民使用的非居民知识产权服务。

电信、计算机和信息服务：指居民和非居民之间的通信服务以及与计算机数据和新闻有关的服务交易，但不包括以电话、计算机和互联网为媒介交付的商业服务。贷方记录本国居民向非居民提供的电信服务、计算机服务和信息服务。借方记录本国居民接受非居民提供的电信服务、计算机服务和信息服务。

其他商业服务：指居民和非居民之间其他类型的服务，包括研发服务，专业和管理咨询服务，技术、贸易等相关服务。贷方记录我国居民向非居民提供的其他商业服务。借方记录我国居民接受的非居民其他商业服务。

个人、文化和娱乐服务：指居民和非居民之间与个人、文化和娱乐有关的服务交易，包括视听和相关服务（电影、收音机、电视节目和音乐录制品），其他个人、文化娱乐服务（健康、教育等）。贷方记录我国居民向非居民提供的相关服务。借方记录我国居民接受的非居民相关服务。

别处未提及的政府服务：指在其他货物和服务类别中未包括的政府和国际组织提供和购买的各项货物和服务。贷方记录我国居民向非居民提供的别处未涵盖的货物和服务。借方记录我国居民向非居民购买的别处未涵盖的货物和服务。

（2）初次收入。

初次收入指由于提供劳务、金融资产和出租自然资源而获得的回报，包括雇员报酬、投资收益和其他初次收入三部分。

雇员报酬：指根据企业与雇员的雇用关系，因雇员在生产过程中的劳务投入而获得的酬金回报。贷方记录我国居民个人从非居民雇主处获得的薪资、津贴、福利及社保缴款等。借方记录我国居民雇主向非居民雇员支付的薪资、津贴、福利及社保缴款等。

投资收益：指因金融资产投资而获得的利润、股息（红利）、再投资收益和利息，但金融资产投资的资本利得或损失不是投资收益，而是金融账户统计范畴。贷方记录我国居民因拥有对非居民的金融资产权益或债权而获得的利润、股息、再投资收益或利息。借方记录我国因对非居民投资者有金融负债而向非居民支付的利润、股息、再投资收益或利息。

其他初次收入：指将自然资源让渡给另一主体使用而获得的租金收入，以及跨境产品和生产的征税和补贴。贷方记录我国居民从非居民获得的相关收入。借方记录我国居民向非居民进行的相关支付。

（3）二次收入。

二次收入指居民与非居民之间的经常转移，包括现金和实物。贷方记录我国居民从非居民处获得的经常转移，借方记录我国向非居民提供的经常转移。经常转移是不以获取收入或者支出为目的的单方面交易行为，包括侨汇、无偿捐赠和赔偿等项目，包括货物和资金形式。贷方表示外国对我国提供的无偿转移，借方反映我国对外国的无偿转移。其中：各级政府指国外的捐赠者或受援者为国际组织和政府部门，其他部门指国外的捐赠者或受援者为国际组织和政府部门以外的其他部门或个人。

2. 资本和金融账户

资本和金融账户包括资本账户和金融账户。

资本账户指居民与非居民之间的资本转移，以及居民与非居民之间非生产非金融资产的取得和处置。贷方记录我国居民获得非居民提供的资本转移，以及处置非生产非金融资产获得的收入，借方记录我国居民向非居民提供的资本转移，以及取得非生产非金融资产支出的金额。资本账户记录的是资本性质的转移和非生产性非金融资产的获得或者出让。资本性质的转移包括生产设备的无偿转移、我国在外居住超过一年的个人向我国的赠款或者接受我国国内个人或机构对国外的赠款以及单方面债务减免等。非生产性非金融性资产的获得或者出让指的是专利、版权、商标等资产的一次性买断或者卖断。

金融账户指发生在居民与非居民之间、涉及金融资产与负债的各类交易。根据会计记账原则，当期对外金融资产净增加记录为负值，净减少记录为正值；当期对外负债净增加记录为正值，净减少记录为负值。金融账户细分为非储备性质的金融账户和储备资产。

（1）非储备性质的金融账户。

非储备性质的金融账户包括直接投资、证券投资、金融衍生工具和其他投资。

直接投资是资本和金融账户最重要的分项之一，是以投资者寻求在本国以外运行企业获取有效发言权为目的的投资，包括直接投资资产和直接投资负债两部分。相关投资工具可划分为股权和关联企业债务。股权包括股权和投资基金份额，以及再投资收益。关联企业债务包括关联企业间可流通和不可流通的债权和债务。构成直接投资的投资行为必须具备三个要素：直接投资者、直接投资企业以及直接投资者对于直接投资企业的控制权。与一般投资行为不同的是，直接投资对于直接投资企业有长期的、持久的利益。直接投资包括对企业的原始投资，也包括直接投资者和直接投资企业以及其他关联企业之间的所有交易。直接投资的关键是控制权。为了保证判断标准的可操作性，国际组织，包括经合组织、国际货币基金组织以及联合国贸发会议确定，如果一个企业持有其他国家某一企业

10%以上的股权或者控制权,就认定前者是直接投资者,后者是直接投资企业。它们之间是直接投资的关系。

证券投资包括证券投资资产和证券投资负债,相关投资工具可划分为股权和债券。股权包括股权和投资基金份额,记录在证券投资项下的股权和投资基金份额均应可流通(可交易)。股权通常以股份、股票、参股、存托凭证或类似单据作为凭证。投资基金份额指投资者持有的共同基金等集合投资产品的份额。债券指可流通的债务工具,是证明其持有人(债权人)有权在未来某个(些)时点向其发行人(债务人)收回本金或收取利息的凭证,包括可转让存单、商业票据、公司债券、有资产担保的证券、货币市场工具以及通常在金融市场上交易的类似工具。例如,我国在外发行上市的N股、H股,在国内上市的B股中非居民持有的部分,也包括我国个人或者机构购买的美国国债以及其他有价证券等。

金融衍生工具,又称金融衍生工具和雇员认股权,用于记录我国居民与非居民金融工具和雇员认股权交易情况。

其他投资是除直接投资、证券投资、金融衍生工具和储备资产外,居民与非居民之间的其他金融交易,包括其他股权、货币和存款、贷款、保险和养老金、贸易信贷和其他。其中,贸易信贷又称贸易信贷和预付款,是因款项支付与货物所有权转移或服务提供非同步进行而与直接对手方形成的金融债权债务。如相关债权债务不是发生在货物或服务的直接交易双方,即不是基于商业信用,而是通过第三方或银行信用形式发生,则不纳入本项统计,而纳入贷款或其他项目统计。

(2) 储备资产。

储备资产指我国中央银行拥有的对外资产。它是政府用来满足国际收支需要,弥补或调节国际收支,解决国际收支不平衡的工具,包括外汇、货币黄金、特别提款权、在基金组织的储备头寸。

货币黄金指我国中央银行作为国际储备持有的黄金。

特别提款权是国际货币基金组织根据会员国认缴的份额分配的,可用于偿还国际货币基金组织债务、弥补会员国政府之间国际收支赤字的一种账面资产。

在国际货币基金组织的储备头寸指在国际货币基金组织普通账户中会员国可自由提取使用的资产。

外汇储备指我国中央银行持有的可用作国际清偿的流动性资产和债权。

其他储备资产指不包括在以上储备资产中的、我国中央银行持有的可用作国际清偿的流动性资产和债权。

3. 净误差与遗漏

根据复式记账原理,国际收支平衡表中收支总额应相等。但由于资料来源、统计时间、计价标准和汇率折算办法不一致等,会造成核算过程中各项目记录总额的不平衡,因此错误和遗漏无法避免。为了保持收支表的借贷双方相等,人为地设置一个平衡项目抵消这些错误和遗漏,用于平衡国际收支表中线下项目的差额。

误差与遗漏在指示国际收支平衡表准确性的同时，还具有重要的分析功能，如果该项目长期出现较大数额而得不到扭转，这意味着有重要信息没有被反映出来。例如，研究者经常利用该项目来分析一国的资本外逃或热钱涌入状况。

阅读材料：特别提款权的作用[一]

特别提款权是在布雷顿森林固定汇率体系下由基金组织于 1969 年创造的一种补充性国际储备资产。参加这一体系的国家需要官方储备，即政府或中央银行持有的黄金和广为接受的外币。这些储备可用于在外汇市场上购买本国货币，以维持本国货币汇率。但两种主要储备资产（黄金和美元）的国际供给不足以支持当时的世界贸易扩张和资金流动。因此，国际社会决定在基金组织支持下创造一种新的国际储备资产。

然而，在特别提款权创造后仅仅几年，布雷顿森林体系解体，主要货币转向浮动汇率制度。随后，国际资本市场的增长为有信誉的政府的借款提供了便利，许多国家积累了大量国际储备。这些变化降低了对特别提款权作为全球储备资产的依赖。然而，2009 年总额为 1 826 亿特别提款权的特别提款权分配发挥了关键作用，在全球金融危机期间向全球经济体系提供了流动性并补充了成员国的官方储备。

特别提款权不是货币，也不是对基金组织的债权，而是对基金组织成员国可自由使用的货币的潜在求偿权。特别提款权的持有方可以通过两种方式以其持有的特别提款权换取这些货币：一是通过成员国之间的自愿交换安排；二是基金组织指定对外状况强健的成员国以可自由使用的货币从对外状况薄弱的成员国购买特别提款权。除了作为补充性储备资产外，特别提款权还是基金组织和其他一些国际组织的记账单位。

6.2.3 国际收支平衡关系

一个国家在对外经济往来中，国际收支总是不平衡的，在一定时期内国际收入可能大于支出，其差额称为顺差；而在另一时期国际收入可能小于支出，其差额称为逆差。但由于复式记账原理，国际收支平衡表总是平衡的，那么如何计算顺差和逆差？在国际收支统计中，常用一条水平线将国际收支平衡表中的所有项目划分为两部分，即线上项目和线下项目。线上项目实际上是各国之间为获得某种目的而自发进行的各种交易，一般称为自发性交易，如货物的进出口等，而这种交易又总是不平衡的。线下项目的交易称为调节性交易，它是对自发性交易的反映。当自发性交易不能相抵时，就用这类交易来弥补其差额。一国的国际收支差额，指的是线上项目所有自发性交易收支相抵后的差额。由于对"自发性交易"的理解不同，对线上与线下的划分，世界各国的意见也不尽相同，但大多数国家都采用如下划分标准：线上项目包括经常项目和资本项目，线下项目就是储备资产增减项目。当线上项目的交易贷方大于借方，即为净贷——顺差时，线下项目为净借（储备资产增加），且净贷和净借

[一] https://www.imf.org/zh/About/Factsheets/Sheets/2016/08/01/14/51/Special-Drawing-Right-SDR.

金额相等。反之，当线上项目表现为净借——逆差时，线下项目就为净贷（储备资产减少）。这样，就保持了平衡关系。从理论上讲，国际收支平衡表要保持平衡，应当是线上项目的国际收支差额与线下项目中的储备资产增减额完全相等。但是，在国际收支平衡表的编制中，由于种种原因，会产生统计误差，导致两种金额不相等，从而使国际收支平衡表出现不平衡。为了解决这个矛盾，专门人为地设置了误差与遗漏项目，这个项目一般放到线上项目中。当线上项目合计数与线下项目合计数不相等时，则调整线上项目，将两数差额作为统计误差列入"误差与遗漏"项目中的相应的贷方或借方。这样调整后的线上项目的合计数，才是国际收支的总差额，它反映了一国在一定时期内国际收支不平衡的实际数量。根据以上内容可将线上项目与线下项目的差额关系表示如下：

$$货物和服务 = 货物项 + 服务项$$
$$经常账户 = 货物和服务 + 初次收入 + 二次收入$$
$$资本和金融账户 = 资本账户 + 金融账户$$
$$金融账户 = 非储备性质的金融账户 + 储备资产$$
$$非储备性质的金融账户 = 直接投资 + 证券投资 + 金融衍生工具 + 其他投资$$
$$储备资产 = 货币黄金 + 特别提款权 + 在国际货币基金组织的储备头寸$$
$$+ 外汇储备 + 其他储备资产$$
$$误差与遗漏 = -（经常账户 + 资本和金融账户）$$

储备项目是国际收支平衡表中较可靠的项目，故这一差额的统计准确度较高，而且也是衡量货币当局对外汇市场的干预程度和国际收支状况最适宜的指标。

6.2.4 国际收支平衡表的编制

国际收支平衡表是根据复式记账法编制的，按照有借必有贷，借贷必相等的原则将构成一项国际交易的两个方面同时记录。下面通过实例，运用上述规则编制国际收支平衡表。假设某年我国对外经济活动有以下资料：

（1）法国向我国购买 150 万美元的纺织品，我方同时收到现汇 150 万美元。该交易表现为经常账户出口增加 150 万美元，记入经常账户贷方。另一方面，资本账户中增加了金融资产 150 万美元，记资本和金融账户借方。

（2）我国从美国购入机电设备，价值 1 300 万美元，由驻纽约的中国银行的美元支票付款。此交易表现为经常账户货物进口增加 1 300 万美元，记入经常账户借方。另一方面，资本账户中的金融资产减少 1 300 万美元，记入资本和金融账户贷方。

（3）我国收到华侨汇款 75 万美元，增加国家外汇储备。此交易表现为无偿转让收入增加 75 万美元，记经常账户贷方。外汇储备增加 75 万美元，记资本和金融账户借方。

（4）我国对约旦等国的劳务输出，获得外汇收入 450 万美元，存入所在国银行，该交易表现为经常项目中劳务承包收支增加 450 万美元，应记经常账户贷方。另一方面表现为金融资产增加 450 万美元，记资本和金融账户借方。

（5）我国动用外汇储备 80 万美元，从美国、加拿大等国购入小麦、玉米等粮食产品。该交易表现为外汇储备减少 80 万美元，记资本和金融账户贷方，货物进口增加 80 万美元，记经常账户借方。

（6）我国在日本发行 10 年期债券，价值 150 万美元，此款存入日本东京的银行。表现为负债增加 150 万美元，记资本和金融账户贷方。另一方面金融资产增加 150 万美元，记资本和金融账户借方。

（7）港澳同胞在内地旅游，花费 20 万美元，增加了我国外汇储备，此交易表现为经常账户中旅游收支增加 20 万美元，记贷方。另一方面，我国外汇储备增加 20 万美元，应记资本和金融账户借方。

（8）我国向德国出口轻工业品，以清偿对德国银行的短期贷款，该交易表现为货物出口增加 30 万美元，记经常账户贷方。另一方面，负债减少 30 万美元，记资本和金融账户借方。

（9）一项进口由英国轮船公司承担，须付运费 7 万美元，由驻伦敦的中国银行支付。该交易表现为服务进口增加 7 万美元，记经常账户借方；资产减少 7 万美元，记资本和金融账户贷方。

（10）我国向国际货币基金组织借入短期资金 120 万美元，以增加我国外汇储备。该交易表现为负债 120 万美元，记资本和金融账户贷方；外汇储备增加 120 万美元，记资本和金融账户借方。

（11）我国向越南等国提供 15 万美元的工业品援助。该交易表现为货物出口增加 15 万美元，记经常账户贷方。另一方面表现为无偿转让支出增加 15 万美元，记经常账户借方。

（12）我国在泰国直接投资 60 万美元的机械设备。该交易表现为货物出口 60 万美元，记经常账户贷方；资本增加 60 万美元，记资本和金融账户借方。

（13）年底核算，我国外汇储备实际动用了 88 万美元。

根据上述资料可编制国际收支平衡表（草表）和国际收支平衡表，如表 6-2 和表 6-3 所示。

表 6-2　国际收支平衡表（草表）　　　　　　（单位：万美元）

		借方		贷方	
经常账户		货物和服务 初次收入 二次收入	1 300 + 80 + 7 = 1 387 0 15 = 15	货物和服务 初次收入 二次收入	150 + 15 + 30 + 20 + 60 = 275 450 = 450 75 = 75
资本和金融账户		资本增加	150 + 450 + 150 + 60 = 810	资本减少	1 300 + 7 = 1307
	金融账户	非储备性质	30 = 30	非储备性质	150 + 120 = 270
		储备资产增加	20 + 75 + 120 = 215	储备资产减少	80 + 8 = 88
净误差与遗漏		净误差与遗漏	8 = 8	净误差与遗漏	0
合计			2 465		2 465

表 6-3　国际收支平衡表　　　　　　　　　（单位：万美元）

	差额	借方	贷方
合计	0	2 465	2 465
一、经常账户	-602	1 402	800
（一）货物和服务	-1 112	1 387	275
（二）初次收入	450	0	450
（三）二次收入	60	15	75
二、资本和金融账户	610	1 055	1 665
（一）资本账户	497	810	1 307
（二）金融账户	113	245	358
三、净误差与遗漏	-8	8	0

根据表 6-2 和表 6-3 资料可知：

$$借方合计 = 贷方合计$$
$$2\,465\,万美元(借方) = 2\,465\,万美元(贷方)$$
$$经常账户 = -1\,112 + 450 + 60 = -602$$
$$资本和金融收支差额 = 497 + 113 = 610$$
$$净误差与遗漏 = -(-602 + 610) = -8$$

目前，中国的国际收支统计体系涵盖非金融部门的国际交易报告（ITRS）、金融部门的直接申报、企业抽样调查等统计。与此同时，搜集海关、商务部、国家旅游局、公安部、中国人民银行等部门资料来验证和补充国际收支申报数据，同时结合国家外汇管理局的抽样调查数据来编制中国国际收支平衡表。从主要项目来看，资料来源具体如下：

(1) 货物贸易数据以海关数据为基础，并进行相应的统计价格和统计范围调整。统计范围调整包括根据国际收支统计申报数据进行分类调整。例如，将货物贸易细化为一般贸易、加工贸易、货物修理以及各种运输工具在港口购买的货物等项目，统计价格的调整主要是将海关进口货物从到岸价调整为离岸价。

(2) 服务贸易以国际收支统计申报数据为基础，同时利用海关、国家旅游局等部门数据进行核实验证。例如，在计算运输费用和保险费用支出时，海关进口数据是重要的推算依据。在计算旅游收入时，自 2016 年全年国际收支平衡表起，国家外汇管理局全面采用旅行收付渠道数据来编制旅行收入和支出数据，并追溯调整了 2014~2015 年数据。旅行收付渠道涵盖银行卡（含信用卡和借记卡）、汇款和现钞花费，其中，银行卡和汇款数据均为全数统计，现钞花费数据通过年度个人调查获得的银行卡与现钞花费比例进行估算。此外，对于通过旅行收付渠道进行的其他项目交易，如境外购房和购买境外投资性保险产品等交易，在可获得的数据范围内进行了还原处理。其他的服务贸易数据主要来自国际交易报告系统（ITRS）。

(3) 收益项目（初次收入）主要根据国际收支统计申报数据，并结合外债数据、证券统计数据等编制。具体来讲，直接投资利润数据来自于国家外汇管理局和商务部的直接投资统计。国际收支平衡表中的季度数据根据当期重点企业利润数据进行估算，并根据年度调查数据进行修订。证券投资和其他投资的初次收入数据来自金融机构对外资产负债统计、国家外汇管理局的外债统计，以及国际交易报告系统。其他初次收入来自于国际交易报告系统。

（4）经常转移项目（二次收入）以国际收支统计申报数据和海关部分数据为基础编制。

（5）资本项目以国际收支统计申报数据为基础编制。

（6）直接投资项目中，对于资产，数据源包括国家外汇管理局的对外金融资产负债及交易统计，以及商务部统计。对于负债，数据源包括国际交易报告系统、估算和外国来华直接投资年检数据。

（7）证券投资项目以中国人民银行统计数据、国际收支统计申报数据以及外债数据为基础编制。

（8）其他投资项目以外债、中国人民银行统计数据等为基础编制，其中贸易信贷项目开始使用抽样调查数据。

（9）储备资产数据来源于中国人民银行和国家外汇管理局资料。

（10）净误差与遗漏由上述结果通过计算机直接得出。

6.2.5 国际收支平衡表的应用分析

1. 国际收支平衡状况分析

国际收支平衡状况分析，重点是分析国际收支差额，并找出原因，以便采取相应对策，扭转不平衡状况。

国际收支差额是进行平衡分析的基本工具。对于国际收支平衡表中的每一交易项目，都可以计算相应的"差额"指标。通过平衡表各项目的借贷对比，反映国际收支的平衡状况；对各项目差额进行对比，还可分析一国的经济状况和经济实力。此外还可以将平衡表中某些项目与别国的同类项目进行对比分析，以反映其差异程度。国际收支总差额是收入和支出的最终结果。谋求国际收支平衡是当前世界各国运用储备资金政策的目标之一。但是，任何国家的国际收支的平衡都是相对的，而不平衡是绝对的。一般说来，每个国家都期望保持国际收支顺差，以便不断增加国际储备资产，提高本国的经济实力。反之，连年出现逆差，会造成国际储备资产的减少，削弱本国的经济实力和竞争能力。

2. 国际收支结构分析

为了深入分析国际收支平衡状况，须对国际收支的结构进行分析。该项分析主要通过各类对外交易的流量水平，考察国际收支的结构特征；对国际收支结构进行分析，可以揭示各个项目在国际收支中的地位和作用，从结构变化中发现问题、找出原因，以便对该时期的国际收支活动的性质特征做出定量判断，从而为指导对外经济活动提供依据。此外，通过国际收支各个指标之间以及国际收支指标与其他国民经济核算指标的对比，可以考察宏观经济运行的内在联系等。

3. 国际收支动态分析

在连续编制出不同年份国际收支平衡表的基础上，通过动态对比，可以观察国际收支在总量、结构和差额等方面的变动情况，进而探寻其影响因素，研究其变动趋势或规律，分析国际收支政策的实际效果，以便为未来的宏观经济管理与调控提供基础和依据。因此，对较长时期的国际收支平衡状况变动情况进行分析具有十分重要的意义。通过对不同时期的国际收支差额进行对比，可以分析国际收支的总趋势。通过计算，还可以分析哪些项目有加强的趋势，哪些项目有削弱的趋势。

阅读材料：我国外汇储备规模的变化[一]

外汇储备是我国改革开放和对外经济发展成就的客观反映，是国际收支运行的实际结果。1992年党的十四大确定了建立社会主义市场经济体制的改革目标，2001年我国成功加入世界贸易组织，为我国经济社会快速发展注入了强大动力。2008年国际金融危机以来，随着国内外环境和条件的变化，我国经济发展进入新常态，外汇储备规模在长期增长后出现了高位回调。但总体来看，目前我国外汇储备充足，规模仍处于合理区间。

我国外汇储备规模连续多年保持全球首位。随着社会主义市场经济体制的建立和对外开放战略的不断深化，我国顺应世界经济发展大势，主动参与国际分工与合作，在不断扩大对外开放的过程中实现了国民经济连续多年快速增长，对外贸易、利用外资和对外投资规模迅速扩大，国际收支持续出现顺差。这一时期，我国外汇储备规模从1992年年初的217亿美元，攀升到2014年6月的历史峰值3.99万亿美元。根据统计，截至2017年3月末，全球外汇储备规模排名前10位的国家（地区）依次为中国大陆、日本、瑞士、沙特阿拉伯、中国台湾、俄罗斯、中国香港、巴西、韩国和印度。其中，我国外汇储备规模约占全球外汇储备规模的28%，远远高于其他国家。

我国外汇储备规模变化具有明显的阶段性特征。进入21世纪以来，我国外汇储备经历了两个发展阶段。第一个阶段是2000年至2013年，伴随着国际资本高强度流入新兴经济体，我国外汇储备快速增长，从2000年年初的1 547亿美元，迅速攀升至2013年年末的3.82万亿美元，年均增幅在26%以上。第二个阶段是2014年以来，伴随着国际资本开始从新兴经济体流出，我国外汇储备在2014年6月份达到历史峰值后出现回落。

我国外汇储备十分充裕。一国持有多少外汇储备算是合理，国际上并没有公认的衡量标准。20世纪五六十年代，最广泛使用的外汇储备充足率指标是覆盖3至6个月的进口；后来，外汇储备功能需求拓展到防范债务偿付能力不足，广泛使用的充足率标准变成覆盖100%的短期债务。2011年以来，国际货币基金组织结合各国危机防范的资金需求，提出了外汇储备充足性的综合标准。外汇储备规模是一个连续变量，受多种因素影响始终处于动态变化之中，因此对其合理水平的衡量需要综合考虑一国的宏观经济条件、经济开放程

[一] 潘功胜. 理性看待我国外汇储备规模的变化 [J]. 求是, 2017 (13): 54-56.

度、利用外资和国际融资能力、经济金融体系的成熟程度等多方面因素。就我国而言，当前无论采用何种标准来衡量，我国外汇储备都是相当充裕的，能够满足国家经济金融发展的需求。

6.3 国际投资头寸统计

6.3.1 国际投资头寸表的概念

国际投资头寸表是反映特定时点上一个国家或地区对世界其他国家或地区金融资产和负债存量的统计报表。国际投资头寸的变动是由特定时期内交易、价格变化、汇率变化和其他调整引起的。国际投资头寸表在计价、记账单位和折算等核算原则上均与国际收支平衡表保持一致，并与国际收支平衡表共同构成一个国家或地区完整的国际账户体系。

中国国际投资头寸表是反映特定时点上我国（数据中不含香港、澳门和台湾地区，下同）对世界其他国家或地区金融资产和负债存量的统计报表。

6.3.2 国际投资头寸表的统计原则、结构和编制方法

国际投资头寸表是对外金融资产和负债存量的平衡表，用于记录一定时点一个国家的对外资产负债状况，以及一定时期内由于交易、价格变化、汇率变化和其他因素所引起的对外资产负债变化。

1. 国际投资头寸表的统计原则

根据国际货币基金组织发布的《国际收支手册》第 6 版，国际投资头寸表的主要统计除了遵循国际收支平衡表统计的一般原则外，还应遵循以下原则：

第一，按照市场价格来计价。原则上，构成国际投资头寸表的所有资产和负债均应按市场价格来计算。例如，应按照股票、债券等金融资产的实际价格来计算；对于直接投资资产负债，可以参照投资企业 & 被投资企业的资产负债表进行估价。如果直接投资企业在股票市场上市，可以按照市场牌价来计算其市值。

第二，按照时点记录，这是与国际收支平衡表的最大差别。

第三，国际投资头寸表不采用复式记账法。国际投资头寸表资产负债之间的差额，构成净资产或者净负债。

2. 国际投资头寸表的结构

国际投资头寸表的表式结构如表 6-4 所示。根据国际货币基金组织的标准，国际投资头寸表的项目按对外金融资产和对外负债设置。其主栏反映常住单位对非常住单位的资产（债权）和负债（债务）。资产细分为直接投资、证券投资、金融衍生工具、其他投资、储备资产五部分，负债细分为直接投资、证券投资、金融衍生工具、其他投资四部分。净头寸是指对外金融资产减去对外负债。宾栏反映这些对外债权和债务的动态平衡，把造成

从期初到期末头寸变化的原因都包括在内。

表 6-4　中国国际投资头寸表（年度表）　　　　（单位：亿美元）

项目	2016 年年末	2017 年年末
净头寸①	19 504	18 141
资产	65 070	69 256
1. 直接投资	13 574	14 730
1.1　股权	11 274	12 413
1.2　关联企业债务	2 300	2 317
1.a　金融部门	/	2 345
1.1.a　股权	/	2 249
1.2.a　关联企业债务	/	95
1.b　非金融部门	/	12 385
1.1.b　股权	/	10 164
1.2.b　关联企业债务	/	2 221
2. 证券投资	3 670	4 972
2.1　股权	2 152	3 075
2.2　债券	1 518	1 896
3. 金融衍生工具	52	60
4. 其他投资	16 797	17 136
4.1　其他股权	1	54
4.2　货币和存款	3 653	3 677
4.3　贷款	5 768	6 372
4.4　保险和养老金	123	101
4.5　贸易信贷	6 145	6 339
4.6　其他	1 107	593
5. 储备资产	30 978	32 359
5.1　货币黄金	679	765
5.2　特别提款权	97	110
5.3　国际货币基金组织的储备头寸	96	79
5.4　外汇储备	30 105	31 399
5.5　其他储备资产	2	5
负债	45 567	51 115
1. 直接投资	27 551	29 014
1.1　股权	25 370	26 758
1.2　关联企业债务	2 181	2 256
1.a　金融部门	/	1 491
1.1.a　股权	/	1 375
1.2.a　关联企业债务	/	115
1.b　非金融部门	/	27 524

（续）

项目	2016年年末	2017年年末
1.1.b 股权	/	25 383
1.2.b 关联企业债务	/	2 141
2. 证券投资	8 111	10 439
2.1 股权	5 795	7 166
2.2 债券	2 316	3 272
3. 金融衍生工具	60	34
4. 其他投资	9 844	11 628
4.1 其他股权	0	0
4.2 货币和存款	3 166	4 452
4.3 贷款	3 205	3 922
4.4 保险和养老金	88	100
4.5 贸易信贷	2 883	2 871
4.6 其他	408	184
4.7 特别提款权	94	100

① 净头寸是指资产减负债，"+"表示净资产，"-"表示净负债。
资料来源：国家外汇管理局。

期末头寸 = 期初头寸 + 交易变化 + 价格变动 + 汇率变动 + 其他调整

其中，交易变化指国际收支平衡表标准组成部分的交易，它的分类与表6-2一致；价格变化和汇率变化记录各个组成部分的计价变化，是影响投资头寸存量的主要因素；其他调整是指不属于交易但有引起投资头寸物量变化的各种其他因素，相当于SNA中的"资产物量的其他变化"，包括特别提款权的分配或撤销引起的变化，黄金货币化或非货币化引起的变化，重新分类，债权人单方面取消债务，没收或不加偿还的占有等引起的头寸变化。

在国际投资头寸表中，各指标之间存在如下数量平衡关系：

对外资产 = 直接投资 + 证券投资 + 金融衍生工具 + 其他投资 + 储备资产
对外负债 = 直接投资 + 证券投资 + 金融衍生工具 + 其他投资
净头寸 = 对外资产 - 对外负债
期末负债 = 期初负债 + 交易、价格、汇率变化和其他调整引起的负债变化
期末净头寸 = 期初净头寸 + 交易、价格、汇率变化和其他调整引起的资产变化
             - 交易、价格、汇率变化和其他调整引起的负债变化

3. 国际投资头寸表的编制方法

国际上，国际投资头寸表的数据来源与国际收支平衡表数据来源基本一致，但在编制方法上略有不同。主要在于国际投资头寸表涉及存量，因此需要考虑价格变化、汇率变化以及其他调整等因素。我国国际投资头寸表的数据来源也基本上和国际收支平衡表数据来源一致。

总体而言，我国国际投资头寸表的编制主要以国际收支平衡表数据为交易变化基础，并根据汇率变化、市场变化以及其他调整，来编制期初期末国际投资头寸。具体表现为：

（1）国外直接投资数据主要来自财政部对境外直接投资企业的年度资产负债调查以及金融机构自身资产负债损益申报。

（2）来华直接投资数据主要来自商务部直接投资统计，并根据外债数据以及国际收支统计申报数据进行相应调整。

（3）证券投资资产主要来自中国人民银行和国家外汇管理局国际收支统计申报中金融机构自身资产负债损益申报统计。

（4）证券投资负债数据通过证监会和外债统计监测系统获得，并予以相应调整。

（5）其他投资中贸易信贷主要依靠海关、国际收支统计申报数据为基础，并将逐步过渡到抽样调查；贷款、货币和存款以及其他资产数据根据中国人民银行统计数据、外债统计系统以及国际收支统计申报数据来编制。

（6）储备资产数据来自中国人民银行和国家外汇管理局资料。

6.3.3　国际投资头寸表的应用分析

下面根据 2017 年的国际投资头寸表对我国的国际投资头寸状况进行分析⊖，以对头寸表的结构和其中的项目有更深的理解。

2017 年年末，我国对外金融资产 69 256 亿美元，较上年年末增长 6.4%；对外负债 51 115 亿美元，增长 12.2%；对外净资产为 18 141 亿美元，减少 7.0%。对外资产中储备资产仍居首位，但民间部门持有占比继续上升。2017 年年末，我国对外金融资产中，国际储备资产余额为 32 359 亿美元，较上年年末增长 4.5%，其中由交易引起的储备资产余额增加 915 亿美元，由汇率及价格等非交易因素引起的储备资产余额增加 465 亿美元。储备资产占我国对外金融资产总额的 47%，继续占据对外资产首位，但比重较上年年末减少 1 个百分点，为 2004 年公布国际投资头寸数据以来的最低水平；直接投资资产 14 730 亿美元，占资产总额的比重为 21%；证券投资资产 4 972 亿美元，占比 7%；金融衍生工具资产 60 亿美元，占比 0.1%；存贷款等其他投资资产 17 136 亿美元，占比 25%。

对外负债仍以外国来华直接投资为主，境内外上市企业股价上涨推升证券投资负债占比增加。2017 年年末，我国对外负债中，外国来华直接投资 29 014 亿美元，较上年年末增长 5.3%，继续位列对外负债首位，占比 57%，较上年年末下降 3 个百分点；证券投资负债 10 439 亿美元，占比 20%，较上年年末上升 2 个百分点，主要是境内外上市企业股价上涨带来股本证券负债估值大幅上升；金融衍生工具负债 34 亿美元，占比 0.1%；存贷款等其他投资负债 11 628 亿美元，占比 23%，较上年年末上升 1 个百分点。

投资收益差额继续呈现逆差，但状况明显改善。2017 年，我国国际收支平衡表中投

⊖ 国家外汇管理局国际收支分析小组 . 2017 年中国国际收支报告，2018.

资收益为逆差 499 亿美元，同比下降 23%。其中，我国对外投资收益收入 2 349 亿美元，增长 18%；对外负债收益支出 2 848 亿美元，增长 8%；二者年化收益率差异为 -2.5 个百分点，较上年收窄 0.3 个百分点。收益率差异收窄表明，近年来通过优化对外投资资产配置，我国对外投资收益相对有所提高，但总的来看，我国对外金融资产负债结构仍然是投资收益差额为负的决定因素。2017 年年末，我国对外金融资产中储备资产占比近半，因主要为流动性较强的资产，2005～2017 年我国对外金融资产年平均投资收益率为 3.3%；对外金融负债中主要是外来直接投资，股权投资属于长期、稳定的投资，投资回报一般高于其他形式资产，2005～2017 年我国对外负债年平均投资收益率为 6.4%。来华直接投资资金持续流入并保持较高的投资收益率，说明我国长期良好的投资环境对于境外投资者仍具有较大的吸引力，来华直接投资在我国经济发展中也发挥了积极作用。

阅读材料：改革开放 40 年来我国外汇市场发展⊖

改革开放前，我国实行统收统支的外汇管理体制，没有外汇市场的基础和概念。伴随着改革开放，我国外汇市场从无到有，逐步发展。经过 40 年的发展，我国外汇市场产品不断丰富，市场主体不断增加，对外开放程度不断提高，市场配置外汇资源、服务实体经济的能力不断增强，走出了一条有中国特色的发展道路。

服务实体经济，不断丰富外汇市场产品体系。 实体经济对于外汇市场的基本和核心需求是有效配置外汇资源和防范汇率风险，外汇市场的改革发展始终将服务实体经济放在首要位置，充分考虑经济主体的风险识别和管理能力，由简单到复杂、由基础到衍生，逐步引入各类新工具。目前我国外汇市场已具有即期、远期、外汇掉期、货币掉期和期权等基础产品体系，基本满足了各类市场主体的汇率风险需求。2017 年，我国外汇市场人民币对外汇交易各类产品累计成交 24.1 万亿美元，较 2002 年增长 43 倍，其中衍生品交易量的比重由 2002 年的 0.7% 增长至 2017 年的 60%；根据 BIS 三年一次外汇市场调查，中国外汇市场交易量占全球外汇市场交易量的比重由 2004 年的 0.02% 上升至 2016 年的 1.1%。外汇市场深度和广度进一步扩展，为推进汇率市场化改革和支持市场主体适应汇率双向波动提供了有力保障。

扩大市场开放，构建多元化的市场主体层次。 2004 年以来一批承担境外人民币清算职能的境外金融机构相继进入银行间外汇市场，还有更多的境外金融机构在跨境贸易人民币结算业务项下与境内银行开展场外外汇交易，我国外汇市场对外开放程度逐步提高。2005 年汇改以来，银行间外汇市场开始打破原先单一银行的参与者结构，一方面对内开放，允许符合条件的非银行金融机构和非金融企业入市交易；另一方面根据港澳和跨境人民币业务的发展需要，逐步推动市场对外开放。2017 年年末，银行间外汇市场成员中境外金融机构 81 家，占比为 13%；在银行间外汇市场各类产品交易量 645 亿美元，占比为

⊖ 国家外汇管理局国际收支分析小组.2017 年中国国际收支报告，2018.

0.2%。外汇市场的对外开放不仅丰富了境内市场交易主体，更重要的是体现了境外机构对境内市场的交易产品、交易机制、基础设施等各类市场要素全方位发展的充分认可，境外机构的"引进来"一定程度上也实现了中国模式的"走出去"。

借鉴国际经验，探索有中国特色的外汇市场发展道路。在充分借鉴国际成熟经验的同时，我国外汇市场发展一直以前瞻性视角积极探索适合我国国情和引领国际趋势的发展新路。以外汇交易中心为主平台的我国银行间市场，从1994年建立之初就具有有组织交易平台的基本形态，可以兼容多种交易模式、适应不同交易工具，打破了场内与场外的传统边界并形成功能融合。正是得益于有组织交易平台的这一长期制度安排，才使得2008年国际金融危机后才提出的全球监管改革很大程度上在中国市场已经提前实践，同时使我国银行间外汇市场在实践中央对手清算、交易后确认、冲销、报告等全球新的监管要求和发展措施方面，具有独特的便利基础。

回顾历史，中国外汇市场取得的发展成就是中国全面深化经济改革和对外开放、深入推进金融市场发展的必然结果。展望未来，随着我国改革开放的继续推进，外汇市场发展仍面临重大发展机遇，应积极把握人民币汇率市场化、可兑换和国际化对外汇市场发展提出的挑战与机遇，以拓展交易范围、丰富交易工具、扩大参与主体、推动市场开放、优化基础设施、完善市场监管为重点，继续深化外汇市场发展。

□ 本章小结

1. 国际收支统计又称为国际收支核算，是一个国家或地区，作为一个经济整体，同世界其他国家或地区在一定时期所发生的各项经济交易的系统记录。通过国际收支统计，可以综合反映和研究对外经济关系和国际收支状况，为对外经济活动进行科学管理和决策提供依据。
2. 国际收支核算中需遵循的原则包括交易的记录时间、交易的记录价格和记账单位与核算三方面。
3. 国际收支平衡表是反映某个时期内一个国家或地区与世界其他国家或地区间的经济交易的统计报表，它是对一个国家或地区与其他国家或地区进行经济技术交流过程中所发生的贸易、非贸易、资本往来以及储备资产的实际动态所做的系统记录，是国际收支核算和宏观经济分析的重要工具。
4. 国际收支平衡表包括经常账户、资本账户和金融账户。经常账户可细分为货物和服务账户、初次收入账户、二次收入账户。金融账户可细分为直接投资、证券投资、金融衍生工具、其他投资和储备资产。
5. 可通过国际收支平衡表进行平衡状况分析、国际收支结构分析和国际收支动态分析。
6. 国际投资头寸表是反映特定时点上一个国家或地区对世界其他国家或地区金融资产和负债存量的统计报表。国际投资头寸的变动是由特定时期内交易、价格变化、汇率变化和其他调整引起的。

□ 思考题

1. 什么是储备资产？什么是特别提款权？
2. 国际收支平衡表中的主要平衡关系有哪些？
3. 简述国际收支核算的基本原则。
4. 简述国际投资头寸表的结构。

CHAPTER 7

第7章

资产负债核算

社会再生产活动总是在一定初始条件下进行的,这些初始条件表现为存量——期初和期末的资产与负债。资产负债核算是对经济存量的核算。国民经济运行,即从期初资产负债开始,经过当期的经济活动,如生产、分配、消费、积累等产生经济流量,未被使用的流量最终又转入存量,形成期末资产负债。期末资产负债作为下一期期初的存量,开始新一轮的经济活动。国民经济就是在经济流量与经济存量周而复始的循环中向前发展的。国民经济核算是经济流量与存量核算的统一,将经济流量与存量有机地连为一个整体,才是对国民经济的完整核算。

资产负债核算全面反映某个时点上机构部门及经济总体所拥有的财力、物力的历史积累和与之对应的债权债务关系,反映一个国家或一个地区资产负债总规模及结构、经济实力和发展水平。

7.1 经济存量与资产负债

7.1.1 经济存量的概念

存量指某一定时点的状况。经济存量指某经济主体一定时点上拥有的资产和负债的状况,或者一定时点持有的资产和负债。这里的"经济主体",可以是一个机构单位、一个机构部门、一个地区、一个国家。这里的"一定时点",既可以是年初、年末,也可以是其他任何特定时点。

经济存量和经济流量之间存在着如下关系:

$$期末存量 = 期初存量 + 期内增加的流量 - 期内减少的流量$$
$$期末存量 - 期初存量 = 期内存量增加 - 期内存量减少 = 本期流量净变化量$$

任何经济存量都是过去经济流量的沉淀和积累,而经济存量的变化又表现为某种经济流量的变化。

所有的经济存量都有相应的经济流量与之对应,但是不是任何经济流量都有经济存量与之对应。无论哪种情况,经济流量与经济存量都有密切关系。如产品的生产量是流量,产品库存量是与之对应的存量;产品的进出口量是流量,却没有进出口存量,但是产品的进出口量会影响产品库存量。

经济存量和经济流量之间的这种联系,要求我们在开展国民经济核算时,既要使有关的经济存量和流量在核算内容、分类及核算方法上协调一致,又要使有关经济存量和流量的核算在经济主体的分类上尽量保持一致,或者至少能够相互匹配、相互转换。

7.1.2 资产负债的概念

资产即经济资产,指其所有者在一定时期内通过持有或使用能够产生一次性或连续性经济利益的资源。资产是一种价值贮藏手段,它代表经济所有者在一段时期内通过持有或使用该实体所生成的一项收益或系列收益。它是一种凭依,价值由此可以从一个核算期转移到另一个核算期。所有的资产均要符合三条原则:①所有权已经确定;②在一定时期内可以进行有效使用、持有或者处置,即所有者能对其拥有的资产进行有效的控制;③可以在现在或可预见的将来获得经济利益。这三条原则也是确定资产负债核算范围的原则。

资产可以分为非金融资产和金融资产两大类。SNA2008 对资产的具体分类(大类)如图 7-1 所示。

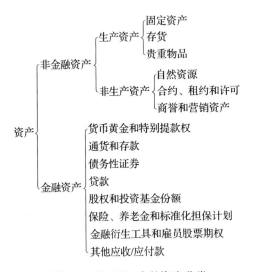

图 7-1 SNA2008 中的资产分类

我国国民经济核算的资产分类经 CSNA2016 修订后,与 SNA2008 大同小异。

金融资产指金融债权性的经济资产,包括货币黄金、特别提款权以及在另一个机构单位有对等负债的各种金融债权（如通货、存款、贷款、股权和投资基金份额等）。对于各种金融资产，机构单位个别或集体对其行使所有权，并且可以在持有或使用期间获得一定的经济利益。负债只有金融负债（债务），是金融资产（债权）的对应体，除货币黄金外，一个机构单位或机构部门的金融资产必定是另一个机构单位或机构部门的金融负债，故大多数与金融资产有对称性。作为储备资产的金块是唯一没有对应负债的金融资产。㊀

非金融资产包括由生产过程创造出来的固定资产（包括知识产权产品）、存货、贵重物品等生产资产，和某些不是生产过程创造的，但符合经济资产条件的自然资源资产、商誉等非生产资产。其中，知识产权产品是研究、开发、调查或者创新等活动的成果，开发者通过销售或者在生产中使用这些成果而获得经济利益。知识产权产品主要包括研究与开发、矿藏勘探与评估、计算机软件与数据库、娱乐及文学和艺术品原件等。资产范围中不包括无法有效确认所有权的大气等自然资源与环境，以及尚未发现或在现有条件下难以开发利用、短期内不能为其所有者带来任何经济利益的矿藏等。

非生产资产包括以下三类：自然资源；合约、租约和许可；外购商誉和营销资产。

资产是资金的运用，负债是资金的来源，各种资产作为资金的运用，其来源可能是再生产的积累，也可能是某种形式的负债。

阅读资料：国家资产负债核算的发展历史㊁

早在1936年，就有美国学者提出将企业资产负债表应用于国民经济核算的构想。国家资产负债核算开始作为一种成熟的核算方法进入人们视野是在20世纪60年代。美国经济学家Goldsmith作为该领域的开拓者，尝试将资产负债表的分析功能引入国家治理，开始研究国家资产负债表。1966年，英国经济学家Revell试编了1957～1961年英国国家资产负债表。自70年代起，日本、苏联、加拿大、澳大利亚等国家也开始了国家资产负债表的研究。1972年，为研究日本金融发展状况，Goldsmith着手编制了日本自明治时期起的国家资产负债表。90年代后期，日本将国家资产负债表正式纳入国民账户体系并定期在日本统计年鉴中公布。加拿大官方于1985年首次公布国家资产负债表并对此前若干年的部分数据做了估算，编制了自1990年始的以账面值和市场值估算的国家资产负债表。

㊀ 股权的对应负债问题。SNA2008认为，股票、其他公司权益证券和融资参股，与其他许多金融资产不同，它们没有固定的清偿价值，仅代表股东对公司净值的索取权。而CSNA2016中明确提出，股权是持有者的金融资产，发行机构单位的负债。

特别提款权（SDR）的对应负债问题。SNA2008认为，SDR是有对应负债的资产，但是它代表的是对参加国全体而不是对基金组织的债权。一参加国可将其持有的部分或全部SDR出售给其他参加国，并收到其他储备资产（特别是外汇）作为回报。SNA2008建议将由国际货币基金组织发行的SDR视为SDR持有国的资产，以及对计划参与者的集体求偿权。此外，它还建议将SDR的分配与取消记录为交易。对SDR的资产与负债应分别加以记录。受这一关于SDR核算方法变动的影响，SNA2008建议将货币黄金和SDR分列为子项目。

㊁ 封志明，杨艳昭，陈玥. 国家资产负债表研究进展及其对自然资源资产负债表编制的启示［J］. 资源科学，2015，37(9)：1685-1691.

自 90 年代起，伴随着联合国国民账户体系理论与方法的完善，澳大利亚、加拿大、英国和日本等部分发达国家的官方统计部门开始定期公布国家资产负债表。至今，大部分经济合作与发展组织（Organization for Economic Cooperation and Development，OECD）成员都至少公布了不含有实物资产的金融资产负债表。

中国国家统计局于 20 世纪 80 年代中期开始研究资产负债表核算，1992 年把资产负债表正式纳入中国国民经济核算体系，1995 年制定了统一的国民资产负债核算制度，次年起开始试编中国国家资产负债表，2004 年发布 1998 年的统计结果，并在 2007 年总结了中国资产负债表的编制方法，系统地阐述了国家资产负债表的概念与内涵、编制方法和指标。但由于受核算条件的限制，此项工作还停留在统计方法和数据收集层面，缺乏系统性的政策分析及预测作用。

2013 年，党中央在《中共中央关于全面深化改革若干重大问题的决定》中明确要求"加快建立国家统一的经济核算制度，编制全国和地方资产负债表"，这充分表明编制国家资产负债表的重要性。2016 年两会中，政府在《中华人民共和国国民经济和社会发展第十三个五年规划纲要》中明确提出"研究建立生态价值评估制度，探索编制自然资源资产负债表，建立实物量核算账户"，进一步推动我国国家资产负债表的编制工作。2017 年公布的《中国国民经济核算体系（2016）》，从基本结构、基本估价方法、基本指标、基本编表方法等方面对我国资产负债核算做出进一步的详细说明。

7.1.3 资产负债核算的原理和内容

1. 资产负债核算的原理

资产负债核算是对各个机构部门和经济总体一定时点上的资产和负债的核算。存量与流量是紧密相连的：资产负债作为社会再生产活动主要的初始条件，表现为期初资产负债的规模和结构，经过一段时间的生产、分配、使用活动，形成了经济活动的结果——期末资产负债的规模和结构。存量核算与流量核算可以以一定的方式构成相互适应、彼此衔接的有机整体。

期初资产负债是过去各个时期的产出和收入中，未被消耗和消费的产品（流量）的积累和沉淀；一段时间内形成的资产负债，是这段时间的产出和收入中未被消耗和消费的产品，作为投资的部分和各个机构部门调剂资金余缺而进行的金融交易，这部分正是资金流量核算的内容；期初到期末，由于价格变化的原因，会使资产负债发生变化（用"重估价"衡量），由于诸如地下资源的发现或耗减、战争或其他政治事件的破坏、自然灾害的破坏、机构部门分类的变化等非交易因素引起的变化，还会使资产的数量发生变化（用"资产物量其他变动"衡量）。因此，期末资产负债核算与期初资产负债核算有如图 7-2 所示的关系。

图 7-2 不仅表明了资产负债核算的原理，也表明了所有存量核算的原理，不仅适用于价值量表现的经济存量，也适用于实物量表现的存量，如：

期末资产 = 期初资产 + 期内净增加的资产 + 资产物量其他变动 + 重估价
期末负债 = 期初负债 + 期内净增加的负债 + 重估价
期末存款余额 = 期初存款余额 + 期内净增加的存款余额
期末劳动力资源 = 期初劳动力资源 + 期内净增加的劳动力资源

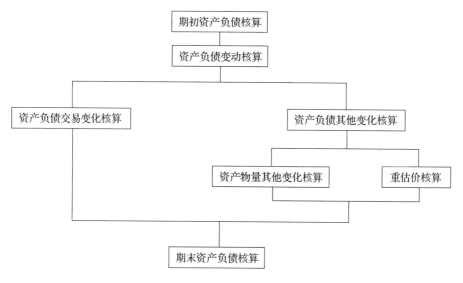

图 7-2 资产负债核算原理示意图

从以上分析可以看出，国民经济的存量和流量相互依存、相互制约，期初资产负债等存量是国民经济运行的前提条件，存量的规模和结构与流量的规模和结构会相互影响，期初资产负债存量是历年流量的积累和沉淀，而期末资产负债等存量又是新一轮国民经济运行的起点。国民经济就是在存量和流量循环转化中不断向前发展的。

2. 资产负债核算的内容

（1）资产负债总量核算。

资产负债核算中最重要的总量有资产总量、负债总量和资产净值（资产负债差额）。一个国家或地区的"家底"表现为经济资产和资产净值有多少、承担的债务有多大，这些都是重要的国情国力资料。搞清"家底"就能正确评估国民的财产规模和分布状况，为政府进行宏观管理与调控、制定经济发展战略与步骤提供数量依据。

（2）资产负债构成核算。

从图 7-1 可以看出，资产负债核算对资产总量、负债总量和资产净值做了比较详细的分类，可以方便地进行资产、负债和资产净值的构成核算。通过各个项目的构成，可以分析生产能力和潜力、债权债务关系、在国际市场的经济实力等，为产业结构的调整、对外经济关系制定提供数量依据。

（3）各个机构部门资产负债总量和构成核算。

国民资产负债核算分别按非金融企业、金融机构、广义政府、为住户服务的非营利机构（NPISH）、住户和国外六个机构部门核算资产负债总量和构成。这不仅能摸清各个机构部门的"家底"及构成、债务偿还能力，还能反映一个国家或地区资产和负债的分布与配置状况、各个机构部门相互之间的债权债务关系和对整个国民经济的影响程度，为制定宏观产业政策提供数量依据。

以上三种核算都是静态核算，国民资产负债核算是动态核算和静态核算的统一，还应包括资产负债变动核算。资产负债变动核算分为资产负债交易变化核算和资产负债其他变化核算。资产负债交易变化核算是指，核算各个机构部门因调剂资金余缺而进行的金融交易；资产负债其他变化核算包括重估价核算和资产物量其他变化核算。资产负债变动核算反映了期末资产负债变动的原因和结构。

7.1.4 资产负债核算的主体、记录时间和估价

1. 资产负债核算主体

资产负债核算的主体是一个国家或地区的机构单位。资产负债核算是对一个国家或地区经济领土上的所有机构单位或机构部门在某一定时点上的资产及与之对应的权益和债务关系的一种核算。这种核算既包括对非金融资产、金融资产和金融负债的核算，也包括对通过资产与负债之间差额所描述的权益状况的核算。⊖

2. 资产负债核算的方法和记录时间

资产负债核算遵循复式记账原则，采用 T 字形账户形式。账户的借方记录资产，贷方记录负债及资产与负债的差额。

机构单位或机构部门之间的资产负债核算的记录必须按照权责发生制原则，在同一时点计入相关的机构单位或机构部门双方各自的账户中。资产负债核算的时点并没有严格限制，可以是年末，也可以是月末、季度末，如加拿大一般发布季度和年度国家资产负债表。

3. 资产负债核算的估价

为了遵循国民经济核算的基本原则和与国内生产总值、投入产出、资金流量、国际收支等流量核算相衔接，资产负债核算的估价采用现期市场价格，即用核算时点的市场交易价格或类似的价格估计资产负债存量的价值。对可以在市场上买卖的资产和负债项目，以这些可观察到的现期市场价格估价；对于某些自行建造或不在市场上进行交易的资产，可以用近似的市场价格估价。这与会计采用历史成本价格是不同的，特别是在通货膨胀时，两种价格估价的资产负债差异会很大。

为得到现行市场价格，通常可以采用如下几种方法。①最理想的是能够得到同类资产和负债的可观察的市场价格。一般来说，这种价格是生产者、投资者、消费者或其他经济

⊖ 对整个国民经济所拥有的资产负债存量的总规模及结构进行的核算称为国民资产负债核算。以下如果没有特别说明，我们所提到的资产负债核算均指国民资产负债核算。

机构决策的基础。②当所核算的资产负债因近期市场上未有同类资产交易而无法得到可观察的市场价格时，可以设法通过计算该类资产市场交易的评估及价格来估算。除上述两种方法外，在某些情况下还可以采取以下两种方法得到近似的现期价格：一种方法是在资产的使用年限内累加和重估价该资产的获得减处置得到近似的价值，这种方法适用于那些价值下降的资产，如购买的商誉等无形资产和固定资产等；另一种方法是根据给定资产的预计的未来经济利益的贴现价值来获得该类资产近似的市场价格，此种方法适用于那些延迟资产，如林木、地下矿产资源等。

阅读材料：如何在使用永续盘存法计算资本存量时附带计算出固定资本消耗[一]

资本存量总额的核算。永续盘存法要求估计生产者手中现有的固定资产存量。第一步是估计因过去年份的固定资本形成而建造安装的固定资产到当期还剩多少。为达此目的，可将基于观察或技术研究而得到的平均使用年限或生存函数应用于过去的投资；运用合适的固定资产价格指数，将过去以不同价格购置的固定资产转换为当期价格。要构造一个涵盖很长时期的合适的价格指数，在理论上和实践上都存在困难，然而无论如何，价格核算中的这些技术问题在估算资产负债表中的资产价值时都必须面对。由过去投资形成的且按当前购买者价格重新估价的固定资产存量被称为资本存量总额。如果希望得到物量意义上的资本存量总额的年度时间序列，也可以按照给定的基年价格来计算资本存量总额。

相对效率。某一固定资产对使用该资产之生产的投入会随着时间推移而趋于减少。资产类型不同，其使用效率的下降速度也不相同。最简单的一种情况是，其使用效率保持不变直至资产损坏，如电灯泡。其他一些比较简单的情况是效率在其使用期限内线性递减或指数递减。还有符合双曲线的效率损失率，即效率下降的幅度在最初几年相对较小，但随着时间的推移急剧增大。然而，在实际操作中并不是逐一针对每项资产计算的，而是要按照相似年限和特性的资产组群分类计算。尽管组群中单个资产的报废时间不同，但是整个组群的效率退出曲线通常是凸向原点的。

固定资产的效率曲线决定了它在使用年限内的收益曲线。一旦确定了固定资产在使用年限内的收益曲线，就能够逐期计算其固定资本消耗。

固定资本消耗率。正如前面所解释的，固定资本消耗等于剩余收益现值的减少额。该减少额和它随时间的变化率必须与资本资产本身的效率下降明确区分开来。尽管某些效率特征如灯泡的资产，其效率以及收益可能在损坏之前的各个时期保持不变，但是该资产的价值将随着时间的推移而下降，从而固定资本消耗不是固定的。在这种情况下很容易看出，资产剩余收益现值的下降额在使用前期要远小于该资产的寿命末期。固定资本消耗将随着资产的老化而逐渐增大，即使效率与收益一直保持不变。

固定资本消耗的价值。固定资本消耗不能脱离资本存量数据而单独计算。编制资产负

[一] 摘自《国民账户体系（2008）》，由中国统计出版社于2012年出版。

债表需要使用资本存量数据，试图脱离资产存量水平和资产的价格模式及效率下降模式单独计算固定资本消耗，很容易产生误差。

7.2 资产负债表

7.2.1 资产负债表的表式结构

资产负债核算是通过编制资产负债表来进行的。资产负债表包括期初资产负债表、资产负债交易变化表、资产负债其他变化表和期末资产负债表。其中，期初资产负债表与期末资产负债表有同样的结构和内容，只是记录时点不同；资产负债交易变化表与资产负债其他变化表有相同的结构，区别在于前者反映与当期经济交易有关的资产负债变化，后者反映其他原因引起的资产负债变化。期初和期末资产负债表，记录机构部门及经济总体的资产负债存量；资产负债交易变化表和其他变化表，记录各机构部门及经济总体的资产负债变化量。四张表之间的关系是：

$$期末资产(负债)存量 = 期初资产(负债)存量 + 资产(负债)交易变化 + 资产(负债)其他变化$$

资产负债表是反映期末、期初资产、负债、资产净值存量以及资产负债变动的表格（账户），可以就机构单位、机构部门和经济总体编制资产负债表。将机构单位的资产负债表按机构部门合并，可以得到机构部门的资产负债表；将机构部门的资产负债账户合并，可以得到经济总体的资产负债表，即国民资产负债表。就机构单位、机构部门而言，资产负债表（账户）提供了以净值形式概括反映供其支配使用的金融资源和非金融资源；就经济整体而言，资产负债表提供了国民财产——非金融资产与国外净债权之和。

CSNA2016 按照 SNA2008 标准，重新设置了表式，由横式结构改为纵式结构。主要变化有：主栏的金融资产与负债项目分别独立设置；宾栏不再分设"使用项"和"来源项"；金融资产与负债项目下不再区分国内与国外的资产与负债。横式资产负债表的优点是金融资产负债对应关系清晰，纵式资产负债表的优点是可在宾栏添加更多内容。

我国资产负债表各表均采用交易项目×部门的矩阵结构（如表 7-1 所示）。主栏是资产负债项目（指标），有三大项目，每一项包括若干层次的子项目，根据核算的需要，还可以对所有项目或者某些项目进一步细分。主栏项目的排列顺序是：先资产项目，后负债项目；先非金融项目，后金融项目。对于金融资产和金融负债项目，则是按变现速度的快慢排列的。第一项资产，反映各个机构部门及经济总体非金融资产和金融资产的规模、结构和分布。第二项负债，反映各个机构部门自身的金融负债状况；结合金融资产部分，还反映了机构部门之间的债权债务关系，以及国内各个机构部门与非常住单位之间的债权债务关系。第三项资产净值，反映各个机构部门及整个经济的财富和经济实力。

表 7-1 资产负债表

交易项目 \ 机构部门	非金融企业部门	金融机构部门	广义政府部门	NPISH部门	住户部门	经济总体	国外
1. 资产							
非金融资产							
生产资产							
固定资产							
住宅							
其他建筑和构筑物							
机器和设备							
培育性生物资源							
知识产权产品							
存货							
贵重物品							
非生产资产							
金融资产							
通货							
存款							
贷款							
股权和投资基金份额							
债务性证券							
保险准备金和社会保险基金权益							
金融衍生品和雇员股票期权							
国际储备							
其他							
2. 负债							
通货							
存款							
贷款							
股权和投资基金份额							
债务性证券							
保险准备金和社会保险基金权益							
金融衍生品和雇员股票期权							
国际储备							
其他							
3. 资产净值							

宾栏是核算的主体，按机构部门分列，包括非金融企业部门、金融机构部门、广义政府部门、NPISH 部门、住户部门和国外等。根据核算的需要，还可以对某些机构部门做进一步分类。

资产负债表中非金融资产只在持有者的资产方反映。不同机构部门的金融债权与债务同时发生、数量相等、方向相反，某一机构部门或几个机构部门拥有的债权数额，必然与相应的另一机构部门或几个机构部门所承担的债务数额相等。因此，宾栏有如下平衡关系：

各个机构部门的某项数值之和 = 全社会（国民经济）的某项数值总量

例如：

各个机构部门的非金融资产之和 = 全社会的非金融资产总量
各个机构部门的通货和存款之和 = 全社会的通货和存款总额

7.2.2 资产负债核算的主要指标

1. 资产

资产包括金融资产和非金融资产。非金融资产包括生产资产和非生产资产，其中，生产资产细分为固定资产、存货和贵重物品，非生产资产包括自然资源，合约、租约和许可，商誉和营销资产。金融资产包括通货、存款、贷款、股权和投资基金份额、债务性证券、保险准备金和社会保险基金权益、金融衍生品和雇员股票期权、国际储备及其他。

（1）固定资产：指一定时点上，能保证国民经济各个部门生产经营、管理、生活正常进行，生产过程中能被反复使用或连续使用一年以上而保持原有形态，单位价值符合相应部门财务制度规定的实物资产。

固定资产包括住宅、其他房屋和构筑物、机器和设备、培育资产（种畜、役畜、反复或连续生产奶制品的产品畜、果园、重复生产林产品的经济林木等）、固定资产其他项（图书文物、家具用具等）。固定资产统计的内容有以下几项：

固定资产原值，指机构单位在建造、购置、安装、改建、扩建、技术改造时支出的全部货币总额。

累计折旧，指固定资产在使用过程中，通过逐步损耗而转移到产品成本或商品流通费用的那部分价值；或者说，累计折旧指从固定资产购置到核算时点为止的折旧累加额。

在建工程，指机构单位各项未完工程和尚未使用的工程物资核算时点的余额。

固定资产清理，指机构单位因出售、毁损、报废等原因转入清理，但在核算时点尚未完毕的固定资产净值，以及在清理过程中发生的清理费用与变价收入的差额。

待处理固定资产净损失，指机构单位在清理财产中发现的尚待批准转销或做其他处理的固定资产盘亏、毁损扣除盘盈后的净损失的核算时点的余额。

（2）存货：指一定时点上退出或暂时退出生产过程，但未进入消费领域或还没有重新进入生产领域的物质资料储备。主要包括原材料、在制品、产成品、商品库存、国家储备物资等。

并非所有的存货都是非耐用的，一些价值较低的小型的简单生产工具、武器、未完工的和未出售的耐用品（为自用或为特定用户生产的除外，这一部分虽未完工，但应作为固定资产），都具有耐用性，但它们属于存货。

(3) 贵重物品：指主要不是用于生产或消费，而是在一段时间内作为价值贮藏手段持有的、具有相当大价值的生产货物。主要包括用于投资的贵金属、宝石、古董和其他贵重物品。

(4) 非生产资产：指不是生产过程创造的，但符合经济资产条件的资源。主要包括自然资源，合约、租约和许可，外购商誉和营销资产。

(5) 通货：指以现金形式存在于市场流通领域中的货币，包括纸币和硬币。通货是持有者的金融资产，金融机构的负债。

(6) 存款：指金融机构接受客户存入的货币款项，存款人可随时或按约定时间支取款项的信用业务，主要包括活期存款、定期存款、财政存款、外汇存款、委托存款、信托存款、证券公司客户保证金、其他存款和金融机构往来，其中金融机构往来包括中央银行与商业银行、商业银行之间的资金往来，如存款准备金、库存现金等。存款是存款者的金融资产，金融机构的负债。

(7) 贷款：指金融机构将其吸收的资金，按一定的利率贷放给客户并约期归还的信用业务，主要包括短期贷款及票据融资、中长期贷款、外汇贷款、委托贷款和其他贷款。贷款是金融机构的金融资产，贷入者的负债。

(8) 股权：指对清偿债权人全部债权后的公司或准法人公司的剩余财产有索取权的所有票据或证明记录，包括上市股票、非上市股票和其他股权。股权是持有者的金融资产，发行机构单位的负债。

(9) 投资基金份额：是将投资者的资金集中起来投资于金融或非金融资产的集体投资时，证明投资人持有的基金单位数量的受益凭证。投资基金份额是基金持有者的金融资产，金融机构的负债。

(10) 债务性证券：指作为债务证明的可转让工具，包括票据、债券、资产支持证券和通常可在金融市场交易的类似工具。其中，债券指机构单位为筹措资金而发行，并且承诺按约定条件偿还的有价证券，主要包括国债、金融债券、中央银行债券、企业债券等。债务性证券是持有者的金融资产，发行单位的负债。

(11) 保险准备金和社会保险基金权益：指社会保险和商业保险基金的净权益、保险费预付款和未决索赔准备金，包括人身保险准备金和其他保险准备金。保险准备金和社会保险基金权益是投保人的金融资产，金融机构的负债。

(12) 金融衍生品：指以货币、债券、股票等传统金融产品为基础，以杠杆性的信用交易为特征的金融产品。通常与某种特定金融产品、特定指标或特定商品挂钩，对特定的金融风险本身进行交易。金融衍生品是持有者的金融资产，金融机构的负债。

(13) 直接投资：指投资者旨在国外经营企业，并在管理上实施控制或重要影响而进行的投资。

(14) 国际储备：指我国中央银行拥有的对外资产，包括货币黄金、特别提款权、外汇储备、在国际货币基金组织的储备头寸和其他债权。

(15) 其他：即其他应收/应付账款，指没有归入上述国内金融资产和负债的所有金融债权债务，主要包括提供给机构单位、住户和非常住单位的货物和服务的商业信用和对在建工程或拟建工程的预付款，以及各种赔款、罚金、备用金、租金、垫付款等。其他应收/应付账款是应收者、预付者的资产，应付者、预收者的负债。

2. 负债

负债指在特定条件下一个单位（债务人）向另一个单位（债权人）承担的一次性或连续性支付的义务。在资产负债核算中，负债即为金融负债，金融负债分类与金融资产分类一致。

3. 资产净值

资产净值是资产负债表的平衡项，指各机构部门和经济总体所拥有的全部资产减去全部负债后的差额，体现其所拥有的净资产。

7.2.3 资产负债表中的主要平衡关系

资产负债表反映了各个机构部门在一定时点上拥有的各种资产的数量、结构及平衡关系，各个机构部门之间的债权债务关系及平衡关系。

1. 资产、负债、资产净值之间的平衡

由于资产负债表实际上是各个机构部门资产负债账户的综合表现形式，因此有来源合计等于使用合计，即：

$$非金融资产 + 金融资产 = 金融负债 + 资产负债差额$$
$$资产 = 负债 + 净值$$

如表 7-2 中的企业部门有：

$$172\ 763 + 95\ 146 = 212\ 313 + 55\ 596$$
$$267\ 909 = 267\ 909$$

这是资产负债表中最基本的平衡关系，它对应于资金流量表的内部平衡，一个机构部门在一定时期的资金来源与资金运用相等，在一定时点的余额也必然相等。这个平衡关系不仅适合各个机构部门，也适合全社会。如表 7-2 中有：

$$264\ 999 + 400\ 947 = 400\ 947 + 264\ 999$$
$$665\ 946 = 665\ 946$$

2. 金融资产与金融负债的平衡

由于金融资产与金融负债有对称性，所以有：

$$金融资产 = 金融负债$$

这个平衡关系对应于资金流量表的外部平衡，一种金融活动会同时形成一个机构部门的金融资产，另一个机构部门的金融负债，所有金融活动形成的各个机构部门的金融资产之和必定是所有机构部门的金融负债之和，体现在一定时点上某个机构部门的金融资产必定是另一个机构部门的金融负债，所有机构部门（全社会）的金融资产之和必定是所有机构部门（全社会）的金融负债之和。该平衡关系只适合全社会，不适合各个机构部门。

表 7-2 经济总体及各部门的期末资产负债表示例

	企业		金融机构		政府		住户		国内合计		国外		总计	
	使用	来源	使用	来源	使用	来源	使用	来源	使用	来源	使用	来源	使用	来源
一、非金融资产	172 763		10 302		24 506		57 428		264 999				264 999	
1. 固定资产	114 077		4 001		23 958		46 722		188 759				188 759	
2. 存货	41 285				532		10 463		52 280				52 280	
3. 其他非金融资产	17 401		6 301		16		243		23 961				23 961	
二、金融资产与负债	95 146	212 313	146 767	151 747	40 473	158 44	85 019	472	367 405	380 376	33 542	20 571	400 947	400 947
1. 国内金融资产与负债	90 108	188 094	130 869	145 360	40 473	12 543	85 019	472	346 469	346 469			346 469	346 469
通货	1 681		225	11 204	336		8 962		11 204	11 204			11 204	11 204
存款	40 509			102 464	3 812		58 143		102 464	102 464			102 464	102 464
贷款		92 940	94 993			1 582		472	94 993	94 993			94 993	94 993
证券（不含股票）	77	677	8 396	5 121	31	10 466			16 264	16 264			16 264	16 264
股票以外的证券	20 847	60 757	7 318	8 575	35 050				69 333	69 333			69 333	69 333
保险准备金	451			1 556					1 556	1 156			1 556	1 556
其他	26 543	33 720	19 937	16 440	1 244	495			50 655	50 655			50 655	50 655
2. 国外金融资产与负债	5 038	24 219	3 197	6 387		3 301			8 235	33 907	33 096	8 235	42 142	42 142
直接投资	2 493	19 491							2 493	19 491	19 491	2 493	21 983	21 983
证券投资		1 222	1 436			1 102			1 436	2 324	2 324	1 436	3 761	3 761
其他投资	2 545	3 506	1 761			2 199			4 306	12 092	12 092	4 306	16 398	16 398
3. 储备资产			12 701						12 701		−365	12 701	12 337	12 337
三、资产负债差额		55 596		5 321		49 136		141 975		252 029		12 606		264 999
四、资产、负债、资产与负债总额总计	267 909	267 909	157 069	157 069	64 980	64 980	142 447	142 447	632 404	632 404	33 542	33 542	665 946	665 946

注：此表为横式资产负债表，采用T字形账户形式。

表 7-2 中有：
$$\text{作为金融资产的通货} = \text{作为金融负债的通货}$$
$$1\,681 + 225 + 336 + 8\,962 = 11\,204$$
$$11\,204 = 11\,204$$
$$\text{全社会的金融资产} = \text{全社会的金融负债}$$
$$400\,947 = 400\,947$$

3. 非金融资产、储备资产与实物资产净值的平衡

就全社会而言，有：
$$\text{非金融资产} + \text{储备资产} + \text{金融资产} = \text{金融负债} + \text{资产负债差额}$$
$$\text{金融资产} = \text{金融负债}$$

于是有：
$$\text{非金融资产} = \text{资产负债差额}$$

或：
$$\text{非金融资产} = \text{净值}$$

显然，这个平衡关系只适合全社会，不适合各个机构部门。

如表 7-2 中有：
$$264\,999 = 264\,999$$

4. 国内金融资产（负债）与国外金融负债（资产）的平衡

金融交易的对称性不仅体现在国内各个机构部门之间，也体现在常住单位与非常住单位之间，所以在一定时点上所有常住单位与非常住单位之间的金融资产和金融负债也有以下平衡关系：
$$\text{国内净金融资产(负债)} = \text{国外净金融负债(资产)}$$

如表 7-2 中有：
$$380\,376 - 367\,405 = 33\,542 - 20\,571$$
$$12\,971 = 12\,971$$

7.2.4 资产负债表的基本编制方法

资产负债表按期末资产负债表、资产负债交易变化表、资产负债其他变化表分别编制。本期期末资产负债表即为下期期初资产负债表。

1. 期末资产负债表

编制资产负债表以直接法为主，间接法为辅。直接法指搜集现有会计、统计和部门行政记录资料，以获得相关资产和负债总量及结构数据，直接编制资产负债表的方法。例如，非金融资产主要根据法人单位的资产负债表、部门行政记录、住户调查、房地产市场交易情况等资料核算，金融资产与负债主要根据金融管理部门统计资料和金融法人单位的资产负债表进行核算。间接法主要根据有关流量或存量数据，间接推算出期末存量。

2. 资产负债交易变化表

通过搜集非金融资产交易、金融资产和负债交易资料，直接编制各机构部门和经济总体的资产负债交易变化表。

3. 资产负债其他变化表

通过搜集现有的会计、统计和部门行政记录资料，编制由于持有损益引起的资产负债重估价变化表和由于持有损益之外的非交易因素引起的资产物量其他变化表。通过汇总资产负债重估价变化表和资产物量其他变化表，得到资产负债其他变化表。

编制资产负债表的过程是搜集大量的经济存量基础资料，并对之审核、加工整理、填表平衡以及估价和重估价的过程。从本质上讲，编制资产负债表的基本方法也就是资产负债数据的调查方法、审核加工整理方法、填表调整平衡方法、估价方法、重估价方法的统一。

资料阅读：政府资产负债表编制难点[一]

政府资产负债表的编制对于服务国家决策和提升社会综合治理能力具有重要意义，但在实践过程中，还存在诸多问题。

1. 资产和负债基础数据不完善

我国属于社会主义国家，公共部门十分庞大，地方政府所负责的区域较广，且数据分布散乱，政府财政统计的技术条件有限，加之当前我国会计制度实行的是权责发生制，两者遵循的会计原则不一样，与收付实现制在数据要求和管理模式上也有区别，这导致政府资产负债基础数据的统计较为困难，基础数据达不到政府编制资产负债表的要求。其次，政府资产负债表的编制需要统计地方各个企业的资产及负债信息，但企业内资产及负债的所有权性质十分复杂，资产评估和资金划分等问题要理清显得相当困难，且企业内部资产的借贷关系又复杂，难以为政府资产负债表提供较为完善的基础数据。

2. 政府资产和负债范围、计价标准难以确定

目前，政府资产范围和计价标准难以确定，关于政府资产、企业资产及政府债务范围界定的标准，政府资产中道路、市政设施等资产与负债项目计价的标准，国有企业资产负债如何统计进入政府企业资产都缺乏统一有效的会计核算原则和方法。并且各地企业都处于高速发展的进程，企业的资产及负债呈现出动态变化趋势，而政府的资产负债表是静态的，资产及负债范围也是随时变化的，以静制动将使政府财政预算部门在编制资产负债表中处于被动地位。随着市场经济的发展，市场上各种资产的物价变化和举债门槛也在不断调整，这为科学编制政府资产负债表制造了计价标准的难题。

3. 资产和负债管理不到位，管理体制滞后

市场经济环境的变化和政府财政管理体制改革的不断深化，对我国各地政府资产及负

[一] 谢一赛. 浅谈政府资产负债表编制难点及对策 [J]. 中国总会计师，2016（7）：120-121.

债管理不断提出新要求。一方面，当前我国政府对资产归口管理不到位，导致大量资产分散在各个部门和经济单位，无法确保资产的统一完整结合保值增值。同时，政府资产管理缺乏专业的人才，技术经验也较为缺乏，无形资产的评估难度很大。另一方面，财税体制改革滞后，各地融资平台和融资渠道越来越多样化和隐蔽化，大量隐性债务游离于监管之外，存在口径不一、统计信息缺乏和管理分散的问题，无法对政府性债务进行常规的统计、监测、评估和控制，影响了政府资产负债表编制的完整性和规范性。

7.3 资产负债分析

通过资产负债表得到的数据，可以计算一些反映国情国力的重要总量指标和资产负债变动、相互关系及对整个经济总体的影响比率分析指标。

7.3.1 国民资产负债总量分析

通过资产负债表，不仅可以掌握一个经济或各个机构部门拥有多少资产，承担多少负债，还可以计算出一个经济的国民财产。国民财产是一定时点上一个经济拥有的各种实物（非金融）投资和社会再生产成果的积累，反映一个经济的经济实力总水平。

$$国民财产 = 非金融资产 + 储备资产 + 对国外的净金融资产$$

其中：

$$对国外的净金融资产 = 国外金融负债 - 国外金融资产$$

根据表 7-2 计算：

$$国民财产 = 264\,999 + 12\,337 + (20\,571 - 33\,542) = 264\,365$$

用一个经济总体的国民财产与其人口总数相比，可以得到人均拥有的国民财产数，结合其他资料，可以进行历史动态比较和进行不同国家横向比较。

7.3.2 资产负债变动分析

资产负债变动分析主要是通过计算从期初到期末资产负债的绝对变化量和相对变化量来进行的。

$$\begin{aligned}资产(负债)净增减额 &= 期末资产(负债)总额 - 期初资产(负债)总额\\&= 期内新增加资产(负债) - 期内减少的资产(负债)\end{aligned}$$

$$资产(负债)净增减百分数 = \frac{资产(负债)净增减额}{期初资产(负债)总额}$$

期初资产（负债）总额相对于期末资产（负债）总额是基期水平，所以资产（负债）净增减百分数就是期内资产（负债）的增长速度。

类似地，上述公式还可以就固定资产、存货、某一项金融资产或某一项金融负债等计算，为调整资产（负债）的结构提供依据。

7.3.3 资产负债比率分析

资产负债比率分析是通过计算一些相对数,来分析资产负债的内部比例和结构,以及资产负债的部门结构。这些分析主要有如下几方面。

1. 非金融有形资产与金融资产的比率

这里的非金融有形资产指固定资产和存货,资产内部金融资产与固定资产和存货之和相比的比率越大,说明金融市场越发达,显示金融活动在国民经济中越重要。这个比率一般称为"金融相互关系比率",其计算公式为:

$$金融相互关系比率 = \frac{金融资产总额}{有形资产总额}$$

根据表 7-2 计算经济总体的金融相互关系比率为:

$$金融相互关系比率 = \frac{400\,947}{188\,759 + 52\,280} = 1.66(倍)$$

2. 负债与资产总额的比率

这个比率一般称为"负债比率",其计算公式为:

$$负债比率 = \frac{负债总额}{资产总额}$$

根据表 7-2 计算经济总体的负债比率为:

$$负债比率 = \frac{400\,947}{400\,947 + 264\,999} = \frac{400\,947}{665\,946} = 60.21\%$$

这个比率也可以就一个机构部门计算。

这个指标反映资产总额中有多少是举债获得的,与"净值比率"(净值与资产总额之比)呈互为消长的关系,通过它可以分析一个经济总体的债务负担程度和债务偿还能力,此比率越小,净值比率就越大,说明债务负担小,债务偿还能力强。

3. 流动资产与资产总额的比率

这个比率一般称为"流动资产比率",其计算公式为:

$$流动资产比率 = \frac{流动资产总额}{资产总额}$$

这个指标反映资产总额中流动性较强的资产所占比重的大小,通过它可以分析经济总体和各个机构部门短期偿债能力的强弱,比率低,短期债务的偿还可能会发生困难。这里的流动资产指存货、通货和存款、短期投资等。

4. 固定资产与存货的比率

这个比率的计算公式为:

$$固定资产存货比率 = \frac{固定资产总额}{存货价值总额}$$

这个指标反映有形资产内部固定资产与存货的相互关系,通过它可以分析二者之间在数量上是否适应，从而为制定生产、流通和投资政策以及节约资金等提供依据。

根据表 7-2 计算经济总体的固定资产存货比率为：

$$固定资产存货比率 = \frac{188\,759}{52\,280} = 3.61(倍)$$

这个比率也经常就一个机构部门计算。

5. 资产、负债、净值的部门构成

资产、负债、净值的部门构成可以就所有资产、负债、净值或某一项资产、负债、净值计算，计算公式为：

$$某一机构部门资产的比重 = \frac{该部门资产总额(或某项资产的价值)}{经济总体的资产总额(或某项资产的总额)}$$

$$某一机构部门负债的比重 = \frac{该部门负债总额(或某项负债的价值)}{经济总体的负债总额(或某项负债的总额)}$$

$$某一机构部门净值的比重 = \frac{该部门净值总额}{经济总体的净值总额}$$

根据表 7-2 计算非金融资产资产、负债、净值的部门构成为：

$$企业的非金融资产所占的比重 = \frac{172\,763}{264\,999} = 65.19\%$$

$$金融机构的非金融资产所占的比重 = \frac{10\,302}{264\,999} = 3.89\%$$

$$政府的非金融资产所占的比重 = \frac{24\,506}{264\,999} = 9.25\%$$

$$住户的非金融资产所占的比重 = \frac{57\,428}{264\,999} = 21.67\%$$

7.3.4 资产负债经济效益分析

资产负债经济效益分析是利用资产负债表提供的存量数据，与有关的流量数据相对比，分析国民财产、资金等的使用效益。

国民财产使用效益常用"单位国民财产创造的国内生产总值"来反映，其计算公式为：

$$单位国民财产创造的国内生产总值 = \frac{国内生产总值}{国民财产总额}$$

国民财产包括固定资产、存货和对国外的净金融资产，是进行生产活动的基本物质条件，而国内生产总值是生产活动的最终成果，所以单位国民财产创造的国内生产总值综合反映了国民经济生产技术水平、生产经营组织管理的经济效益，是综合性很强的国民经济效益指标。该公式分母中的国民财产可以以期初数据计算，也可以就期初、期末的平均数据计算。

类似地，分子还可以用利税额，分母还可以用固定资产、流动资产、金融资产、贷款总

额，计算单位固定资产、流动资产、金融资产、贷款等创造的国内生产总值、利税额等。

资料阅读：资产负债分析的应用举例[一]

本研究通过编制2000~2010年的中国主权资产负债表，对我国的主权债务风险问题进行了分析。研究表明，中国各年主权资产净额均为正值且呈上升趋势，中国政府拥有足够的主权资产来覆盖其主权负债。因此，中国近期发生主权债务危机的可能性极低；但是，或有负债风险的积累值得关注。

（1）按宽口径匡算，2010年中国主权资产净值接近70万亿元；按窄口径匡算，主权资产净值在20万亿元左右；并且2000~2010年各年主权资产净额均为正值且呈上升趋势。这表明，中国政府拥有足够的主权资产来覆盖其主权负债。因此，相当长时期内，中国发生主权债务危机的可能性极低。

（2）对总债务水平与全社会杠杆率（即总债务/GDP）的分析显示：中国的全社会杠杆率虽高于金砖国家，但远低于所有的发达经济体，总体上处在温和、可控的阶段。但是，近年来该杠杆率的提高速度很快，必须引起关注。分部门的分析显示：企业负债率（占GDP比重）很高，构成中国资产负债表的显著特色。2010年，该债务率已逾100%，超过OECD国家90%的阈值，值得高度警惕。长远看，居民负债还有较大空间；从国际经验看，随着经济进入较高的发展阶段，总债务水平将会进一步提高，政府资产净值也可能由正转负，需要我们未雨绸缪。

（3）模拟分析表明，政府债务占GDP的比重的演进路径主要取决于增长率和利率之差。因此，保持经济的可持续增长是应对主权债务风险的有力武器。

（4）主权资产负债表近期的风险点主要体现在房地产信贷与地方债务上，中长期风险则更多集中在对外资产负债表、企业债务与社保欠账上。而这些风险大都是或有负债风险，且都与过去的发展方式密切相关。

因此，转变经济发展方式，保持经济可持续增长，是应对主权债务风险的根本途径。

本章小结

1. 资产负债核算是以一个国家或地区经济资产与负债总存量为对象的核算。它反映某一特定时点上机构部门及经济总体所拥有的财力、物力的历史积累和与之相对应的债权债务关系，反映一个国家和地区的资产负债总规模及结构、经济实力和发展水平，属于存量核算的范畴。
2. 资产负债核算的资产指经济资产。经济资产必须同时具备以下三个基本条件：①资产

[一] 李扬，张晓晶，常欣，等. 中国主权资产负债表及其风险评估（上）[J]. 经济研究，2012（6）：4-19；
李扬，张晓晶，常欣，等. 中国主权资产负债表及其风险评估（下）[J]. 经济研究，2012（7）：4-21.

的所有权已经确定；②其所有者能够在一定时间内持有、使用或处置它；③可以在现在或可预见的将来获得经济利益。

3. 资产负债核算作为当期经济活动的初始条件，表现为期初资产负债规模和结构，经过当期经济活动，如生产、分配、消费、积累等，形成当期经济活动的结果——期末资产负债的规模和结构。各部门期初资产加上期内的投资，或者期初的负债加上期内的举债，再经过必要的资产物量调整和重估价，就得到期末资产或负债。

4. 资产负债核算的原则包括：所有权原则、记录时间原则和估价原则。

5. 资产负债表按期末资产负债表、资产负债交易变化表、资产负债其他变化表分别编制。编制方法以直接法为主，间接法为辅。从本质上讲，编制资产负债表的基本方法也就是资产负债数据的调查方法、审核加工整理方法、填表调整平衡方法、估价方法、重估价方法的统一。

6. 资产负债表的应用包括国民资产负债总量分析、国民资产负债表结构分析、国民资产负债部门结构分析和国民资产负债的经济效益分析。

□ 思考题

1. 什么是经济存量和流量？二者之间有何区别与联系？
2. 什么是资产？如何理解国民经济核算对资产及其核算范围的定义？
3. 简述资产负债核算的基本原理。
4. 试述进行资产负债核算时所遵循的基本原则。
5. 固定资产采用什么估价方法？其基本思想是什么？
6. 资产负债中的平衡关系有哪些？
7. 资产其他物量变化账户核算的内容有哪些？有何作用？
8. 重估价核算的内容有哪些？有何作用？
9. 试述资产负债表的应用。
10. 某国期末资产规模为 10 000 亿美元，当期固定资产增加 800 亿美元，存货减少 500 亿美元，新发现勘测可采石油储量价值为 200 亿美元，与另一国政府签订的 50 亿美元贷款因某些原因而无须偿还，当期该国政府还由于进行了严格的金融控制，大批银行资本流入实业部门，致使企业部门资产增加了 300 亿美元。

要求：试计算该国期末资产价值。

CHAPTER 8

第 8 章

卫 星 账 户

整个国民经济核算体系有其严密的逻辑性与整体性,但其对于新兴经济、旅游经济、研究与开发活动等较为复杂的统计明显不足。因此,SNA1993 首次采纳了卫星账户的概念,由此在提高国民经济核算体系的灵活性上迈出了一大步。进一步地,卫星账户有望继续为具有挑战性的测算(例如,环境核算、数字经济测算等)提供有用的解决方案,赋予其更高的可信度。利用卫星账户来扩展相关国民经济核算账户,同时又不影响用于经济决策之中心框架的可比性,这一做法已被用来开发和检验各种新的数据来源与方法。

8.1 卫星账户概述

8.1.1 引入卫星账户的意义

引入卫星账户对于国民经济核算具有非常重要的意义。

第一,仅仅依靠中心框架肯定无法满足多种类型的用户需求,灵活运用中心框架可以解决一部分问题,但无法解决全部问题;如果对中心框架加以改造来适应这些不同需求,那么中心框架将会变得臃肿不堪,还会发生相互矛盾的情况,由此破坏核算的统一性。运用卫星账户形式,以中心框架的有关内容为基础,再加上补充的或替代的概念,既避免了对中心框架严谨统一性的破坏,又极大地扩展了国民经济核算体系的分析功能。

第二,中心框架所容纳的都是被普遍认可的内容。随着社会经济生活的演进,一些新的内容在不断酝酿和成长,在其成为共识之前,用卫星账户形式加以表现,既可引起人们关注,促进这方面的研究,又不至于影响中心框架的存在和使用。

可以说,卫星账户是国民经济核算体系严谨性与灵活性两方面特性的折中产物。通过编制卫星账户,既可以保持整个体系的相对完整统一,又为扩展国民经济核算体系的功能、满足不同的需要提供了途径。

8.1.2 卫星账户的概念与分类

1. 概念

卫星账户概念自国民经济核算体系1993（SNA1993）起被采纳，是与中心体系相连接但又不同于中心体系，更具灵活性并体现核心框架进一步扩展的一种形式。它一般强调对所选择的社会关心的领域，需要以灵活的方式扩大国民经济核算的分析容量，而不过分加重中心体系的负担或打乱该体系。通常包括：①就社会关心领域的功能种类或跨部门种类提供附加的特别信息；②当需要扩大国民经济核算账户概念框架范围时，使用补充的或替代性的信息，包括使用补充或替代性的分类和核算框架；③扩展的人类活动的成本和收益的范围；④利用相关指标和总量对数据进行更进一步的分析；⑤实物量数据来源和分析与货币价值量核算体系的联结。

2. 分类

广义而言，卫星账户按功能不同可划分为两类。第一类被称为内部卫星账户。它基于SNA的核算规则和惯例，基于略有变化的标准分类和层级关系来关注和分析某一领域的内容，被视为核心账户的扩展。开发这类卫星账户主要是为了展现某些核心账户中观察不到的细节。这一类卫星账户主要包括为教育、旅游和环境保护支出等领域量身定制的账户。第二类被称为外部卫星账户。它的编制以对SNA概念的替代为基础，具体包括生产范围的不同选择、消费概念或资本形成概念的扩大、资产范围的扩展等，进而带来局部新的总量，从而达到对中心体系补充的目的。这类卫星账户适用于开发新研究领域的方法，义务劳动在经济中的作用即为一例。

由此可见，开发卫星账户旨在满足某些特殊用途的需要。一方面，卫星账户与中心框架发生联系，并通过中心框架与经济主体发生联系。另一方面，卫星账户构建的目的也使得它与特殊领域或系统相联系。因此，卫星账户在国民经济核算中发挥着双重作用：既有分析功能，也有统计协调功能。而对于开发多少以及开发哪些卫星账户完全由研究者灵活掌握，这也是SNA重视灵活性的一种延伸表现。同时，开发了相似卫星账户的国家之间也可以进行经验交流，从而可针对特定主题建立国际指南，并最终可能导致中心体系的改变。

8.1.3 卫星账户中关键总量的界定原则

1. 生产和产品

在SNA中心框架的生产范围中，生产者单位是基层单位，并按其主要经济活动根据ISIC进行分类。

在卫星账户中，可能更重要的是将经济活动中的次要活动剥离出来，以了解所研究活动的全貌。此时，可能会考虑生产范围的扩大。例如，针对滴滴打车的车主，他可能会使用自己的汽车提供运输服务，此时，为了全面估算运输在经济中的作用，就有必要将车主用自己汽车提供的运输服务包括在内。在这种情况下，非市场活动的范围可能会有很大的扩展。

2. 收入

如上文所述，整个生产活动的范围扩大后，原始收入的规模也会相应增加。因为，对于嵌入到生产范围中的附加活动，要虚拟估算或通过其他方法统计该笔收入。此外，转移和可支配收入也会受到影响。例如，税收优惠可能会有利或不利于某经济单位。

3. 货物和服务的使用

货物和服务的使用范围也会因为生产概念的扩大而变化。例如，滴滴打车这类经济活动应包括在生产中，那么滴滴打车为住户提供的服务也应该包括在最终消费中。其中的中间消耗等核算内容也应按不同方式做相应修改。

4. 资产和负债

由于生产概念的扩展或消费和资本形成之间界限的改变，非金融资产的范围也会发生改变。随着新经济模式的出现，不仅住房，汽车、家电等其他耐用消费品都可以带来租金收入，这就带来了耐用消费品是否需要全部计入资本品的问题，以及多大程度上计入的问题。传统核算框架中，耐用消费品被看作是消费。而"新经济"中耐用消费品是一种扩大生产能力的投资。例如，Uber 打车软件使得家庭能出租资产或出售以资产为基础的服务，这时汽车这种耐用消费品被用于生产，应该被算作投资而非消费。如果按照传统的对耐用消费品的定义来核算，会造成实际 GDP 中的投资被低估，消费被拉高。因此，资产的范围自然会发生改变。

5. 总量

如上某些补充分析或替代性分析可能会直接或间接改变中心框架中显示的主要总量。例如，将住户自给性服务的最终消费包括在生产范围内，就会增加产出和增加值；将 R&D 视为经济资产，就会增加固定资本形成，进一步影响产出和增加值。其他总量也会受到间接影响而发生改变。如前例中的可支配收入，后例中的储蓄等。

在标准版本中，每个给定层次上的标题项之间是相互排斥的。例如，医院教育必须要么划为教育支出，要么划为卫生支出，但不能同时划入这两个类别。因此，对教育账户或卫生账户而言，它们可能宁愿对许多交易进行重新分类。为尽可能地与中心体系保持一致，所谓重新分类应是从一标题项下移到另一标题项下，而不允许出现重复计算。重复计算意味着按目的划分的交易分类不再可加，因为它们有些可能同时出现在两个或更多的标题项下。但是，即使没有重复计算，也应注意，具有不同主题的不同卫星账户在其他标题项上可能未必一致。例如，如果教育卫星账户将某些在医院里进行的教育视为教育而不是卫生，则该卫星账户中对卫生的测算将不同于其他没有进行这种处理的卫星账户。

阅读材料：SNA2008 中关于卫星账户的阐述[一]

自 SNA1993 采纳了卫星账户的概念之后，SNA2008 中增加了较多关于卫星账户的内容。另外，SNA2008 还引入了"补充"项目与"补充"表。当 SNA 认为某些项目仅在某些国家才有意义或者仅具有某种分析意义、无法使一张表达到与中心系列账户相同的精度时，就会采用此类"补充"形式。以下是 SNA2008 中指出需要单独在卫星账户中反映的部分内容。

1.55 段：尽管对教育成本的处理与 SNA 中生产和资产的范围是一致的，但无法使所有用户在所有情况下都满意。为此，正如下面所解释的，SNA 鼓励用户以卫星账户形式开发替代方法，人力资本记录的替代方法就属于此类应用。

1.73 段：第 29 章介绍了如何通过开发与 SNA 主体系密切相关的卫星账户将灵活性发扬光大，而不一定要使用完全相同的概念或是受制于以货币表示的数据。开发卫星账户旨在满足某些特殊用途的需要，例如监测全社会的卫生或环境状况。卫星账户也可以用于研究新的方法和核算程序，当研究成果被广泛接受后，就可以在适当时候将其纳入主体系。例如，投入产出分析就已经被纳入了 SNA。

…………

1.155 段：看待功能分析的另外一种方式是识别出与某种特定功能活动有关的所有支出，例如，环保支出。并不是所有的相关支出都能够很容易地识别出来，因此建议在中心框架之外的卫星账户中进一步开发这种方法。

1.164 段：社会核算矩阵（SAM）是 SNA 的矩阵表述形式，它可以包含更多的受到特别关注的细节。目前，SAM 的编制者已经利用它的灵活性突出了一些特殊的关注点与问题，例如对住户部门的分解，显示收入形成和消费之间的关系等。与 SNA 一样，SAM 的功能来自于通过适当的分解来研究所关注的问题。除了灵活应用之外，SAM 还可以包含更多的扩展性调整，这些调整具有卫星账户的性质，其目的是服务于特殊的分析目的。对矩阵表述以及 SAM 的详细解释可见第 28 章和第 29 章。

…………

3.95 段：这类例子说明，卫星账户最适合开展某些分析，因为在卫星账户中，可以放松 SNA 的一些常规约束和惯例。关于污染问题，SEEA2003 在其他环境部分中已经进行了清晰的阐述和探讨。

…………

由此可见，根据 SNA2008 的表述，卫星账户的出现作为对核心账户的补充发挥着十分重要的作用。有兴趣的读者可阅读更多关于卫星账户表述的内容，以了解卫星账户具体应用的案例与场景。

[一] 摘自《国民账户体系（2008）》，由中国统计出版社于 2012 年出版。

8.2 卫星账户的编制

8.2.1 卫星账户编制范围和产品的界定

1. 界定卫星账户的范围

编制卫星账户的起点是判断账户所包含的产品与它们生产涉及的产业。生产产品所用的资源，不仅包括经常性成本，还应包括生产中使用的固定资本。一旦产品被生产出来，后续应考虑如何使用它们。为解决上述问题，需要如下相关资料：

（1）相关产品的供给与使用的详细分析。

（2）生产过程中使用的固定资本的信息。

（3）与生产或使用相关的转移支付信息。

（4）就业和现有资产的相关信息。

对于核心账户中的产品而言，应由使用产品的单位负责承担获得产品的费用，但在卫星账户中，通常按照领域来编制。因此，为产品付费与使用产品的部门可能会存在重要区别，如卫生或教育。

以上四类资料足够完善时，就可能开发一个包括下述分析内容的卫星账户：围绕该项目之各项支出的使用与受益分析，包括所用劳动和资本在内的生产分析、转移和其他资金使用方式的分析。所有这些分析都能以价值量表示，必要时也可用实物量表示。

2. 确定关注的产品

对任何所关注的领域而言，起点是确定该领域特有的产品。在卫星账户中，习惯上将这些产品称为特征产品和关联产品。所谓特征产品，是指那些在该领域具有典型性的产品，例如，对卫生而言，特征产品是卫生服务、卫生公共管理服务、卫生教育和卫生研发服务。

除领域特有产品外，还应包括关联货物和服务。所谓的关联货物和服务包括如下这样的产品：首先，它们清楚地包括在特定领域支出概念内，因此其使用受到关注；其次，它们不具有典型性，这或是因为其本质，或是因为它们会被归入更大的产品类别。以卫生为例，病人的运输可视为关联服务；药品和其他医疗物品如眼镜，通常也被视为关联货物和服务。

特征产品和关联产品合在一起，统称为特有产品。

8.2.2 卫星账户中的总量测度

1. 生产的测度

就特征产品而言，卫星账户应显示这些货物和服务的生产方式、涉及的生产者类型、使用的劳动和固定资本种类、生产过程以及由此而决定的资本配置的效率。

由于关联产品不是所关心领域里的典型性产品,因此无须特别关注其生产条件。如果生产条件是重要的,则该产品应视为特征产品而不是关联产品。例如,对那些国内产业发展处于初级阶段的国家而言,药品可考虑作为该国卫星账户的特征产品处理。特征产品和关联产品之间的精确界限取决于给定国家的经济组织状况和编制卫星账户的目的。

2. 使用/国民支出的测度

使用/国民支出可按产品和转移的类型来表示,也可以按目的类型(项目)来表示。可以选择某一种方式作为侧重点,也可结合起来使用,这取决于所涉及的领域或追求的分析目的。按项目划分的方式特别适用于环境保护或社会保障等情况。使用/国民支出的构成项包括:

(1) 特有货物和服务的消费。

该项包括实际最终消耗(与中心框架中的定义相同)和中间消耗。需要对市场产品、供自己最终使用的产品和非市场产品做区分,非市场产品可能还要分别列出个人消费和公共消费。相关辅助活动的产出应作为企业内部交货量来记录,所以,此处中间消耗的覆盖范围一般比在中心框架中的覆盖范围要广,即它既包括中心框架中定义的(实际)中间消耗,又包括内部中间消耗。在有些情况下,如运输服务,内部中间消耗的规模可能相当重要。有时,可以考虑将内部中间消耗作为最终消费,并加入到实际最终消费中去,就像辅助性教育和卫生服务的使用一样,这样就扩大了住户实际最终消费的范围。另一方面,如果某些服务的使用在卫星账户被视为固定资本形成而不是像在中心框架中那样视为中间消耗或最终消费,则消费的范围也可能缩小。

(2) 特有货物和服务的资本形成。

该项中还包括存货变动,或正在进行中的特有服务。如文化账户中,可能包括贵重物品的获得减处置。

(3) 非特有产品中之特征活动的固定资本形成。

该项中还包括非生产性非金融资产的获得减处置。但不能把这些活动的全部固定资本形成都包括在内,因为特有产品的资本形成已被包含在第(2)项中。只有产出为特征货物和服务的那些活动,其固定资本形成才包括在该项中。此外,基于基层单位的分析可以使覆盖范围比正常情况更宽一些,因为基层单位可能从事一些次要活动。

(4) 转移支付。

该项中包括特有经常转移和特有资本转移,是社会保障或发展援助等项下之国民支出中最重要的组成部分。就社会保障或发展援助而言,特有经常转移仅指社会保障或国际援助管理机构的行政管理费用,既包括经常费用,也包括资本费用。支出的核心部分是由转移组成的。

有些情况下,为了降低最终消费者购买诸如食品、运输服务或住房服务等特定货物或服务的价格,可进行补贴。这些补贴通常被称为消费补贴。在中心框架中,当这些货物和服务被视为市场产品时,它们以购买者价格计入最终消费。在卫星账户中则存在两种选择：要么以不同于中心框架的方式估价消费［第（1）项］，以便包括消费补贴的价值；要么消费仍按中心框架的方式估价，但特有经常转移［第（4）项］中的补贴也可以直接用于降低中间消耗的价格。第（4）项也可以包括其他生产补贴。

每一个领域都要建立针对特有转移的分类。正如在使用和资金来源分析中所使用的分类一样，这种分类也应包括全部的特有转移，无论它们是否是第（1）项或第（3）项的对应项。

（5）总使用和国民支出。

常住单位总使用是上述四项之和。从常住单位总使用中扣除由国外负担的经常使用，即可得到国民支出。因此，国民支出等于由常住单位负担的常住单位总使用。如果可能，最好将国外负担的经常使用和资本使用区分开来。

按照上述定义，国民支出不包括金融工具交易。但是，对如发展援助之类的某些类型的分析而言，必须考虑以优惠条件提供或获得的贷款。由于这些贷款利率低于市场利率而产生的收益或费用，就是隐性转移。

8.2.3 卫星账户编制中的其他问题

1. 实物量数据

以实物单位或其他非货币单位测度的数据不应视为卫星账户的次要部分。无论是就其直接提供的信息而言，还是为了充分分析价值量数据，它们都是必不可少的组成部分。

和关键部门账户一样，为所关注的特征产品和关联产品以及特征产品的生产者开发一套供给使用表是非常必要的。还可以扩展到包括收入形成账户以及就业等非货币性数据和产出指标。

2. 使用者或受益者

就使用者或受益者而言，不同卫星账户可能使用不同的术语。例如，"使用者"更适用于旅游或住房，而"受益者"更适用于社会保障或发展援助。无论哪种情况，这两个术语都是指使用货物和服务的人或从相关转移中受益的人。

在汇总程度最高的层面，所谓使用者/受益者分类，只需简单地将中心框架的机构部门分类和将生产者类型重新安排，其中生产与消费是分开的。该分类可能如下：

（1）市场生产者。
（2）自给性生产者。
（3）非市场生产者。
（4）作为公共消费者的政府。
（5）作为消费者的住户。
（6）国外。

在许多卫星账户中，作为消费者的住户是最主要的一类使用者或受益者。为了使其对社会分析和政策有用，需进一步细分住户。为此，可考虑选择住户子部分划分方法，逐一分析。

3. 资金来源

由于使用者并非总是自己负担费用，因此有必要对最终负担费用的单位进行分析。如果所关注领域包括完整机构单位，而不只是生产整个企业部分产出的基层单位（或同质生产单位），此分析会更具可行性。

处理资金来源问题的一种方法是：首先确定所使用资金的来源类型，然后判断各类资金来源是由哪类单位提供的。费用的"最终"负担者这一问题也需要解决。一些住户消费是由政府以实物社会转移方式提供的，其中大部分资金反过来又是来源于政府从住户和企业那儿征收的税收。因此，从某种意义上，可以说实物社会转移最终是由住户和企业提供资金的。关于资金链要追溯多远才能确定"最终的"或可能更为正确的间接资金来源，需要建立一些核算惯例。

另一个问题是，除实物社会转移外，没有必要将某种资金来源与某种支出类型挂钩。但是，将资金来源类型与支出类型按下述方式匹配，将会有利于了解它们的对应程度：

（1）市场生产者的中间消耗与其销售收入。
（2）政府的中间消耗、最终消费与其税收。
（3）NPISHs的中间消耗、最终消费与其收到的捐款。
（4）住户的最终消费支出与其所获得的雇员报酬和养老金等转移收入。

资本形成可能有多种资金来源：销售收入、资产（包括金融资产）处置、实物转移收入或贷款。就政府的资本形成而言，可能的资金来源有：证券发行、资本转移或从国外贷款。

转移的资金来源很大程度上取决于所研究的领域。如果包括社会福利，它们应被视为主要由其他住户的社会缴款提供资金。政府在某些情况下是转移（包括补贴）的提供者，在其他情况下则是转移（包括税收）的接受者。

在许多情况下，识别来自国外的资金尤其有价值。

👆 **阅读材料：SNA2008中关于卫生卫星账户的阐述**[一]

从就业人数、营业额水平来说，在许多国家，卫生保健产业都是一个规模巨大、非常重要的产业，并且总是受到大量政策关注。《卫生核算体系（SHA）》（经济合作与发展组织，2000）总结了过去15年来收集卫生数据信息的经验。该手册的主要目的之一是提供一个与国民经济核算规则保持一致的、从经济角度分析卫生保健系统的框架。探讨SHA与卫生卫星账户间的概念性联系是该手册的一部分。目前，OECD、欧盟统计局和WHO正在共同努力更新该手册，其修订版在2010年年末完成。

要想了解如何开发一个卫生卫星账户，应该从研究SHA着手。SHA提供了四种信息：

[一] 摘自《国民账户体系（2008）》，由中国统计出版社于2012年出版。

有关卫生保健的功能分类、针对卫生保健提供单位的分析、卫生保健支出的信息和卫生保健资金来源的信息。

具体地，SNA2008 在相应章节介绍了卫生保健的功能分类、卫生保健提供单位、卫生保健支出、卫生保健的资金来源，并结合上述数据信息，确定了作为卫生保健服务生产的特有货物和服务的完整清单，确定了定义卫生总支出的生产范围以及应作为资本形成记录的活动，同时将其中的特有交易识别出来，并对作为卫生核算组成部分之一的转移进行了详细分析，识别了卫生费用的最终使用者和最终负担者，从而将 SHA 转换为了相应的卫生卫星账户。

由此可见，在卫生卫星账户的编制中，关于总量的测度以及其他诸如卫生保健货物和服务的提供者和使用者的区别是十分必要的。在 8.3 节中将会具体为大家介绍卫星账户编制的相关案例。

8.3 卫星账户的应用

正如前述章节所述，卫星账户有两类，各自具有两种明确不同的功能。第一类，有时被称为内部卫星账户，它会遵循 SNA 的全套核算规则和惯例，但要打破标准分类和层级关系来重点讨论所关注的某一方面，如旅游、咖啡生产和环境保护支出等方面的卫星账户。第二类被称为外部卫星账户，它可能会增加一些非经济数据，或改变一些核算惯例，或二者兼有。这是一种特别适用于开发新研究领域的方法，义务劳动在经济中的作用就是一例。有些卫星账户可能同时具有内部卫星账户和外部卫星账户的特征。

卫星账户和一套明确详细的 SNA 之间的界限是不清晰的，甚至与其他统计体系之间的界限也是不清晰的。与 BPM6 展示的国际收支平衡表和国际账户、GFSM2001 展示的政府财政统计，以及 MFSM 展示的货币与金融统计的联系，均可视为卫星账户的一种形式。

本节将进一步描述一些卫星账户的例子，包括旅游卫星账户和研发卫星账户等。

8.3.1 旅游卫星账户

旅游卫星账户（tourism satellite account，TSA）是一个形成已久的卫星账户，有超过 70 个国家在某个阶段都编制过旅游卫星账户。名为《2008 旅游卫星账户：推荐方法框架》（欧洲统计局、经济合作与发展组织、世界旅游组织、联合国，2008）的国际指南手册是对 2000 年第一版的更新。在 2008 年更新的 TSA 中，其覆盖范围已扩展到了第二居所和会议活动。

1. 旅游卫星账户的目的

编制旅游卫星账户的主要目的是提供如下信息：

（1）描述旅游规模和经济贡献的宏观经济总量指标，如旅游直接总增加值（TDGVA）和旅游直接国内生产总值（TDGDP），它们与经济总体、其他生产性经济活动及所关注之功能领域的类似总量指标是一致的。

（2）旅游消费是与游客作为消费者之活动有关的一个更广义的概念。旅游卫星账户要提供旅游消费的详细数据，以及对国内供给和进口如何满足这一需求的描述，并会将它们整合进用现价和物量编制的供给使用表所推导出的表格中。

（3）旅游业的详细生产账户，包括与其他生产性经济活动相联系的就业数据和固定资本形成总额数据。

（4）经济数据和旅游（或访问）人数、停留时间、旅游目的、交通工具等非货币性旅游信息之间的联系，它们是详细说明经济变量的特征所必需的。

2. 定义游客和旅游者

TSA 的中心是游客。游客被定义为离开其惯常环境但并未被所访问地方的常住实体单位雇用的人。惯常环境与常住国不完全一样，它是指一个人通常能被找到的地方，包括住宅附近区域和工作场所。因此，跨境工作者尽管跨越了国界，但他们不是游客。所以，游客是旅行者的一个子集。

游客可分为两类：过夜游客被称作旅游者，当日游客被称作一日游客。进一步，将旅游者按其常住国分为国内和国外旅游者很重要。常住居民在国外的旅游是出境旅游，非常住居民在该国内的旅游是入境旅游。常住居民的旅游总额，称为国民旅游，是其本国旅游（常住居民在本国内的旅游）与出境旅游之和。国内旅游是本国旅游与入境旅游之和。

旅游卫星账户中游客的分类如表 8-1 所示。

表 8-1　旅游卫星账户中游客的分类

	国内	国外	总计
常住居民	本国旅游	出境旅游	国民旅游
非常住居民	入境旅游		
总计	国内旅游		

旅游并不局限于通常视作典型娱乐的那些活动，而是包括旅游者的全部活动，出于商务目的或教育培训目的的旅行都要包括在内。旅游者的旅游目的分为私人的或商务/公务的。私人旅游项下又可进一步分为八个类别：度假、休闲娱乐、探亲访友、教育培训、卫生和医疗保健、宗教或朝圣、购物、中转及其他。

3. 旅游支出与旅游消费的定义和范围

旅游支出被定义为在旅游期间或其后出于自己使用或赠送他人的目的，购买消费性货物和服务以及贵重物品所支付的金额，包括游客自己支付的费用以及由其他人支付或报销的费用。

旅游消费的概念大于旅游支出的概念。旅游消费还包括临时自给性住宿服务、旅游实物社会转移和其他虚拟消费。尽管旅游支出的信息可通过旅游者调查获得，但要调整到旅游消费，还需要通过其他数据来源进行估计。

旅游消费可用类似于描述旅游的方式来描述，即按旅游发生地、旅游者是常住还是非常住居民来刻画。

4. 特征产品

TSA 将消费品分为旅游特征产品和其他消费品。旅游特征产品进一步分为国际可比旅游特征产品和本国特有旅游特征产品。TSA 手册提供了第一类的名录。其他消费品分为旅游关联产品和非旅游相关产品。非消费品是指那些不构成消费性货物和服务的产品，包括贵重物品、旅游固定资本形成总额和公共消费。TSA 手册中给出了 12 种旅游特征产品和活动类别的名录。

5. 旅游产业

旅游产业是那些其主要活动对应于某种旅游特征产品的基层单位的集合。旅游产业包括游客住宿业，餐饮服务业，铁路、公路、消遣和航空客运业，运输设备租赁业，旅行社和其他预订服务业，文化产业，体育和娱乐业，本国特有旅游特征货物的零售贸易和本国特有旅游特征产业。

在这些信息基础上，可编制由 10 张表格组成的一整套 TSA 账户。前 3 张表格是关于旅游支出的。第 4 张表格区分了本国旅游和入境旅游，以及从旅游支出到旅游消费的调整。第 5 张表格显示了旅游产业的供给。第 6 张表格是 TSA 的核心，显示了可得到的主要总量指标，这些总量指标将在下面列示。第 7 张表格是就业。第 8 张表格是固定资本。第 9 张表格是公共消费。第 10 张表格是非货币性信息。

6. 主要总量指标

用于衡量经济中旅游规模的一套有价值的总量指标包括：国内旅游支出、国内旅游消费、旅游产业总增加值（GVATI）、旅游直接总增加值（TDGVA）、旅游直接国内生产总值（TDGDP）。

TSA 手册的表 6 显示了关于旅游总量指标的推导，框架内容如表 8-2 所示。

表 8-2 旅游卫星账户手册中的表 6

产品	旅游产业			其他产业	国内生产者的产出（基本价格）	进口	本国生产和进口产品税减补贴	贸易和运输加价	国内供应（购买者价格）	国内旅游消费	旅游比率（%）
	旅游住宿	……	总计								
A. 消费品①											
A.1 旅游特征产品（d）											
A.2 其他消费性产品（a）（d）											

(续)

产品	国内总供给和国内旅游消费（购买者价格）									
	旅游产业			其他产业	国内生产者的产出（基本价格）	进口	本国生产和进口产品税减补贴	贸易和运输加价	国内供应（购买者价格）	国内旅游消费	旅游比率（%）
	旅游住宿	……	总计								
B. 非消费品（d）											
B.1 贵重物品											
B.2 其他非消费品②（b）（d）											
Ⅰ.产出总计（基本价格）											
Ⅱ.中间消耗总计（购买者价格）（c）											
（Ⅰ-Ⅱ）总增加值总计（基本价格）											
雇员报酬											
其他生产税减补贴											
混合收入总额											
营业盈余总额											

① "A. 消费品"的价值是支付给旅行社、旅游组织者和其他预订服务平台的总服务费用的净值。
② 包括在经济体内流通的所有其他货物和服务。

8.3.2 研发卫星账户：以美国为例

所谓研发卫星账户（R&D卫星账户），即开发一种卫星账户，用以反映所有机构部门进行的R&D活动的过程。本节以美国R&D卫星账户的编制实践为例进行探讨。

1. R&D卫星账户编制的意义

R&D卫星账户在扩展核心账户的资产范围和理解分析R&D活动进而经济活动方面都发挥了重要作用。欧洲部分国家（如法国、荷兰）于20世纪70年代首先建立了R&D卫星账户。其中，法国R&D卫星账户以国民经济核心账户为基础，主要围绕R&D资金来源与使用、R&D资金在各机构部门之间的分配情况进行分析。荷兰主要就R&D卫星账户编制中的R&D资本存量测算问题进行了系统研究，总结了在测度R&D投资过程中遇到的问题。英国R&D卫星账户也在开发中。美国则是迄今R&D卫星账户编制最为成熟的国家。国内也有个别学者进行了R&D卫星账户的试编制研究。⊖

2. R&D卫星账户编制的主要内容

基于新的SNA体系来讲，R&D卫星账户涉及上述两种类型：一是内部卫星账户，即

⊖ 邱叶.基于SNA2008的中国R&D卫星账户编制研究［D］.南昌：江西财经大学，2014.

SNA2008 对 R&D 从中间消耗到资产使得资产分类形成了新标准；二是外部卫星账户，即引入包含 R&D 的知识产权产品概念，对资本形成概念做了扩大（或对资产范围进行了扩展）。

阅读材料：美国 R&D 卫星账户编制的历程

关于 R&D 卫星账户的编制，美国早在 1992 年就已经开始着手努力，从账户编制的可行性和价值性角度进行了初步评估。在 SNA1993 考虑为 R&D 编制卫星账户的时候，美国于 1994 年编制了首个 R&D 卫星账户，用以反映 R&D 对经济的影响。2006 年，美国又发布了修订后的 R&D 卫星账户，并在 2007 年和 2010 年进行了更新（参见表 8-3）。

表 8-3 美国官方统计的 R&D 核算进程

时间	演进历程
1985	与 IBM 合作测度了经质量调整的、更准确的电脑价格
1992	着手编制 R&D 卫星账户
1994	首次发布 R&D 卫星账户
1996	引入测度真实 GDP 的链式方法，更加准确地反映高新技术价格和半导体价格
1999	将软件进行资本化并引入反映新技术的服务业测算方法
2001	引入经质量调整的 LANs 价格
2003	利用经质量调整的价格来反映 GDP 份额的变化
2006	发布最初的 R&D 账户
2007	更新 R&D 账户数据
2009	发布知识产权与创新的核算框架
2010	发布扩展和更新后的 R&D 账户

美国最初编制 R&D 卫星账户的主要目的有两个：一是确定 R&D 投入的资金分配情况；二是评估研发活动对美国经济的影响。卫星账户编制的焦点自然放在了 R&D 创造的价值上。由于没有直接测算 R&D 产出价值的有效方法，故选择了用成本价来代替。

基于以上目的和关注点，最早版本的 R&D 卫星账户于 1994 年完成编制，主要提供了三方面内容：①提供了 R&D 相关数据，以供美国国民收入和生产账户（NIPAs）参考使用。具体地，包括按活动实施者（机构部门）、资金来源和 R&D 类型分类的现价、不变价

㊀ 曾五一，王开科. 美国 GDP 核算最新调整的主要内容、影响及其启示 [J]. 统计研究，2014，31（3）：9-15.

R&D 支出行业细分数据（1952~1992 年）。[①]数据来源于 NSF 调查。②将 R&D 支出视为资本，识别它在增加知识和开发新产品或改进新工艺进而提高生产力，带动经济增长中发挥的作用。③提供了有关知识资本存量的估计，包括 R&D 资本存量数据，具体有 R&D 资本化范围、R&D 按活动实施者和出资者分类情况、R&D 活动时滞探讨及 R&D 资本折旧模式和折旧率的确定等。以上构成了 R&D 卫星账户最主要的部分。

此后，美国又分别编制了 2006、2007 和 2010 版 R&D 卫星账户。历次 R&D 卫星账户内容的变化主要围绕"R&D 资本性质"这一主题做出不断改进，特别是在 R&D 价格指数和折旧率方面，数据信息更加细化和完善。

对于未来，美国也将致力于这两方面的改进：一是 R&D 资产价格指数的构建原型。考虑从分行业 R&D 资产价格指数着手，并使之能够与生产率结合起来，进一步反映出 R&D 资产价格的真实变化。二是 R&D 资产寿命的估算。目前，R&D 卫星账户中的折旧率都是基于已有经济学文献来取的经验值，下一步将结合美国国家科学基金会（NSF）的调查数据和金融数据来确定。

阅读材料：中国科技统计制度

中国科技统计工作起步相对较晚，在初期的较长时期内受到的重视程度低，没有建立规范的科技统计制度，从而难以估算全国的科技投入规模和强度。鉴于此，20 世纪 70 年代末开始，相关专家学者对科技统计方法制度等展开研究，这些研究活动为中国科技统计制度的建立与完善奠定了重要的理论基础。

中国科技统计工作体制从 1985 年全国科技普查开始形成。1991 年国家统计局建立了《科技综合统计报表制度》，进一步规范了各部门的科技统计指标，使中国科技统计基本的总量指标得到规范，成为中国科技管理和宏观决策的重要工具。1997 年《科技统计报表制度》开始实施，统计对象主要是农业企事业单位、规模以上工业企业、软件开发企业和民营科技企业。此后，中国科技统计工作又相继将战略性新兴产业、高新技术产业等纳入科技统计范畴。

经过 30 多年的发展，中国科技统计工作体制从无到有，逐步建立起一套比较完善、规范并与国际接轨的科技统计指标体系和统计制度。

中国科技统计工作体制是按照科技活动的执行部门设置的（如图 8-1 所示）。国家统计局负责企业科技活动的统计，科学技术部（科技部）负责政府独立科技机构的统计，教育部负责全日制高等学校科技活动的统计，国防科工局负责国防科技工业系统的统计。统计采用年度重点调查与全面报表、周期性滚动调查与资源清查相结合的方式搜集数据，全国科技统计数据由国家统计局负责综合汇总。具体来讲，科技统计内容包括：科技活动人员情况、科技活动经费筹集情况、科技活动经费支出情况、R&D 情况、科技成果情况、

[①] 1994 年 R&D 卫星账户均以 1952~1992 年 R&D 数据为基础数据进行编制。

科技项目（课题）情况、科技活动机构情况。

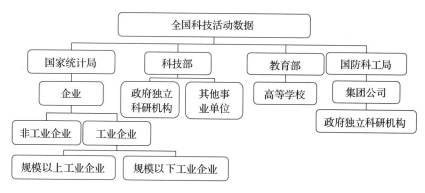

图 8-1　科技活动的执行部门设置

8.3.3　住户部门卫星账户

住户部门卫星账户的构建，旨在在现有国民经济核算体系中心框架下，沿用中心框架下统一的基本概念、方法和原则，通过卫星账户的形式来对住户部门核算期内经济活动、收入形成和使用活动、资本形成和金融活动等所有国民经济活动进行反映和刻画，全面反映住户部门核算期内所有经济活动的规模及流量。为此，在正式构建住户部门卫星账户之前，需要对住户部门卫星账户构建的基本概念和范畴进行界定，比如说何为住户部门，住户部门的生产活动范围包括哪些活动，住户部门的经济活动通过哪些经济交易来进行度量，等等，上述基本概念和范畴的界定即为本节的主要内容。

1. 住户生产核算的主体与范围

（1）主体。根据上述研究的需要，住户卫星账户中的住户部门不仅包括我们通常所说的家庭，同时还包括其住户成员所拥有的尚未达到准法人企业标准的非法人市场性企业。若要试图构建出全面反映整个住户部门核算期内所有经济活动全貌的卫星账户，考虑到生产活动是其他经济活动的前提和基础，首先需要对住户部门经济活动进行核算，即对住户核算期内所从事的满足经济生产定义的活动（生产活动）进行核算。

（2）范围。住户部门的生产活动既包括住户成员的生产活动，同时也包括住户成员所拥有的非法人企业核算期内所从事的生产活动，两者共同形成了住户部门的生产活动。

2. 住户生产核算的核算原则

（1）定价原则。

住户部门的生产不同于非金融公司部门和金融公司部门的生产，住户部门生产的货物和服务并非完全通过市场进行交易，而是相当部门的生产成果被住户部门内部自产自用了，如农民种的粮食、住户自建的房屋等，可称为住户部门非市场性生产，而那些通过与其他机构单位在市场上进行交易的产出则为住户部门市场性生产，如住户合伙企业、私营企业、个体工商户的生产等。

对于住户部门的市场性生产，可通过市场交易认定其市场价格。而对于住户部门的非市场性生产，可进一步细分为住户自产自用的货物生产和住户自产自用的服务生产。前者可参考市场交易价格进行度量，后者采用成本费用法进行定价。

（2）时间原则。

原则上，可选择任何一段时间作为核算期，但在具体核算过程中，我们通常采用国际上通用的做法，将核算期定为一年，以便于不同国家住户部门的核算成果进行国际比较。

此外，为了客观、准确地核算出住户部门在整个核算期内的生产成果、收入、消费、投资等经济活动，建议参照 SNA2008 的建议，采用权责发生制原则进行核算。

（3）记账原则。

对一个单位或一个机构部门而言，国民经济核算如同工商会计一样，均以复式记账为基础。即每笔交易被记录两次，两笔记录的数额相等，符号相反，以保持账户的一致性和平衡性。

需要指出的是，卫星账户是非常灵活的，它没有统一的形式与框架。针对不同领域的活动，可能会有不同形式的卫星账户。卫星账户可以适应不同经济理论或模型的需要，但不论是哪种形式，它的编制都应界定符合所研究经济活动本身的生产、收入、支出等基本概念和关键总量，最终达到能够更为细致和准确地反映特定领域经济活动的目的。

阅读材料：美国经济分析局对于新数字经济卫星账户开发与估计问题的研究[一]

目前的 GDP 统计包括了与数字经济相关的经济活动，但并未将数字经济对经济增长的贡献剥离出来。

美国经济分析局（BEA）基于供给使用框架通过三个步骤展开了相关估计：第一步，从理论上对数字经济进行定义；第二步，在供给使用框架下鉴别与数字经济测度相关的特定商品和服务；第三步，BEA 使用供给使用框架以鉴别生产这些商品和服务的行业，并估计其产出、增加值、劳动者报酬和其他核算指标。

BEA 的这些前期工作为数字经济卫星账户奠定了基础。理论上讲，数字经济卫星账户应该包含所有与之相关的商品和服务。然而，前期估计只是选择了一些主要的数字商品和服务，对于估计"部分数字化"的商品和服务的经济贡献颇具挑战。因此报告中忽略了这一块内容，可作为将来研究的方向。

根据 BEA 的估计结果，2006~2016 年，数字经济实际增加值年均增长速度为 5.6%，超过整体经济 1.5 个百分点。2016 年，数字经济对整体经济贡献明显，占当年价 GDP 的比重为 6.5%，占当年价总产出的比重为 6.2%，占劳动总人数的比重为 3.9%，占劳动者报酬的比重为 6.7%。

[一] Kevin Barefoot, Dave Curtis, William Jolliff, Jessica R. Nicholson, Robert Omohundro. Defining and Measuring the Digital Economy. Working Paper, 2018.

BEA 使用的估计方法与其编制的其他诸如旅游、文化与艺术、娱乐等卫星账户所使用的方法相同。

最早的测度新兴数字经济的报告可以追溯至 1998 年。2016 年，美国商务部组建了数字经济委员会，成员为工业界和学术界的杰出代表。在他们的第一份报告中，他们指出了数字化对诸如 GDP 和生产率指标等经济指标的影响，以及各经济部门数字化的程度。

具体到估计方法部分，估计过程分为三步：①概念的理论界定；②界定相关数字商品和服务；③基于供给使用框架，计算生产如上商品和服务的行业的增加值、总产出、劳动者人数、劳动者报酬等经济指标。

（1）概念的理论界定。

BEA 基于互联网和 ICT 定义了数字经济。ICT 是其定义的起点。虽然 ICT 没有覆盖所有范围，但和数字经济基本上重叠。在过去，BEA 在对 ICT 进行统计时，参考了 OCED 有关数字经济的相关文献。最终，BEA 定义的数字经济包括三部分内容：一是计算机网络存在和运行所需的数字授权基础设施；二是使用该系统而进行的数字交易（"电子商务"）；三是数字经济用户创建和访问（"数字媒体"）。

（2）界定相关数字商品和服务。

利用现有的供给使用表详细数据确定有关的商品和服务。BEA 的现有供给使用表包括约 5 000 种商品和服务，它的选择主要基于 BEA 分析师的专业知识和外部相关研究，最终确定了 200 多个商品和服务，以纳入初步估计的研究范围。

（3）具体估计。

在确定了数字经济中的商品和服务之后，BEA 基于供给使用表确定了生产这些商品和服务的行业。根据计算这些行业的总产出和增加值来估计数字经济的总量。

此外，BEA 通过三步得到了总产出和增加值的价格和物量指数。第一步，通过分行业缩减每一类数字商品和服务来获得总产出指数。第二步，通过缩减使用表中所有中间消耗的商品得到中间消耗指数，国际中间消耗通过假设的进口比例剥离。第三步，通过双缩法得到实际增加值。

☐ 本章小结

1. 国民账户的功能是对经济运行过程进行现实而综合的观察，从而适合于政策和分析之用。随着经济环境的变化和政策与分析需求的演进，必须对国民账户予以检视，以判断该体系是否能满足这些目的。

2. 卫星账户是国民经济核算体系严谨性与灵活性两方面特性的折中产物。通过编制卫星账户，既可以保持整个体系的相对完整统一，又为扩展国民经济核算体系的功能、满足不同的需要提供了途径。

3. 卫星账户按功能不同可划分为两类。第一类被称为内部卫星账户。第二类被称为外部卫星账户。前者主要是为了展现某些核心账户中观察不到的细节，后者的编制以对

SNA 概念的替代为基础。

4. 内部卫星账户的例子主要有教育、旅游和环境保护支出等领域量身定制的账户；外部卫星账户适用于开发新研究领域的方法，义务劳动在经济中的作用即为一例。

5. 卫星账户编制的关键在于编制范围和核心产品的界定与关键总量的测度。

6. 在卫星账户的应用中，旅游卫星账户体系相对完善，有明确的特征产品及账户核算框架，其他诸如 R&D 卫星账户、环境卫星账户等仍处于研究或待开发阶段。

□ 思考题

1. 试阐述卫星账户出现的必要性。
2. 简述卫星账户的定义与类型。
3. 旅游卫星账户中的特征产品是什么？
4. 简述历次美国 R&D 卫星账户的改进。
5. 试从卫星账户的角度描述新兴经济活动，如共享单车、共享住宿等服务。

CHAPTER 9

第9章

国民经济核算动态比较与国际对比分析

前面各章已对国民经济核算的基本原理和框架进行了较为系统的介绍。而如何利用既有的核算数据，通过对比分析方法来研究国民经济运行状况，为宏观经济政策制定等提供翔实的信息支持，则是本章的重点所在。国民经济核算数据的对比分析按照所选参照物的不同，可分为不同时间的动态比较和不同空间的横向对比，其是国民经济统计由数据测度向应用分析的自然过渡。本章将系统介绍上述两方面内容，其中前三节阐述动态比较的基本理论与方法，第四节介绍国际对比的理论方法。

9.1 国民经济中的价格形式

国民经济核算涉及一系列经济指标，包括各种经济流量和存量，其中大多数是以货币单位计量的价值量指标。核算价值量指标必然涉及计价问题，包括计价标准和计价方式的确定。计价标准和方式不同，所得到的指标数值以及据此进行分析的意义也会有所不同。在国民经济核算中，对于不同的核算环节、不同的经济指标、不同的分析目的，往往需要运用不同的计价标准或计价方式。因此，计价标准或计价方式的选择是国民经济核算与对比分析所必须考虑的重要问题之一。

9.1.1 国民经济核算的计价方式

所谓"计价方式"（或估价方式）一般指按照什么样的时间规定来确定价格水平，通常有现行价格和可比价格。

1. 现行价格

现行价格也称为当年价格，顾名思义，是经济活动发生时的实际价格。例如，工业品出厂价格、农产品收购价格、商品零售价格等。用当年价格计算的价值量指标，如国内生产总值、工业总产出、农副产品收购总额、社会商品零售总额等，反映当年的实际情况，使国民经济指标互相衔接，便于考察社会经济效益，便于对生产、流通、分配、消费进行综合平衡。

国民经济核算体系采用现行价格作为估价标准，无疑是为了对一定时期内国民经济的运行状况按照其本来面目进行最真实的描述和刻画。但按当年价格计算的以货币表现的指标，在动态对比时，由于包含价格变动的因素，不能确切地反映实物量的增减变动，使不同时期的现价核算资料不具有直接可比性。为了使国民经济核算资料更具有分析应用价值，便于研究不同时期的经济增长或经济波动、分析通货膨胀、分析生产率和进行经济发展水平的对比，必须消除价格变动因素，计算出有关总量指标的可比价数据，以真实反映经济发展动态。

2. 可比价格

可比价格是相对于现行价格而言的。现行价格会随着时间的推移而改变，但可比价格是与基期处于同一水平的固定不变的价格，因而也叫固定价格、不变价格，它是以某一固定时期的价格为基准，在一定时期内假定不变的价格。使用可比价格的目的是剔除价值量指标中包含的价格因素变化，反映经济活动所实际达到的物量水平。按可比价格计算总量指标通常有两种思路：一种是直接用产品产量乘某一年的不变价格计算，另一种是用价格指数进行缩减。

阅读材料：我国 GDP 的相关数据

1997~2016 年我国 GDP 总量与增速如表 9-1 所示。

表 9-1　1997~2016 年我国 GDP 总量与增速　　（单位：亿元）

年份	GDP（现价）	现价增速（%）	可比价增速（%）	年份	GDP（现价）	现价增速（%）	可比价增速（%）
1997	79 715.0	N	N	2007	270 232.3	23.1	14.2
1998	85 195.5	6.9	7.8	2008	319 515.5	18.2	9.7
1999	90 564.4	6.3	7.7	2009	349 081.4	9.3	9.4
2000	100 280.1	10.7	8.5	2010	413 030.3	18.3	10.6
2001	110 863.1	10.6	8.3	2011	489 300.6	18.5	9.5
2002	121 717.4	9.8	9.1	2012	540 367.4	10.4	7.9
2003	137 422.0	12.9	10.0	2013	595 244.4	10.2	7.8
2004	161 840.2	17.8	10.1	2014	643 974.0	8.2	7.3
2005	187 318.9	15.7	11.4	2015	689 052.1	7.0	6.9
2006	219 438.5	17.1	12.7	2016	743 585.5	7.9	6.7

资料来源：国家统计局网站。

9.1.2 国民经济核算的计价标准

所谓"计价标准",是指按照什么样的价格构成来计算有关指标,通常分为完全价格和不完全价格两类。在国民经济核算中,商品的完全价格包括价值构成的所有三个组成部分,即 $c+v+m$;而不完全价格则不包括其中的 m 或 m 的某一部分。它们各自又有不同的具体计价标准,形成了不同的价格范畴。

1. 不完全价格

(1) 成本价格。

成本价格是生产单位产品所直接支付的中间消耗、固定资产折旧和劳动者报酬之和,即 $c+v$,不包括作为生产税和营业盈余的 m。成本价格多用于企业核算。在国民经济核算中,对于特殊部门的产出指标也可以考虑采用成本价格进行计价。

(2) 要素价格。

要素价格是生产单位产品所直接和间接支付的要素成本的总和。要素成本(或要素费用)包括固定资产折旧、劳动者报酬和营业盈余。要素价格不仅要考虑产品生产过程中直接支付的要素成本,还要考虑通过各种产品之间的中间消耗链条的传递关系而逐次累计起来的所有间接支付的要素成本。例如,生产一吨铁,冶金企业首先要支付一定数额的要素成本(固定资产折旧、劳动者报酬和营业盈余);其次,在生产一吨铁所直接消耗的各种产品(如矿石、焦炭、电力和石灰石等)的价值中,也包括了一定数量的要素成本支付(第一次间接支付);最后,通过这些中间投入物而间接消耗的其他产品也含有类似的要素成本支付(第二次间接支付);以此类推。因此,一吨铁的要素价格,就是各有关生产环节上支付的相应要素成本的总和,即:

$$要素价格 = 直接支付的要素成本 + 各次间接支付的要素成本之和$$

(3) 基本价格。

基本价格是生产单位产品所直接和间接支付的要素成本以及除产品税之外的其他生产税净额的总和。与要素价格相似,基本价格不仅要考虑产品生产过程中直接支付的要素成本和其他生产税净额,还要考虑通过中间消耗的传递关系而累计起来的各次间接支付的要素成本和其他生产税净额,即:

$$基本价格 = 直接支付的要素成本及其他生产税净额$$
$$+ 各次间接支付的要素成本及其他生产税净额$$

要素价格和基本价格是对产品生产的最后一个环节进行计算。"近似值"与"真实值"之差,就是通过各次中间消耗累计起来的产品税净额。如果税制规定对于作为中间投入的商品实行减、免税措施,则两者之间的差额就会很小。这两种价格的作用在于排除生产税中的产品税因素对于价格水平及其结构的影响。实际来看,基本价格是生产者就其生产的每单位货物或服务产出,从购买者那里所获得的扣除生产或销售时应付的所有税,再加上所有补贴后的金额,其不包括生产者在发票上单列的任何运输费用。

2. 完全价格

（1）生产者价格。

生产者价格是生产单位产品所直接和间接支付的要素成本以及生产税净额的总和，计算公式为：

$$\text{生产者价格} = \begin{matrix}\text{直接支付的要素}\\\text{成本及生产税净额}\end{matrix} + \begin{matrix}\text{各次间接支付的要素}\\\text{成本及生产税净额}\end{matrix}$$

$$= \begin{matrix}\text{直接支付的}\\\text{最初投入费用}\end{matrix} + \begin{matrix}\text{各次间接支付的}\\\text{最初投入费用}\end{matrix}$$

$$= \text{增加值} + \text{中间消耗}$$

可见，生产者价格是完全的市场价格，其价值构成为 $c+v+m$，其水平取决于产品生产过程中的总投入费用。实际来看，生产者价格是生产者就其生产的每单位货物和服务产出，从购买者那里所获得的扣除向购买者开列的所有增值税（VAT）或类似可抵扣税后的金额，其也不包括生产者在发票上单列的任何运输费用。它与近似的基本价格和要素价格之间的关系是：

$$\text{生产者价格} = \text{基本价格(近似值)} + \text{产品税净额} = \text{要素价格(近似值)} + \text{生产税净额}$$

（2）购买者价格。

与生产者价格类似，购买者价格也是商品的完全市场价格。但是，前者是从生产者角度来观察的市场价格，后者则是从购买者或使用者的角度来观察的市场价格。相对于生产者价格，购买者价格还包含商品流通过程中的商业和运输等费用，即：

$$\text{购买者价格} = \text{生产者价格} + \text{差价}(= \text{商业运输等流通费用} + \text{购买者不可抵扣VAT}$$
$$+ \text{批发商和零售商的商业毛利})$$

购买者价格的价值构成也是 $c+v+m$。因为，构成商业和运输等费用的无非也就是 c、v 和 m 这样一些价值要素，它们追加到被流通的商品价格之上，只是增加了 c、v 和 m 的数量，并不改变价值要素的基本构成。

归纳起来，以上五种计价标准的相互关系是：

$$\text{购买者价格} - \text{商业费用等} = \text{生产者价格}$$
$$\text{生产者价格} - \text{产品税净额} = \text{基本价格}$$
$$\text{基本价格} - \text{其他生产税净额} = \text{要素价格}$$
$$\text{要素价格} - \text{营业盈余} = \text{成本价格}$$

9.2 国民经济指数的编制

统计指数是对价值量指标进行物量和价格比较的主要工具，在国民经济分析中被广泛应用。价值总量的动态变化通常受到物量和价格两个因素变动的影响，需要制定和运用有关指数的方法，专门考察价值总量中的物量因素或价格因素的变动及其影响，揭示经济的"实际"变化。为此，需要了解有关物量和价格的概念，掌握物价指数和物量指数编制的计算方法。

9.2.1 指数理论概述

对具有同质性的单一产品，其经济数量特征体现在数量、价格、价值三个方面。其中，数量体现为产量、消耗量、购买量等，用实物单位表示。数量这一概念只对单一同质产品才有意义，不同产品是不能相加的，即便计量单位相同，甚至同种产品，但规格、型号不同，相加也是没有意义的。货物或服务的价格指单位货物或服务的价值，其水平由市场供需关系决定。单一同质的货物或服务价值（V）等于价格（P）乘以数量（Q），即 $V = P \times Q$。通过共同的货币单位，价值可以将不同产品用统一的货币单位表现出来，不同类型货物或服务的价值可以相加。

多种货物或服务的物量和价格是若干种货物或服务的综合。但这种综合不是单一产品数量或价格的简单代数和，而是借助于同度量因素将数量或价格转化为价值量后的可比概念。和单一产品的数量和价格不同，在多种产品的数量或价格综合为价值量以后，物量和价格就丧失了以绝对数值多少予以表述的形式，只能通过不同时期的比较才能显现出来。如果我们从两个时期的比较角度去看，只要把价格固定在同一时期，这样计算的两个时期的价值量的比较就体现了产品物量的综合变动；同样的方法，把物量固定在同一时期，两个时期的价值量的比较就体现了产品价格的综合变动。

价值指数可分解为价格指数和物量指数。价格指数指一组货物或服务在两个不同时期价格变动的相对数，即报告期价格与基期价格变动的比例关系。与价格指数类似，物量指数指一组货物或服务在两个不同时期数量变化的相对数。一般观察到的货物或服务价格变化实际上包括两个部分，即纯价格变化和质量变化引起的价格变化。价格指数反映的是纯价格变化，质量变化引起的价格变化应记录为物量变化。因此，物量指数从理论上讲应包含三部分，即数量变化、质量变化，以及不同质量货物或服务结构变化。

一般来说，大多数货物或服务在市场上都会以许多不同的质量形式出现。在计算价格指数时，两种不同质量的货物或服务，其价格或数量不能直接对比，必须进行质量调整，剔除质量变化因素，从而测算"纯价格变化"。质量调整法可以分为显性质量调整法和隐性质量调整法两种。如果能够获取关于质量变化值的显性信息，可以采用显性质量调整法。显性质量调整法又称直接质量调整法，即直接估计出新旧货物或服务质量差别的价值，并对当期或者基期的价格做出相应的调整。如果不能获取质量变化值的显性信息，可以采用隐性质量调整法。隐性质量调整法又称间接质量调整法，即以相似的货物或服务所观察到的价格变动为依据，估计出新旧货物或服务之间价格差别中的纯价格变动部分。

9.2.2 物量指数与价格指数的计算

1. 基本指数公式

为了进行指数分析，必须将国民经济核算中的价值总量分解为价格和物量两个因素。

记物量因素为 q，价格因素为 p，下标 1 表示计算期，下标 0 表示基期，则基期的价值总量为 $\sum p_0 q_0$，计算期的价值总量为 $\sum p_1 q_1$，反映价值总量变动的"总值指数"为：

$$\frac{\sum q_1 p_1}{\sum q_0 p_0} \tag{9-1}$$

依据指数分析原理，为了考察总值中的物量或价格的综合变动程度，要将作为同度量因素的另外那个对应因素固定或保持不变，从而得到一般形式的物量指数和价格指数。当同度量因素固定在基期时，得到如下形式的拉氏指数：

$$L_q = \frac{\sum q_1 p_0}{\sum q_0 p_0} \quad L_p = \frac{\sum p_1 q_0}{\sum p_0 q_0} \tag{9-2}$$

当同度量因素固定在报告期时，得到如下形式的帕氏指数：

$$P_q = \frac{\sum q_1 p_1}{\sum q_0 p_1} \quad P_p = \frac{\sum p_1 q_1}{\sum p_0 q_1} \tag{9-3}$$

容易看出，在拉氏指数、帕氏指数和总值指数之间，存在着如下分析关系：

$$\frac{\sum q_1 p_1}{\sum q_0 p_0} = \frac{\sum p_1 q_1}{\sum p_0 q_1} \times \frac{\sum q_1 p_0}{\sum q_0 p_0} \tag{9-4}$$

$$\frac{\sum q_1 p_1}{\sum q_0 p_0} = \frac{\sum p_1 q_0}{\sum p_0 q_0} \times \frac{\sum q_1 p_1}{\sum q_0 p_1} \tag{9-5}$$

这表明：一个总值指数可以分解为拉氏物量指数和帕氏价格指数的乘积，也可以分解为帕氏物量指数与拉氏价格指数的乘积。利用这些关系，我们可以就总值的变动进行因素分析，还可据以进行指数的推算。在实际经济中应用，式（9-4）更通用。

2. 指数检验与基本公式改造

由于采用的方法和权数不同，指数往往会产生"型偏差"（type bias）或"权偏差"（weight bias），学者们认为，一个优良的加权指数计算方法能够通过"时间转换"检验和"因子转换"检验。所谓"时间转换"检验，指报告期对基期的指数与基期对报告期的指数相乘应该等于 1。这种检验的目的在于判别各种指数计算方法，在时间的向前或向后上，步骤是否一致，若一致，就被认为是良好的指数。这个关系可以用公式表示为：$I_{t/0} \times I_{0/t} = 1$。$I_{t/0}$ 为以 0 期为基期的 t 期的指数，$I_{0/t}$ 为以 t 期为基期的 0 期的指数。如果同一种方法计算的 $I_{t/0} \times I_{0/t} \neq 1$，则认为该方法存在"型偏差"。美国学者布鲁斯·马捷特（Bruce D. Mudgett）曾用 E_t 来表示这种型偏差：$E_t = I_{t/0} \times I_{0/t} - 1$。若时间转换检验结果正确，则 $E_t = 0$；$E_t < 1$ 为下型偏差；$E_t > 1$ 为上型偏差。

所谓"因子转换"检验，指用一种方法计算的数量指标指数与质量指标指数相乘应该等于相应价值量指数，因为价值量是价格与数量的乘积。如果数量指标指数与质量指标指数相乘不等于相应价值量指数，则存在权偏差。若 $I_p \times I_q < \dfrac{\sum q_1 p_1}{\sum q_0 p_0}$，为下权偏差；若 $I_p \times I_q > \dfrac{\sum q_1 p_1}{\sum q_0 p_0}$，为上权偏差。

根据指数检验理论，拉氏指数和帕氏指数都既通不过"时间转换"检验，也通不过"因子转换"检验，二者既有"型偏误"，也有"权偏误"。为了调和这种偏差，学者们提出对基本指数公式加以改造，常见的方法就是对不同指数计算某种形式的平均数，即进行指数的"交叉"处理。一种做法是对指数的不同权数（同度量因素）计算平均数，即所谓的"权交叉"，其代表是马歇尔—埃奇沃斯指数[一]，其价格和物量指数分别为：

$$M.E_p = \frac{\sum p_1\left(\frac{q_0+q_1}{2}\right)}{\sum p_0\left(\frac{q_0+q_1}{2}\right)} = \frac{\sum p_1 q_0 + \sum p_1 q_1}{\sum p_0 q_0 + \sum p_0 q_1} = \frac{\sum p_1(q_0+q_1)}{\sum p_0(q_0+q_1)} \quad (9\text{-}6)$$

$$M.E_q = \frac{\sum q_1\left(\frac{p_0+p_1}{2}\right)}{\sum q_0\left(\frac{p_0+p_1}{2}\right)} = \frac{\sum q_1 p_0 + \sum q_1 p_1}{\sum q_0 p_0 + \sum q_0 p_1} = \frac{\sum q_1(p_0+p_1)}{\sum q_0(p_0+p_1)} \quad (9\text{-}7)$$

另一种做法则是对不同的指数公式计算平均数，即进行指数的"型交叉"，其著名的代表性公式就是 1901~1912 年由美国经济学家沃尔什（G. M. Walsh）和庇古（A. C. Pigou）等人先后提出，后经美国著名经济学家和指数理论家费希尔（Irving Fisher）做了大量比较研究，确证其优良性质后被命名的"理想公式"（ideal formula）：

$$F_p = \sqrt{\frac{\sum p_1 q_0}{\sum p_0 q_0} \times \frac{\sum p_1 q_1}{\sum p_0 q_1}} \quad (9\text{-}8)$$

$$F_q = \sqrt{\frac{\sum q_1 p_0}{\sum q_0 p_0} \times \frac{\sum q_1 p_1}{\sum q_0 p_1}} \quad (9\text{-}9)$$

这种指数公式是拉氏指数与帕氏指数的简单几何平均数，由于拉氏指数和帕氏指数偏误方向相反，绝对值十分接近，用几何平均法交叉，既无型偏误，也可使权偏误平均化，所以既能通过"时间转换"检验，也能通过"因子转换"检验。由于理想指数是拉氏和帕氏指数的折中，在理论上比拉氏或帕氏指数更接近真实指数，而且"时间转换"检验和"因子转换"是进行空间比较必须满足的条件，所以该指数在空间比较中被作为主要的指数方法。

👆 阅读材料：统计指数的发展[二]

统计指数是描述统计中历史最为悠久、使用极为广泛、与现实密切联系的重要统计方法。统计指数起源于物价，发展并应用于生产、生活、投资、经济效益、综合国力等社会经济众领域。1675 年，英国经济学家莱斯·沃汉在其《铸货币及货币铸造论》一书中，为了测定当时劳资双方对于货币交换的比例，使用谷物、家畜等当时的重要性样本比较了

[一] 马歇尔：Alfred Marshall，1842—1924，英国经济学家；埃奇沃斯：Francis Ysydro Edgewort，1845—1926，英国统计学家。
[二] 符想花，于向英，李冻菊. 统计指数概论与应用 [M]. 北京：中国科学技术出版社，2006.

1650年和1352年的价格，这就是计算物价指数的开端。1707年，英国主教弗里德伍德编制了39种物品的个体价格指数，来反映价格涨跌或货币价值升贬情况。1738年，法国学者杜托将商品集团的两个时期各自的单位纯加总进行对比，综合反映商品集团的价格变动情况。1750年，意大利贵族卡里用简单算术平均公式计算多种商品的价格指数，这是首次以平均法计算物价指数。简单综合法和简单平均法从不加权到加权，逐渐演变为加权综合指数法和加权平均指数法等，大大促进了指数理论的发展和计算方法的科学化。

在加权问题上，统计指数经历了从主观权数法到客观权数法的重大转折。初期，虽然认识到需要加权但不知道如何进行加权，于是在计算物价指数时，便主观决定某种商品的价格计算一次，另外一些商品价格则计算两次、三次、四次等，这就是所谓的主观加权法。当然，纯主观权数法因缺乏客观依据而不太科学，因而遭受到各方质疑。在客观权数方面，德国统计学家拉斯佩利斯和帕许曾做出了重大贡献，形成了拉氏指数和帕氏指数。拉氏主张以基期数量为权数计算物价指数，帕氏主张以报告期数量为权数计算物价指数。然而，无论是拉氏指数还是帕氏指数，都存在着"偏误"。为此19世纪90年代，英国经济学家马歇尔与埃奇沃思先后提出修正公式，后被合称为"马歇尔—埃奇沃思"公式。美国统计学家、经济学家费希尔在其1911年出版的《货币购买》一书中，将拉氏指数和帕氏指数相乘后开方，提出了理想公式。20世纪初，美国经济危机席卷全球，进一步推动了指数理论的发展和指数方法的应用，这个时期也被称为"指数时代"。指数也由原来的只是反映价格变动，向反映物量以及劳动生产率、工资水平等更多现象综合变动的方向发展。

至今为止，虽然已经构造并发展了一大批统计指数，用于反映经济事物的发展变化，但是，对于同一经济现象，同一样本资料，采用不同的指数会出现不同的结果，甚至会得出完全相反的结论。可见，选用不同的指数去度量同一社会经济现象，会有一定优劣之分。因此，需要建立一套统计指数优良性的检验理论和评价标准。

在统计指数检验的方法和体系研究方面，费希尔做出了极为突出的贡献，对西方统计指数的发展影响深远。他在1911年所著《货币购买力》一书附录中，第一次概括了控制指数公式质量的一系列检验，人们称之为费氏检验。在1922年所著的《指数的编制》中，其对指数检验理论又进行了较大修改。归纳起来，费氏检验主要有八种检验，本书前文已介绍了时间转换检验和因子转换检验，下面再简单介绍其他六种检验。

(1) 恒等性检验：总指数 $P_{1/1}=1$。某时期的资料与其本身比较，结果必然为100%。

(2) 公度性检验：$P_{1/0}$ 的值不随各种产品和日用品的计量单位变化而变化。0表示基期。

(3) 比例性检验（平均值检验）：若每个个体指数 $p_{1/0}=c$，则有总指数 $P_{1/0}=c$。

(4) 确定性检验：当商品的单位价格或数量为0时，$P_{1/0}$ 既不为0，也不为无穷大，更不是不定。

(5) 进退检验（联合检验）：当在原有 n 个产品的资料中，增加或减去一个产品的资料时，所得的结果仍与按 n 个产品资料计算的指数值 $P_{1/0}$ 相等。

（6）循环检验（连锁检验）：$P_{1/0} \times P_{2/1} \times P_{3/2} \times \cdots \times P_{t/t-1} = P_{t/0}$。

在上述几种检验中，前四种检验比较直观，绝大部分指数都能够通过。第五种进退检验对于大样本或者对减去和增加的商品为非主要商品来说，一般指数在其计算数值上的变化极其微小，可以忽略不计。因此，费氏检验评价统计指数的优劣的核心在于时间转换检验、因子转换检验循环检验。

9.2.3 我国主要的经济指数

1. 居民消费价格指数

居民消费价格指数（consumer price index，CPI），是度量一定时期内居民消费商品和服务价格水平变动的相对数，综合反映居民消费商品和服务价格水平的变动趋势和变动程度。居民消费价格指数是我国价格指标体系中不可或缺的重要组成部分，是宏观经济分析和决策、价格总水平监测和调控以及国民经济核算的重要指标。居民消费价格指数在经济社会生活中主要有三方面基本用途：一是反映通货膨胀（或通货紧缩）的程度，按年度计算的 CPI 是宏观调控的重要参考指标；二是用于国民经济核算中的现价总量指标缩减，剔除价格因素的影响，计算不变价增长速度；三是计算货币的购买力及其变动程度，实际中往往参考 CPI 来调整补偿、补助和补贴标准，以消除货币购买力下降的影响。

我国把居民消费分为食品、烟酒及用品、衣着、家庭设备用品及服务、医疗保健及个人用品、交通和通信、娱乐教育文化用品及服务、居住等 8 大类，262 个基本分类，约 700 种代表规格品。目前，为编制全国和各省、自治区、直辖市居民消费价格指数，全国调查市县约 500 个，价格调查点 5 万余个。该指数每月编制并公布，具有较强的及时性。权数根据基期年份的城乡居民家庭消费支出构成确定，基期年份每 5 年轮换一次，目前（2016 年 1 月开始使用）使用的是以 2015 年作为新一轮的对比基期。

我国居民消费价格指数的计算从各个代表规格品的个体指数开始，逐级计算基本分类指数、中类指数、大类指数和总指数。

代表品的环比价格指数（G_t）= 报告期平均价格除以基期平均价格，即：

$$G_t = \frac{\overline{p_t}}{\overline{p_{t-1}}} \tag{9-10a}$$

基本分类环比价格指数（K_t）= n 个代表品的环比价格指数的简单几何平均数，即：

$$K_t = \sqrt[n]{G_1 \times G_2 \times \cdots \times G_n} \tag{9-10b}$$

中类、大类和总的环比指数都是分别以 W_{t-1} 为各级权数逐级环比指数的加权算术平均。如：

$$I_{t,中类,环比} = \frac{\sum K_{基本分类,环比} W_{t-1}}{\sum W_{t-1}} \tag{9-10c}$$

各级分类指数和总指数的报告期定基指数（$I_{t,定基}$）都等于相应报告期环比指数与上期定基指数的乘积：

$$I_{t,\text{定基}} = I_{t,\text{环比}} \times I_{t-1,\text{定基}} = \left(\frac{\sum I_{\text{类,环比}} W_{t-1}}{\sum W_{t-1}}\right) I_{t-1,\text{定基}} \qquad (9\text{-}10\text{d})$$

上式又称为计算定基居民消费价格指数的链式拉氏公式。

2. 工业生产者出厂价格指数

工业生产者出厂价格指数是生产者价格指数（producer price index，PPI）的重要组成部分。PPI 理论上应涵盖农业生产者价格指数、工业生产者价格指数等所有产业的生产者价格指数，然而在我国通常将工业生产者出厂价格指数简称为 PPI。工业生产者出厂价格指数是指某个时期内工业企业产品第一次出售时价格变动的相对数，其反映全部工业产品出厂价格变化趋势和变动幅度。工业生产者出厂价格指数主要用于：①国民经济核算中计算工业发展速度等相关价格指数缩减；②度量通货膨胀（或通货紧缩）；③指导企业生产经营活动。

为编制全国和各省（区、市）的工业生产者出厂价格指数，国家统计局在全国 400 多个城市选取近 6 万家工业企业，对 1 702 个基本分类、11 000 多种代表品展开调查。工业生产者出厂价格调查采用重点调查与典型调查相结合的调查方法。年主营业务收入 2 000 万元以上（规模以上）的企业，采用重点调查方法；年主营业务收入 2 000 万元以下（规模以下）的企业，采用典型调查方法。价格指数权重的确定之中，小类及小类以上的权数资料来源于工业企业统计中分行业销售产值数据资料；基本分类的权数资料主要来源于工业企业产品权数调查，一般每 5 年开展一次。

工业生产者出厂价格指数的计算，全国大类、中类、小类行业的指数及总指数根据各省（区、市）指数，按其工业销售产值加权平均计算。代表产品月环比价格指数，由其所属代表规格品价格变动相对数，使用几何平均法计算；由代表产品计算基本分类月环比价格指数，也采用几何平均法进行计算；基本分类的定基指数计算，实际中统计部门是采用所选基期的基本分类定基指数，乘以基期至报告期间各期的月环比指数；基本分类的月同比指数，由报告期的月定基指数除以上年同期月定基指数得到；基本分类以上各类及总的定基指数，使用链式拉式公式采用逐级加权平均计算。

3. 住宅销售价格指数

住宅销售价格指数（housing price index，HPI），是反映房地产价格水平总体变化趋势和变化幅度的相对数，是房地产价格变动趋势定量分析的指标。调查和搜集住宅销售价格，科学编制住宅销售价格指数，定期公布各种住宅销售价格指数统计信息，主要用途有：一是为房地产价格宏观调控提供管理决策依据，二是为房地产交易提供依据，三是用于国民经济核算中相关指标价格缩减。

目前，国家统计局定期编制和发布全国 70 个大中城市住宅销售价格指数。指数编制所需的相关基础数据搜集工作由国家统计局直属调查队承担，按照调查房屋交易属性新建住宅和二手住宅,设 90 平方米及以下、90～144 平方米、144 平方米以上三个基本分类。调查队每月月初从当地房地产管理部门取得上月新建住宅网签价格等数据;二手住宅销售价格数据采用重点调查与典型调查相结合的方法,按照房地产经纪机构上报、房地产管理部门提供与调查员实地采价相结合的方式。

编制住宅销售价格指数,首先计算各基本分类价格指数,然后采用加权平均法由下而上计算出各类别价格指数。以新住宅销售价格指数的计算为例,首先需计算各城市基本分类月环比价格指数,并以此为基础再计算各城市基本分类以上类别价格指数。商品住宅基本环比价格分类指数的计算步骤为:第一,计算三个基本分类的环比指数,利用销售额和销售面积计算月平均销售价格;第二,采用加权计算全市三个基本分类的环比指数,即分别利用本月销售面积和金额作为权数计算价格指数,然后将两个价格指数再简单平均计算。

9.3 总产出和国内生产总值指数

9.3.1 总产出指数

总产出是企业经济统计的重要指标,也是国民经济核算的基础性总量指标。根据不同的研究目的,总产出可以就企业、产业、部门等分别计算,从整个国民经济角度看,所有常住单位的总产出之和就是社会总产出。为了从动态上考察生产规模的变动,可以分别从不同层次编制国内总产出、部门总产出和企业总产出指数,包括不同层次的总产出物量指数、总产出价格指数以及相应的价值量指数。

总产出的价值量指数(总值指数)计算较为简单,即直接将现期总产出产值比上基期总产出产值,计算公式参见式(9-1)。总产出物量指数通常采用拉氏指数形式:$L_q = \frac{\sum q_1 p_0}{\sum q_0 p_0}$,表明在基期价格水平和价格结构的基础上总产出物量的综合变动程度,反映在消除了价格变动的影响之后产出的实际增减变动程度,因而,通常也将这类物量指数简称为"生产指数"。总产出价格指数通常采用帕氏指数形式:$P_p = \frac{\sum p_1 q_1}{\sum p_0 q_1}$,表明在计算期产量水平和产量结构的基础上总产出价格的综合变动程度。

在历史上,我国曾长期使用不变价格编制总产出物量指数。该方法采用全国统一核定的价格标准来计算不同时期的产品价值,再逐级计算各企业、部门、地区和全国的不变价总产出指标,最后将不同时期的总产出直接进行比较即可得到总产出物量指数。不变价格方法的优点在于价格标准统一,便于资料的逐层汇总,避免了价格频繁变化引起的编制困难。不变价格方法也有其明显缺陷:一方面,确定不变价格标准和层层计算总产出,其工作量十分巨大;另一方面,需要根据实际价格水平和结构变化，定期修订各产品和服务的不变价格。

鉴于不变价的上述不足，我国产出物量指数的编制已经转向使用价格缩减法。价格缩减法一般是将价值量指数除以帕氏价格指数，来间接推算拉氏物量指数。由于直接计算价格指数比直接计算物量指数更为容易，代价也更小，因此，现有国民经济核算和一般经济统计中，最常见的做法就是用价格紧缩法间接求得物量值。这种方法的主要步骤：首先，由各级综合统计部门分别编制各地区、各部门乃至全国的产品价格指数，在编制这些价格指数时，可以充分运用代表性价格选择和比重加权的方法，简化编制工作，提高编制质量；其次，通过价格紧缩的方式推算出总产出物量指数。当需要做长期动态考察时，可以通过编制"连锁指数"替代相应的定基指数进行分析。这样，将能够适当兼顾分析的需要和操作的可能，大大提高指数编制的效率和实际分析的效果。

9.3.2 可比价国内生产总值及其指数

国民经济核算实践中，往往是从生产和使用两个角度先分别编制 GDP 价格指数，然后利用这些指数对现价 GDP 的生产或使用价值总量进行价格缩减，以便计算可比价 GDP，并以此为基础计算 GDP 物量指数。从生产的角度看，总增加值本质上是一种"追加"的价值，并不具有独立的实物形态，因而，要计算一个基层单位（企业、产业部门或机构部门）的不变价格总增加值，反映总增加值所达到的物量水平，只能采用间接方式。实践中不变价 GDP 的计算主要有如下方法。

1. 双缩减法 （double-deflation method） 及 GDP 物量指数

双缩减法，是指先对两个相关的现价价值量指标分别用各自相关的价格指数去缩减，再用缩减得到的两个不变价格指标计算与此有关的第三个不变价指标。从生产法角度看，组成国内生产总值的各部门增加值，是各产业部门总产出减中间投入后的余值，从而价格对增加值的影响是双重的，其中既有产出价格变化的影响，也有中间投入价格变化的影响。而且二者的作用方向正好相反。因此，要得到不变价增加值，必须对总产出和中间投入分别做两次价格缩减，然后再相减得到不变价增加值。即：

$$\text{不变价 GDP} = \sum \text{不变价增加值} = \sum \frac{\text{现价总产出}}{\text{产出价格指数}} - \sum \frac{\text{现价中间投入}}{\text{中间投入价格指数}}$$

$$= \text{不变价总产出} - \text{不变价中间投入} \tag{9-11}$$

由于生产法 GDP 是各个产业部门增加值的总和，因此，价格缩减过程不是针对整个经济一次完成，而是按照不同产业部门分别进行后加总。

双缩减法 GDP 物量指数的具体做法如下。首先，根据帕氏价格指数公式分别编制总产出和中间消耗的价格指数：

$$\bar{I}_{(总产出)p} = \frac{\sum Q_1 P_1}{\sum Q_0 P_1} \quad \bar{I}_{(中间投入)p} = \frac{\sum q_1 p_1}{\sum q_0 p_1} \tag{9-12}$$

式中，P 和 p 分别表示总产品和中间产品价格，Q 和 q 分别表示总产品和中间产品数量。

其次，利用总产出价格指数和中间投入价格指数分别对总产出和中间投入进行缩减，再利用生产法计算不变价 GDP：

$$不变价 GDP = \frac{\sum Q_1 P_1}{I_{(总产出)p}} - \frac{\sum q_1 p_1}{I_{(中间投入)p}} = \sum P_0 Q_1 - \sum p_0 q_1 \tag{9-13}$$

最后，依据上述资料编制 GDP 物量指数。在西方各国的核算实践中，双缩减法 GDP 物量指数的计算公式为：

$$I_{(GDP)q} = \frac{\sum P_0 Q_1 - \sum p_0 q_1}{\sum P_0 Q_0 - \sum p_0 q_0} \tag{9-14}$$

GDP 价格指数可以按下式计算：

$$I_{(GDP)P} = \frac{I_{(GDP)}}{I_{(GDP)q}} = \frac{\sum P_1 Q_1 - \sum p_1 q_1}{\sum P_0 Q_0 - \sum p_0 q_0} \div \frac{\sum P_0 Q_1 - \sum p_0 q_1}{\sum P_0 Q_0 - \sum p_0 q_0}$$

$$= \frac{\sum P_1 Q_1 - \sum p_1 q_1}{\sum P_0 Q_1 - \sum p_0 q_1} \tag{9-15}$$

实践中，在不具备中间投入购买者价格指数的情况下，常常采用简化的方法进行价格缩减，以该产业部门的产出价格指数直接缩减其现价增加值。这就是所谓不变价增加值的单缩减法。我国可比价 GDP 计算目前主要依赖于价格指数单缩减法。

2. 单缩减法 (single-deflation method)

单缩减法又称为直接缩减法，是将有关的现价价值量直接除以相关的价格指数，求出该指标的可比价数据。可比价 GDP 的计算公式可以表示为：

$$不变价 GDP = \frac{现价 GDP}{GDP 价格指数} \tag{9-16}$$

实践中，由于 GDP 价格指数很难直接得到，往往不得不采取若干近似方法。其一是假设 GDP 价格指数等于总产出价格指数，于是得到"总产出价格指数缩减法"公式：

$$不变价 GDP = \frac{现价 GDP}{总产出价格指数} \tag{9-17}$$

其二是假设 GDP 价格指数等于中间投入价格指数，于是得到"中间投入价格指数缩减法"公式：

$$不变价 GDP = \frac{现价 GDP}{中间投入价格指数} \tag{9-18}$$

从"单缩减法"的假定条件可以看出，"单缩减法"也可以理解为是"双缩减法"在某种假设之下的近似形式。在"双缩减法"公式中，如果假设"中间投入价格指数等于总产出价格指数"，则"双缩减法"就退化为"总产出价格指数缩减法"；如果假设"总产出价格指数等于中间投入价格指数",则"双缩减法"就退化为"中间投入价格指数缩减法"。

由于应用单缩减法的假定前提在实践中并非完全成立,以至于利用单缩减法计算的可比价 GDP 可能产生一定的偏差。当产出价格指数低于中间投入价格指数时,单缩减法会低估不变价 GDP 总量,反之则高估不变价 GDP 总量,高估与低估的程度取决于两个价格指数之间的背离程度。在动态分析中,如果二者差距过大,会导致不同年份不变价 GDP 数据不可比。

3. 物量指数外推法

物量指数外推法又称系数推算法或外推法,是指在一定假设条件下,选用与需要估计其不变价数据的价值量指标密切相关的另一指标的物量指数作为系数,乘以该指标的基期价值量,得到按基期价格度量的报告期价值量。在核算实践中,可以分为产出物量指数外推法和投入物量指数外推法。若缺少中间投入和总产出等价格指数而仅有总产出物量指数,或者只能通过某些方法计算不变价总产出,可以使用总产出物量指数对基期现价 GDP 进行外推,以计算报告期不变价 GDP,得到产出物量指数外推法公式如下:

$$\text{不变价 GDP} = \text{基期现价 GDP} \times \text{总产出物量指数} \tag{9-19}$$

从上面公式可以看出,该法暗含着增加值物量指数等于总产出物量指数的假定,其实质是假定基期和计算期每单位产出所提供的增加值(即增加值率)是相等的。

投入物量指数外推法是指根据投入的物量变化来估计不变价增加值的变化。其公式是:

$$\text{不变价 GDP} = \text{基期现价 GDP} \times \text{投入物量指数} \tag{9-20}$$

该方法也暗含着一个假定,即在基期价格水平上,报告期和基期每单位投入的增加值相同。

用于估计产出物量变化的投入,既可以是总投入,也可以是劳动投入、中间投入。对市场和非市场服务部门,常使用固定工资率来计算雇员报酬变化的平均值,甚至仅仅用雇员人数或总工时的变化来估计不变价增加值的变化。例如:

$$\text{不变价 GDP} = \text{基期现价 GDP} \times \frac{\text{报告期雇员人数(或总工时)}}{\text{基期雇员人数(或总工时)}} \tag{9-21}$$

不难看出,这种外推法隐含的假定是:报告期和基期单位劳动投入提供的增加值不变,即劳动生产率不变。这在短期分析中尚可成立,但从长时期来看,这一假定是不符合实际的。因此,该法不适宜于长期估计。

从 GDP 的物量核算数据的准确性来看,首选方法当推双缩减法,即使用适当的价格去缩减每个成分;当现有数据的可靠性和稳定性不足以允许使用双缩减法时,用总产出价格指数来缩减现价增加值或用总产出物量指数外推基年增加值以估计报告期不变价增加值,是一种次优选择。但是,对于建筑业、金融、商业服务、教育、国防等部门,可能会遇到:不存在适当的价格指数、现价数据存在不一致或者价格指数存在不一致,此时只能从投入的物量变化入手进行外推,或者利用前几年的数据进行前瞻性外推,或者在特定情况下使用测度物量增长的其他指标。

4. 支出法不变价国内生产总值及 GDP 物量指数

支出法国内生产总值是最终消费支出额、资本形成总额和净出口额的总和。据此,计算不变价 GDP,需要对上述各项分别采用相应的价格指数进行缩减,再将缩减后的各项相加得到。即:

$$
\begin{aligned}
不变价 GDP &= 不变价最终消费 + 不变价资本形成 + (不变价出口 - 不变价进口) \\
&= \frac{现价最终消费}{消费价格指数} + \frac{现价资本形成总额}{投资价格指数} + \left(\frac{现价出口额}{出口价格指数} - \frac{现价进口额}{进口价格指数}\right)
\end{aligned}
$$
(9-22)

资本形成总额包括固定资本形成总额和存货增加,因此,对资本形成总额的缩减也应该分别采用各自的价格指数进行缩减:

$$不变价固定资本形成总额 = \frac{现价固定资本形成总额}{固定资本形成价格指数} \qquad (9\text{-}23)$$

$$不变价存货增加 = \frac{现价存货增加}{存货价格指数} \qquad (9\text{-}24)$$

对货物和服务净出口额进行缩减的方法为:

$$不变价净出口额 = \frac{现价出口总额}{出口价格指数} - \frac{现价进口总额}{进口价格指数} \qquad (9\text{-}25)$$

其中,出口和进口价格指数分别用以反映出口和进口价格水平的变动,是根据现价进出口货物和服务数据及基本产品价格指数,采用缩减法编制的。

上述各项缩减过程中所采用的价格指数,都是从购买者角度设定的,缩减的质量好坏很大程度上取决于价格指数与 GDP 各构成部分的吻合程度。实际上,最终消费、资本形成等指标仍然包含不同的组成部分,进行具体缩减时,如果具备相应数据,则应就不同组成部分分别选择相应价格指数进行缩减。

还需要特别补充说明的是,无论是生产法还是支出法,应用价格指数缩减法计算不变价国内生产总值都存在一个在何种层次上实施价格指数缩减的问题。价格指数是独立编制的,编制过程中每一指数中都包括不同层次的类指数,总指数是通过类指数层层加权平均得到的。较低层次的价格指数更加接近于初始价格的变动,可以更好地与 GDP 各构成项目对应,避免拉氏或帕氏价格指数中物量权重选择本身存在的问题。因此,为了提高不变价 GDP 数据的质量和精度,最好采用较低层次的价格指数在较细分类层次上进行缩减,然后再对缩减结果层层加总得到不变价 GDP 总量,对那些没有直接对应的价格指数,需借助相关价格指数予以替代的项目,降低缩减层次尤其必要。⊖

⊖ 赵红. GDP 核算中的价格指数及存在的问题研究[J]. 统计研究,2005(5).

阅读材料：我国不变价 GDP 的计算[一]

我国不变价 GDP 的计算方法如表 9-2 所示。

表 9-2　我国不变价 GDP 的计算方法

不变价 GDP 构成内容		方法	方法说明
生产法	农业不变价增加值	双缩法	分别采用农产品价格指数和农业生产资料分布指数
	工业不变价增加值	单缩法	采用工业生产者出厂价格指数
	建筑业不变价增加值	单缩法	采用建筑安装工程价格指数
	交通运输和邮政业不变价增加值	外推法	采用客货运周转量和邮政业务总量等物量指数外推
	批零商业和住宿餐饮业不变价增加值	单缩法	采用商品零售价格指数
	金融业不变价增加值	单缩法	采用居民消费价格指数和固定资产投资价格指数两者的加权平均数
	房地产业不变价增加值	单缩法	采用固定资产投资价格指数和房地产价格指数缩减折旧和净增加值
	教育不变价增加值	单缩法	采用居民消费价格指数中的教育类价格指数
	居民服务、修理和其他服务业不变价增加值	单缩法	采用居民消费价格指数中的服务项目价格指数
支出法	不变价居民消费	缩减法	采用细分类的居民消费价格指数缩减相应各类消费支出
	不变价政府消费	缩减法	综合利用人均工资指数、居民消费价格指数和固定资产投资价格指数缩减
	不变价资本形成总量	缩减法	采用固定资产投资价格指数缩减现价资本形成总量
	不变价存货变动	直接法	直接按基期价格计算存货总值（部分农业）
		缩减法	分别采用生产资料出厂价格指数、生活资料出厂价格指数、农副产品收购价格指数等（其他产业部门）
	不变价货物和服务净出口	缩减法	采用出口和进口价格指数分别缩减出口和进口总额，然后求差得到

9.4　经济水平的国际对比方法

9.4.1　国际经济对比的基本方法评述

对国民经济的关键指标进行国际对比，考察一国的经济发展水平和经济实力，发现问

[一] 根据《中国国民经济核算体系（2016）》等资料整理。

题、找出差距，是国民经济核算资料开发运用的一个重要方面。要进行某项经济指标的国际对比，就必须通过适当的调整或换算，使其在指标的经济内容和货币计价两方面均具有可比性。SNA 的全球性应用，及其与其他国际标准相协调工作的推进，较好地解决了各国国民经济核算资料的国际可比问题。但是，货币形式的差异调整是进行国际比较的难点所在，目前常用的方法主要有以下几种。

1. 国际比较的汇率法

汇率法是进行国际比较的常用方法，即通过不同货币之间的汇率换算有关国家的经济指标，并据以进行物量水平或价格水平的国际对比。由于美元是最主要的交易货币，因此国际比较在习惯上都是将各种非美元货币调整为美元，以美元作为国际比较的基准货币。这样，世界各国采用汇率法计算的以美元表示的价值量指标，可以方便地进行多边比较。

利用现成的汇率数据对货币单位进行调整，资料容易取得，操作比较简单，这是用汇率法进行国际比较的主要优点。但是这种方法也有明显的不足，最主要的是其中隐含着一个很强的假定，即"购买力平价说"成立。

所谓"购买力平价说"，是 20 世纪 20 年代瑞典经济学家古斯塔夫·卡塞尔（G. Cassel）提出的，它实质上是一种"汇率决定理论"。这种理论认为，由于套利行为的存在，汇率只有处于能使得套利行为不再发生的水平，才能达到均衡状态。根据这一理论，两国货币的兑换比率即"汇率"应该取决于它们在各自发行国内所具有的实际购买力，即取决于两国的市场物价水平。由此可以推论，两国物价水平的相对比率决定着"均衡汇率即购买力平价"，而物价水平的变化则导致汇率的相应变化。

如果上述理论成立，那么在多产品的背景下，汇率将是两国物价水平的比值，即我们要估计的综合比价指数，它将保证一单位的任一种货币在两国能够购买的物品是等量的，即购买力相同。因此，以汇率为基础对用不同货币计价的经济指标进行调整，可以保证名义量和实物量的一致，可以保证相同美元值的背后具有相同的实物量，从而在国际对比中就完全可以通过汇率换算实现经济指标在货币形式和实际购买力方面的可比性，最终实现国际对比。但是，作为汇率决定理论的"购买力平价说"，在现实经济生活中却面临着一系列问题。

由于交易费用的存在，汇率法的理论基础严重背离现实。购买力平价实际上是经济学中著名的"一价定律"在国际对比中的应用。所谓"一价定律"，是指一种商品在所有地方都只按一种价格出售。但这在现实中是不可能的，交易费用的存在必然导致这一定律失效，而在国际经济领域，交易费用要远远大于一个地区内部，大量的运输费用以及信息费用都会造成套利行为无利可图，从而导致购买力平价理论不成立，一单位货币在两国所能够购买到的物品数量往往不同，甚至差别很大。

各国要素禀赋不同造成产品相对价格不同，可能使汇率法的比较结果不真实。在存在交易费用的情况下，世界远没有形成一个全球统一市场，各个国家和地区产品的价格在很大程度上还是主要取决于本国的供求状况。而各国要素禀赋不同，各种资源的稀缺程度不同，相应地，产品的相对价格也就不同。汇率及其波动固然与货币购买力或物价水平有关，但主要还是受国际市场上货币购买力和物价水平的影响，与各国国内市场物价水平的联系相对并不紧密。在这种情况下，如果汇率偏离购买力平价水平，汇率法就不可能得到正确的国际比较结果。

汇率法假定所有产品都与国际市场相关，而事实并非如此，从而使汇率法产生系统偏差。但事实上发展中国家的很多产品的生产和销售都还仅仅局限于国内甚至国内一个地区，其价格是不与国际接轨的，同等质量的产品价格会较低。这种情况下使用汇率法，不可避免地造成发展中国家经济指标的低估。

汇率不仅取决于购买力，还受到外汇市场供求关系和汇率制度等因素的影响，从而使用汇率换算的经济指标也受到这些因素的影响。不同的国家，有不同的汇率制度，例如固定汇率制、浮动汇率制等。对于浮动汇率制，购买力平价最多只能决定汇率的平均水平；而对于固定汇率制，由于汇率受政府管制，其水平与购买力平价没有什么关系。外汇市场的供求关系、各国之间的各种国际资本往来或金融交易、各种心理因素和政策因素等，也在很大程度上影响汇率，造成汇率的波动，导致汇率背离购买力平价，使得用汇率换算的经济指标不能反映实际情况。

最后，购买力平价理论以各国之间自由通商、各种货币自由兑换、市场汇率自由浮动为前提，但现实情况并非如此。世界各国由于经济水平和社会制度的差异，或明或暗的贸易壁垒和外汇限制比比皆是，一些国家还实行严格的官方汇率制度，其结果都使得货币汇率与其实际购买力相去甚远。

综上可以看出，汇率法充其量只在表面上解决了各国经济指标货币的可比性问题，并不足以正确测定和评价各国的实际经济水平。尽管一些研究机构也曾试图对简单汇率法进行局部的修补和改进，以避免短期汇率波动的不利影响，但方法本身的性质决定了其根本性缺陷。因此，在国际经济对比中，需要制定和运用较之汇率法更为有效的方法和工具。

2. 国际比较的购买力平价法

购买力平价法（purchasing power parity，PPP）又称国际比较项目法（international comparison program，ICP），是指以国内商品价格同基准国家同种商品价格比率的加权平均值，估算出各国间的购买力平价指数来调整经济指标，实现国际比较的方法。

由于国际经济对比所涉及的主要指标通常具有复杂的内容构成，并受到物量和价格两个因素的共同影响，故其对比方法常常可以归结为一大类经济指数问题。通过适当的形式构造和编制出所需要的国际对比指数，就能够消除存在于不同货币形式的有关指标之中的不可比因素，得到适当的物量对比和价格分析结果。鉴于此，可以直接编制购买力平价指数并用于经济指标国际比较的调整。

购买力平价法相对于汇率法主要有三方面优点：第一，面对产品相对价格不同的情况，购买力平价法不会使比较产生扭曲的结果；第二，即使部分产品市场化程度不高，不参与国际贸易，也不会对购买力平价法造成严重影响；第三，由于采取了依据价格直接编制指数的基本思路，汇率法理论基础背离现实以及汇率受若干其他因素影响和干扰的问题，在购买力平价法中不复存在。也就是说，购买力平价法比较全面地解决了汇率法的主要缺陷，是汇率法的一个升级。但是，购买力平价法没有汇率法那样现成的指标，数据计算工作量很大，用购买力平价法进行国际比较需要一个团队，要投入大量的资金和时间方能初见成效。其一般步骤是：确定对比的国家和对比的指标，确定用于比较的商品；选择具体的指数形式并确定权数；搜集并整理有关国家的各种对比资料（价格以及销售量信息）；最后计算得到指数。

购买力平价法在实际应用中也存在诸多问题有待解决。一是规格品的代表性难以保证。各国的经济发展水平、消费水平、消费习惯和产品质量等多个方面均具有较大差异，要在各国选取绝对相同的货物和服务几乎是不可能的。二是权数确定受发达国家的影响。发达国家拥有全部经济总量中的绝大部分，处于主导地位，只要比较中将价值指标作为计算权数的基础，发达国家的影响就不可避免。三是高估发展中国家货币购买力。发展中国家非贸易品在质量方面较发达国家更差，其价格一般低于国际价格，另外政府对教育、医疗等补贴力度加大，相当一部分的商品和服务价格偏低，都会导致对国家购买力的高估。四是价格资料的收集和处理不够稳定。各国缺乏统一收集价格资料的原则，样本城市和平均价格计算方法的选择都具有很大的灵活性。

应用购买力平价法进行国际比较，需要分别双边比较和多边比较两个层次对相关方法进行讨论。由于国际经济联系本质上是多方面的，不难理解，多边比较问题具有更为重要的意义。双边比较常常是多边比较的基础，但又不是前者的简单延续。

阅读材料：部分国家或地区人均 GNI

部分国家或地区人均 GNI 如表 9-3 所示。

表 9-3　部分国家或地区人均 GNI（PPP，2011 年固定价格，美元）

国家或地区	1990	1995	2000	2005	2010	2015	2016
新加坡	33 996	45 228	51 367	57 709	71 681	78 742	78 427
中国香港	26 175	32 678	34 330	41 166	49 139	54 608	55 809
美国	37 370	39 723	46 267	50 240	50 178	53 741	54 104
瑞典	30 255	30 022	36 864	41 853	44 205	46 380	47 378
荷兰	31 977	35 210	42 395	43 230	45 899	46 239	46 711
德国	31 793	33 594	36 529	38 051	41 236	44 766	45 203
澳大利亚	27 790	29 536	34 536	37 638	39 920	43 138	43 637
加拿大	30 227	31 173	36 493	39 657	39 901	42 512	42 664
法国	29 661	31 080	35 557	37 168	37 632	38 367	38 702
英国	26 684	28 546	33 351	37 884	36 683	38 146	38 680
日本	30 828	32 731	34 386	36 461	36 685	39 322	38 267
欧盟	24 784	26 428	30 346	33 042	34 129	35 514	36 145

(续)

国家或地区	1990	1995	2000	2005	2010	2015	2016
韩国	11 614	16 482	20 601	25 315	30 387	34 276	35 122
葡萄牙	20 109	22 018	25 510	26 182	26 318	25 860	26 521
俄罗斯	20 601	12 715	13 678	18 872	22 424	23 905	23 837
阿根廷	10 376	13 675	14 538	14 963	18 083	18 437	17 857
泰国	6 560	9 177	9 003	11 006	12 918	14 455	14 971
中国内地	N	2 530	3 662	5 682	9 485	13 519	14 354
乌克兰	10 748	4 984	4 659	7 173	7 715	7 375	7 593
印度	1 733	2 015	2 470	3 157	4 357	5 691	6 026
尼日利亚	2 792	2 569	2 451	3 669	4 862	5 527	5 326
印度	1 967	1 940	2 015	2 444	2 924	3 326	3 363

注：数据来源于世界银行数据库，N 表示数据缺失。

9.4.2 购买力平价法对指数的设计要求

20 世纪以来，指数的研究与应用取得重大发展，指数的形式日益多样。对于同一研究对象，可以构造多种不同的指数，不同形式的指数其计算结果也肯定不同，由此产生了指数的检验理论。在购买力平价法中，对指数的设计能否满足指数检验的要求，是选择和评价指数的重要标准。

1. 双边比较的设计要求

对于双边比较而言，比较指数通常要求能通过两种检验：基国不变性检验和因素反向检验。

（1）基国不变性检验。

基国不变性检验又称为国家互换检验或双边对称性检验。由于国际比较指数所考察的两个国家原则上可以互为比较基准，因而有理由要求互换比较基准后的指数结论彼此协调一致。换言之，即要求指数编制后比较结果不因基国的变化而变化，它们应当具有空间上的"对称反演性"。用指数符合来表示，即：$I_{i/j} \times I_{j/i} = 1$，假定 $I_{i/j}$，$I_{j/i}$ 是独立计算出来的基国或对比国的价格或物量指数。

从指数的检验理论看，基国不变性检验即指数两种基本测验之一的"时间转换测验"，只是将时间概念转换成了空间概念，要求互换比较基准后的两个指数互为倒数（或其乘积为 1）。实际上，这一要求不仅对双边对比指数适用，对于多边对比指数也同样适用。

（2）因素反向检验。

因素反向检验是一种一致性检验，要求各自独立计算出来的价格比率的物量比率的乘积等于支出比率，即：$(p_{mi}/p_{mj}) \times (q_{mi}/q_{mj}) = (V_{mi}/V_{mj})$，式中 p_{mi} 和 p_{mj} 分别表示 m 种商品在 i 国和 j 国的价格，q_{mi} 和 q_{mj} 分别表示 m 种商品在 i 国和 j 国的物量，V_{mi} 和 V_{mj} 分别表示 m 种商品在 i 国和 j 国的开支。

2. 多边比较的设计要求

对于多边比较，对比指数的设计除了双边对比中一些要求外，还特别有多边传递性和矩阵一致性要求。

（1）传递性。

传递性表现为三个或三个以上国家中任何两国之间的价格或物量关系的指数，由其中两国直接得到的，与两国通过第三国间接比较得到的结果应该相同，或者说任何两个国家之间直接比较的结果都应与通过其他国家间接比较的结果相吻合，即互相衔接的一系列双边对比指数之间应该具有"连续传递性"。用公式表示即：$I_{j/i}=(I_{j/k}/I_{k/i})$，式中 I 为价格或物量指数，i，j，k 代表国家。

就多边比较而言，传递性检验是最重要的。如果不能满足传递性检验，多边比较中指数体系的内部一致性将不复存在，不同的传递路径将得到不同的结果，这样显然无法实现多边比较的目标。

（2）矩阵一致性。

矩阵一致性也称为相加一致性，在多国比较中，各国按价值表现的商品的支出数量通常可以排成一个 m 个商品类横行和 n 个国家纵列的矩阵形式。矩阵横行表示，任何一个类目的价值，国家之间是直接可比的。也就是说，一个国家与另一个国家的数量相比反映这两个国家对此类目支出的数量比。矩阵的纵列表示，任何国家的同一价值在各类目之间也是直接可比的。

9.4.3 双边国际对比的理想指数编制方法

购买力平价指数本质上是一种价格指数，只不过比较的是不同国家的价格。在双边比较中，购买力平价指数的构建思想并不复杂。以下标 1 代表对比国，下标 0 代表基准国，m 为细类数量，则可得到如下拉氏价格指数：

$$L_P = \frac{\sum_{i=1}^{m}(p_{i,1}q_{i,0})}{\sum_{i=1}^{m}(p_{i,0}q_{i,0})} = \frac{\sum_{i=1}^{m}\left(\frac{p_{i,1}}{p_{i,0}}p_{i,0}q_{i,0}\right)}{\sum_{i=1}^{m}(p_{i,0}q_{i,0})} = \sum_{i=1}^{m}\left[\frac{p_{i,1}}{p_{i,0}} \times \frac{p_{i,0}q_{i,0}}{\sum_{i=1}^{m}(p_{i,0}q_{i,0})}\right] \quad (9\text{-}26)$$

式中，等式右端第二个分式就是基准国第 i 细类支出所占比重，若以 $w_{i,0}$ 记之，则上式可写成：

$$L_P = \sum_{i=1}^{m}\left(\frac{p_{i,1}}{p_{i,0}} \times w_{i,0}\right) \quad (9\text{-}27)$$

此时，$p_{i,1}/p_{i,0}$ 是指对比国与基准国之间的细类价格比而不是某代表规格品的价格比，为此需要将代表规格品价格比用几何平均法综合为细类价格比，公式为：

$$\frac{p_{i,1}}{p_{i,0}} = \sqrt[n_i]{\prod_{k=1}^{n_i}\frac{p_{i,k,1}}{p_{i,k,0}}} \quad (9\text{-}28)$$

式中，$p_{i,k,1}$ 代表对比国第 i 细类第 k 种代表规格品的价格，$p_{i,k,0}$ 代表基准国第 i 细类第

k 种代表规格品的价格，n_i 为第 i 细类所包括的代表规格品数。之所以用几何平均法而不用算术平均法，是因为只有前者才能满足国家互换检验；之所以采用简单平均，是为了简化计算，可以假定细类内部各种规格品的价格比比较接近，不需要使用权数。

用类似的方法，可以推出帕氏指数形式的购买力平价指数：

$$P_P = \frac{1}{\sum_{i=1}^{m}\left(\frac{p_{i,0}}{p_{i,1}} \times w_{i,1}\right)} \tag{9-29}$$

式中，$w_{i,1}$ 表示对比国第 i 细类支出所占比重。

双边国际对比指数应该满足基国不变性要求，即对比的结论不会因对比基准国的选择不同而发生实质性变化。很明显，拉氏指数和帕氏指数都不能满足上述要求。正如在纵向比较时，拉氏价格指数会高估价格变动幅度，而帕氏价格指数会低估价格变动幅度一样，在国际比较中二者也存在同样的问题。解决这一问题的常用方法就是计算二者的几何平均数。因此，双边国际对比一般采用"理想指数"公式形式：

$$PPP_{1,0} = \sqrt{L_p \times P_p} \tag{9-30}$$

上式所得结果就是最终的针对 GDP 总量的购买力平价指数，将对比国 GDP 除以这一指数，可以剔除两国间价格差异的影响，就如同现价 GDP 除以价格指数以剔除价格影响一样，可以获得与基准国 GDP 具有可比性的 GDP 数据。

可以证明，式（9-30）所构造的理想指数可以满足国家互换检验及因素互换测验，但不能满足传递性检验。因此，理想指数比较适宜于双边对比，但不适宜于多边对比。

阅读材料：国际比较项目（ICP）[①]

ICP（international comparison program）是一项由世界银行牵头、联合国统计委员会主持的全球性统计倡议，主要目标是提供测算区域内和跨区域的各国国内生产总值及其支出总额的可比价格和数量。基于国际、区域、次区域和国家机构的协作，ICP 通过收集和比较价格数据和支出法 GDP 各分项支出，来估计和公布世界各经济体的购买力平价（PPP）。简单来说，ICP 通过消除由价格水平引起的差异，并以共同货币表示国内生产总值，来比较参与经济体的 GDP 等项目。

ICP 于 1968 年成立，由联合国统计司（UNSD）和宾夕法尼亚大学国际比较单位与福特基金会和世界银行共同出资。它起初只是一个一般性的研究项目，但最终目标是建立一个基于 GDP 比较的全球 PPP 的定期项目。ICP 初始意图是从国民账户的支出和生产两个方面同时覆盖 GDP。但到目前为止，还只实现了从支出方面的比较，这是因为其实施难度相对较小，仅涉及一组最终支出。与其相比，生产方面的比较既涉及产出又涉及投入，并且具有双重缩减的复杂性。GDP 最终支出的比较已分别于 1970 年、1973 年、1975 年、1980 年、1985 年、

[①] http://www.worldbank.org/en/programs/icp.

1993 年、2005 年和 2011 年完成了八轮（第九轮于 2017 年实施，但尚未公开相关数据），参与的国家数量分别为 10 个、16 个、34 个、60 个、64 个、117 个、146 个和 199 个。

我国参与 ICP 较晚，2005 年第七轮比较中我国仅有 11 个城市参加，2011 年第八轮才首次全面参加该项目。2011 年 ICP 数据结果显示，目前世界平均水平线（基于 PPP 计算的世界人均 GDP）为 13 460 美元，按照汇率法（XR）计算的人均 GDP 为 10 438 美元。就我国而言，基于 PPP 计算的人均 GDP 为 10 057 美元，按照 XR 的结果为 5 456 美元；我国人均支出指数使用 PPP 和 XR 的结果分别为 74.7 和 52.3（世界为 100）；我国的价格水平指数为 70（世界为 100）。按照世界银行 2011 年的估算标准，目前我国被划为中等收入国家，且为上中等收入经济体。然而，中国的人均 GDP（基于 PPP）却在世界平均水平线之下，人均支出和价格水平也都在世界水平之下，世界银行的划分显然有所不妥（杨仲山和郑彦，2015）。

□ 本章小结

1. 计价方式一般是指按照什么样的时间规定来确定价格水平。通常有现行价格和可比价格。计价标准是指按照什么样的价格构成来计算有关指标。通常有完全价格和不完全价格。
2. 单一货物或服务的数量用实物单位表示，价格是单一产品的单位价值，价值是单位价格与数量的乘积。多种货物或服务的物量和价格是若干种货物或服务的综合。
3. 物量指数反映各种经济活动实物量在不同时间上的变化程度，物价指数反映价格水平在不同时间上的变化程度，分别有拉氏指数和帕氏指数。一个总值指数可以分解为拉氏物量指数和帕氏价格指数的乘积，据以进行因素分析和指数的推算。
4. 总产出物量指数和价格指数通常分别采用拉氏指数形式和帕氏指数形式。总产出指数的价格缩减法是指用帕氏价格指数去除价值量指数来间接推算拉氏物量指数。
5. GDP 指数通常采用生产价格缩减法和支出价格缩减法对现价 GDP 的生产或使用价值总量进行价格紧缩。
6. 不变价 GDP 的计算包括双缩减法、单缩减法、物量指数外推法和支出价格缩减法等。
7. 国际经济对比的基本方法，包括国际比较的汇率法、国际比较的购买力平价法。

□ 思考题

1. 如何理解国民经济核算的计价标准？什么是完全价格？什么是不完全价格？五种计价标准之间有怎样的关系？
2. 什么是国民经济核算的计价方式？有哪些具体表现形式？
3. 为什么从多种产品角度考察，物量和物价的概念只有在不同时期比较时才有意义？
4. 什么是拉氏指数和帕氏指数？如何利用拉氏指数和帕氏指数与总值指数之间的关系进行有关价值总量指标的动态分析？
5. 什么是指数的"型偏差""权偏差"？基本指数公式改造的实际意义是什么？

6. 简述我国居民消费价格指数编制的基本过程。
7. 不变价 GDP 的双缩减法和单缩减法有什么不同特点？实际应用中要注意些什么问题？
8. 国际比较的购买力平价法相对于汇率法有什么优点？应用购买力平价法进行国际比较需要分别什么层次？
9. 下表给出三种产品的产量和价格资料。

产品名称	计量单位	产量		产品价格（元）	
		基期	报告期	基期	报告期
甲	件	130	150	19	18
乙	台	260	260	52	59
丙	套	494	455	65	71

要求：

（1）用拉氏公式编制三种产品的产量总指数和价格总指数。

（2）用帕氏公式编制三种产品的产量总指数和价格总指数。

（3）比较两种公式编制的产量总指数和价格总指数的差异。

10. 根据上表资料，试分别用马歇尔—埃奇沃斯指数公式和理想指数公式编制产量指数，并将其与拉氏指数和帕氏指数的结果进行比较，指出它们之间有什么关系。

11. 下表是国民经济三大产业总产出的有关资料（单位：亿元）。

	按基期价格计算的基期总产出	按报告期价格计算的报告期总产出	按基期价格计算的报告期总产出
第一产业	340	391	365
第二产业	765	867	833
第三产业	442	510	476
总计	1 547	1 768	1 674

试据以计算总产出指数、物量指数和价格指数，并进行总产出变动的因素分析。

12. 下表给出国民经济三大产业的有关产出、消耗和最终使用资料（单位：亿元），试填出空格数值。

项目	国内生产									最终使用			
	总产出			中间消耗			GDP 或增加值			项目	当年价格	上年价格	价格指数（%）
	当年价格	上年价格	价格指数（%）	当年价格	上年价格	价格指数（%）	当年价格	上年价格	价格指数（%）				
	(1)	(2)	(3)	(4)	(5)	(6)	(7)	(8)	(9)	乙	(10)	(11)	(12)
总计	1 768			969						总计	799		
第一产业	391		107	187		106				总消费	569.5		106

(续)

项目	国内生产									最终使用			
	总产出			中间消耗			GDP 或增加值			项目	当年价格	上年价格	价格指数（%）
	当年价格	上年价格	价格指数（%）	当年价格	上年价格	价格指数（%）	当年价格	上年价格	价格指数（%）				
	(1)	(2)	(3)	(4)	(5)	(6)	(7)	(8)	(9)	乙	(10)	(11)	(12)
第二产业	867		104	578		110				总投资	178.5		91
第三产业	510		107	204		112				净出口	51		88

13. 根据下表某地区国民经济统计资料编制该地区 GDP 价格指数。

	现价总产出（亿元）	总产出价格指数（%）	现价中间投入（亿元）	中间投入价格指数（%）
第一产业	1 560	106	520	110
第二产业	3 120	110	1 300	106
第三产业	1 560	120	260	112
总计	6 240		2 080	

14. 已知某国上年总产出和中间消耗分别为 2 400 亿元和 1 120 亿元，本年相关资料如下表，试编制该国的 GDP 物量指数和价格指数。

项目	总产出		中间消耗	
	当年价格（亿元）	价格指数（%）	当年价格（亿元）	价格指数（%）
第一产业	896	106	400	105
第二产业	1 376	115	640	112
第三产业	640	110	240	111

15. 已知某国基期 GDP 为 2 160 亿元，报告期有关宏观经济统计数据如下表，试据以编制该国有关 GDP 指数，并对其变动进行因素分析。

项目	报告期现价 GDP（亿元）	价格指数（%）
国内生产总值	4 918.40	
居民消费支出	3 187.20	205.36
政府消费支出	1 040.00	222.60
国内总投资	664.00	212.82
净出口	27.20	58.62

CHAPTER 10

第 10 章

国民经济监测与预警分析

国民经济运行的监测与预警是对经济周期性波动现象所开展的理论和方法体系研究，目的是及时准确地反映一国宏观经济总体运行情况和未来走势，以直观的方式把监测结果展示出来，对当前宏观经济的运行状况做出判断与评价，从而为政府宏观调控提供依据，为企业开展经济活动提供参考。本章将对经济周期波动与经济监测预警相关问题展开分析，主要对使用最为广泛的景气指数法和预警信号法做出详细介绍。

10.1 经济监测预警概述

10.1.1 经济周期与经济景气

经济波动，也就是经济的周期性波动，历来都是宏观经济研究的重要课题。萨缪尔森把经济波动和经济增长并列为宏观经济学的两大核心研究任务。经济周期波动是指宏观经济运行的上下起伏变化，是一国经济的客观现象，只要存在生产和货币交换，就存在经济波动。

1. 经济周期的定义

经济周期（business cycle）也称为商业周期，是指经济运行过程中经济活动沿着经济发展的总体趋势，周期性出现经济繁荣和经济萧条交替更迭、循环往复的一种经济现象，主要表现在国内生产总值、国民总收入、失业率和通货膨胀水平等方面，一般分为繁荣、衰退、萧条和复苏四个阶段，或者扩张与收缩两个阶段（如图 10-1 所示）。

经济周期的定义最早由米歇尔（Wesley C. Mitchell）于 1913 年在其巨著《经济周期》中提出。米歇尔使用了 1890 年以来美国、英国、德国和法国有关经济周期的市场报告和统计数据，对经济繁荣、危机、萧条和复苏这四个阶段交替变换的复杂过程进行了分析描述。随后美国经济研究局（The National Bureau of Economic Research，NBER）的创始人米歇尔和伯恩斯在 1946 年的《衡量经济周期》中完善了经济周期的定义,即经济周期是由厂商活动所导致的宏观经济中出现的一种波动。这种波动表现为许多经济变量以相似的节奏进行交替循环,而出现的繁荣、衰退、萧条和复苏四个阶段;并且任何一个经济周期都不会是以前周期的简单重复,各个周期在范围、持续时间、波动幅度等方面常常表现出很大的差异;经济周期的持续期从 15 个月至 12 年不等,其不能分为同性质但是振幅缩减的短周期。该定义被学术界所公认,并被称为识别经济周期的基准方法。

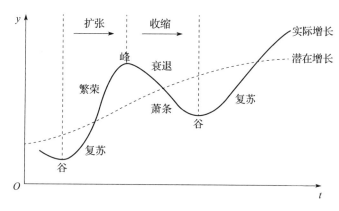

图 10-1 经济周期波动

各经济学家对经济周期的定义各不相同,但主要有以下共同特征:一是各经济变量的变化具有协动性,经济周期波动是经济活动总体性、全局性的波动;二是经济周期在波动演变过程中呈现非线性或非对称性,即经济周期的扩张阶段和收缩阶段不对称;三是每次经济周期持续时间和波动幅度由周期的具体性质所决定,但各周期在相同阶段上通常具有一般性的相似特征。现代经济学关于经济周期的定义,建立在经济增长率变化的基础上,指的是增长率上升和下降的交替过程。现在经济理论学说对经济周期的认识脱离了经济体表面总量值的比较,升华到了对于内在经济实体的经济增长速度快慢的比较。

2. 经济周期的类型

19 世纪以来,经济学家就开始提出经济周期理论及其不同的划分阶段和类型。根据经济周期频率、幅度和持续时间不同,可以将经济周期划分为短周期、中周期和长周期。可参见表 10-1。

表 10-1 经济周期的类型

类型	常用名称	长度	驱动原因
基钦周期	短周期/存货周期	2～4 年	增长与通胀预期,库存与需求之间互相约束的时滞
朱格拉周期	中周期/设备投资周期/产能周期	9～10 年	经济景气、设备寿命、产能与需求之间互相约束的时滞
库兹涅茨周期	中长周期/住房建设周期/房地产周期/建筑业周期	15～20 年	人口、移民、房地产供应与需求之间互相约束的时滞

（续）

类型	常用名称	长度	驱动原因
康德拉季耶夫周期	长周期/创新周期	50~70年	创新的集聚发生及退潮、上游资源有限性对需求的约束
熊彼特综合周期		每一个长周期包括6个中周期，每一个中周期包括3个短周期	创新，技术的革新和发明不连续不均匀

（1）短周期——基钦周期（Kitchin Cycle）。

英国经济学家基钦（Joseph Kitchin）在1923年出版的《经济因素中的周期与倾向》中，根据1890~1920年英国和美国的利率、物价、生产和就业等统计资料，根据厂商生产过多时就会形成存货，从而减少生产的现象，把这种2~4年的短期调整称为存货周期，认为资本主义经济的发展，每隔40个月就会出现一次有规律的上下波动。这种平均长度为40个月的短周期被称为基钦周期（或短波理论、存货周期）。

（2）中周期——朱格拉周期（Juglar Cycle）。

1862年法国医生、经济学家朱格拉（Clement Juglar）在《论德、英、美三国经济危机及其发展周期》一书中首次提出了十年为一个循环的经济周期理论。一个经济周期会经历上升、爆发和清算。他认为政治、战争、农业歉收以及气候恶化等因素并非周期波动的主要根源，它们只能加重经济恶化的趋势。周期波动是经济自动发生的现象，与人们的行为、储蓄习惯以及对可利用资本与信用的运用方式等内生原因有直接联系。这种中等长度的经济周期被人称为"朱格拉周期"。朱格拉周期一般从设备投资占GDP的比例看出，所以也被称为设备投资周期、产能周期。

（3）长周期——康德拉季耶夫周期（Kondratiev Cycle）。

苏联经济学家康德拉季耶夫（Nikolai Dimitrievich Kondratiev）在《战时及战后时期世界经济及其波动》（1922年）、《经济生活中的长波》（1925年）和《大经济周期》（1928年）及其同一时期其余著作中提出，资本主义经济发展过程中存在着平均长约54年的景气与萧条交替的长期波动。他对英、美、德、法等资本主义国家18世纪末到20世纪初100多年的批发价格水平、利率、工资、对外贸易等大量经验统计数据进行分析，认为资本主义的发展中呈现出50~70年为一个循环的经济周期现象，后被人们称为康德拉季耶夫周期（康德拉季耶夫长波）。

康德拉季耶夫认为，长波产生的根源是资本主义经济实质固有的那些东西，尤其与资本积累密切相关。一般来说前15年是衰退期；接着20年是大量再投资期，在此期间新技术不断采用，推动经济快速发展；后10年是过度建设期，过度建设的结果是5~10年的混乱期，从而导致下一次大衰退的出现。

（4）中长周期——库兹涅茨周期（Kuznets Cycle）。

除上述三种周期外，俄裔美国经济学家库兹涅茨（Simon Smith Kuznets）还于1930年提出了长度为 15～25 年不等的中长周期。这种周期波动在建筑业中表现特别明显，所以库兹涅茨周期也被称为建筑业周期。他根据美、英、法、德、比利时等国 19 世纪初叶到 20 世纪初期 60 种工、农业主要产品的生产量和 35 种工、农业主要产品的价格变动的时间序列，剔除其间短周期和中周期的变动，着重分析了有关序列的长期消长过程，提出了在主要资本主义国家存在着长度从 15 年到 20 年不等、平均长度为 20 年的"长波"或"长期消长"的论点。美国大移民时代就是这一周期的典型事实表现，主要标志是人口转移和居民房产构建两大因素相互作用。所以也被称为住房建设周期、房地产周期。

（5）综合周期——熊彼特综合周期。

1936 年，美籍奥地利经济学家熊彼特（Joseph Alois Schumpeter）以他的"创新理论"为基础，综合融贯前人的论点，首次提出在资本主义的历史发展过程中，同时存在着长、中、短三种周期的理论。他认为长周期的交叠原因在于技术创新，他以各个周期的主要技术发明和应用，以及生产技术的突出发展，作为各个长周期的标志，同时，他宣称长周期与中短周期、短周期并存。一个长周期包括 6 个中周期，一个中周期包括 3 个短周期。短周期约为 40 个月，中周期约为 9～10 年，长周期为 50～70 年。即 3 个基钦周期构成一个朱格拉周期，6 个朱格拉周期构成一个康德拉季耶夫周期。

熊彼特认为创新的大小及其重要性不同决定了经济周期时间的不同。他以重大的创新为标志，把近百余年来资本主义的经济发展过程划分为三个长周期。第一个长周期从 18 世纪 80 年代到 1842 年，是"纺织机时代"；第二个长周期从 1842 年到 1897 年，是"蒸汽和钢铁时期"；第三个长周期从 1897 年以后，是"电气、化学和汽车时期"。

根据经济波动的特征，经济周期还可以区分为古典周期、增长周期和增长率周期。

（1）古典周期。

古典周期，也称为传统周期，以研究经济总量的周期性波动为主，研究国民经济活动的绝对水平有规律地出现上升和下降的交替和循环。判断古典周期的主要标志是经济总量的增减，从开始正增长到转入负增长的时间成为一个周期。在古典周期的扩张阶段，国民经济主要的总量指标表现为正增长；在收缩阶段，表现为负增长。

（2）增长周期。

增长周期，也称为离差周期，是指国民经济活动的相对水平有规律地出现上升与下降的交替和循环。增长周期包括扩张和收缩两个阶段，在经济的扩张阶段，主要的经济总量指标呈现正增长；但是在经济的收缩阶段，主要的总量指标不再表现为绝对量的下降，而表现为增长的滞缓，或者说经济的增长速度小于充分就业的增长速度。在分析时观察经济时间序列相对量的波动，用原序列对趋势的离差来表示经济周期波动，所以这种周期波动有时称为离差周期波动。

每个古典周期波动都与一个或几个增长周期波动相对应，而每个增长周期波动不一定都与完整的古典周期波动相对应。

（3）增长率周期。

增长率周期波动关注的是经济增长率的波动状况，是指增长率的时间序列呈现出周期性上升和下降的某种规律性。

增长周期和增长率周期一般都用来研究不存在绝对水平下降情况的周期波动。目前世界上这三种方法都分别由不同的国家或组织采用,如美国还是应用古典周期方法,OECD采用增长周期方法,另外日本及大部分发展中或经济起飞中的国家都采用增长率周期方法。

20世纪末至21世纪初,随着数理模型与计量方法的快速发展,经济周期理论研究进入了空前繁荣的阶段。特别是2008年世界金融危机的爆发使得经济周期的相关研究再次成为学界热点。当前对经济周期波动的研究主要特点是,学者们不再将经济增量或其增长率这些单一指标作为考虑经济波动的标准,而是综合GDP增长率、投资变动、通货膨胀率和失业率等一篮子指标,判断一国经济波动状况。

3. 经济景气的内涵

经济景气是对国民经济活动总体表现的刻画,它涉及经济活动的生产、流通、分配和消费等各个环节,包括原材料市场、劳动市场、消费市场、金融市场、国际商品市场等各个方面的盛衰。宏观经济景气度可以用指数等方式来量化,也可以使用景气信号灯系统或图形来描述。

目前经济学界对宏观经济景气状况的定义有两种,一种是指经济运行所处的景气或不景气状态,景气对应于经济运行中的繁荣、兴旺、上升的状态。宏观经济景气时,经济状况表现为产出增长、企业盈利增加、居民收入上升、市场繁荣、失业率下降、股市看涨等。宏观经济不景气时,生产减少、产品滞销、企业盈利减少或无盈利、市场低迷、失业率上升、投资疲软、股市看跌等。另一种将宏观经济景气定义为经济活动的活跃程度。经济的周期性循环过程被称为"景气循环",从而使用"景气繁荣""景气萧条""景气回升""景气停滞不前"等表达来刻画经济运行状况。从这一点来说,宏观经济景气指的是整个经济活动的总体状态。在实际使用中,两种定义往往同时使用。[①]

阅读材料:中国经济周期波动的统计分析

在中国,由于大多数宏观经济指标在绝对量上都是增长的,且增长率波动较大,因此,很多政府部门和研究机构都按照增长率周期波动的定义来研究和分析经济周期波动。按照GDP增长率采用"谷—谷"划分,改革开放至今,中国经济经历了6轮周期,如图10-2所示。

1978年改革开放以来,中国经济增长率的波动经历了5轮完整周期,并从2010年进入了新一轮周期。其中,在已有的5个周期内,经济增长率的峰位为11%~15%(1978年为11.7%,1984年为15.2%,1987年为11.6%,1992年为14.2%),峰谷落差在6~7个百分点。改革开放以来,中国经济不存在绝对量的下降,为增长型周期(即在经济周期的下降阶段,GDP并不绝对下降,而是增长率下降)。具体如表10-2所示。

[①] 郑京平,等. 中国宏观经济景气监测指数体系研究[M]. 北京:中国统计出版社,2013.

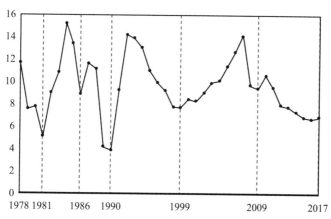

图 10-2　1978~2017 年中国国内生产总值增速（%）

资料来源：《中国统计年鉴 2017》。

表 10-2　改革开放以来中国历次经济周期

周期序号	起止年份	波长（年）	波峰（%）	波谷（%）	峰谷落差（百分点）
1	1978~1981	4	1978 年，11.7	1981 年，5.1	6.6
2	1982~1986	5	1984 年，15.2	1986 年，8.9	6.3
3	1987~1990	4	1987 年，11.7	1990 年，3.9	7.8
4	1991~1999	9	1992 年，14.2	1999 年，7.7	6.5
5	2000~2009	10	2007 年，14.2	2001 年，8.3	5.9
6	2010—	—	2010 年，10.6	2016 年，6.7	3.9

注：第 6 轮周期尚未结束。

第一个周期：1978~1981 年，为前一个周期的下降阶段。波峰为 1978 年的 11.7%，波谷为 1981 年的 5.1%，峰谷落差为 6.6 个百分点。这次经济周期波动的特点是，恰逢改革开放之初，经济在"调整、改革、整顿、提高"中低位运行，平稳发展，波动较为缓和。

第二个周期：1982~1986 年，历时 5 年，上升周期为 3 年，下降周期为 2 年。波峰为 1984 年的 15.2%，波谷为 1986 年的 8.9%，峰谷落差为 6.3 个百分点。这次经济周期波动的特点是，经济增长率高位运行，波峰波谷都较高。

第三个周期：1987~1990 年，历时 4 年，上升周期为 1 年，下降周期为 3 年。波峰为 1987 年的 11.7%，波谷为 1990 年的 3.9%，峰谷落差为 7.8 个百分点。这次经济周期波动的特点是，经济增长率低位运行，波峰较低，波谷较深。从长周期的概念看，如果去掉 1986 年的波动，该周期也可看成上一个周期的下降阶段，与上一个周期合并为一个中周期。

第四个周期：1991~1999 年，历时 9 年，上升周期为 2 年，下降周期为 7 年。波峰为 1992 年的 14.2%，波谷为 1999 年的 7.7%，峰谷落差为 6.5 个百分点。这次经济周期波动的特点是，经济增长率较高位运行，波峰较高，波谷较浅。上升周期迅速而且幅度大，下降周期较为缓慢。

第五个周期：2000~2009 年，历时 10 年，上升周期为 8 年，下降周期为 2 年。波峰为 2007 年的 14.2%，波谷为 2001 年的 8.3%，峰谷落差为 5.9 个百分点。这次经济周期波动的特点是，经济增长率高位运行，波峰较高，波谷较浅。上升周期缓慢，受 2008 年全球金融危机的影响下降周期时间短且幅度大。

新六轮周期：2010 年以来的经济波动可以视为一个长下降周期。波峰为 2010 年的 10.6%，波谷为 2016 年的 6.7%，峰谷落差为 3.9 个百分点。这次经济周期波动的特点是，下降周期缓慢且越来越平稳，周期持续时间变长。

总的来看，改革开放以来中国经济周期波动呈现出以下特征：上升与下降呈现不对称性，周期波动幅度较大（与其他国家相比），周期持续时间越来越长。从 1992 年开始每个周期的上升与下降幅度变得平滑，2013 年以来呈现逐渐平稳收敛的态势。

10.1.2　什么是经济监测预警

1. 经济监测预警的概念

监测是指对事物及时连续追踪，以时间为单位进行测量。预警就是对事物的现状和未来进行预测和测度，预报不正常状态的时空范围和波及程度，以提出建议、措施。把监测和预警的概念应用到宏观经济周期波动领域，就是对经济周期波动的监测预警。经济周期能够被监测和预警主要基于两个方面因素，一是经济本身在客观上存在着周期阶段性波动特征，如基钦周期、朱格拉周期、康德拉耶夫周期等，表现为一种持续的有规律的扩张和收缩交替的现象；二是经济运行中的一些变化，特别是经济周期波动的转折点，可以通过一些指标率先暴露或反映出来，也可以根据经济运行的规律性进行提前判断。合理利用有效模型、分析工具对经济运行进行监测预警，可为经济和社会发展提供更为科学的数量依据和决策参考。

宏观经济监测预警主要包括经济景气监测和经济预警两个方面的内容。其中，经济景气监测侧重于经济周期波动轨迹和过程的分析，旨在揭示经济周期波动轨迹；经济预警侧重于经济周期波动过程和发展方向的提前预报，是未来发展趋势较为科学的推断。经济监测预警系统就是指围绕经济周期波动这一特定经济现象所展开的一整套经济监测和经济预警的理论和方法体系。

2. 经济监测预警的方法

实践中，经济周期波动信息更多是通过提取宏观经济指标信息而进行监测预警的。监测预警方法是预警系统的核心，目前主要的方法分为三类：指数预警、预警信号法、景气调查法，另外最近在一些领域也出现了统计与模型预警。

指数预警主要是指景气指数法，是指在宏观经济景气监测分析的基础上，筛选出具有代表性的指标构成经济监测指标体系，据此测算先行、一致和滞后指数，然后构建扩散指数和合成指数来描述宏观经济运行状况，进行监测预警。该方法不仅能预测到经济周期的转折点，而且可以分析经济周期的波动幅度，它在景气预警实践中历史最为悠久、应用最为广泛。

预警信号法是选择一组反映宏观经济状况的敏感性指标，运用适当的数据处理方法将一组指标合并为一个综合性的指标，确定临界点和状态区间，然后采用类似于交通管制信号灯（红灯、黄灯、绿灯、淡蓝灯、蓝灯）的信号标志系统，来判断宏观经济运行的综合状况和趋势。预警信号法常与景气指数法同时使用，相互补充。

景气调查法是采用问卷调查等方式收集调查对象对于景气变动的判断,进而对调查结果进行量化,从而得到景气指数并由此推断调查总体的方法。目前,国内外开展的景气调查主要有企业景气调查、消费者景气调查、经济学家及采购经理调查等。需要注意的是,由景气调查数据得到的景气指数,一般是由单一指标计算而成(即为扩散指数,而非合成指数)。景气调查的数据往往也会作为某一特定指标纳入景气指数中,美国会议委员会就把消费者预期指数作为一个指标纳入先行指标体系中。一般一个较为完整的监测预警系统会综合使用景气调查法和景气指数法。

统计预警主要包括判别分析法、logistic 回归分析法等方法。这类方法使用变量较少、数据收集容易、操作简便,一般应用在微观领域。模型预警包括线性模型和非线性模型。大多数计量经济模型(譬如 ARCH 预警法)属于线性模型预警,既能明确地表示出主要经济变量之间的数量关系,又能剔除那些不重要的以及飘忽不定的因素,这对于定量地研究带有不确定性因素的大系统是一种非常有效的方法,既抓住了问题的主要矛盾又撇开了次要因素的影响。但是该方法利用随机误差来表示未知因素的冲击,这样"平滑"处理的结果是不可避免地漏掉了周期性运动的转折点,这对于通过预测经济周期转折点进行监测预警来讲是先天性的不足。基于概率模式分类法(譬如 Bayes 最小风险预警法)、人工神经网络法、人工智能等非线性预警模型,对处理复杂的非线性系统具有更大的优势。这些方法在预警系统的设计和应用中也是很有前途的。目前人工神经网络技术已经应用于预警系统,案例推理、模糊推理、规则推理和混沌理论等方法也逐渐用于预警领域,给智能预警系统的知识表示和推理带来了新的理论和方法。

3. 经济监测预警的研究历程

为满足宏观经济管理的需要,探求经济波动规律,早在 19 世纪西方统计学家和经济学家们就开始了经济景气监测预警的研究。1888 年法国经济学家福里利在其《社会和经济气象研究》的论文中,以黑、灰、淡红和大红四种颜色测定法国 1877~1887 年的经济波动;美国统计学家巴布森(Babson)从 1909 年开始发布"巴布森经济活动指数和图表"(Babson Index of Business Activity & Babson Chart)。1911 年美国布鲁克迈尔经济研究所也编制并发布了涉及股票市场、一般商品市场和货币市场等方面的景气指标。经济景气监测的实践成果逐渐成为各国政府制定经济政策的重要依据。从发展历史看,大致分为以下四个阶段。

第一阶段:19 世纪末至 20 世纪 30 年代。该时期最具代表性的为 1917 年哈佛大学著名统计学家帕森斯(W. M. Persons)主持并编制的"美国一般商情指数"(即哈佛指数)。哈佛指数准确地预测到 20 世纪初期美国经济周期的波动状况,因而具有非常大的影响,但由于未能正确预示震撼资本主义世界的 1929 年大危机的来临而遭到失败。哈佛指数的失败以及类似景气指数的衰落标志着景气指数法应用于经济周期波动监测的早期阶段的结束。

第二阶段:20 世纪 30 年代至 20 世纪 70 年代。此时期主要以 NBER 的研究为主。1937 年,NBER 研究了近 500 项经济指标的时间序列,利用时差相关分析等方法,挑选出 21 项指标构成超前指示器,并利用其中的先行指标指数对经济周期波动进程进行监测。

NBER 在基础循环、指数类别划分等方面做了大量开创性的工作,后来又研发出扩散指数 (diffusion index,DI) 与合成指数 (composite index,CI)。这一时期的研究仍然对今天各国景气监测系统有重大的影响。

第三阶段:20 世纪 70 年代至 20 世纪 90 年代。这一时期是景气监测预警系统研究的全新阶段。首先,经济景气研究开始出现国际化的趋势。1978 年经济与合作组织(OECD)通过决议建立了应用先行指标系统来监测成员国经济动向的机构。1979 年,NBER 和哥伦比亚大学合作建立了一个以美国、加拿大、法国、英国、德国、意大利、日本共 7 个发达国家为基础的国际经济指标系统(IEI)。1995 年美国会议委员会(The Conference Broad,CB)承担了以前由美国商务部承担的合成指数的责任。CB 计算并发布美国、澳大利亚、法国、德国、韩国、日本、墨西哥、西班牙和英国等国家的合成指数。其次,预期调查法的引入,拓宽监测预警系统信息源。德国慕尼黑 Ifo 经济信息研究所 (Ifo Institute-Leibniz Institute for Economic Research at the University of Munich,Ifo) 采用问卷调查的方法,以厂商和消费者为调查对象,调查其对景气变动的判断,开发出预期调查法。美国在 70 年代开始将预期调查法纳入监测预警系统。最后,诸多统计和计量经济分析模型被用于景气监测预警分析中,如主成分分析、动态因子模型、状态空间模型、卡尔曼滤波等。

第四阶段:21 世纪初至今。宏观经济景气分析的对象更广泛地扩大到多个经济体。美国经济周期研究所(Economic Cycle Research Institute,ECRI)用增长率循环方法研究了包括美国、中国在内的 20 个国家的经济景气指数,并对外发布。经济合作与发展组织(OECD)在 2006 年将中国、巴西、印度、印度尼西亚、俄罗斯和南非 6 个非成员国大型经济体纳入其先行指标体系,并定期发布。在研究方法上也有了较大改进,主要体现在信息提取方法、合成指数研究、多维景气分析方法的发展等方面。

经济预警在我国最初的萌芽是 20 世纪 60 年代初,真正产生是在改革开放初期,发展时期大致在 20 世纪 80 年代中期,我国出现投资失控、消费膨胀等问题,所以加快了对国民经济监测预警的研究。国家级的研究最早是由吉林大学一些学者倡导发起的,1987 年全国范围内第一次召开宏观经济预警研讨会,会议由国家统计局委托东北财经大学,以"全国统计科学讨论会"为名召开。后来国家统计局、国家信息中心等一些政府相关机构也开始了这方面的研究,并于 90 年代初正式投入应用。2004 年国家统计局中国经济景气监测中心联合高盛公司开发出经济指标全面透彻地监测中国的经济发展,其发布的数据迄今为止都是我国较为权威的经济景气监测数据。目前由国家统计局中国经济景气监测中心在《中国经济景气月报》上定期发布中国的景气指数。

10.2 景气指数法

10.2.1 景气指数法的定义

景气指数法是在既有的统计指标基础之上,筛选出具有代表性的指标,建立一个经济监测预警指标体系，并以此建立各种综合指数来描述宏观经济的运行状况和预测未来走势。由于这套指标的描述和预测功能，我们也称该指标体系为宏观经济的"晴雨表"或"报警器"，指示经济的上升和下降、繁荣和萧条、扩张和衰退。

经济周期波动是通过一系列经济活动、历经多个经济过程来传递和扩散的，很难用单个宏观经济指标来全面地说明总体经济活动，而必须由一系列指标组成的景气指标体系构造景气指数，来综合反映经济波动。先行指标用于事先预测总体经济运行的峰与谷；一致指标峰与谷出现的时间与经济运行峰与谷出现的时间一致，可以综合地描述经济所处状态；滞后指标是对经济运行中已经出现的峰与谷的一种确认。以上先行、一致、滞后指标，共同构成了景气监测指标体系。

景气指数法是经济周期波动监测预警的常用方法。编制景气指数（主要是扩散指数和合成指数）的最主要目的就是预测经济周期波动的转折点，如果先行指数走出谷底，出现回升，预示着同步指数在若干个月后也会回升，也就是总体经济将出现复苏，而滞后指标则是对同步指数的确认，也就是再过几个月以后滞后指标也会出现回升。

10.2.2 景气指数的发展历程

1. 哈佛指数

景气指数法最早开始于美国，1917 年哈佛大学设立了从事景气监测的"经济调查委员会"，由著名统计学家帕森斯（W. M. Persons）主持并编制了"美国一般商情指数"（即哈佛指数），并于 1919 年开始在《经济统计评论》上定期发布。从历史上看，哈佛指数对 20 世纪美国 4 次经济波动都做出了较好的反映。1921～1924 年哈佛指数准确地预测到美国经济周期的波动状况，使其名声大振。

哈佛指数的出现对景气指数的发展起到了重要作用，其思想和方法相继被英国、瑞典、德国、法国、意大利、奥地利、比利时、波兰和日本等国家效仿。但哈佛指数由于未能正确预示震撼资本主义世界的 1929 年大危机的来临而遭到失败，后虽几经修订，终因效果不佳而不得不于 1941 年停止使用。哈佛指数的失败以及类似景气指数的衰落标志着景气指数法应用于经济周期波动监测的早期阶段的结束。

2. 扩散指数与合成指数

20 世纪 30 年代中期，经济监测预警的研究再度兴起，到 20 世纪 50 年代不断改进、发展并开始进入实际应用。1937 年，NBER 研究了近 500 项经济指标的时间序列，利用时差相关分析，初选出 71 个与总体经济周期波动较为同步的指标，然后再次挑选出 21 项最能可靠地反映经济周期波动的指标构成超前指示器，并利用其中的先行指标指数对经济周期波动进程进行监测。这些指标的预测结果在后来的实际经济中得到证实。

继而在 1950 年，在 NBER 的经济统计学家穆尔（G. H. Moore）的主持下，建立了新的景气监测系统，将米歇尔和伯恩斯对复苏阶段的研究扩展到同时包括复苏和衰退的阶段，并重新筛选了具有代表性的 21 个指标，将指标体系扩展为先行、同步和滞后三类指标，构成了一个新的监测系统。自 20 世纪 60 年代起，经济预警方法逐步走向成熟。1960 年穆尔又对监测系统的指标构成做了修订，扩展为 26 个指标，并编制了扩散指数（diffusion index，DI），1961 年美国商务部开始正式在其刊物《商情摘要》（*Business Conditions Digest*，*BCD*）上逐月发表以数据和图表两种形式表达的宏观经济动向信号。该方法着眼于各景气指标的变化方向，反映宏观经济波动过程，有效预测经济循环的转折点，但是不能表示经济循环波动的强弱程度。而且当经济不处于转折点附近时，该方法所提供的信息相对有限。不过这一时期的研究仍然对今天各国景气监测系统有重大的影响。

后来在商务部首席经济统计学家希斯金（J. Shiskin）的主持下，美国商务部经济分析局（U. S. Bureau of Economic Analysis，BEA）又开发出新的景气综合指数，即合成指数（composite index，CI），用于综合多指标信息，不仅能预测经济循环的转折点，还能在某种意义上反映经济循环波动的幅度，并于 1968 年开始在 *BCD* 上同时公布扩散指数和合成指数。至此，多指标分析法的体系构建工作基本完成，CI 和 DI 共同成为构造经济景气监测预警系统的基本方法。

3. S—W 景气指数

随着计量经济分析模型的不断发展和广泛应用，主成分分析、动态因子模型等更精深的计量工具被应用于景气指数的构建上。1988 年，美国 NBER 的 James. H. Stock 和 Mark. W. Watson 利用状态空间模型，从多个重要的经济序列中得到一个不可观测的基本变量，并把它视为真正的景气循环，称为 S—W 景气指数。由于 S—W 景气指数是建立在严密的数学模型基础上的，和以往的 DI、CI 等传统的测定周期波动的方法相比有了根本性的改进，在理论界引起了广泛的关注。S—W 景气指数研究对象是总体经济的当期变动趋势，大体上与 NBER 的一致合成指数相对应，但是比 NBER 的一致合成指数蕴涵着更多的内容，理论上来讲，使用 S—W 景气指数可以更好地监测经济周期的波动。虽然美国 NBER 已开始公布 S—W 景气指数，但还不能代替美国商务部的合成指数 CI。

10.2.3 景气指数的编制

景气指数法是用有关经济变量相互之间的时差关系来指示景气的动向，通过构建扩散指数和合成指数来达到对经济运行情况进行监测预警的目的。从各国成熟的景气指数的编制经验来看，景气指数法的编制通常分为四个步骤：首先，选择能够反映经济周期波动的周期性指标；其次，对周期性指标进行统计处理，识别和确定指标序列的转折点；再次，确定基准循环，根据基准循环对先行、同步、滞后指标进行划分归类；最后，对先行、同步、滞后指标分别编制扩散指数和合成指数来描述总体经济运行状况和预测未来趋势。

1. 周期性指标的筛选

科学的经济周期指标体系是准确刻画经济周期特征的前提条件。周期性指标的选择需要考虑多方面的因素，这些因素并不固定，而是随着研究侧重点的不同而发生变化。早期的研究都是从宏观经济指标入手进行选择，而现在越来越多针对不同对象、不同目的的研究也开始使用微观经济指标。

目前,比较权威的指标筛选标准为 NBER 在 1975 年(Zarnowitz & Boschan,1975)给出的标准,主要为以下 6 个。

(1)经济含义的重要性和全面性:指从经济意义上看指标在经济周期波动中是否具有重要作用。选择的指标尽量可反映周期波动的本质、起因和影响,考虑指标体系的全面性,增强指标分析的系统性。

(2)统计上的充分性:指经济指标从统计上看是否能够充分反映经济周期波动的过程和特征。

(3)时间匹配性:指单项经济指标的具体周期波动转折点与基准周期波动转折点在时间上的匹配情况。

(4)方向的一致性:指单项经济指标与总体经济波动在方向上的一致情况。

(5)序列的平滑性:指经济指标时间序列的平滑程度。如果一个经济指标序列的一致性和实践匹配性都很好,但频繁的不规则波动使其不够平滑,则这个指标不能有效反映经济周期波动。

(6)数据的及时性:指经济指标数据能否即使获得及更新。及时性对宏观经济监测预警来说非常重要。一般来说,月度数据的及时性较好。

在实际分析中,同时满足以上 6 个准则的理想指标几乎不存在,所以需要对备选指标进行综合评价㊀,并考虑各指标之间的互补和替代关系,进一步筛选出有效指标。需要注意的是,指标不是静态的,应该随着时间进行调整(删减、补充和修改),以满足经济预警需要。

目前应用最广泛的指标都为宏观经济指标。D. Stephane 和 H. M. Mai 在 2009 年提出四类经济周期指标:国内生产总值、工业产品产量、零售销售额和失业率。B. Aarle 和 M. Kappler 在 2012 年发现宏观经济变量——工业生产、零售销售以及失业作为重要的经济景气指标,能够反映出欧元区的经济周期。

近年来也出现了从微观层面测度经济周期的方法。在全球金融危机新时期,众多学者认为金融市场对经济周期有影响,经济紧缩是通过消费—财富之间的联系导致的。于是大量研究提出用信贷指标来补充经济景气指标,主要包括信贷增长和信贷利差指标等。总的来说,监测经济周期的指标方法在新时期更加微观化。

2. 基准指标的选择

在分析经济周期问题时,基准指标的选择非常重要,它不仅对确定经济变量的先行滞后关系起着重要作用,而且不同的基准指标所确定的经济周期的转折点也有所差别。基准指标的选择通常有以下几种方法:

第一种,选取与宏观经济景气循环变动在时间上基本一致的指标,一般为 GDP 增长率、工业增加值增速。由于我国 GDP 增长率为季度数据,所以该指标不能满足对预警时

㊀ 可参考 1975 年美国经济分析局(BEA)和 1996 年摩尔和辛斯基推荐的综合评分权重值。

间要求较高的情况；另外，工业增加值增长率代表的领域较为单一，在现在经济结构调整升级时期，该指标不能很好地反映整个经济运行的状况，会出现偏误。第二种，自己构建基准指标，以能同步反映经济周期波动的若干重要指标为依据，将它们合成一个综合指数，然后以该指数为基准指标。譬如重新构建新型克强指数作为基准指标，也可以根据已有的研究来确定基准指标，譬如利用国家统计局编制的一致合成指数作为基准指标。第三种，根据专家意见和评分来选取基准指标和基准循环。第四种，根据经济大事记和经济循环年表来选取基准指标和基准循环。

3. 先行、一致、滞后指标的确定

首先，确定周期性指标的转折点。转折点的确定即识别和确定周期性指标序列的顶峰和谷底，然后确定扩张阶段和收缩阶段，进而确定具体周期波动。常用的方法是 Bry 和 Boschan（1971）基于月度数据提出的 B—B 法，该方法基本思路是将原序列适当平滑，在平滑曲线上推测其峰与谷的出现时间，然后逐渐迫近原序列的峰与谷的出现时间。有三个步骤：第一步是确定指标序列中一些潜在的可能的转折点，一般把指标序列中反相变化至少在 5 个月以上的时点才作为潜在转折点。第二步是剔除掉一些连续的顶峰或谷底，确保这些转折点中的顶峰和谷底排列相间。如果同时存在几个连续的顶峰（谷底），选择较大（较小）的。如果几个连续的顶峰（谷底）相等，选择最后的。第三步是根据一些审查规则剔除转折点，确保剩下的转折点满足持续期和波幅要求。审查规则主要有三个：相邻两个转折点之间持续时间必须在 6 个月以上，完整周期的持续时间必须在 15 个月以上，周期幅度必须在一定标准（一般为一个标准差）以上。

其次，对指标进行归类。根据转折点确定的方法，利用基准指标确定经济周期基准日期，即确定基准循环。根据不同的经济变量参与经济活动各个阶段的先后顺序，判断指标相对于基准循环指标的先行性、一致性与滞后性。主要有主观经验判断法和数理分析法两类方法。

主观经验判断法代表性的方法为峰谷对应法（也叫图示法）。该方法通过比较周期性指标时序图与经济基准周期的时序图来确定。数理分析法主要有时差相关分析法、K—L 信息量法、HDI 法、聚类分析法和马场法。下面介绍最为常用的时差相关分析法和 K—L 信息量法。

（1）时差相关分析法。

时差相关分析法是利用相关系数验证经济时间序列先行、一致、滞后关系的一种常用方法。它以基准指标为参照，使备选指标超前或滞后基准指标若干期，然后分别计算它们的相关系数。最大相关系数对应的移动月数就是该指标的超前或滞后月数。

时差相关系数 r_l 为：

$$r_l = \frac{c_l}{s_x s_y} \quad l = 0, \pm 1, \pm 2, \cdots, \pm L \tag{10-1}$$

$$c_l = \begin{cases} \dfrac{1}{n} \sum_{t=1}^{n-l} (y_{t+l} - \bar{y})(x_t - \bar{x}) & l = 0, 1, 2, \cdots, L \\ \dfrac{1}{n} \sum_{t=1-l}^{n} (y_{t+l} - \bar{y})(x_t - \bar{x}) & l = 0, -1, -2, \cdots, -L \end{cases} \tag{10-2}$$

其中 $x_t = \{x_1, x_2, \cdots, x_n\}$ 为基准指标序列，$y_t = \{y_1, y_2, \cdots, y_n\}$ 为考察指标序列，l 为先行或滞后的阶数，l 取正数时表示 y 滞后，l 取负数时表示 y 超前，L 为最大延迟数。

一般计算若干个不同延迟数的时差相关系数，然后进行比较，最大的时差相关系数 r_l^* 反映了考察指标与基准指标的时差相关关系，相应的延迟数 l^* 表示超前或滞后的期数。一般来说，最大的时差相关系数最好大于 0.5，这样说明时滞性较为明显，否则说明入选的周期性指标的实质意义不大。

（2）K—L 信息量法。

K—L 信息量衡量两个序列概率分布的接近程度，其计算过程如下。

假定 $x_t > 0$, $y_t > 0$, 先对 $\{x_t\}$ 和 $\{y_t\}$ 进行标准化处理：

$$p_t = \frac{x_t}{\sum_{j=1}^{n} x_j} \quad q_t = \frac{y_t}{\sum_{j=1}^{n} y_j} \quad t = 1, 2, \cdots, n \tag{10-3}$$

然后计算 K—L 信息量：

$$k_l = \sum_{t=t^*}^{n_l} p_t \ln\left(\frac{p_t}{q_{t+l}}\right) \quad l = 0, \pm 1, \pm 2, \cdots, \pm L \tag{10-4}$$

其中，$t^* = \begin{cases} 1, & l \geq 0 \\ 1-l, & l < 0 \end{cases}$，且 n_l 是数据取齐后的数据个数。

当计算出 $2L+1$ 个 K—L 信息量后，选出一个最小值 k_l^* 作为考察指标关于基准指标的 K—L 信息量，相应的延迟阶数 l^* 就是考察指标最适当的超前或滞后的期数。K—L 信息量越小，说明考察指标与基准指标的变动越相似。

若 $l^* \in [-k, k]$（对于月度数据序列，一般设定 $k=3$），则说明该考察指标为同步指标；若 $l^* < -k$，说明该考察指标为先行指标；若 $l^* > k$，说明该考察指标为滞后指标。

先行指标，也叫领先指标，可以事先预测总体经济运行趋势，在统计意义上是指其到达峰或谷的时点一般先于基准指标至少 3 个月。如机械产品订货、股票指数、广义货币 M2 等。一致指标，也叫同步指标，其峰、谷出现的时间与总体经济运行峰与谷出现的时间一般相差在 3 个月以内，可以综合地描述总体经济所处状态，如工业总产值、社会消费品零售总额等。滞后指标相对总体经济的变化较为滞后，其峰或谷一般对于基准指标滞后 3 个月以上，是对总体经济运行中已经出现的峰和谷的一种确认和检验。例如，利息率、库存等。这些先行、一致、滞后指标，共同构成了景气指标体系。

阅读材料：主要国家和国际组织的经济景气指标

主要国家和国际组织的经济景气指标如表 10-3 所示。

表10-3 主要国家和国际组织的经济景气指标

	美国会议委员会	OECD	美国经济周期研究所(ECRI)	日本景气动向指数	中国经济景气监测中心
先行指标	制造业平均每周工时 平均每周对失业保险的初次申请 制造商的新订单：消费品和原材料 制造商的新订单：非国防资本货物 供应商的表现 新的住宅建筑许可 消费者预期指数 股票价格指数：500种普通股 利差：10年期国债减联邦基金 货币供应量M2 非农就业人数 个人收入与转移支付 工业生产指数	加班时间 工商业预期 新订单 房屋开工 原材料价格 股票指数 就业 工业生产 国内生产总值	制造业平均每周工作量（短期） 平均每周初次申请失业人数（短期） 消费品和原材料新的订货（短期） 工厂和设备的合同和订货（短期） 工业材料价格变动（短期） S&P500种股票价格指数（短期） 解雇率（短期） 工商业人数指数（破产和新开公司综合）（短期） 国家采购经理协会支出业绩（短期） 国家采购经理协会存货变动（短期） 国内非金融债务变动（长期） 新建筑许可（长期） 价格和单位劳动成本比率（长期） 每工时制造业产出增长率（长期） 货币供应量M2（长期） 道琼斯20种债券指数增长率（长期） 服务价格指数平均价格（长期）	新增雇用需求数 实际设备预订 耐用消费品出货指数 预计中小企业销售额 新增住宅开工面积 最终需求品库存指数 工商业生产者信心指数 日经商品指数 长短利率差 东证股价指数 投资景气指数 规定外劳动时间指数 有效雇佣倍率 生产指数	沪市A股月成交额 工业产品产销率 消费者预期指数 物流指数（全社会货运量，全社会货运周转量，沿海主要港口货物吞吐量） 固定资产投资新开工项目数 FDI合同金额 国债利率差 货币供应量（M2） 工业生产指数 工业从业人员指数 社会需求指数（固定资产投资完成额，社会消费品零售总额，海关进出口总额）

一致指标	制造和贸易销售额	生产效率		工商业生产资料出货指数	社会收入指数（各项税收、工业企业利润总额、城镇居民可支配收入）
		收入		大宗电力使用量	
				投资品出货指数	
				开工率指数	
				商业销售额（零售）	
				商业销售额（批发）	
				经营收益	
				中小企业销售额	
滞后指标	失业者平均失业时间	投资		常用雇用指数	财政支出（不含债务）
	制造业和贸易存货与销售的比率	库存水平		完全失业率	工商业贷款
	制造业每单位产出的劳动力成本变化率	生产价格		第三产业活动指数	城乡居民储蓄余额
	银行收取的平均最优惠利率	利率		实质法人企业设备投资	居民消费价格指数
	未偿还的工商业贷款			家庭部门消费支出	工业企业产成品资金
	消费者债务与收入的比例			法人税收入	
	BCI-120 服务业消费物价指数变动				

4. 扩散指数和合成指数的编制

（1）扩散指数的编制。

由于景气变动是经济的循环变动从一个领域到另一个领域、从一个产业到另一个产业的渗透、波及过程，故各经济活动的循环变动与景气变动之间存在着有机联系。在景气的上升过程中，多数经济活动呈扩张或上升趋势；反之，多数经济活动呈收缩或下降倾向。每个景气指标，不论是先于景气变动而变化，还是推迟或与景气同步变动，都与景气变动保持一定的对应关系。因此，若能找出反映各经济活动扩张、收缩变化程度的指标，便可用来把握景气动向的现状及预测景气转换点。扩散指数（diffusion index，DI）便是基于这种思路产生的。

扩散指数的基本思想是把保持上升（或下降）的指标占上风的动向看作经济周期波动波及、渗透的过程，综合这些指标的情况来把握整个经济周期波动。简单来说，扩散指数是指在已选定的先行、同步或滞后指标组中，分别考察各组指标中扩张状态的指标数占全部指标数的百分比，进而分别计算反映景气动向的先行扩散指数、一致扩散指数或滞后扩散指数。

扩散指数为：

$$DI(t) = \sum_{i=1}^{n} w_i I[\theta] \times 100\% \tag{10-5}$$

其中：

$$I[\theta] = \begin{cases} 0, & x_i(t) < x_i(t-j) \\ \dfrac{1}{2}, & x_i(t) = x_i(t-j) \\ 1, & x_i(t) > x_i(t-j) \end{cases} \tag{10-6}$$

$x_i(t)$ 为第 i 个变量指数在 t 时刻的波动测定值（经季节调整后的时间序列），w_i 为第 i 个变量指标分配的权数，n 为周期性指标总数，I 为示性函数。

若某指标 t 时刻的值大于其前 j 个月的值，则称该指标为扩散指标，并计为 1 个扩散指标；若与其前 j 个月的值相等，则称为半扩散指标并计为 0.5 个扩散指标；若小于其前 j 个月的值，则称为不扩散指标并计为 0 个扩散指标。其中，j 的值一般取 3，也就是与往前的 3 个月的值比较。

另外，若权数 w_i 相等，则可直接简化为：

$$DI(t) = \frac{\text{扩张指标计数}}{\text{周期性指标总数}} \times 100\% \tag{10-7}$$

从公式可看出，扩散指数 DI 仅着眼于各景气指标的变化方向，并从总体上把握各景气指标的变化。据此，便可以测定不同性质的经济活动的复合现象——景气变动的波及、渗透过程。其优点在于利用一组经济指标进行综合考察，避免仅依靠个别领先指标做出判断。DI 能综合各个变量的波动，能够反映宏观经济波动的过程，还能有效地预测经济循环的转折点，但是不能明确表示经济循环的强弱。

因为 DI 是用百分比来表示扩张指标序列数占总指标序列数的比例，因此，当比值上升到50%以上时，则意味着过半数的序列呈上升状态，经济活动也在总体上呈上升趋势。相反，DI 值下降到50% 以下时，则意味着过半数的序列处于收缩或下降状态，经济活动总体上呈下降趋势。可见对 DI 来说，其数值大于还是小于50%是极其重要的，据此可以判断景气状态处于扩张局面还是收缩局面。将 $DI=50$ 的直线称为景气转折线，也有人称它为"荣枯分界线"。

（2）合成指数的编制。

合成指数（composite index，CI）亦称"景气综合指数"，是由选取的周期性指标以各自的变化幅度为权数的加权综合平均数，即多个指标的加权平均。它与扩散指数一样，也分为先行、同步、滞后指标组，各指标组的功能与扩散指数相同，所以合成指数和扩散指数常常使用同一组指标。先行合成指数用于预告同步合成指数的动向，即预告未来经济运行轨迹的变动趋势。同步合成指数用于显示当前经济运行的方向和力度，同步合成指数的变化方向与经济周期波动方向一致。与扩散指数不同的是，合成指数除了能预测经济周期波动的转折点之外，还能在某种意义上反映经济周期波动的振幅。但在景气转折点的判断方面无法显示经济各部门之间的经济波及、渗透程度。通常用扩散指数分析经济波动转折点的判断等质的方面的问题；而用合成指数分析与过去比较、经济变动程度的大小及速度等量的方面的问题。

目前合成指数的编制主要使用美国商务部经济分析局的方法。主要编制过程为，在对所有指标序列剔除季节因素和不规则因素后，先求出每个指标的标准化平均变化率，变化率不是以本期或上期为基数求得，而是以两者的平均数为基数求得（这样可以消除基数的影响，使上升与下降量均等）。然后，求出先行、同步和滞后三组指标的标准化平均变化率，使得三类指数可比。再次，以某年为基年，计算出其余年份各月（季）的（相对）指数。最后，求出每个组别的合成指数。

第一步，求单个指标的标准化平均变化率。

设 $x_{ij}(t)$ 为第 j 指标组的第 i 个指标，$j=1，2，3$ 分别代表先行、一致、滞后指标组，k_j 为每个指标组的指标个数。

① 单个指标的对称变化率 $C_{ij}(t)$ 为：

$$C_{ij}(t)=\frac{x_{ij}(t)-x_{ij}(t-1)}{\frac{[x_{ij}(t)+x_{ij}(t-1)]}{2}}\times 100 \quad t=2,3,\cdots,n \qquad (10\text{-}8)$$

使用两期的均值作为分母，这一点与一般的变化率有差异。

另外，当序列 $x_{ij}(t)$ 中有负值或零值，或者为比率序列时，取一阶差分作为 $C_{ij}(t)$：

$$C_{ij}(t)=x_{ij}(t)-x_{ij}(t-1) \quad t=2,3,\cdots,n \qquad (10\text{-}9)$$

② 单个指标标准化平均变化率 $S_{ij}(t)$ 为：

$$S_{ij}(t)=\frac{C_{ij}(t)}{A_{ij}} \quad t=2,3,\cdots,n \qquad (10\text{-}10)$$

其中，$A_{ij}=\frac{1}{n-1}\sum_{t=2}^{n}|C_{ij}(t)|$ 为标准化因子。

第二步，求出每组指标的标准化平均变化率，使得三类指数具有可比性。

① 各个组别的平均变化率 $R_j(t)$ 为：

$$R_j(t) = \sum_{i=1}^{k_i} w_{ij} \cdot S_{ij}(t) \quad t = 2,3,\cdots,n \quad j = 1,2,3 \tag{10-11}$$

其中，w_{ij} 为第 j 指标组的第 i 个指标的权重。

② 各个组别标准化平均变化率 $V_j(t)$ 为：

$$V_j(t) = \frac{R_j(t)}{F_j} \quad t = 2,3,\cdots,n \quad j = 1,2,3 \tag{10-12}$$

其中，$F_j = \dfrac{\dfrac{\sum_{t=2}^{n}|R_j(t)|}{(n-1)}}{\dfrac{\sum_{t=2}^{n}|R_2(t)|}{(n-1)}}$ 为组间标准化因子，$R_2(t)$ 为同步指标组的平均变化率。可以看出同步指标组 $V_2(t) = R_2(t)$。

第三步，以某年为基期，计算其余年份每个月（季）的合成指数。

① 求各组别初始合成指数。

令 $I_j(1) = 100$，则初始合成指数 $I_j(t)$ 为：

$$I_j(t) = I_j(t-1) \cdot \frac{200 + V_j(t)}{200 - V_j(t)} \quad j = 1,2,3 \quad t = 2,3,\cdots,n \tag{10-13}$$

② 进行趋势调整。

趋势调整目的是使三个指标组得到的合成指数的趋势与计算一致指标组中被采用的序列的趋势平均值一致，为测定循环变动带来方便。

首先，对一致指标组的每个指标序列分别求出各自的平均增长率，使用复利公式：

$$r_i = \left(m_i\sqrt{\frac{C_{F_i}}{C_{L_i}}} - 1 \right) \times 100 \quad i = 1,2,\cdots,k_2 \tag{10-14}$$

$$C_{F_i} = \frac{\sum_{t \in firstcycle} x_i(t)}{m_{F_i}}$$

$$C_{L_i} = \frac{\sum_{t \in lastcycle} x_i(t)}{m_{L_i}}$$

其中，C_{F_i}，C_{L_i} 分别为一致指标组第 i 个指标最先和最后循环的平均值，m_{F_i}，m_{L_i} 分别为一致指标组第 i 个指标最先和最后循环的月数，m_i 为最先循环的中心到最后循环的中心之间的月数。k_2 为一致指标组序列个数。

其次，求出一致指标组的平均增长率 G_r，把它称为目标趋势。

$$G_r = \sum_{i=1}^{k_2} \frac{r_i}{k_2} \tag{10-15}$$

再次，对先行、一致、滞后指标组的初始合成指数 $I_j(t)$，分别用复利公式求出它们各自的平均增长率。

$$r'_j = \left(m_j \sqrt{\frac{C_{F_j}}{C_{L_j}}} - 1 \right) \times 100 \quad j = 1,2,3 \tag{10-16}$$

$$C_{F_j} = \frac{\sum_{t \in firstcycle} I_j(t)}{m_{F_j}}$$

$$C_{L_j} = \frac{\sum_{t \in lastcycle} I_j(t)}{m_{L_j}}$$

最后，对各个指标组的标准化平均变化率做趋势调整 $V'_j(t)$：

$$V'_j(t) = V_j(t) + (G_r - r'_j), \quad j = 1,2,3, \quad t = 2,3,\cdots,n \tag{10-17}$$

第四步，求各个组别的合成指数。

通常将初期指数设定为100，令 $I'_j(1) = 100$，则：

$$I'_j(t) = I'_j(t-1) \times \frac{200 + V'_j(t)}{200 - V'_j(t)}, \quad j = 1,2,3, \quad t = 2,3,\cdots,n \tag{10-18}$$

基准年份为100的合成指数为：

$$CI_j(t) = \frac{I'_j(t)}{\overline{I'_j}} \tag{10-19}$$

$\overline{I'_j}$ 为各类指标组合成指数 $I'_j(t)$ 在基准年份的平均值，有时为了减少不规则变动，需要进行一次三项移动平均。

可根据合成指数 CI 的变化，按照"下降/上升法则"或"阈值法"确定经济的转折点。根据"下降/上升法则"，在经济的扩张阶段，若 CI 连续2个月（或3个月）下降，则说明经济可能走向衰退；在经济的收缩阶段，则相反。根据"阈值法"，以历史数据判断 CI 是否落入正常阈，来赋值。若 CI 变化值落在正常阈，则赋值2；若落入上限以上，则赋值3；若落入下限以下，则赋值1。在此基础上进行判断，值3连续出现2个月（或3个月），可以当作"低谷转折信号"；而值1连续出现2个月（或3个月），可以当作"高峰转折信号"。

阅读材料：解读宏观经济预警指数

国家信息中心经济预测部2017年发布了"当前经济景气波动特点及走势分析"[一]。文中指出，根据一致合成指数所反映的宏观经济总体走势和经济周期转折点的测定结果，2013年9月，我国经济周期开始步入新一轮下降通道，此次下降周期持续2年时间，在

[一] 国家信息中心官网. 当前经济景气波动特点及走势分析, http://www.sic.gov.cn/News/455/8288.htm.

2015年9月一致合成指数止跌企稳，连续回升，至2016年6月已经回升9个月。先行合成指数在前一个周期的先行期为6个月，峰出现在2013年2月，近期的最低点出现在2015年6月。2016年6月，先行指数虽然并未出现拐点，但是数值已基本持平，停止上升，预示经济将在2016年年底前后出现拐点。具体如图10-3所示。

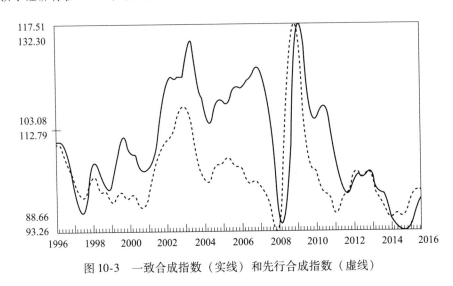

图10-3 一致合成指数（实线）和先行合成指数（虚线）

一致合成指数的6个构成指标中6月份四升两降，发电量、M1、出口总额和工业增加值增速季节调整后处于上升走势，财政收入和固定资产投资完成额增速季节调整后下降，一致合成指数的上升动力比较明显。

先行合成指数的5个构成指标6月份有3个已经开始下降，汽车产量、固定资产投资本年施工项目计划总投资和金融机构各项贷款，保持上升的两个指标中，产成品库存属于逆转指标，企业的去库存过程给先行合成指数带来持续上涨动力，但增势已较5月份明显减弱，给未来先行指数带来下降压力。从月度增速看，尽管6月份汽车产量增速大幅反弹，但2016年前5个月汽车产量增速持续回落，带动季节调整后的增速回调，汽车产量这种大幅回升的态势是否能够保持很难预料。从构成指标看，未来先行合成指数的5个构成指标可能出现全面下降的态势，带动先行合成指数在下半年结束持续上升的走势掉头向下。

根据以上合成指数及构成指标的分析结果预测，先行合成指数的峰可能出现在今年6月份，率先进入下行周期，先行指数的先行期约3个月，因此预计三季度我国一致合成指数仍将保持上升，但四季度开始我国经济景气可能再次下探。

10.3 预警信号法

10.3.1 预警信号法概述

预警信号系统在我国的应用日渐广泛，各类机构、部门，各类行业（工业、建筑业、房地产业、金融业、保险业等）都对预警信号系统做出了很多研究、开发和应用。不管是政府部门还是企业部门，都越来越意识到对经济周期和经济景气判断的重要性。

1. 预警信号法的提出

20世纪50年代开始，不少国家在景气监测预警系统中进行了引入评价指标的尝试，试图对不同的经济状态进行评价，通常用不同颜色对信号进行表示。20世纪50年代美国提出了"程式性调控制度"。随后法国也设立了"经济警告指标"，该指标包括失业率、通货膨胀率和外贸入超三个指标，规定上述任何一项指标连续3个月环比上升1个百分点以上，政府必须自动在一定范围内采取相应措施。到1963年法国政府为配合第四个五年计划制定了"景气政策信号制度"，借助不同的信号灯颜色，对宏观经济状态做出直观简明的展示。1968年，在吸收美国、法国的经验的基础上，日本经济企划厅在其经济白皮书中发布了"日本景气警告指数"，借助红、黄、蓝等颜色对高速增长的日本经济做出评价。日本的"景气警告指数"公布后，受到政府和社会各界的欢迎，迅速成为日本政府调控宏观经济的重要依据。1970年联邦德国也由国会专家委员会编制了类似的指数。这样经济监测预警系统不仅能指示景气动向，还能以简明、直观的方式给出对经济状态的评价。

2. 预警信号法的原理

预警信号系统的原理是选择一组反映宏观经济运行状况的敏感指标，运用合适的数据处理方法，将多个指标处理为一个综合性指标来反映宏观经济周期波动的状态。然后，根据一组类似于交通管制信号灯（红灯、黄灯、绿灯、淡蓝灯、蓝灯）的信号标志系统，对这组指标和综合指标所代表的景气状况给出预警信号，再通过观察分析信号灯的变动情况来判断未来宏观经济运行的趋势。

一般来说综合景气状况分为五种状态，每种状态既表示当前的景气状况，又表示针对这一状况应采取的宏观政策取向。红灯、黄灯、绿灯、淡蓝灯、蓝灯五个信号灯分别对应着过热、趋热、正常、趋冷、过冷的经济状态。其中，红灯表示经济景气过热，此时政府及财政金融机构应采取紧缩的政策措施，使经济恢复正常状况。黄灯表示经济景气尚稳，经济增长稍热，在短期内有转热和趋稳的可能。绿灯表示当前的宏观经济运行处于适度区或稳定区，此时政府可在稳定中采取促进经济增长的温和的措施。淡蓝等表示经济景气稍冷，短期内有转稳或衰退的可能。蓝灯表示经济景气萧条，处于过冷状态。具体如图10-4所示。

由红灯转为黄灯，表示景气过热已趋缓解，不宜继续实施紧缩政策。由绿灯转为黄灯，表示景气由稳定开始发热，在绿灯时期所采取的措施虽可继续维持，但不宜进一步采取促增长的措施，并应关注景气变化，以便及时采取紧缩调控措施避免经济过热。由绿灯转为淡蓝灯，表示经济增长率下降，此时应关注景气动向，适当采取调控措施，使经济趋稳。由淡蓝灯转为绿灯，表示经济发展速度趋稳，可继续采取促进经济增长的措施。由淡蓝灯转为蓝灯，表示经济增长率开始跌入谷底，此时调控部门应采取强有力的措施来刺激经济增长。

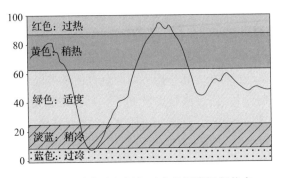

图 10-4　预警信号灯颜色对应的经济运行状态

10.3.2　预警信号的编制

1. 预警信号指标体系的确定

建立预警信号系统首要的问题是选择宏观经济预警指标。预警指标应能灵敏地从不同方面反映宏观经济总体的发展规模、速度和水平，即预警指标在经济上的重要性。另外，入选的指标还应具有灵敏性、稳定性和统计速报性。灵敏性是指所选指标在反映经济总体变动时具有灵敏性和可靠性，指标在总体即将发生或者刚发生变动时就表现出一定的征兆，当它们上升或下降时，能以较大的概率预示总体经济活动的扩张或收缩。稳定性是指对所选指标变化幅度进行不同状态划分后，划分的标准能够保持相对稳定。统计速报性是指应尽量考虑统计数据的发布时滞，尽可能较早应用新的数据。另外，为了使预警信号不受季节性和不规则因素的干扰，所有备选指标应首先剔除季节因素和不规则因素。

2. 单个预警指标界限值的确定

状态区域的划分和指标界限值的确定在建立预警信号系统中起着非常关键的作用，是决定预警系统科学性强弱的一个重要因素。界限值是判断各个预警指标以及综合景气状态落在不同景气状态区域的数量标准。通常对每个预警指标设置四个预警界限值，将其运行状况划分为过热、稍热、适度、稍冷、过冷五种状态，分别以红灯、黄灯、绿灯、淡蓝灯、蓝灯表示。

在确定界限值的时候需注意以下问题：一是界限值不是恒定的，应随着本身的制约因素变化而变化，随着经济结构的变化而进行修正。二是确定界限值应注意对指标历史数据进行分析。可以使用统计中的平均指标的思想，确定出指标波动的中心线，并以此作为该指标正常区域的中心，然后根据指标出现在不同区域的概率，求出基础临界点。三是在数据长度过短或经济长期处于不正常不稳定的状态的时候，须通过经济理论和经验判断，对指标剔除异常值，然后根据监测和预测者的经验，通过分析历史资料，重新确定中心线并对基础临界点进行调整，制定出符合经济运行的规律的临界点。四是在确定基准指标以外的其他指标临界点的时候,其他指标临界点的确定一定要与基准指标挂钩,需要根据经济理论和实践经验来确定。五是确定界限值应注意定性分析与定量分析相结合,主观与客观相结合。

下面给出可供参考的确定界限值的方法:

① 选择以往若干个经济增长较为正常的时期,假定这些时期各指标变动率较为正常,可将此变动率的上下限分别设定为绿灯区域的上下限。

② 选择经济周期循环达到顶峰前后的若干月份的指标的均值作为黄灯与红灯交界点,同理,选择周期循环到达谷底前后的若干月份的指标均值作为淡蓝灯和蓝灯的交界点。

③ 根据状态区域的概率确定临界点。根据一国总体经济发展状况,给出各指标动态指数落入各区域的理论概率。对于一个经济平稳运行的国家而言,需要注意落入暖色灯区域(黄、红)的概率通常应该大于落入冷色灯区域(淡蓝、蓝)的概率。所以可做以下设定:首先,绿灯区属于常态区域,基于居中原则,其落点概率应在50%左右,可以选择50%。其次,红灯区和蓝灯区为过热和过冷区,属于极端区域,落点概率可定为10%和5%。最后,黄灯区和淡蓝灯区为稍热和稍冷区,属于相对稳定的可控区域,落点概率应比极端区大,黄灯区的落点概率比淡蓝灯区稍大,可以设定为20%和15%。

④ 按照指标均值和标准差来确定四个界限值:过热和趋热之间的分界线为 $\mu-\sigma$,趋热和正常之间的分界线为 $\mu-\sigma/2$,正常与趋冷之间的分界线为 $\mu+\sigma/2$,趋冷与过冷之间的分界线为 $\mu+\sigma$。

预警界限确定得是否合适,对于准确地监测各项宏观经济指标的变动情况,以及对整个宏观经济运行状况做出正确的判断影响很大。所以在确定各个预警指标的预警界限值时,应主要根据过去经济变动或经济循环的情形,以及各个时期采取的宏观调控政策,并参考未来经济发展计划目标等情况综合考虑,若简单处理,则可能经常错误报警,因此要慎重使用。对已选取的预警指标和确定的相应的预警界限,还应根据经济发展阶段和趋势,根据各指标之间的关系和理论经验,对界限值进行修订,最终得到具有操作性的界限值。

3. 计算各个指标得分和信号灯色

将各项预警指标的动态指数同所确定的该项指标各个区间的界限值进行比较,落入哪个区间就记上相应的得分,判断各指标的信号灯颜色。这里需要对各种颜色的灯号分别赋予不同的分数,譬如用5、4、3、2、1来给红、黄、绿、淡蓝、蓝灯赋值,便于计算和汇总。

具体来讲,就是预警界限值确定后,对每个预警指标计算其增长率序列,剔除季节性因素和不规则因素的影响,得到调整后的增长率序列。当该增长率序列超过某一预警界限值时,就亮出相应的信号。同时,每一种信号给予不同的分数,如红灯5分、黄灯4分、绿灯3分、淡蓝灯2分、蓝灯1分。

4. 综合预警信号的制定

确定全部指标的预警界限后,将各个预警指标按照一定的权重综合成一个总的综合评价指标,得到经济景气预警总分数,然后判断总的景气状态。譬如选择了 k 个预警指标,

每个月将 k 个预警指标的信号分数进行加权汇总得到综合分数。通常做法是以最高分的四个比重分别作为综合评价指标的四个临界值，譬如取四个比重分别为 85%、70%、45%、30%，由综合指标的分数判断当月的预警信号应亮哪一种灯，属于哪一个区间。具体如表 10-4 所示。

表 10-4　总预警界限值分段表

得分区间	满分的比重（P）	信号	经济含义	调控措施
(4.0, 5.0]	$P > 85\%$	红灯	过热	紧缩措施
(4.0, 5.0]	$70\% < P \leqslant 85\%$	黄灯	稍热	短期内有转热或趋稳的可能
(4.0, 5.0]	$45\% \leqslant P \leqslant 70\%$	绿灯	适度	适度促增长的措施，转黄灯时可维持绿灯期政策，转蓝灯时应采取趋稳政策
(4.0, 5.0]	$30\% \leqslant P \leqslant 45\%$	淡蓝灯	稍冷	短期内有转稳或衰退的可能
[4.0, 5.0)	$P < 30\%$	蓝灯	过冷	采取措施刺激增长

将较长时期的景气信号连接起来，可以编制"景气动向综合分数图"和"景气信号图"。可以直观分析景气变动情况并对未来趋势做出预警，还可以对当月景气进行分析，观察各项指标的变动情况。对于已经选取的预警指标和确定的预警界线，要对着经济发展阶段和发展结构的变化进行适当调整。

阅读材料：国家信息中心的"宏观经济监测预警信号系统"⊖

国家信息中心宏观经济监测预警课题组的"宏观经济监测预警信号系统"指标体系包含 10 个预警指标，分别是社会消费品零售总额增速、工业企业增加值增速、工业企业主营业务收入增速、发电量增速、M1 月末数同比增速、金融机构贷款期末余额数增速、国家财政收入增速、固定资产投资完成额增速、进出口总额增速、居民消费价格指数。该系统能够对各预警指标的警情和当前经济的总体景气状况以及变动趋势做进一步的考察和判断。

如图 10-5 所示，金融危机爆发后，我国综合警情指数出现了快速下滑，并进入了趋冷的淡蓝灯区，在强刺激政策的驱动下，综合警情指数仅在趋冷区间停留一个月就返回绿灯区，并快速通过趋热的黄灯区进入了过热的红灯区。从 2010 年开始，我国综合警情指数进入了缓慢下行长周期阶段，指数数值波动中下行，2011 年 8 月至 2011 年 11 月在黄灯区运行，2011 年 12 月至 2014 年 10 月在绿灯区运行。2014 年 11 月，综合警情指数再次进入趋冷的淡蓝灯区，此后在淡蓝灯区上沿和绿灯区下沿波动运行。从 2015 年 7 月开始，综合警情指数再次回到了正常运行的绿灯区内，但 2015 年三季度又到达谷底，随后随着房地产竣工面积、货币供应量、外贸等指标的快速上升，综合警情指数再次回升，并于 2016 年年初回到正常的绿色区域。

⊖ 国家信息中心网站．当前经济景气波动特点及走势分析，http://www.sic.gov.cn/News/455/8288.htm.

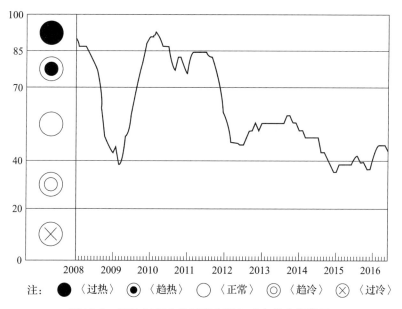

注： ● 〈过热〉 ⦿ 〈趋热〉 ○ 〈正常〉 ◎ 〈趋冷〉 ⊗ 〈过冷〉

图 10-5　2008 年以来我国月度景气动向综合指数图

从宏观经济监测预警信号系统构成指标的走势看，10 个构成指标中，M1 增速处于过热的红灯区，CPI、金融机构各项贷款、国家财政收入、社会消费品零售总额、工业企业增加值和工业企业主营业务收入增速处于正常的绿灯区，发电量和固定资产投资完成额增速处于趋冷的淡蓝灯区，进出口总额增速均处于过冷的深蓝灯区。构成宏观经济监测预警信号系统的 10 个指标，涵盖了宏观经济的主要领域，从图 10-6 可以发现，代表实体经济

指标名称	2015						2016					
	7	8	9	10	11	12	1	2	3	4	5	6
1.社会消费品零售总额增速	○	○	○	○	○	○	○	○	○	○	○	○
2.工业企业增加值增速	○	○	○	○	○	○	○	○	○	○	○	○
3.工业企业主管业务收入增速	○	○	◎	○	○	○	◎	○	○	○	○	○
4.发电量增速	◎	⊗	⊗	⊗	⊗	⊗	◎	◎	◎	◎	◎	◎
5.M1月末数同比增速	⦿	⦿	⦿	⦿	⦿	⦿	⦿	⦿	●	●	●	●
6.金融机构贷款期末余额增速	○	○	○	○	○	○	○	○	○	○	○	○
7.国家财政收入增速	○	○	○	○	○	○	○	○	○	○	○	○
8.固定资产投资完成额增速	○	○	○	○	○	○	○	○	○	○	○	○
9.进出口总额增速	⊗	⊗	⊗	⊗	⊗	⊗	⊗	⊗	⊗	⊗	⊗	⊗
10.居民消费价格指数	○	○	○	○	○	○	○	○	○	○	○	○
综合判断	○	○	◎	◎	○	○	○	○	○	○	○	○
	42	43	40	40	37	37	42	45	47	47	47	44

注： ● 〈过热〉 ⦿ 〈趋热〉 ○ 〈正常〉 ◎ 〈趋冷〉 ⊗ 〈过冷〉

图 10-6　单个指标月度监测预警信号图

的发电量、投资、进出口等领域的指标呈现出趋冷的走势，而代表虚拟经济的各项贷款和货币供应量却正常运行甚至出现了过热的苗头，说明我国宏观经济呈现出一定程度的冷热不均。

□ 本章小结

1. 经济周期也称为商业周期，是指经济运行过程中经济活动沿着经济发展的总体趋势，周期性出现经济繁荣和经济萧条的一种经济现象，一般分为繁荣、衰退、萧条和复苏四个阶段，或者扩张与收缩两个阶段。
2. 根据经济周期频率、幅度和持续时间不同，可以将经济周期划分为短周期（基钦周期）、中周期（朱格拉周期）和长周期（康德拉季耶夫周期）。另外还存在中长周期（库兹涅茨周期）和熊皮特以创新为标志的综合周期。
   根据经济波动的特征，经济周期还可以区分为古典周期、增长周期和增长率周期。
3. 宏观经济监测预警主要包括经济景气监测和经济预警两个方面。其中，经济景气监测侧重于经济周期波动轨迹和过程的分析，旨在揭示经济周期波动轨迹；经济预警侧重于经济周期波动过程和发展方向的提前预报，是未来发展趋势较为科学的推断。
4. 景气指数法是指在宏观经济景气监测分析的基础上，筛选出具有代表性的指标构成经济景气指标体系，据此测算先行、一致和滞后指数，构建扩散指数和合成指数来描述宏观经济运行状况，进行监测预警。该方法不仅能预测到经济周期的转折点，而且可以分析经济周期的波动幅度，它在景气预警实践中历史最为悠久、应用最为广泛。
5. 预警信号法是选择一组反映宏观经济运行状况的敏感指标，运用合适的数据处理方法，将多个指标处理为一个综合性指标来反映宏观经济周期波动的状态。然后，根据一组类似于交通管制信号灯（红灯、黄灯、绿灯、淡蓝灯、蓝灯）的信号标志系统，对这组指标和综合指标所代表的景气状况给出预警信号，再通过观察分析信号灯的变动情况来判断未来宏观经济运行的趋势。预警信号系统常与景气指数法同时使用，相互补充。

□ 思考题

1. 有哪几种类型的经济周期？
2. 经济周期为何能被监测和预警？
3. 简述扩散指数 DI 和合成指数 CI 的编制步骤。
4. 简述预警信号系统的基本原理及编制方法。

CHAPTER 11

第11章

国民经济速度和效益的分析

过去我国的经济发展目标强调"又快又好",注重发展速度,中共十七大报告中明确指出,坚持以科学发展观统领经济社会发展全局,促进国民经济又好又快发展。注重发展的质量和效益,这是中国经济发展理念的一大转变。中共十九大在党章修正案中又将"促进国民经济又好又快发展"修改为"促进国民经济更高质量、更有效率、更加公平、更可持续发展",进一步为进入新常态的中国经济发展指明了正确方向。由此可见,对国民经济速度和效益的分析,始终是国民经济统计分析中不可缺少的重要内容。

11.1 国民经济速度分析

11.1.1 测定国民经济速度的指标

国民经济的速度是指国民经济生产总成果的发展速度或增长速度。因此,凡是能够反映国民经济生产总成果的总量指标,都可以将其报告期和基期的数值对比来测定国民经济的速度。新中国成立以后,受不同时期的国民经济水平、统计理论和核算条件等因素的限制,我国曾经先后采用过工农业总产值、社会总产值和国民收入等总量指标来衡量国民经济的生产总成果,因此也就先后使用过这些总量指标的速度来测定国民经济速度。1992年以后,我国一直根据国内生产总值(GDP)来计算国民经济速度。

相比之下,用 GDP 的速度来测定国民经济速度最为合适。这是因为:首先,GDP 能够全面反映整个国民经济活动的成果,不仅包括了货物生产部门的产品,也包括服务部门的产品;其次,GDP 不包括中间投入,避免了不同企业和部门之间转移价值的重复计算,能够比较准确地反映国民经济的生产成果;最后,使用 GDP 更具有国际可比性,因为世界上绝大多数国家都是以 GDP 作为衡量国民经济总水平的基本的指标,联合国和国际货币基金组织等国际性组织都是以人均 GDP 来衡量各个国家和地区的经济发展水平。

根据目的要求不同,根据 GDP 来计算的国民经济速度指标,可以是发展速度(也称指数),也可以是增长速度;可以是环比发展(增长)速度,也可以是总速度即定基发展(增长)速度;可以是个别年份(或月份、季度)的发展(增长)速度,也可以是一段时间内的平均发展(增长)速度。

在比较不同空间或不同时间的国民经济速度时,从人民生活水平的变化程度来考察,通常还需要把 GDP 与人口数联系起来,计算人均 GDP 发展速度。

$$人均 GDP 发展速度 = \frac{报告期人均 GDP}{基期人均 GDP} = \frac{GDP 发展速度}{平均人口数发展速度} \tag{11-1}$$

人均 GDP 的增长速度等于人均 GDP 的增长速度减去 100%,但实际中常按下列公式近似计算[一]:

$$人均 GDP 增长速度 \approx GDP 增长速度 - 平均人口数增长速度 \tag{11-2}$$

此外,由于 GDP 是价值量指标,要受价格波动的影响。因此,GDP 的速度指标还有名义速度和实际速度之分。GDP 的名义速度是根据两个时期的现价(当期价)GDP 计算的速度,其数值的大小受价格变化和物量变化两大因素影响。例如,我国 2000 年、2016 年和 2017 年的按现价计算的 GDP 分别为 100 280.1 亿元、743 585.5 亿元和 827 122 亿元,因此,我国国内生产总值 2017 年环比名义增长率为 11.2%,2017 年比 2000 年的名义增长速度为 7.248 倍,年平均增长 13.2%。

GDP 的实际速度是根据两个时期的可比价(不变价)GDP 计算的速度,其数值的大小剔除了价格变化的影响,只反映物量变化程度。我国各级统计局的统计公报和统计年鉴中所发布的国内生产总值指数通常都是指国内生产总值的实际发展速度,即国内生产总值物量指数。例如,按 2015 年不变价计算,2016 年我国国内生产总值为 735 149 亿元,比上年的实际增长率为 6.7%;2017 年我国国内生产总值为 785 770 亿元,比上年的实际增长率为 6.9%。2017 年比 2000 年的实际增长速度为 3.543 倍,年平均增长 9.3%。

GDP 的名义速度与实际速度之间存在下列关系:

$$GDP 实际发展速度 = \frac{GDP 名义发展速度}{GDP 价格指数} \tag{11-3}$$

GDP 实际增长速度等于 GDP 实际发展速度减去 100%。与式(11-2)类似,当 GDP 名义增长率与价格上涨率的乘积很小时可忽略不计,也可使用下式来近似计算:

$$GDP 实际增长率 \approx GDP 名义增长率 - GDP 价格上涨率 \tag{11-4}$$

式(11-3)中的 GDP 价格指数通常也称为 GDP 减缩指数(GDP deflator),它综合反映全社会最终产品价格的变动程度。从使用角度看,它综合反映全社会总消费、总投资与

[一] 证明如下:以 g,a,r 分别表示国内生产总值增长率、人均国内生产总值增长率和平均人口数增长率。由于 $(1+g)=(1+a)(1+r)=1+a+r+ar$,从而 $g=a+r+ar$。由于"ar"通常很小,可以忽略不计,所以有 $g \approx a+r$,从而有 $a \approx g-r$。

净出口的价格变动程度。GDP 价格指数等于报告期按现价计算的 GDP 与报告期按可比价计算的 GDP 之比。

11.1.2 国民经济速度的因素分析

影响国民经济速度的因素很多，它们影响作用的方向和大小各不相同，因此有必要对不同因素的影响作用进行定量分析。这种定量分析可以从不同角度、利用不同的方法来进行。下面简要说明两种常见的国民经济速度的因素分析。

1. 劳动者人数和劳动生产率的变化对国民经济速度的影响

国内生产总值可分解为劳动者人数和劳动生产率㊀两个因素的乘积，因此，可依据指数法进行因素分析的原理，来分析劳动者人数和劳动生产率两个因素的变动对 GDP 变动的影响，所依据的体系是：

$$GDP 发展速度 = 劳动者人数发展速度 \times 劳动生产率发展速度$$
$$GDP 增减量 = 劳动者人数变动的影响量 + 劳动生产率变动的影响量$$

如果已知国民经济分组（分行业、部门或地区）的有关数据，可利用总指数体系来分析。设 GDP_0 和 GDP_1 分别表示基期和报告期的 GDP；基期和报告期的各组劳动者人数分别为 L_{i0} 和 L_{i1}、各组劳动生产率分别为 P_{i0} 和 P_{i1}，则所依据的指数体系可表示为：

$$\frac{GDP_1}{GDP_0} = \frac{\sum_i L_{i1} P_{i1}}{\sum_i L_{i0} P_{i0}} = \frac{\sum_i L_{i1} P_{i0}}{\sum_i L_{i0} P_{i0}} \times \frac{\sum_i L_{i1} P_{i1}}{\sum_i L_{i1} P_{i0}} \tag{11-5}$$

$$GDP_1 - GDP_0 = \left(\sum_i L_{i1} P_{i0} - \sum_i L_{i0} P_{i0} \right) + \left(\sum_i L_{i1} P_{i1} - \sum_i L_{i1} P_{i0} \right) \tag{11-6}$$

如果只有国民经济整体的有关数据，基期和报告期的劳动者人数分别为 L_0 和 L_1，劳动生产率分别为 P_0 和 P_1，则所依据的指数体系可简化为：

$$\frac{GDP_1}{GDP_0} = \frac{L_1 P_1}{L_0 P_0} = \frac{L_1}{L_0} \times \frac{P_1}{P_0} \tag{11-7}$$

$$GDP_1 - GDP_0 = (L_1 - L_0) P_0 + (P_1 - P_0) L_1 \tag{11-8}$$

👆 **阅读材料：我国国内生产总值的因素分析**

以我国 2016～2017 年国内生产总值（按 2015 年不变价计算）和就业人员数据为例（如表 11-1 所示），以此我们可以从就业人数和劳动效率两个角度对我国国内生产总值发展状况展开分析。

㊀ 这里的劳动生产率也称为全员劳动生产率，是国内生产总值除以劳动者人数。根据分析目的的需要，国内生产总值可以按现价计算，也可以按不变价计算。这里的劳动者人数指计算期的平均就业人员数。

表11-1 我国GDP及就业人员数

年份	国内生产总值（亿元）	平均就业人员数（万人）
2016	735 149	77 527
2017	785 770	77 621.5
发展速度（%）	106.89	100.12

首先，由以上数据可分别计算出2016年和2017年的劳动生产率分别为9.482 5万元/人，10.123 1万元/人，2017年劳动生产率比上年提高了6.76%。

根据式（11-7）和式（11-8）对GDP的变动进行如下因素分析。

从GDP增长的绝对额看，2017年与2016年相比：

$$\text{GDP 的增长量} = 785\ 770 - 735\ 149 = 50\ 621(亿元)$$

其中，由于就业人员数增加而增加的GDP为：

$$(77\ 621.5 - 77\ 527) \times 9.482\ 5 = 896.10(亿元)$$

由于劳动生产率提高而增加的GDP为：

$$(10.123\ 1 - 9.482\ 5) \times 77\ 621.5 = 49\ 724.33(亿元)$$

上述计算结果表明：2017年我国按2015年不变价计算的国内生产总值比上年增长了6.89%，增加50 621亿元。这是由于就业人员数增长0.12%，使得GDP增加896.10亿元；劳动生产率提高6.76%，使得GDP增加49 724.33亿元。它们之间的数量关系为：

$$106.89\% = 100.12\% \times 106.76\%$$
$$50\ 621 \approx 896.10 + 49\ 724.33^{\ominus}$$

由此可知，2017年国民经济的增长几乎全是靠提高劳动生产率来实现的。由于劳动生产率提高而增加的GDP占GDP增量的98.23%。

依据指数体系还可以分析社会总产出和增加值率变动对GDP发展速度的影响、资金占用量与资金产出率变动对国民经济速度的影响等，也可以分析三个和三个以上因素变动对国民经济速度的影响。

2. 各产业部门对国民经济增长的贡献

某一时期的国民经济增长总是各产业部门经济增长共同作用的结果。若用 Y_0 和 Y_1 分别表示基期和报告期的GDP，用 Y_{0i} 和 Y_{1i} 分别表示基期和报告期第 i 产业部门的增加值，$i=1, 2, \cdots, n$，则国民经济增长率（GDP增长率）与各产业部门增加值的增长率的关系如下：

$$\frac{Y_1 - Y_0}{Y_0} = \frac{\sum_{i=1}^{n}(Y_{1i} - Y_{0i})}{\sum_{i=1}^{n} Y_{0i}} = \frac{\sum_{i=1}^{n}\left(\frac{Y_{1i} - Y_{0i}}{Y_{0i}}\right)Y_{0i}}{\sum_{i=1}^{n} Y_{0i}} = \sum_{i=1}^{n}\left(\frac{Y_{1i} - Y_{0i}}{Y_{0i}}\right)\frac{Y_{0i}}{\sum_{i=1}^{n} Y_{0i}} \quad (11\text{-}9)$$

⊖ 本应该是个等式，这里的误差是计算过程中四舍五入造成的。

上式表明，GDP增长率等于各产业部门增加值的增长率的加权平均数，权数是基期各产业部门增加值占GDP的比重。各产业部门的经济增长有快有慢，其增加值占GDP之比重也有差别，它们对GDP增长的影响也就有大有小。各产业部门对GDP增长的影响，通常可通过计算贡献百分点和贡献率两个指标来反映。

各产业部门对GDP增长贡献的百分点，也称为拉动的百分点，其计算公式为：

$$\frac{Y_{1i} - Y_{0i}}{Y_0} = \left(\frac{Y_{1i} - Y_{0i}}{Y_{0i}}\right)\frac{Y_{0i}}{Y_0} \tag{11-10}$$

即各产业部门对GDP增长贡献的百分点等于该产业增加值的增长量与基期GDP之比，也就等于该产业增加值的增长率乘以基期GDP中该产业所占比重。显然，所有产业部门贡献的百分点之总和就等于GDP的增长率。

各产业部门对GDP增长的贡献率的计算公式为：

$$\frac{Y_{1i} - Y_{0i}}{Y_0} \div \frac{Y_1 - Y_0}{Y_0} = \frac{Y_{1i} - Y_{0i}}{Y_1 - Y_0} \tag{11-11}$$

可见，各产业部门对GDP增长的贡献率是指在GDP增长率中各产业部门的贡献所占的份额，它等于各产业部门对GDP增长贡献的百分点除以GDP增长率，也就等于各产业增加值的增长量在GDP增长量中所占比重。显然，所有产业部门的贡献率之总和就等于100%。

阅读材料：三次产业对我国国内生产总值增长的影响

2016~2017年我国GDP及其产业分组的数据（按2015年不变价计算）如表11-2所示。

表11-2　2017年我国各产业对GDP增长的贡献

	2016年增加值		2017年增加值		各产业对GDP增长的贡献		
	数量（亿元）	比重（%）	数量（亿元）	比上年增长量（亿元）	比上年增长率（%）	百分点	贡献率（%）
	(1)	(2)	(3)	(4)	(5)	(6)	(7)
第一产业	62 872	8.55	65 349	2 477	3.94	0.34	4.89
第二产业	299 280	40.71	317 584	18 304	6.12	2.49	36.16
第三产业	372 997	50.74	402 837	29 840	8.00	4.06	58.95
合计（GDP）	735 149	100.00	785 770	50 621	6.89	6.89	100.00

为了分析各产业对GDP增长的影响，先要计算出各产业的增长量和增长率，计算结果分别见表11-2中的第（4）~（5）栏；再计算各产业对GDP增长的贡献百分点和贡献率，计算结果分别见表11-2中的第（6）~（7）栏。其中，各产业的第（6）栏等于第（4）栏除以基期GDP再乘100，或等于第（5）栏与第（2）栏的乘积除以100；各产业的第（7）栏等于第（6）栏除以GDP增长率再乘100，也就等于第（4）栏对应的比重。

从表11-2的计算结果可知，我国2017年GDP比2016年增长了6.89%，其中第一产业增长 3.94%，对 GDP 增长的贡献是 0.34 个百分点（拉动 GDP 增长 0.34 个百分点），只占 GDP 总增长率的 4.89%；第二产业增长 6.12%，对 GDP 增长的贡献是 2.49 个百分点，占 GDP 总增长率的 36.16%；第三产业增长 8%，对 GDP 增长的贡献是 4.06 个百分点，占 GDP 总增长率的 58.95%。可见，对我国 2017 年 GDP 增长贡献最大的是第三产业，这是因为第三产业增长率最高且其基期规模最大。第一产业的贡献最小，这是由于第一产业增长率最低且基期规模最小。

上面只分析了三次产业对 GDP 增长的贡献。至于不同行业或不同地区对全国 GDP 增长的贡献，以及消费、投资和净出口对 GDP 增长的贡献，分析方法是一样的，恕不赘述。

11.1.3 国民经济速度的弹性分析

所谓弹性分析，是指利用弹性系数来分析两个有联系的变量之间的相对变化关系，它是经济数量分析中的一种常用分析方法。

弹性系数是指一个变量对另一个有联系变量的相对变化的反应程度，通常用这两个变量的增长速度之比来测定。若用 e 表示变量 Y 对变量 X 变化的弹性系数，则有如下计算公式：

$$e = \frac{\Delta Y/Y}{\Delta X/X} \tag{11-12}$$

式（11-12）中，ΔY 和 $\Delta Y/Y$ 分别是变量 Y 的增量和增长速度，ΔX 和 $\Delta X/X$ 分别是变量 X 的增量和增长速度。

弹性系数 e 表示 X 每增长 1% 相应地使 Y 增长的百分比。例如，某商品需求量对居民收入的弹性系数为 1.2，表示居民收入每增长 1%，该商品需求量相应增长 1.2%。又如，某商品需求量的价格弹性为 -0.5，表示该商品价格上涨 1%，需求量相应减少 0.5%。

弹性系数 e 的绝对值的大小表示 Y 对 X 变化的反应强弱。$|e|$ 越大，表示 X 变化对 Y 的影响越大，Y 对 X 变化越敏感，反之亦然。如生活必需品需求量的价格弹性较弱，$|e|<1$；而奢侈品需求量的价格弹性一般比较强，$|e|>1$。若 $e=0$，称为完全无弹性或绝对刚性，表示 X 变量对 Y 变量没有影响。

将国民经济速度与有关重要经济变量的变化速度联系起来做弹性分析，有助于从数量上研究国民经济增长与一些重要经济变量的关系。有关经济变量对 GDP 的弹性表示在其他条件不变的情况下，GDP 每增长 1%，有关经济变量相应增长的百分比。这类弹性系数主要有：

能源生产(消费)弹性系数 = 能源生产(消费)量增长率/GDP 增长率
电力生产(消费)弹性系数 = 电力生产(消费)量增长率/GDP 增长率
财政收入(支出)弹性系数 = 财政收入(支出)增长率/GDP 增长率

反之，GDP 对有关经济变量的弹性则表示，在其他条件不变的情况下，有关经济变量每增长 1%，GDP 相应增长的百分数。这类弹性系数主要是各种产出弹性，指国民经济产出量对某一投入要素变化的反应程度，例如：

$$资本产出弹性系数 = GDP 增长率 / 资本增长率$$
$$劳动力产出弹性系数 = GDP 增长率 / 劳动力增长率$$

阅读材料：我国财政收支对国内生产总值的弹性

我国 2011~2017 年国内生产总值、财政收入和财政支出的环比增长率如表 11-3 所示。[①]由此，可以计算得到各弹性系数。

表 11-3 我国 2011~2017 年财政收支的弹性系数

年份	国内生产总值增长率（%）	财政收入增长率（%）	财政支出增长率（%）	财政收入弹性系数	财政支出弹性系数
	(1)	(2)	(3)	(4)	(5)
2011	18.47	25.0	21.6	1.35	1.17
2012	10.44	12.9	15.3	1.24	1.47
2013	10.16	10.2	11.3	1.00	1.11
2014	8.19	8.6	8.3	1.05	1.01
2015	7.00	5.8	13.2	0.83	1.89
2016	7.91	4.5	6.3	0.57	0.80
2017	11.23	7.4		0.66	

从表 11-3 的数据可见，2011~2014 年，财政收入增速都高于 GDP 增速，因此财政收入对 GDP 的弹性系数都大于 1。2015~2017 年，财政收入增速都低于 GDP 增速，财政收入对 GDP 的弹性系数都小于 1。这些年间我国 GDP 增速和财政收入增速大体呈现下降态势，但财政收入增速的降幅更大，导致财政收入对 GDP 的弹性系数也大体呈现下降态势，2017 年有明显回升。各年财政支出增速有升有降，但除 2016 年外其余各年财政支出增速都高于 GDP 增速，导致财政支出对 GDP 的弹性系数都大于 1，其中 2015 年的弹性系数大幅上升。

弹性分析法简单易行，计算弹性系数所需要的数据不多，计算方法灵活，不受计量单位的影响，可以比较同一现象受不同因素的影响程度，或比较不同现象对同一因素变动的反应程度。需注意的是，这种分析方法只考虑一个因素的变动而假定其他条件不变，所示实际应用中还应该充分考虑其他因素变动的影响。

11.1.4 国民经济增长模型

1. 哈罗德—多马经济增长模型

哈罗德—多马经济增长模型是由英国牛津大学的哈罗德和美国麻省理工学院的多马两

[①] 国内生产总值增长率是按现价国内生产总值计算的，2011~2016 年有关数据来自《中国统计年鉴 2017》，2017 年数据来自 2017 年《统计公报》。

位经济学家不约而同提出的。他们认为有效需求不足是制约经济增长的关键,由于人们的消费习惯不容易改变,致使消费需求短期内变化不大,因此实现经济增长均衡的决定性因素在于投资需求的增加。

设 Y 表示国内生产总值,ΔY 表示国内生产总值的增加额,g 表示 GDP 增长率;S 表示储蓄总额,s 表示储蓄率(储蓄总额占 GDP 的比重,即 $s = \dfrac{S}{Y}$);I 表示投资总额,k 表示资本系数(即每单位 GDP 增量所需的投资额,即 $k = \dfrac{I}{\Delta Y}$,其倒数 $\dfrac{\Delta Y}{I}$ 为投资效果系数,即每单位投资额所增加的 GDP)。

若当期储蓄全部转化为投资,即 $S = I$,则有:

$$g = \frac{\Delta Y}{Y} = \frac{S}{Y} \times \frac{\Delta Y}{I} \text{ 或 } g = \frac{s}{k} \tag{11-13}$$

式(11-13)就是哈罗德—多马经济增长模型。该模型表示:在本期的储蓄总额全部转化为投资的前提下,经济增长率就等于储蓄率除以资本系数,或等于储蓄率乘以投资效果系数。

哈罗德—多马经济增长模型反映一定条件下储蓄、投资和经济增长率之间的关系,可用于在预定储蓄率和投资效果系数的条件下测算经济增长率,或用于确定既定的经济增长率所需的投资总额(即储蓄总额)。

阅读材料:哈罗德—多马经济增长模型的应用

(1)假如每 1 亿元投资可增加 0.3 亿元国内生产总值,预计报告期的储蓄率可达 26%,则报告期的经济增长率可达多少?

已知投资效果系数 $\dfrac{\Delta Y}{I} = 0.3$,储蓄率 $s = \dfrac{S}{Y} = 26\%$,根据式(11-13)可得报告期的经济增长率 g 可达:

$$g = \frac{S}{Y} \times \frac{\Delta Y}{I} = 26\% \times 0.3 = 7.8\%$$

(2)假如基期国内生产总值为 79 000 亿元,报告期欲达到 85 000 亿元,预计每增加 1 亿元国内生产总值需要 3 亿元投资,则报告期的储蓄总额和投资总额应是多少?

已知 $Y = 79\,000$ 亿元,$\Delta Y = 85\,000 - 79\,000 = 6\,000$ 亿元,因此预计经济增长率为:

$$g = \frac{\Delta Y}{Y} = \frac{6\,000}{79\,000} \approx 7.595\%$$

又已知资本系数 $k = 3$,由哈罗德—多马经济增长模型可得储蓄率应为:

$$s = g \times k = 7.595\% \times 3 = 22.785\%$$

因此,储蓄总额应为:

$$S = Y \times s \approx 79\,000 \times 22.785\% \approx 18\,000(\text{亿元})$$

或：
$$S = Y \times g \times k = \Delta Y \times k = 6\,000 \times 3 = 18\,000（亿元）$$

由于哈罗德—多马经济增长模型是以本期储蓄总额全部转化为投资为前提，所以也应有投资总额 $I = S = 18\,000$ 亿元。

2. 索洛经济增长模型

对经济增长速度的测定，一般还可以从生产函数出发，建立经济增长率与各种投入要素之间的数量关系。最常用的生产函数是柯布—道格拉斯生产函数，索洛经济增长模型是在柯布—道格拉斯生产函数之基础上建立起来的。

设国民经济活动的产出（GDP）为 Y，投入的劳动量为 L，投入的资本量为 K，它们之间的数量关系可表示为下列模型形式：

$$Y = AL^{\alpha}K^{\beta} \tag{11-14}$$

这就是柯布—道格拉斯生产函数。其中，α，β 为模型的参数，它们分别是劳动力产出弹性和资本产出弹性。若规模报酬不变，则有 $\alpha + \beta = 1$。A 称为广义技术进步水平（或称综合要素生产率），通常假定其按固定速率 $e^{\lambda t}$ 随时间而变化，其初始水平记为 A_0，则式（11-14）可以写为：

$$Y = A_0 e^{\lambda t} L^{\alpha} K^{\beta} \tag{11-15}$$

由于 Y、K 和 L 都是随时间 t 而变的量，将式（11-15）两边取对数并对时间 t 求导得：$\frac{1}{Y}\frac{dY}{dt} = \lambda + \alpha \frac{1}{L}\frac{dL}{dt} + \beta \frac{1}{K}\frac{dK}{dt}$。取 $dt = 1$，再用增量近似微分，则有：

$$\frac{\Delta Y}{Y} = \lambda + \alpha \frac{\Delta L}{L} + \beta \frac{\Delta K}{K} \tag{11-16}$$

式（11-16）就是索洛经济增长模型。式中的 $\frac{\Delta Y}{Y}$ 为产出量的增长率（可记为 y），λ 为广义技术进步率，$\frac{\Delta L}{L}$ 为劳动量的增长率（可记为 l），$\frac{\Delta K}{K}$ 为资本量的增长率（可记为 k）。索洛经济增长模型一般简写为：

$$y = \lambda + \alpha l + \beta k \tag{11-17}$$

索洛经济增长模型表示，经济增长是由广义技术进步、劳动力和资本三大因素共同作用的结果，模型右端的三个部分 $\left(\lambda,\ \alpha \frac{\Delta L}{L},\ \beta \frac{\Delta K}{K}\right)$ 就是这三大因素对经济增长率贡献（或拉动）的百分点，它们分别除以经济增长率就是各因素对经济增长率的贡献率。

例如，某地区估计技术进步率为 3%，劳动力增长率为 1.5%，资本增长率为 4%，$\alpha = 0.4$，$\beta = 0.6$，索洛经济增长模型可测算该地区的经济增长率为：

$$y = 3\% + 0.4 \times 1.5\% + 0.6 \times 4\% = 6\%$$

其中，技术进步率对经济增长率的贡献是 3%（3 个百分点），贡献率为 50%（即 3%/6%），劳动力增长对经济增长率的贡献是 0.6 个百分点，贡献率为 10%（即 0.6%/6%），资本量增长对经济增长率的贡献是 2.4 个百分点，贡献率为 40%（即 2.4%/6%）。

根据索洛经济增长模型测算经济增长率的关键是正确估计技术进步率 λ 及劳动力产出弹性 α 和资本产出弹性 β。一般可根据 Y、L 和 K 的时间序列数据，利用最小二乘法来估计。

若求得了劳动力产出弹性 α 和资本产出弹性 β，则由索洛经济增长模型可得：

$$\lambda = y - \alpha l - \beta k \tag{11-18}$$

式（11-18）常常用来测算技术进步率及其贡献。它表示经济增长率中扣除劳动力增长的贡献和资本量增长的贡献，剩余部分就是技术进步的贡献。这种测算方法也称为索洛余值法。

11.2 国民经济效益分析

11.2.1 国民经济效益指标的定义与设置原则

任何经济活动都需要"投入"即消耗和占用一定的资源，也应该有"产出"即能够满足社会需要的劳动成果。经济活动中产出与投入比较而言的经济收益就是经济效益。若能够以较少的投入获得同样多的产出，或者以同样多的投入获得较多的产出，就意味着取得了较好的经济效益。

经济效益指标是反映经济效益水平高低的统计指标。根据经济效益的含义可知，经济效益指标应该是产出指标与投入指标的对比。而投入指标与产出指标的对比有下列两种方式：一是将二者相减，对比结果采用绝对数的形式，如以销售收入表示生产经营的产出成果，以成本费用表示投入量，则两者之差即销售利润就是一个经济效益指标。二是将产出指标与投入指标相除，对比结果采用相对数或平均数的形式，如销售收入与成本费用相除所得到的比率即成本费用率也是一个经济效益指标。

由于绝对数形式的经济效益指标受到生产规模和投入总量的影响，不同生产规模和投入总量所取得的经济效益绝对数缺乏可比性，不能反映出经济效益真实水平的高低。此外，相减的对比方式只能适用于投入指标和产出指标都用价值量表示的场合，无法利用实物量指标来反映经济效益的好坏。而相对数或平均数形式的经济效益指标就可以避免这些问题，因此，经济效益指标最普遍的形式就是将产出指标与投入指标相除。它又有正指标和逆指标两种形式：

$$\text{经济效益的正指标} = \frac{\text{产出指标}}{\text{投入指标}} \tag{11-19}$$

$$\text{经济效益的逆指标} = \frac{\text{投入指标}}{\text{产出指标}} \tag{11-20}$$

正指标表示每单位投入所获得的产出量，其数值越大表示经济效益越好。逆指标表示每单位产出所需要的投入量，其数值越大表示经济效益越差。

经济效益指标是对经济效益进行数量描述和分析研究的基础。设置经济效益指标须注意：

（1）经济效益指标必须是经济活动的产出与投入两方面指标的对比，二者缺一不可。只反映产出多少而没有考虑投入大小的指标，或只反映投入而没有联系产出的指标都不是经济效益指标。例如，国内生产总值及其增长率都只反映了产出而没有反映投入，不是效益指标；资产负债率反映的是偿债能力即经营风险的大小，也不是效益指标。

（2）投入指标与产出指标的计算口径要一致，即投入是指获得产出的过程中各种生产要素的占用或消耗，而产出是指这些投入所实现的产出。例如，将生产活动的总产出或国内生产总值与劳动者人数对比，所计算的劳动生产率就是一个经济效益指标，而由国内生产总值与人口总数对比得到的人均国内生产总值就不是经济效益指标。

根据不同的研究目的，对经济效益可以从多个不同角度来考察。从一个企业的角度来考察的经济效益称为企业经济效益，也称微观经济效益。它考察的是一个企业的生产经营活动中投入与产出之关系。从全社会或国民经济全局来考察的经济效益称为国民经济效益，也称为宏观经济效益。它是整个社会经济活动的投入与产出的综合比较。企业经济效益是国民经济效益的基础。没有企业经济效益的提高，就难以实现国民经济效益的提高。同时，国民经济效益的提高也将为企业经济效益的提高创造良好的外部条件。但有时二者之间也会出现矛盾，即整体利益与局部利益的矛盾。

对国民经济效益进行定量分析离不开国民经济效益指标。由于国民经济效益是相互联系的所有部门、所有单位、所有活动构成的整体的经济效益，是从社会再生产全过程包括生产、分配、交换和使用等再生产环节来考察的经济效益，不仅指当前的或短期的经济效益，还应该包括潜在的或长期的经济效益，所以对国民经济效益的描述和分析不是单个统计指标能够胜任的，这就需要指标体系。国民经济效益指标体系就是分别从不同角度、不同层次或不同环节来反映国民经济效益状况的一系列统计指标构成的一个有机整体。

构建国民经济效益指标体系应遵循下列原则：

（1）科学性原则。国民经济效益指标应该是国民经济效益内涵的具体化，首先必须符合经济效益质的规定性，其次要体现出国民经济效益的特点。国民经济效益指标与企业经济效益指标有些是相通的，但是二者的计算口径和表现形式等方面往往有所不同。例如，利润和税金都是剩余价值的组成部分，考察企业经济效益时，可以认为利润是企业所得，而税金是企业对政府管理服务的一种支付，并非企业所得；但考察国民经济效益时，税金是企业对社会的贡献，也是政府进行宏观管理的所得，因此应该作为宏观经济活动有效成果的一种体现。

（2）全面性原则。应该分别从不同角度、不同层次侧面和不同再生产环节来设置国民经济效益指标，形成一个完整的指标体系，这样才能对国民经济效益进行全面的、综合的、多层次的评价和分析，才有助于研究人力、物力和财力的合理利用和各种资源有效的配置。例如，从投入的角度来看，既要有反映活劳动消耗的经济效益指标，也要有反映物化劳动消耗的效益指标，还要有反映资源或资金占用的效益指标。

（3）联系性原则。设置国民经济效益指标体系时，首先必须注意社会再生产的各环节、各层次、各要素之间的内在联系。同时，由于良好的生态环境是实现国民经济效益的保障，科技进步是促进经济效益提高的重要力量，因此，还应该把经济效益与环境效益、技术效益联系起来考察。此外，也要注意国民经济效益指标与微观经济效益指标之间的联系，以便将宏观与微观的经济效益联系起来进行考察和分析。

（4）实用性原则。实用性原则包括了可操作性和少而精两层含义。可操作性原则首先是要求指标含义能够具体量化，其次是指标计算所需要的数据易于搜集、准确性和可靠性容易保证。少而精的原则要求抓住影响国民经济效益的主要方面和主要矛盾，便于综合评价和比较研究，也便于广泛采用。实用性原则要求国民经济效益统计指标的设计既要满足宏观管理或研究目的之需要，也要考虑到当前统计技术力量等客观条件的可能性。

（5）导向性原则。宏观经济管理工作在不同阶段往往有不同的特色和不同的工作重心。国民经济效益指标体系的设置应该充分体现出政府的导向，旨在通过国民经济效益的考核评比，引导全社会各企业、各地区和各部门对某些方面的重视，促进微观与宏观、短期与长期的经济效益的统一。如"节能"是我们当前和今后长时间内的一大任务，所以国民经济效益指标体系中就必然应包括相关的指标，如能源消耗系数等。

11.2.2 国民经济效益指标体系的构成

下面分别从社会再生产各环节——生产、分配、流通与使用等方面来介绍国民经济效益指标体系的主要内容。

1. 生产方面的经济效益指标

生产环节的经济效益指标是生产活动中的各种投入与产出成果对比的结果。产出一般可采用国内生产总值、社会总产出、利税总额、商品销售收入等指标来表示。根据投入指标不同，生产方面的经济效益指标主要包括下列几方面。

（1）反映物化劳动消耗的经济效益指标。

物化劳动的投入量可用中间投入、能源消耗量等指标来表示。反映物化劳动消耗的经济效益指标主要有社会中间投入率和能源消耗系数等。

$$社会中间投入率 = \frac{社会中间投入}{社会总产出} \tag{11-21}$$

社会中间投入率也称为社会生产消耗率，表示单位总产出的中间消耗水平。中间消耗越小，同样多的投入所得到的成果就越多，经济效益就越好。

由于"社会增加值率 = 1 - 社会中间投入率"，社会增加值率与社会中间投入率呈此消彼长的关系，所以社会增加值率虽然是国内生产总值与社会总产出这两个劳动成果之比，但也是经济效益指标。显然，社会增加值率越高，经济效益就越好。

$$能源消耗系数 = \frac{能源消耗量}{国内生产总值} \tag{11-22}$$

能源消耗系数表示生产单位国内生产总值所消耗的标准能源的数量。该指标越小，说明经济效益越好。有时也采用该指标的倒数——称为"能源利用系数",表示单位标准能源所生产的国内生产总值。该指标越大,经济效益越好。

为了突出反映某种重要资源如水、电消耗的效益,还可将该资源消耗量与国内生产总值对比,计算该资源的消耗系数。

（2）反映活劳动消耗的经济效益指标。

活劳动消耗一般可以用从业人员平均人数和劳动报酬两个指标来衡量。因此,反映活劳动消耗的国民经济效益指标主要有以下四个：

$$社会劳动生产率 = \frac{国内生产总值（或社会总产出）}{平均从业人员人数} \quad (11-23)$$

$$劳动报酬产出率 = \frac{国内生产总值（或社会总产出）}{劳动者报酬} \quad (11-24)$$

$$人均利税 = \frac{利税总额}{平均从业人员人数} \quad (11-25)$$

$$劳动报酬利税率 = \frac{利税总额}{劳动者报酬} \quad (11-26)$$

上述公式中,从业人员数也称为"社会劳动者人数",是指一定时期内从事一定社会劳动并取得劳动报酬或经营收入的全部劳动者的数量。劳动报酬是指劳动者从事生产活动而得到的各种形式的报酬,包括货币工资、实物工资、生产单位为劳动者利益而支付的社会保险、非职工经营者的纯收入。理论上讲,对活劳动消耗量的衡量,用劳动者报酬比用从业人员人数更合理,但是劳动报酬的准确数据比较难以统计。所以实际中,上述四个指标中,最常用的是社会劳动生产率和人均利税。

式（11-23）中,社会劳动生产率有两个计算口径。最常用的是分子按国内生产总值来计算,它能比较真实地反映活劳动消耗的经济效益,因为国内生产总值不包括中间消耗。社会总产出虽然包括了中间消耗,但是它能够反映国民经济活动的总规模,因此,按社会总产出计算的劳动生产率也有一定的意义。两个口径的劳动生产率之间存在如下关系：

按 GDP 计算的劳动生产率

= 按社会总产出计算的劳动生产率 × 社会增加值率

= 按社会总产出计算的劳动生产率 ×（1 − 中间投入率）

可见,按 GDP 计算的劳动生产率既反映了活劳动消耗的经济效益,也间接反映了物化劳动消耗的经济效益。

（3）反映全部劳动消耗的经济效益指标。

生产经营活动中的全部劳动消耗通常用社会总成本来表示,包括物化劳动消耗（中间消耗和固定资本折旧）和活劳动消耗（劳动者报酬）。以社会总成本代表投入量所计算的经济效益指标主要有：

$$社会总成本增加值率 = \frac{国内生产总值}{社会总成本} \quad (11-27)$$

$$社会总成本利税率 = \frac{利税总额}{社会总成本} \tag{11-28}$$

社会总成本增加值率和社会总成本利税率,分别反映单位社会成本所提供的国内生产总值和利税额,从成本角度来说明增产节约、增收节支的经济效益。其数值越大,表示经济效益越好。

(4)反映资金占用的经济效益。

社会再生产过程中的投入不仅要考虑劳动消耗,也应该考虑各种经济资源的占用。各种经济资源的占用综合体现为资金的占用,包括固定资金和流动资金的占用。考察资金占用的经济效益指标主要有:

$$资金产值率 = \frac{国内生产总值}{资金平均占用额} \tag{11-29}$$

$$资金利税率 = \frac{利税总额}{资金平均占用额} \tag{11-30}$$

上式中,资金平均占用额=固定资产平均净值+流动资产平均占用额。分母也可以只用固定资产平均净值或流动资产平均占用额来计算。

资金利税率可以分解为资金产出率、产品销售率和销售利税率几个指标的乘积,即:

$$资金利税率 = \frac{利税总额}{资金平均占用额}$$

$$= \frac{总产出}{资金平均占用额} \times \frac{销售收入}{总产出} \times \frac{利税总额}{销售收入}$$

$$= 资金产出率 \times 产品销售率 \times 销售利税率$$

可见,资金利税率既涉及生产环节又涉及销售环节,所以它是一个综合性比较强的经济效益指标,是衡量经济效益的重要指标。

2. 流通方面的经济效益指标

流通方面的经济效益指标说明社会再生产过程中流通环节的经济效益,主要有商品流通费用率和流动资金周转速度。

$$商品流通费用率 = \frac{商品流通费用总额}{商品销售总额} \tag{11-31}$$

商品流通费用率表示单位商品销售收入所需要消耗的费用水平。流通费用率越低,经济效益就越高。

由于流通部门的流动资金占其资金总量的绝大部分,所以考察其流动资金的周转速度具有重要意义。通常流动资金周转速度指标有以下两个:

$$流动资金周转次数 = \frac{商品销售收入}{流动资金平均占用额} \tag{11-32}$$

$$流动资金周转天数 = \frac{流动资金平均占用额}{商品销售收入} \times 报告期日历天数 \tag{11-33}$$

存货是主要的流动资产,其周转快慢直接反映产品是否畅销,是影响经济效益好坏的重要因素。因此，还可以计算存货周转速度——把式（11-32）和式（11-33）的分母改为存货资金平均占用额即可。

3. 使用方面的经济效益指标

对使用方面经济效益的考察主要在固定资产投资领域，此外也要考察进出口的经济效益。

（1）固定资产投资的经济效益。

固定资产投资的直接目的是通过投资形成固定资产，包括生产性固定资产和非生产性固定资产，以满足经济发展和人民生活的需要。固定资产投资的最终目的则是发挥出固定资产的使用效益，形成新的生产能力，增加社会生产成果，或者是提高人们的生活质量，改善社会环境。固定资产投资的经济效益不仅涉及固定资产的投资建设过程，也涉及建成以后的使用过程。从投资活动的目的和经营管理的需要出发，投资效益统计指标可分为建设过程投资效益指标和使用过程投资效益指标两大类。

投资建设过程中的投入表现为投资，产出表现为以实物形式表示的新增生产能力和以价值形式表示的新增固定资产。从宏观角度反映建设过程投资效益的指标主要有固定资产交付使用率、项目建成投产率和建设周期。

$$固定资产交付使用率 = \frac{报告期新增固定资产}{同期完成固定资产投资额} \quad (11-34)$$

固定资产交付使用率也称为固定资产动用系数。其中新增固定资产是指通过投资活动形成的新的固定资产价值，包括已经建成投入生产、交付使用的工程价值和达到固定资产标准的设备、工具、器具的价值及应该摊入的费用。新增固定资产不仅包括本期投资形成的，也包括以前投资而在本期内形成的固定资产，与此相对应，式（11-34）的"同期完成固定资产投资额"既包括本期的投资额，也包括期初在建工程的投资额。固定资产交付使用率越大，表明固定资产建成投入使用的速度越快，投资建设的效益越高，是衡量建设过程中投资效益好坏的一个综合性指标。

$$项目建成投产率 = \frac{报告期全部建成投入生产的项目个数}{同期正式施工项目个数} \quad (11-35)$$

该指标从建设速度的角度来反映投资效益。其分母是指报告期内曾经进行建筑或安装施工活动的建设项目，包括报告期内新开工项目、报告期以前开工并跨入报告期继续施工的项目，以及报告期施过工并在报告期全部建成投产或停工缓建的项目。

$$建设周期 = \frac{报告期正式施工项目计划总投资额}{同期投资完成额} \quad (11-36)$$

建设周期表示按照当年完成投资的水平来推算，完成全部施工项目计划总投资额需要多长时间。该指标从宏观的角度反映了目前正在建设的全部建设项目所需要的平均建设时间，是从建设速度方面反映投资宏观经济效益的重要综合指标。

从使用过程来考察，固定资产投资的最终产出常常用国内生产总值或利税总额来表示。因此，固定资产投资使用过程的效益指标主要有固定资产投资效果系数和固定资产投资报酬率。

$$固定资产投资效果系数 = \frac{报告期国内生产总值增加额}{引起这一增加的固定资产投资额} \qquad (11\text{-}37)$$

固定资产投资效果系数表示单位固定资产投资所增加的国内生产总值。该指标比较全面综合地反映了固定资产投资的最终经济效益。但使用该指标应该注意两点：首先，固定资产投资额与这些投资所引起的国内生产总值增长之间存在时滞，所以通常要考察投资额与时滞一年或两年的国内生产总值增长的关系；其次，国内生产总值的增长不完全是投资所形成的，还要受其他因素的影响。所以，该指标只能近似地综合反映固定资产投资的宏观经济效益。

$$固定资产投资报酬率 = \frac{报告期新增盈利额}{固定资产投资额} \qquad (11\text{-}38)$$

固定资产投资报酬率也称为投资盈利率，表示一定时期内每单位投资所实现的盈利额，也是反映固定资产投资的最终经济效益的综合指标。

(2) 进出口的经济效益指标。

考察进出口的经济效益，主要是考察进出口商品的盈利程度、考察出口同样数量的商品换取外汇或换取进口商品的能力。因此，衡量进出口经济效益的指标主要有出口换汇成本和出（进）口盈亏率等。

$$出口换汇成本 = \frac{出口商品总成本(人民币)}{出口商品外汇收入(美元)} \qquad (11\text{-}39)$$

出口换汇成本反映出口商品换取外汇的能力，即出口一美元商品需要花费多少人民币。它是反映出口商品经济效益的基本指标。出口商品的换汇成本越低，表明出口商品的经济效益越好。

$$出(进)口盈亏率 = \frac{出(进)口商品盈亏额}{出(进)口商品总成本} \qquad (11\text{-}40)$$

出（进）口盈亏率是指出（进）口商品盈亏额与出（进）口商品总成本的比率，是反映出口商品（或进口商品）盈利或亏损程度的重要经济效益指标。

4. 技术进步的经济效益指标

如何从宏观经济的角度综合衡量技术进步对经济增长的作用，一直是国内外都在不断探索的一个重要课题。实际应用中，反映技术进步经济效益最常用的指标有技术开发投资效益系数和技术进步对 GDP 增长的贡献率等。

$$技术开发投资效益系数 = \frac{因技术进步而新增的 GDP(或利税总额)}{同期技术开发费用支出额} \qquad (11\text{-}41)$$

如果能够测算出由于技术进步而增加的国内生产总值（或利税总额），可以计算技术开发投资效益系数。它表示每单位技术开发费用所增加的国内生产总值（或利税额）。该指标数值越高，表明技术开发所产生的经济效益越好。

$$技术进步对 GDP 增长的贡献率 = \frac{技术进步速度}{GDP 增长速度} \qquad (11\text{-}42)$$

技术进步速度可以用索洛余值法计算得到。

阅读材料：2018 年 1～7 月份规模以上工业企业经济效益指标

2018 年 1～7 月份规模以上工业企业经济效益指标，如表 11-4 所示。

表 11-4　2018 年 1～7 月份规模以上工业企业经济效益指标[一]

分组	主营业务收入利润率（%）	每百元主营业务收入中的成本（元）	每百元主营业务收入中的费用（元）	每百元资产实现的主营业务收入（元）	人均主营业务收入（万元/人）	资产负债率（%）	产成品存货周转天数（天）	应收账款平均回收期（天）
总计	6.46	84.45	8.18	96.1	127.6	56.6	16.7	46.0
其中：采矿业	13.10	71.42	11.64	47.0	84.5	59.0	14.7	36.3
制造业	6.14	84.71	8.19	112.6	127.1	55.5	18.0	47.5
电力、热力、燃气及水生产和供应业	6.46	89.25	5.74	41.7	207.8	60.8	0.6	32.1
其中：国有控股企业	7.69	80.66	8.03	62.3	184.5	59.4	15.9	41.1
其中：集体企业	5.86	81.08	13.45	82.2	105.0	65.4	39.0	39.8
股份制企业	6.40	84.23	8.21	94.6	127.5	57.6	17.0	42.8
外商及港澳台商投资企业	6.90	84.42	8.72	108.8	122.0	54.0	17.7	62.3
其中：私营企业	5.33	87.27	7.13	145.7	112.7	55.6	15.0	36.9

11.2.3　国民经济效益的综合评价

评价国民经济效益的众多单个指标，往往会有不完全一致的评价结论。为了正确评价和分析国民经济效益的整体水平及变化趋势，就需要运用综合评价方法将众多单个效益指标的信息进行综合。综合评价的方法很多，各有所长。下面介绍在国民经济效益分析中比较简单和实用的几种综合评价方法及其应用。

1. 排队计分法

排队计分法首先将评价单位的各项评价指标依优劣秩序排队，并按如下公式计算各指标的具体得分：

$$f(x_i, k) = 60 + \frac{n-k}{n-1} \times 40 \qquad (11-43)$$

式中：$f(x_i, k)$ 为第 i 项评价指标的得分[二]，k 表示排队名次，n 为参加评比的单位数。最后分别对各评价单位的若干评价指标得分进行加权算术平均，即得各评价单位的综

[一] 摘自国家统计局网站新闻《2018 年 1～7 月份全国规模以上工业企业利润增长 17.1%》。

[二] 其值域为（60，100）。若采用公式 $f(x_i, k) = \frac{n-k}{n-1}$ 计算，则值域为（0，100）。

合评价得分。

例如某省某年的全员劳动生产率在全国 31 个省、市、自治区中排在第 23 位，人均创利税排在第 22 位，资金利税率排在第 18 位。若根据这三个指标进行经济效益综合评价，这三个指标的权数分别为 40%、30%、30%。

则该省各项评价指标得分分别为：

$$f(x_1, 23) = 60 + \frac{31-23}{31-1} \times 40 = 60 + 10.67 = 70.67(分)$$

$$f(x_2, 22) = 60 + \frac{31-22}{31-1} \times 40 = 100 - 12 = 72(分)$$

$$f(x_3, 18) = 60 + \frac{31-18}{31-1} \times 40 = 60 + 17.33 = 77.33(分)$$

该省经济效益综合评价总得分为：

$$DF = 70.67 \times 0.4 + 72 \times 0.3 + 77.33 \times 0.3 = 73.067(分)$$

计算出各省的总得分，可据以对全国各省经济效益综合水平进行排序比较。

排队计分法具有简便易行，无须再去另寻比较标准，省时省工等优点，易于在统计实践中推广使用。

2. 指数法

指数法，即先确定各个评价指标的对比标准值，然后将单项指标值与对比标准值相除求得单项评价指数，再对单项评价指数进行加权算术平均即得综合评价指数。其计算公式为：

$$\overline{K} = \frac{\sum \left(\frac{x_i}{x_{bi}}\right) w_i}{\sum w_i} \tag{11-44}$$

式（11-44）中，$\overline{K}$ 表示综合评价指数，x_i 为第 i 个评价指标的实际值，x_{bi} 为第 i 个评价指标的对比标准值，w_i 第 i 个评价指标的权数。

运用指数法对国民经济效益进行综合评价时，若评价指标包含逆指标，通常应先进行同向化处理，将逆指标变换为正指标。这样，综合评价指数的数值越大，说明国民经济效益的整体状况越好。

国民经济效益的综合评价指数表示，从所有评价指标来看实际值相对于对比标准值的平均水平。其含义清晰明确、易于理解。当采用全国平均水平为对比标准值时，便于对不同地区和不同部门的综合经济效益水平进行横向对比；当采用固定的对比标准值时，则便于不同时期综合经济效益水平的纵向对比。

阅读材料：经济效益的指数法评价

甲、乙两个地区的经济效益指标如表 11-5 所示。试比较这两个地区经济效益的优劣。

表 11-5　甲、乙地区的经济效益指标和对比标准

	权数（%）	对比标准值	甲地区	乙地区
社会劳动生产率（万元/人）	15	8.5	9.26	10.55
资金利润率（%）	27	10	12.9	11.6
增加值率（%）	20	35	33	38
流动资金周转次数（次/年）	18	2.3	2.5	2.3
生产总值能耗系数（吨标准煤/万元）	20	0.7	0.78	0.72

表 11-5 中地区生产总值能耗系数是一个逆指标，计算单项评价指数时须先转换为正指标，这里用倒数法来转换。所以，由综合经济效益指数的公式（11-43）可计算得：

甲地区的综合经济效益指数为：

$$\overline{K} = \frac{9.26}{8.5} \times 15\% + \frac{12.9}{10} \times 27\% + \frac{33}{35} \times 20\% + \frac{2.5}{2.3} \times 18\% + \frac{1/0.78}{1/0.7} \times 20\% = 107.54\%$$

乙地区的综合经济效益指数为：

$$\overline{K} = \frac{10.55}{8.5} \times 15\% + \frac{11.6}{10} \times 27\% + \frac{38}{35} \times 20\% + \frac{2.3}{2.3} \times 18\% + \frac{1/1.72}{1/0.7} \times 20\% = 109.10\%$$

可见，甲、乙两个地区的综合经济效益指数都大于100%，表明这两个地区的综合经济效益都优于对比标准，乙地区比甲地区更好。

当指标较多时，可列表先计算出各单项评价指数，再乘以相应的权数计算各评价指标的得分，各项评价指标的得分加总就是综合经济效益指数。具体如表 11-6 所示。

表 11-6　甲、乙地区经济效益的评价指数和评价得分

	权数（%）	单项评价指数（%）		单项评价得分（%）（单项评价指数×权数）	
		甲地区	乙地区	甲地区	乙地区
社会劳动生产率	15	108.94	124.12	16.34	18.62
资金利润率	27	129.00	116.00	34.83	31.32
增加值率	20	94.29	108.57	18.86	21.71
流动资金周转次数	18	108.70	100.00	19.57	18.00
生产总值能耗系数	20	89.74	97.22	17.95	19.44
合计	100	—	—	107.54	109.10

根据表 11-6 的计算结果，不仅可以比较两个地区的综合经济效益，而且可以从单项评价指数和得分来观察各项评价指标对综合经济效益指数的影响作用。如本例中，甲地区经济效益不如乙地区的主要原因在于其增加值率和劳动生产率较低，但其资金利润率和流动资金周转次数高于乙地区。

3. 功效系数法

功效系数法的基本思路是：先确定每个评价指标的满意值和不容许值，然后利用功效函数计算单项评价指标的得分，最后将单项评价得分加权平均得到综合评价得分。

单项评价得分的计算公式为：

$$d_i = \frac{x_i - x_i^{(s)}}{x_i^{(h)} - x_i^{(s)}} \times 40 + 60 \tag{11-45}$$

式（11-45）中：d_i 为第 i 个指标的单项评价得分，x_i 为第 i 个指标的实际值，$x_i^{(h)}$ 为第 i 个指标的满意值，$x_i^{(s)}$ 为第 i 个指标的不容许值。

综合评价得分的计算可采用算术平均法，也可以采用几何平均法。

一般情况下，$x_i^{(s)} < x_i < x_i^{(h)}$，从而有 $60 < d_i < 100$ 及 $60 < D < 100$。综合评价得分越高，说明综合经济效益越好。

功效系数法不需要将评价指标专门经过同向化处理，单项评价指标值一般在 60 到 100 之间，使某一单项评价值过高对综合评价值的影响有明显减弱。运用该方法的主要问题在于：须事先确定两个对比标准——满意值和不容许值。许多综合评价问题中，理论上没有明确的满意值和不容许值。实际应用中的处理方法一般是：①分别以历史上的最优值、最差值来代替；②在评价总体中分别取最优、最差的若干项数据的平均数来代替（也可以只取最优值、最差值来代替）。

阅读材料：经济效益的功效系数法评价

甲、乙两个地区的经济效益指标如表 11-7 所示。试比较这两个地区经济效益的优劣。

表 11-7　甲、乙地区的经济效益指标和评价标准

	权数（%）	满意值	不容许值	甲地区	乙地区
社会劳动生产率（万元/人）	15	15	6	9.26	10.55
资金利润率（%）	27	16	3	12.9	11.6
增加值率（%）	20	45	25	33	38
流动资金周转次数（次/年）	18	3	1.6	2.5	2.3
生产总值能耗系数（吨标准煤/万元）	20	0.5	1.1	0.78	0.72

根据式（11-45）计算出各评价指标的功效系数，再乘以相应的权数计算各评价指标的得分，各项评价指标的得分加总就是该地区经济效益的综合评价得分。具体如表 11-8 所示。

由表 11-8 可见，甲、乙两个地区经济效益的综合评价得分分别为 82.49、84.04，所以乙地区综合经济效益较好。结合单项评价指标的功效系数的评价得分可知，甲地区经济效益较差的主要原因在于其增加值率较低。

表 11-8　甲、乙地区经济效益的功效系数和评价得分

	权数（%）	功效系数（%）		单项评价得分	
		甲地区	乙地区	甲地区	乙地区
社会劳动生产率	15	74.49	80.22	11.17	12.03
资金利润率	27	90.46	86.46	24.42	23.34
增加值率	20	76.00	86.00	15.20	17.20
流动资金周转次数	18	85.71	80.00	15.43	14.40
生产总值能耗系数	20	81.33	85.33	16.27	17.07
合计	100	—	—	82.49	84.04

□ 本章小结

1. 测度国民经济发展速度通常采用的是 GDP 物量指数，即剔除了价格影响的 GDP 实际发展速度。
2. 对国民经济速度可以从不同角度，用不同方法进行因素分析，其一是依据指数原理分析劳动者人数和劳动生产率的变动对 GDP 变动的影响，其二是分析三次产业对 GDP 增长的贡献。
3. 有关 GDP 的弹性系数主要有能源生产（或消费）弹性系数、电力生产（或消费）弹性系数、财政收入（或支出）弹性系数、资本（或劳动力）的产出弹性系数等。
4. 测算国民经济增长速度常用模型有：哈罗德—多马经济增长模型和索洛经济增长模型。前者反映一定条件下储蓄、投资和经济增长率之间的关系，后者表示经济增长是由广义技术进步、劳动力和资本三大因素共同作用的结果。
5. 经济效益指标是产出指标与投入指标的对比，有正指标和逆指标之分。国民经济效益是从国民经济全局来考察的经济效益。构建国民经济效益指标体系应遵循科学性、全面性、联系性、实用性和导向性的原则。
6. 国民经济效益指标体系包括生产、流通和使用等再生产环节以及技术进步方面的经济效益指标。其中生产方面的经济效益指标是最基本的，又包括物化劳动消耗、活劳动消耗、全部劳动和资金占用的经济效益指标。
7. 对国民经济效益进行综合评价的方法很多，本章介绍的排队计分法、指数法和功效系数法各有所长。

□ 思考题

1. 为什么说 GDP 的速度是测定国民经济速度最为合适的指标？
2. 什么是名义经济速度？什么是实际经济速度？名义经济速度与实际经济速度之间存在怎样的关系？

3. 国民经济增长率与各产业部门增长率之间存在什么样的关系？如何计算各产业部门对 GDP 增长率贡献的百分点和贡献率？
4. 弹性系数的含义是什么？如何计算弹性系数？试解释能源消费弹性和资本的产出弹性所表示的含义。
5. 哈罗德—多马经济增长模型的假定前提是什么？该模型有什么用途？
6. 什么是经济效益的正指标和逆指标？设置经济效益指标应注意一些什么问题？
7. 为什么说资金利税率是一个综合性比较强的经济效益指标？
8. 基年和报告年支出法国内生产总值的各项数据（单位：亿元）如下表所示。试计算有关指标来分析报告年最终消费、资本形成总额及货物和服务净出口对 GDP 增长的贡献。

年份	国内生产总值	最终消费	资本形成总额	货物和服务净出口
基年	699 109	362 266	312 836	24 007
报告年	745 632	399 910	329 137	16 585

9. 某地基期和报告期有如下资料：基期生产总值 8 400 亿元，报告期生产总值 9 440 亿元，基期初资金占用量为 22 800 亿元，报告期初资金占用量为 23 900 亿元，报告期末资金占用量为 24 500 亿元。试从相对数和绝对数两方面分析资金占用量和资金产出率对国内生产总值变动的影响。

10. 已知我国国内生产总值及能源消费总量的数据如下表所示。

年份	国内生产总值（亿元）		能源消费总量（万吨标准煤）
	按 2010 年不变价计算	按 2015 年不变价计算	
2010	413 030		360 648
2011	452 430		387 043
2012	487 976		402 138
2013	525 835		416 913
2014	564 194		425 806
2015	603 125	689 052	429 905
2016		735 149	435 819

要求：

（1）试按 2015 年不变价计算我国 2011 年的国内生产总值，以及按 2010 年不变价计算我国 2016 年的国内生产总值。

（2）计算 2011~2016 年我国国内生产总值的年平均增长速度。

（3）计算并分析 2011~2016 年我国能源消费弹性系数。

11. 假如本期储蓄能够全部转化为投资。

要求：

（1）若每增加一元国内生产总值需要 3.8 元投资，储蓄率可达 30%，则报告期的经济增长率可达多少？

（2）若投资效果系数为 0.25，假如基期国内生产总值为 41 000 亿元，报告期欲达到 45 000 亿元，则预计报告期的储蓄总额和投资总额应是多少？

12. 假设某地有如下资料。

指标名称	计量单位	指标数字
GDP	亿元	9 820
中间投入	亿元	12 480
利税总额	亿元	2 600
平均资金占用量	亿元	25 000
期初社会劳动者人数	万人	226.9
期末社会劳动者人数	万人	230.5

要求：试根据以上数据计算有关的经济效益指标。

13. 假设甲、乙两个地区的若干经济效益指标如下表所示。

指标名称	计量单位	权数（%）	对比标准值	不容许值	满意值	甲地区实际值	乙地区实际值
劳动生产率	万元/人	16	3.8	2.5	5	4.6	4.4
增加值率	%	20	40	30	48	38	43
总成本利税率	%	28	20	12	30	21	27
流通费用率	%	16	10	18	5	16	11
固定资产投资效果系数	元/百元	20	28	20	36	26	32

要求：试利用指数法和功效系数法对甲、乙两地的经济效益进行综合评价。

推荐阅读

中文书名	原作者	中文书号	定价
货币金融学(商学院版,第4版)	弗雷德里克 S. 米什金 哥伦比亚大学	978-7-111-54654-2	79.00
《货币金融学》学习指导及习题集	弗雷德里克 S. 米什金 哥伦比亚大学	978-7-111-44311-7	45.00
投资学（第10版）	滋维·博迪 波士顿大学	978-7-111-56823-0	129.00
投资学（第10版·英文版）	滋维·博迪 波士顿大学	978-7-111-39142-5	128.00
投资学习题集（第10版）	滋维·博迪 波士顿大学	978-7-111-60620-2	69.00
公司理财（第11版）	斯蒂芬 A.罗斯 MIT斯隆管理学院	978-7-111-57415-6	119.00
期权、期货及其他衍生产品（第10版）	约翰.赫尔 多伦多大学	978-7-111-60276-7	169.00
《期权、期货及其他衍生产品》习题集	约翰.赫尔 多伦多大学	978-7-111-54143-1	49.00
债券市场：分析与策略（第8版）	弗兰克 法博齐 耶鲁大学	978-7-111-55502-5	129.00
金融市场与金融机构（第7版）	弗雷德里克 S. 米什金 哥伦比亚大学	978-7-111-43694-2	99.00
现代投资组合理论与投资分析（第9版）	埃德温 J. 埃尔顿 纽约大学	978-7-111-56612-0	129.00
投资银行、对冲基金和私募股权投资	戴维·斯托厄尔 西北大学凯洛格商学院	978-7-111-41476-6	99.00
收购、兼并和重组：过程、工具、案例与解决方案（第7版）	唐纳德·德帕姆菲利斯 洛杉矶洛约拉马利蒙特大学	978-7-111-50771-0	99.00
风险管理与金融机构（第4版）	约翰.赫尔 多伦多大学	978-7-111-59336-2	95.00
金融市场与机构(第6版)	安东尼.桑德斯 纽约大学	978-7-111-57420-0	119.00
金融市场与机构(第6版·英文版)	安东尼.桑德斯 纽约大学	978-7-111-59409-3	119.00